유럽 노사관계의
신자유주의적 변형

1970년대 이후의 궤적

※ 이 과제는 부산대학교 기본연구지원사업(2년)에 의해 연구되었다.

유럽 노사관계의
신자유주의적 변형

1970년대 이후의 궤적

루초 바카로·크리스 하월 지음
유형근 옮김

Trajectories of Neoliberal Transformation
European Industrial Relations Since the 1970s

한울
아카데미

소박한 심정의 소유자가 취하는 단순한 자세는 신뢰에 넘치는 확신을 안고 널리 알려져 온 진리에 의탁하여 이 확고한 토대 위에 자기 행동양식이나 생활의 터전을 쌓아나가게 마련이다. 그런데 이렇듯 단순한 태도로는 곧바로 다음과 같은 난점이 생겨난다. 즉, 무한히 **다양한 견해** 가운데 어느 것이 모두에게 다 같이 인정되고 또 그 모두에게 타당한지를 어떻게 식별하고 탐지해 낼 수 있겠는가 하는 어려움이 따르는 것이다. 그런데 이런 난제 앞에서 당혹스러워하는 것이 자칫 진지하고 성실하게 사태에 대처하려는 것인 양 여겨질 수 있다. 그러나 사실로 말하면 이런 당혹스러움을 오히려 뽐내려드는 그런 사람들은 나무만 보고 숲은 보지 못하는 것과 같다.

_헤겔, 『법철학』, 1991[1821]: 서문, 11~12쪽, 강조는 저자

차례

약어

CBI	영국산업연맹
CFDT	프랑스민주노동연맹
CGIL	이탈리아노동총동맹
CGT	(프랑스) 노동총연맹
CISL	이탈리아노동조합연합
GDP	국내총생산
IAB	(독일) 노동시장 및 직업조사 연구소
MEDEF	프랑스기업운동
LO	스웨덴노동조합총연맹
OECD	경제협력개발기구
Saco	스웨덴전문직중앙노조
SAF	스웨덴사용자연합
SN	스웨덴기업총연맹
TCO	(스웨덴) 사무직중앙노조
UIL	이탈리아노동연합

1장

들어가며
유럽 노사관계의 궤적

　대부분의 학술서와 마찬가지로, 우리의 책은 경험적이고 이론적인 목표를 모두 갖는다. 기본적인 경험적 목표는 매우 간단한데, 1970년대 말부터 최근까지 서유럽 노사관계의 전개 양상을 검토하는 것이다. 기간을 이렇게 잡은 것은 1970년대에 대부분의 선진 자본주의 사회들이 경험한 포드주의적 경제성장의 위기와 함께 시작된 전후 정치경제로부터의 단절을 포착하고, 각국의 노사관계 시스템이 그 이후에 어떻게 변했는지 추적하기 위해서이다. 우리의 목적은 유럽의 노사관계 제도가 어느 정도로 자유화(liberalization)되었는지 평가하는 것이다. 이를 위해 우리는 영국, 프랑스, 독일, 이탈리아, 스웨덴의 5개국에 대한 자세한 연구와 더불어, 그 밖의 7개의 유럽 국가들과 유럽 이외의 3개 나라들에 대한 양적 분석을 시도했다. 이 책은 장기간의 전후 경제 호황이 끝난 후에, 서유럽에서 노동시장을 규제하고 사용자·노동조합·국가 간의 관계를 조절하는 제도들에 무슨 일이 발생했는지 포괄적으로 기술하고 분석한다.

　우리는 노사관계 영역에서의 자유화가 사용자 재량권(employer discretion)

의 확대와 관련되는 것으로 가장 잘 이해될 수 있다고 주장한다. 즉, 자유화는 임금결정, 채용 및 해고, 작업장 조직의 문제에서 사용자들이 더 많은 영향력과 통제력을 갖는 것과 연관된다. 따라서 자유화는 사용자 재량권을 확대하기 위한 노사관계 제도의 재구성에서 분명하게 드러날 것이다. 여기에는 교섭의 분권화와 개별화, 노동시장의 규제완화(deregulation) 그리고 주로 노동조합과 같은 계급 조직의 힘·규모·집중성·포괄성의 감소와 관련된 탈집단화(decollectivization) 등이 포함될 가능성이 많다. 물론 이에 국한되지는 않겠지만 말이다. 또한 우리는 제도가 변하는 것은 흔하다고, 즉 같은 제도라도 다른 환경에서는 과거와는 사뭇 다른 방식으로 기능하게 될 수 있다고 주장한다. 만약에 그렇다면, 사용자의 재량권을 제한하던 기존의 제도들이 그것을 확대하는 것으로 '전환(conversion)'되는 과정을 통해서도 자유화는 일어날 수 있다(Streeck and Thelen, 2005). 이처럼 자유화의 증거는 제도 형태의 변화(기존 제도의 해체와 새로운 제도의 창출)에서, 자신의 재량권을 제한하는 제도를 우회하거나 무시할 수 있는 사용자의 능력 확대에서, 그리고 기존 제도가 기능하는 방식의 변화에서 찾아볼 수 있다.

정치경제의 광범위한 유형들을 포괄하고 서유럽에서 가장 큰 경제 규모를 가진 나라들을 포함하는 우리의 국가별 사례 연구들은, 1970년대 말부터 지금까지 분명한 자유화의 궤적을 보여준다. 모든 국가들에서, 오늘날의 사용자들은 연구가 시작되는 시점과 비교해 그들의 기업과 노동자에 대해 더 큰 재량권을 갖게 되었다. 물론 자유화가 상이한 방식과 속도로 이루어져 왔고, 유럽의 여러 정치경제들이 자유화의 궤적에 따라 오늘날 다른 위치에 머물러 있지만, 그 모두는 동일한 방향을 향하고 있는 것으로 보인다. 서유럽 전역에 걸친 노사관계의 전개에서 가장 놀라운 특징은, 약 35년이라는 우리의 조사 기간의 출발점이나 종착점에서 관찰되는 국가별 다양성의 폭이 아니라, 오히려 그 기간 전체에 걸쳐 모든 곳에서 일어났던 노사관계 제도의 변형(transformation)이다. 1970년대 말 이래로 노사관계의 지형은 근본적으로 변화했고,

모든 곳에서 같은 방향으로, 즉 사용자 재량권이 확대되는 쪽으로 향하고 있다.

우리의 경험적 발견을 놓고 볼 때, 우리의 이론적 관심은 놀라운 일이 아닐 수도 있다. 이 책의 기본적인 이론적 목표는 비교정치경제학(comparative political economy)의 몇몇 핵심 주장들, 즉 자본주의 정치경제를 조절하고 관리하는 국가 제도들의 역할과 회복력(resilience)에 관련된 주장들을 비판적으로 검토하는 것이다. 비교정치경제학은 정치학 및 비교거시사회학 내에서 지적으로 가장 활발히 연구되는 분야 중 하나로, 비교 분석의 틀에서 국가 경제제도의 기원과 궤적, 성과들에 초점을 둔다. 세 개의 서로 연결된 주장을 강조하는 이론적 접근이 이 분야를 오랫동안 지배했다. 첫 번째는 경제 구조의 변화와 정치·경제적 행위자에게 주어진 선택 사이를 매개하는 제도 자체의 중심적이고 독립적인 역할이다. 이 주장에 따르면, 제도는 공통의 경제적 압력으로부터 국내 정치경제들을 보호하는 데 중요한 역할을 수행한다(Hall and Taylor, 1996; Steinmo, Thelen and Longstreth, 1992). 학자들에 따르면, 제도는 금융 시스템부터 노조나 사용자단체와 같은 조직, 또 단체교섭처럼 일반적으로 널리 인정되는 관행에 이르는 모든 것을 의미한다. 그리하여 제도는 중범위 수준의 해명을 통해 국가별 차이점의 이유를 설명한다.

제도 분석에 크게 의존하는 비교정치경제학의 영향으로, 역사의 역할과 경로의존 효과의 역할을 강조하는 변화 이론이 나타났다(Pierson, 2004). 그리하여 비교정치경제학 내에서 두 번째로 관련되는 주장은 제도가 점진적 변화와 경로의존성을 촉진한다는 것이다. 이 주장에 따르면, 제도는 회복력이 매우 좋고, 변화에 반발하며, 경제적·정치적 행위자가 현행 제도를 수호하고 기존 경로에 따라 비교적 작은 변화만을 만들어가게 한다. 이러한 경향은 '자본주의의 다양성(varieties of capitalism)' 접근의 초기 정식화에서 두드러졌다(Hall and Soskice, 2001b). 이와 같이 꽤 먼 과거에 만들어진 제도는 지속적으로 현재 행위자의 행동을 주조해서 특정한 정치경제의 급격한 방향 전환을 계속 어렵게 만들 수 있다.

이에 따라 세 번째의 연관된 주장이 뒤따르는데, 비교정치경제학 분야는 전통적으로 선진 자본주의 사회들의 주요 제도가 유사한 변형을 겪고 비슷해진다는 관념에 강한 거부감을 갖는다는 것이 그것이다. 적어도 지난 30년 동안, 이 분야는 뚜렷이 구별되는 민족적 자본주의들의 지속되는 다양성을 강조하는 이론적 접근과 경험적 연구들로 채워졌다. 국제경제의 제약이 커지는 현실에서도 자본주의 정치경제들의 제도적 이질성이 지속된다는 주장을 옹호하기 위해 제도의 회복력이라는 관념이 사용되었다. 제도가 분명히 실제로 변화를 겪게 되었을 때조차도, 비교정치경제학 분야의 학자들은 국지적 이해관계와 국가 특수적인 요인들의 영향으로 변화가 만들어질 것이라고 기대하곤 했고, 그래서 변화의 공통된 궤적이나 국가 간에 공통의 패턴을 기대할 이유가 없다고 생각하는 경향을 보였다. 반대로 그들은 강력한 자유화의 압력에 직면해서도 선진 자본주의 사회들의 제도적 지형은 국가별 다양성의 특징을 지니며 여전히 그 상태가 유지될 것으로 예상한다(Thelen, 2014).

이 모든 것에는 타당하고 정당한 이유가 있기는 하다. 연관된 시간의 장기성, 대다수 제도 변화가 보여주는 점진적 속성, 지난 30년 이상 상이하게 나타난 변화의 타이밍, 제도 분석에 있어 기능보다 형태를 우선시하는 것, 그리고 사고방식이나 지식 생산의 사회학의 습관적 태도 등으로 인하여, 자본주의 정치경제들의 어떤 공통된 궤적이 드러나지 않고 가려질 개연성이 크다. 우리들 대부분은 비교의 시각에서 (대개는 국가별) 차이를 이해하는 데 깊이 빠져드는 지적 투자를 감행했고, 비교정치경제학 분야에서 국지적 지식을 만들어내는 일에 열과 성을 다해 매진했다. 누군가는 사회과학의 많은 분야에서 (시장과는 대조적으로) 자본주의가 학문적 탐구 대상에서 점차 배척되고, 이로 인해 선진 자본주의 세계 전반에 걸쳐 일어난 변형을 이해할 수 있는 능력이 없어진 것에서 그 이유를 찾을 수도 있다. 오늘날의 정치경제 분석은 공통성을 확인하는 것보다 차이를 설명하는 일을 더 잘한다는 게 우리가 처한 단순한 현실이다.

우리의 책은 보다 근본적이고 변형적인 제도 변화의 가능성을 숙고하기 시작한 비교정치경제학 분야의 최근 작업에 기초한다(Campbell, 2004; Hall and Thelen, 2009; Streeck, 2009; Streeck and Thelen, 2005). 이 책은 위에서 언급한 이 분야의 핵심 주장 모두에 이견을 제기하면서, 그 대신에 다음을 제안한다. (i) 제도는 사회적·정치적·경제적 맥락에 크게 의존하며, 그 맥락 속에서 기능하는 방식과 산출하는 결과에 따라 작동한다. (ii) 따라서 제도는 그 형태와 기능 모두에서 상당히 빠르게 변화할 수 있다. (iii) 오늘날의 자본주의 정치경제들을 주의 깊게 조사하면 노사관계 제도의 궤적에서 공통된 자유화의 추세를 발견할 수 있는데, 이는 어디서나 사용자의 재량권이 확대되고 계급 간 세력균형(balance of class power)이 노동에 불리하게 바뀌었기 때문이다.

이 책의 구성은 다음과 같다. 2장은 이 책의 이론적 주장을 제시한다. 제도 변화의 원천과 메커니즘을 재검토하고, 계급 간 세력균형, 자본주의 성장모델(growth model)의 전환, 정치·경제적 제도의 역할 간의 관계를 다시 생각해 보는 출발점으로 제도 변화에 관한 문헌을 검토한다. 이어서 근본적으로 사용자 재량권의 확대와 관련된, 노사관계 영역에서 자유화가 갖는 의미를 자세히 설명한다. 그 다음으로 제도의 수렴(convergence)이 제도의 동일성으로서 이해되기보다 같은 궤적을 따르는 운동의 개념으로 이해되어야 한다는 점을 개괄적으로 서술한다. 3장은 서유럽 12개국의 노사관계 제도의 변화에 대한 양적 분석을 보여준다. 또한 우리는 자유시장경제(liberal market economies, 서유럽에는 이에 속하는 국가가 매우 적다)에 속하는 3개 나라도 분석에 포함한다. 양적 분석을 통해 특히 노동조합 조직, 노사갈등, 단체교섭의 분권화에 관한 공통된 자유화의 궤적을 구성하는 중요한 요소들이 밝혀진다. 그렇지만 이 양적 분석은 제도 형태상의 중요한 차이가 지속되는 점도 보여준다. 사용 가능한 국가 간 척도가 제한적이라서, 우리는 대규모 표본에 대한 양적 분석이 기껏해야 제도의 형태 변화로서의 자유화를 포착할 수 있다고 주장하며, 그 대안으로 자세한 사례 연구와 제도 변화의 과정을 추적할 필요가 있다고 강조한다.

그 이후 4장에서 8장까지 다섯 개의 장은 자세한 국가별 사례 연구가 담겨 있다. 이 국가들은 '자본주의의 다양성'에서 다루는 범위 전체를 아우르기 위해서 선택되었는데, 여기에는 집중화된 교섭과 분권화된 교섭이 이루어지는 국가들과 사회적 협의(social concertation)가 재출현한 사례들을 포함한다. 요약하면, 우리는 제도 변화의 공통된 궤적이 확인된다는 주장을 뒷받침하는 '명백한' 사례들을 선택했다. 이와 함께 그 사례들은 제도적 구성의 현저한 차이도 보여준다. 개별 국가 사례는 동일한 순서로 서술한다. 먼저 1970년대 말의 노사관계 시스템에 대한 양식화된 서술을 하고, 당시의 노사관계 제도가 임금결정, 작업 조직 그리고 노동시장 규제의 측면에서 사용자의 재량권 행사를 얼마나 가능하게 했거나 혹은 제약했는지에 대해 기술하는 것에서 출발한다. 다음으로 이후 30년 동안의 제도 변화의 과정을 추적하고, 2015년의 노사관계 시스템에 대한 양식화된 서술로 마무리 짓는다. 우리는 개혁의 시도가 크게 늘어나는 노사관계의 위기의 순간과 사용자·노조·정부가 제도의 재구성 과정에서 수행하는 상대적 역할에 특히 주의를 기울인다.

9장은 국가별 사례에서 수집된 증거를 비교의 시각에서 분석하여, 제도 변화의 메커니즘과 노사관계 자유화의 정도 및 그 형태를 면밀히 살핀다. 이렇게 한 이후에 제도 변화에서 노동조합, 사용자단체, 국가가 수행한 역할에 대하여 토론한다. 사례 연구를 보면, 사실상 모든 나라의 사용자단체들이 1980년대와 1990년대에 급진화되어서 매우 극적인 변화를 도모하려 했음을 알 수 있다. 그리고 오늘날 대체로 수동적이거나 비효율적인 행위자로 흔히 생각되는 국가가 전방위적인 자유화를 위한 조건을 창출하는 결정적 참여자였다는 점이 사례 연구들에서 밝혀진다. 10장은 양적 분석과 사례 연구의 증거로부터 몇 걸음 물러나, 포드주의의 붕괴라는 보다 넓은 분석틀 안에 노사관계의 자유화를 위치시킨다. 이 장에서 우리는 생산성 상승을 실질임금과 총수요로 연결시킨 제도에서 발생한 위기가, 온통 내재적 불안정성을 특징으로 하는 포스트 포드주의(post-Fordism) 성장모델의 출현으로 어떻게 이어졌는지 설명한다.

우리는 이 책을 쓰는 과정에서 상당한 지적 부채를 졌다. 특히 우리는 이 책의 초고의 여러 부분을 읽고 소중한 조언을 해준 동료들에게 감사한다. 여기에는 세르스틴 알베리(Kerstin Ahlberg), 코너 크래든(Conor Cradden), 콜린 크라우치(Colin Crouch), 프랭크 도빈(Frank Dobbin), 마크 블레처(Marc Blecher), 페퍼 쿨페퍼(Pepper Culpepper), 스티브 크롤리(Steve Crowley), 크리스티앙 듀프(Christian Dufour), 마르틴 회프너(Martin Höpner), 크리스티안 입센(Christian Ibsen), 안데르스 셸베리(Anders Kjellberg), 미셸 랠르망(Michel Lallement), 마르크 르노망(Marc Lenormand), 올리비에 메이유(Olivier Mériaux), 소피아 무르헴(Sofia Murhem), 토미 외베리(Tommy Öberg), 얀 오토손(Jan Ottosson), 마르쿠스 페테르손(Markus Pettersson), 요나스 폰투손(Jonas Pontusson), 데미안 레스(Damian Raess), 벨리-페카 세익켈레(Veli-Pekka Säikkälä), 토비아스 슐츠-클레븐(Tobias Schulze-Cleven), 마르코 시모니(Marco Simoni), 프리츠 샤르프(Fritz Scharpf), 볼프강 슈트렉(Wolfgang Streeck), 캐시 실렌(Kathy Thelen) 그리고 마크 발리(Mark Vali) 등이 포함된다.

루초 바카로는 초고의 일부를 쓰는 데 기여를 해준 키아라 베나시(Chiara Bennasi)와, 공동 작업을 통해 영감을 선사해준 요나스 폰투손(Jonas Pontusson)에게 특히 감사를 표한다. 그의 아내 코세타(Cosetta)는 이 과정에서 그를 참아주었다. 크리스 하월은 원고를 읽고 값진 의견을 제시해주며 이 연구를 위해 기꺼이 시간을 내준 수많은 노조 활동가들과 연구자들에게 감사한다. 특히 레베카 기번(Rebecca Givan)과의 공동 작업은 이 책의 구상에 도움이 된 몇몇 아이디어를 발전시킬 수 있도록 해주었다.

2장

신자유주의적 수렴
이론적 검토

　이 장은 신자유주의적 궤적을 따라 서유럽의 정치경제들 사이에 제도의 수렴이 이루어졌음을 이론적으로 주장한다. 앞으로 우리는 신자유주의적 수렴이 의미하는 바가 무엇인지 자세히 설명할 것이지만, 논의를 시작하면서 비교정치경제학 분야가 얼마나 수렴이라는 통념에 강한 거부감을 가져왔는지 강조할 필요가 있다. 30년 이상의 세월 동안, 이 분야의 대다수 연구자들은 비교정치경제학의 임무가 독특한 민족적 자본주의들의 지속되는 다양성을 확인하고 그것을 설명하는 것에 있다는 데에 거의 이견이 없었다. 그 분야의 많은 영향력 있는 연구들은 전반적인 경제 변화 — 그것이 축적체제의 변화나 탈산업화, 혹은 세계화의 힘 중에 무엇으로 이해되든지 간에 — 가 다르게 경험되고, 여러 나라들에서 매우 상이한 효과를 미친다는 점을 주장했다. 그 결과로 비교정치경제학의 지배적인 이론적 접근들은 공통의 결과, 유사한 궤적 또는 제도적 수렴의 가능성을 의심한다(Berger and Dore, 1996; Campbell, 2004; Garrett, 1998; Hall and Soskice, 2001b).

　이 분석들에서 수렴에의 기대가 없는 것은 주로 비교정치경제학 분과에서 제도에 부여한 중심적 역할과 정치적·경제적 제도들에 부여한 특징들에서 비롯된 것이다. "지속성의 관념은 제도의 정의에 사실상 내포되어 있고"(Thelen, 2009: 474) 오늘날의 비교정치경제학은 상당 부분 제도주의 이론화의 결과로 볼 수 있다(Hall and Taylor, 1996). 거기에서 제도는 국가 간 차이에 관한 중범위 설명을 제공했는데, 그것은 (산업사회의 수렴을 예측하고자 하는) 전반적인 구조적 설명과 (정파적인 정책 선택을 우선시하는) 행위에 관한 좁은 의미의 정치적 논의 사이를 매개하는 것이었다.

이 장은 세 개의 절로 구성된다. 첫 번째 절은 비교정치경제학 내의 제도 변화에 관한 문헌을 검토하여 그것이 계속 수렴이론에 반대해왔음을 보여줄 것이다. 두 번째 절은 제도가 내생적으로 변화할 수 있고, 상이한 경제적 맥락에서는 상당히 다르게 기능할 수 있으며, 따라서 수렴하는 제도 변화를 예측하게 하는 강력한 근거가 존재한다고 주장한다. 우리는 현재의 자본주의 성장의 시대에 제도 변화의 궤적이 보여주는 특징을 신자유주의적이라고 밝히는 게 최선임을 주장한다. 세 번째 절은 비교정치경제학과 새롭게 떠오르는 자본주의 성장모델에 대한 대안적 접근 ― 그것은 권력자원(power resource) 접근, 조절이론(regulation theory), 이단 경제학(heterodox economics)에서 강하게 영향 받았다 ― 의 윤곽을 그린다. 우리가 보기에 이러한 대안적 접근은 지난 35년에 걸친 노사관계 영역에서의 사건 전개들이 보여주는 전반적인 자유화의 특징을 설명해준다. 우리는 이 책의 마지막 장에서 이 대안적 접근으로 다시 돌아올 것이다. 거기서 이 책의 경험적 연구를 통해 보여준 노사관계의 자유화를 향한 일반적 경향이 오늘날 자본주의 성장의 안정성과 미래에 주는 함의가 무엇인지 살펴볼 것이다.

1. 제도 변화의 이론화

이곳이 제도주의 이론의 전개에 관한 포괄적인 문헌 검토를 할 자리는 아니다. 여기서는 숀필드의 권위 있는 저서 『현대 자본주의』(Shonfield, 1965)와 1970년대 중반 석유 파동에 대한 여러 상이한 대응을 설명하려는 편저 『권력과 풍요 사이에서』(Katzenstein, 1978)의 기고자들의 노력에 뒤이어 나타난 학문적 관심상의 변화를 말하는 것으로 충분할 것이다. 이러한 학문적 관심의 초점은 코포라티즘 제도(Schmitter, 1974)에서 조직 노동(Cameron, 1984)으로, 또 금융 제도(Zysman, 1983)에서 사용자단체와 사용자들 사이의 조정[1] 제도 (Soskice, 1990; Swenson, 1991) 등으로 이동했다.

제도의 회복력 개념은 자본주의 정치경제들에 전반적인 수렴이 일어나지 않고, 국제 경제적 제약이 강화됨에도 불구하고 국가별로 독특한 제도적 장치들이 오래 지속되는 것을 설명하는 데에 사용되었다. 제도는 공통의 경제적 압력을 매개하고, 행위자들 사이에 권력을 배분하며, 시장경제가 직면하는 조정 문제에 대한 해결책을 제공한다. 스테인모, 실렌 및 롱스트레스가 주장했듯이, 제도는 경제적 권력을 배분하고 경제 행위자들의 행동과 이해관계까지 구조화하는 독립적인 힘을 갖고 있다(Steinmo, Thelen and Longstreth, 1992).

제도 분석에 크게 의존하는 비교정치경제학은 결국 정치에서 역사의 역할을 강조하고 경로의존 효과를 발생시키는 변화에 관한 이론으로 이어지기 마련이다(Pierson, 2004). 숀필드의 유려한 구절을 인용하면, 그것은 "살아 있는

---

1 이 책에서 coordination은 문맥에 따라 '조율'과 '조정'의 두 가지 용어로 번역한다. 구분의 원칙은 단체교섭이나 임금협상의 맥락에서는 '조율'로 번역하고(예: 조율된 교섭), 그 외의 경우에, 특히 시장 또는 시장 외부의 메커니즘을 통한 경제 행위를 조절하는 맥락에서는 '조정'으로 번역한다(예: 조정시장경제). 이렇게 하는 이유는 '단체교섭의 조정'이라고 번역할 경우에, coordination(調整)과 mediation(調停)을 구분하기 어렵기 때문이다. 본문의 여러 곳에서, 두 용어가 하나의 문장이나 하나의 단락에 쓰이는 경우가 있다. ―옮긴이 주

촉수가 어떻게 과거의 역사로부터 뻗어 나와, 둥그렇게 휘어서, 현재라는 단단한 덩어리를 움켜잡고 놓아주지 않는지를" 잘 보여준다(Shonfield, 1965: 88). 바로 이것이 연속성과 기존 경로를 따르는 점진적 변화에 기여하는 제도의 특성을 가리킨다. 또한 그것은 점착성이라고 부르는 제도의 특징, 즉 새로운 경제 상황에 대응하는 행위자들이 완전히 새로운 제도가 아니라 기존에 확립되어 있던 제도를 사용하도록 하는 강한 압력을 보여주는 것이다.

비교정치경제학 내의 제도주의 접근은 1990년대에 새롭게 각광을 받았다. 이는 그 시기에 광범위한 정치·경제적 사건들의 전개가 다시 선진 자본주의 정치경제 제도들의 전반적인 수렴 가능성을 제기했기 때문이었다. 바로 이러한 맥락에서 홀과 소스키스(Hall and Soskice, 2001b)와 연관된 자본주의의 다양성 문헌들이 모습을 드러냈다. 이 접근은 기업을 자본주의 경제의 주된 행위자로 보면서 "기업을 분석의 중심에 돌려놓고자" 했다(Hall and Soskice, 2001b: 6). 이에 비해 국가와 조직 노동의 역할은 덜 중요하거나 덜 전략적으로 보았다. 이 접근에서 무엇보다 제도는 기업의 조정 문제를 해결하는 능력에 있어서 중요하게 작용하는 것이다. 따라서 자본주의의 다양성 이론가들에게 제도가 중요한 것은, 그것이 권력을 배분하거나 행동에 제재를 가하기 때문이라기보다는, 행위자들 사이에 정보 흐름을 촉진하고, '분권화된 협력'(Culpepper, 2001)을 가능하게 하며, 직업훈련의 불충분한 공급과 같이 잘 알려진 집단행동 문제를 해결하기 때문이다. 자본주의의 다양성 접근은 자본주의 경제들에서 두 개의 정치경제 유형, 즉 자유시장경제와 조정시장경제(co-ordinated market economies)라는 두 개의 이념형을 찾아냈다. 자유시장경제가 조정 문제를 해결하는 데 있어 규제 받지 않는 노동시장 및 자본시장에 주로 의존한다면, 조정시장경제는 비(非)시장적 조정 형태에 매우 강하게 의존한다.

제도 변화가 제한적이라고 설명하는 비교정치경제학 내부의 대부분의 경향은 자본주의의 다양성 이론의 초기 정식화에서 뚜렷이 나타났다. 경로의존 및 긍정적 피드백(positive feedback)이라는 익숙한 메커니즘은 제도의 상호 보완성과 제도적 비교우위가 수행하는 역할에 의해 강화된다. 제도는 고립된 채로는 자신의 역할을 좀처럼 수행하지 못한다. 오히려 여러 제도들 간에는 상호작용과 상호 보완성이 존재하는 것으로 보인다. 이 상호 보완성은 각각의 제도들이 서로를 보강하는 경향이 있다는 점을 시사한다. 그 결과로 어떤 정치경제의 다양한 영역을 가로질러 서로 맞물리는 제도들의 앙상블이 형성되며, 그로 인해 특정한 제도 집합이 변화에 매우 저항적이게 된다. 게다가 국가들은 특정 생산 유형에 대한 특정한 '제도적 비교우위'를 누리기 때문에, 이는 다시 행위자들, 특히 사용자들이 제도에 도전하고 제도를 변형하기보다는 그것을 강화하고 수호하도록 촉진한다. 예를 들면, 자본주의의 다양성 접근의 핵심 주장 중 하나는 숙련이 제도와 생산체제(production regime) 간의 연결고리 역할을 한다는 것이다. 다시 말해 직업훈련, 사회복지, 노사관계가 서로 맞물린 제도 집합에 의해서 일반적 숙련이나 산업 특수적 숙련 중 어느 하나가 더 중시될 수 있고, 이는 다시 특정한 생산 방식의 비교우위를 제공한다 (Estevez-Abe, Iversen and Soskice, 2001).

결과적으로 이러한 접근은 수렴의 가능성에 대해 매우 회의적이다. "흔히 국가들은 보다 비슷해져서가 아니라, 제도적 상이함을 만들어냄으로써 번영한다. … 따라서 많은 수정 과정은 비교우위의 제도적 재창출을 지향할 것이다"(Hall and Soskice, 2001b: 60, 63). 만약에 제도적 차익(institutional arbitrage)이라는 게 있다면, 그것은 차이를 없애기보다는 오히려 그 차이를 공고하게 할 가능성이 높다. 실렌이 이 논의의 결과로 나타나는 이론적 구성물에 대해 논평했듯이, "이런 분석틀이 제도의 재생산에 관한 질문을 명확히 해명하는 것과 비교하면, 이 전통 속에서 연구하는 학자들은 대개 시간이 지나며 일어나는 제도 변화에 대해서는 훨씬 적게 말한다"(Thelen, 2009: 474).

여러 면에서 자본주의의 다양성 접근은 비교정치경제학 내에서 한 세대 이상 진행된 학술 활동의 정점이었다고 말할 수 있다. 그것은 자본주의의 민족적 모델의 회복력과 다양성에 대해 강조하는 전통에 기초를 두었고, 그 회복력은 제도의 경로의존성으로부터 설명되었다. 이러한 전통에 덧붙여, 자본주의의 다양성 접근은 제도의 상호 보완성 및 제도적 비교우위에 관한 주장에 경로의존성 개념을 끼워 넣어서 이론적 엄밀성을 더했다. 나아가 그것은 왜 행위자들이 기존의 제도를 지킬 것으로 예상되는지 설명하는 미시적 근거를 제공했다.

비교정치경제학 분야 내에서 국가 간 다양성과 제도 변화의 제한성에 대한 강조에 불만을 가진 이견들이 항상 있었음을 잊지 말아야 한다(Coates, 2005). 정치경제에 대한 조절이론 접근들은, 그것이 프랑스(Boyer, 1990), 영국(Jessop, 1990a), 또는 미국(Kotz, McDonough and Reich, 1994)의 판본들 중 어느 것이든, 자본주의의 내생적 불안정성, 갈등 및 역동성을 전제했기 때문에 제도 변화에 훨씬 큰 관심을 기울였다. 우리는 자본주의의 기능 방식에 대한 이 대안적 관점을 공유하며, 이 장의 후반부에서 이를 다시 살펴볼 것이다. 그 이름에서 알 수 있듯이, 이러한 전통에서 제도는 그것이 조절을 가능케 하는 메커니즘이라는 점에서 중요하게 인식된다. 조절은 "2차 대전 이후 30년 동안의 대체로 안정적인 성장기를 설명하기 위해 개발된 주요 개념"이었다(Neilson, 2012: 161). 그로부터 나온 것이 기본적으로는 시간적 불연속성과 선진 자본주의 세계 전체에 걸친 일정 수준의 공시성을 강조하는 단속평형(punctuated equilibrium) 모형[2] 같은 것이었다. 포드주의로 알려진 경제성장의 형태는 1970년대의 어느 시점부터 모든 곳에서 위기에 빠져들었고, 그것은 (조절이론가들의 수만큼이나 다양하게 많은 명칭으로 불렸지만) 포스트 포드주의에 의해 대체되었다.

그런데 여기에서도 독특한 민족적 자본주의의 모델들에 대한 관심이 조절

---

2 단속평형이론은 굴드리지(N. Eldredge)와 굴드(S. J. Gould) 등이 주장한 고생물학 또는 진화생물학의 가설로서, 수많은 종의 진화는 오랜 시간 동안 진화적 변동이 없는 안정된 상태를 유지하다가, 급격한 환경 변화에 의하여 존속 기간에 비해 상대적으로 짧은 기간 동안 현저하고 급속한 종분화가 이루어진다는 가설이다. 이 이론은 종의 진화가 매우 오랜 시간 동안 점진적으로 이루어진다는 기존의 계통발생적 점진주의를 정면으로 반박한다. ─옮긴이 주

이론의 지형을 지배하게 되었다. 이는 이론의 수렴에 관한 아이러니한 사례였다. 특히 이것은 로베르 부아예(R. Boyer)와 관련되는데(Boyer and Saillard, 2002: 5부), 출현하는 성장모델('축적체제')의 핵심 동학에 대한 해명이 그것의 제도적 전제조건을 확인하는 과제로 바뀌었다. 그리하여 많은 조절이론 연구의 초점이 자연스럽게도 국가별 조절 메커니즘의 다양성에 맞춰지게 되었다. "자본주의 형태의 조절이라는 측면에서 수렴의 정도를 검토하는 과제가 연구 어젠다에서 사라진 대신에, 국가별 다양성이라는 주제가 연구의 관심을 이동시켜서, 국가별로 독특한 경로의존적 궤적을 내생적으로 만들어내는 우발적 정치 투쟁에 주목하게 되었다"(Neilson, 2012: 169). 그럼에도 불구하고, 정치경제에 대한 조절이론 전통은 자본주의 자체의 변화하는 외형과 위기의 내재적 경향을 강조한다는 점에서 구별된다. 이와 같이 조절이론은 여전히 중요한 이론적 도구이다. 우리는 이 점에 대하여 이 장의 마지막 절에서 다시 논의할 것이다.

최근에 자본주의의 다양성 접근의 초기 정식화가 다소 정태적이고 기능주의적이라는 인식에 대한 반응으로, 제도 변화의 수준 및 형태에 대한 이론화와 논쟁이 비교정치경제학 분야의 중심을 차지하게 되었다. 이것은 자본주의의 정치경제 동학에 대한 덜 기능주의적이고 보다 정치적인 해석에 기반해 발생했다. 그러한 해석은 우발성, 권력, 경합, 제도의 구축을 뒷받침한 정치적 연합의 취약성(Streeck and Yamamura, 2001; Streeck, 2009), 제도적 배태성을 위한 전제조건으로서의 관념의 역할(Blyth, 1997; Culpepper, 2008) 등을 강조한다.

자본주의의 다양성 연구들에는 내부적 차이가 항상 있었다는 것을 언급할 필요가 있다. 예를 들어, 소스키스는 조정시장경제의 사용자들이 조정 제도에 대한 전략적 판단 이전에 이미 고정된 선호를 갖고 있는 것처럼 개념화했지만(Soskice, 1999), 실렌은 조정 제도에 대한 사용자들의 지지가 전략적인 것이고 노동의 대항력에 따라 조건적인 것으로 생각했다(Thelen, 2001). 실렌의 해석은 코르피나 슈트렉과 같은 권력자원 이론가들의 해석에 애초부터 훨씬 가까운 것이었다(Korpi, 2006a; Streeck, 2009).

그 이후에, 자본주의의 다양성 접근 내부의 보다 정치적인 경향에서 제도적 실험이 새롭게 강조되었다. 그것은 제도의 재생산 과정을 덜 기능주의적으로 해석하고, 행위자가 자신의 이해관계를 재평가하여 제도 변화를 꾀하는 것에 큰 여지를 열어두었다(Hall and Thelen, 2009). 또한 자본주의의 다양성 접근의 초기 정식화에서도 자유시장경제로의 수렴의 가능성을 인정했던 사실을 언급하는 게 중요하다. 즉, 자유시장경제에서 조정 메커니즘을 새로 개발하는 것보다 조정시장경제의 규제를 완화하는 게 더 쉽고, 동시에 한 영역의 제도 개혁은 "눈덩이처럼 다른 영역에서 변화를 일으킬 수 있다"고 언급되었다(Hall and Soskice, 2001b: 63~64). 우리라면 다음과 같이 주장했을 것이다. 즉, 그 문장이 쓰이고 있었을 때에는, 노사관계 영역에서 조정시장경제의 후퇴와 자유시장경제의 추가적 자유화가 이미 10년이 넘는 세월 동안 많이 진행되었다고 말이다. 이에 대해서는 이 책의 사례 분석에서 자세히 밝혀질 것이다.

슈트렉과 실렌은 점진적인 또는 점증하는 변형 ─ 이것은 거의 눈에 띄지 않는 작은 변화들의 누적이 시간이 지나면서 야기하는 변형을 의미한다 ─ 에 대하여 가장 완전하게 정식화된 논의를 펼쳤다(Streeck and Thelen, 2005). 그들은 대부분의 제도주의 접근들이 변화의 정도와 그 중요성을 과소평가한다고 인식한다. 또한 그들은 경쟁의 격화와 시장 자유주의에 대한 엄청난 헌신이 제도에 현실적인 압박을 가했고, 경제 행위자들이 기존 제도를 변경하기보다는 항상 그것을 수호할 것이라고 추정할 수는 없다고 말한다. 그들은 변형적 효과를 미치는 점증적 변화의 여러 메커니즘을 확인했다(Streeck and Thelen, 2005: 31). 예를 들어, 동일한 제도가 과거와는 다르게 새로운 기능을 떠맡고, 잠재되어 있던 효과가 활성화되며, 기존 제도가 퇴화하고, 주변적 제도가 중심 무대를 차지할 수도 있다. 이와 유사하게, 캠벌(Campbell, 2004)은 보다 '행위자 중심적 제도주의'(이 용어는 Scharpf, 1997b에서 유래한다)를 명확히 제시했다. 이 논의를 보면, 기존의 제도 집합 내에서 움직이는 모험적인 행위자는 다양한 형태의 점증적 변화에 관여하는데, 물론 그 변화는 경로의존적이지만, 시간이 가면서 그것이 변형을 가져오게 된다.

이러한 최근의 정식화에서는 자본주의의 다양성 접근이 가졌던 애초의 기업 중심적 초점이 약해졌다. 처음의 정식화에서는 일반적으로 사용자의 이해관계에 의해서 제도가 설계되고 그렇게 만들어진 제도를 사용자는 이해타산에 따라 방어할 것으로 예상되었다. 하지만 최근의 정식화는 특히 기존 제도를 개조하려는 사용자들의 광범위하고 조직적인 시도들에 관한 수많은 증거를 보여준다(우리는 이 책의 경험적 사례들에 관한 장에서 이와 관련된 많은 것들을 보여줄 것이다). 어떤 학자가 독일에 관해 비꼬듯이 언급했던 다음 문장은 유럽의 다른 나라들에도 똑같이 적용된다. "현실에서 명확히 확인된 독일 기업가들의 이해관계와 '자본주의의 다양성' 문헌 속에서 그들에게 **부여된** 연역적·기능주의적 이해관계 사이의 불일치는 놀라운 것이다"(Kinderman, 2005: 435, 강조는 원문 그대로). 가장 최근의 저서에서 실렌은 분석의 중심에 사용자와 기업을 제거한 제도 변화의 이론을 명확히 드러냈다(Thelen, 2014, 이 책에 대한 논평은 Howell, 2015를 보라). 이 책은 그 대신에 정치와 정치적 연합을 강조하고, 노동이 어느 정도로 어떻게 조직되어 있는지가 제도 변화를 둘러싼 투쟁의 해결에 있어서 적어도 기업가 단체만큼이나 중요하다고 본다(Thelen, 2014: 29~32).

제도 변화에 관한 최근 연구는 비교정치경제학에 강렬한 역동성을 도입하고 정치를 중요한 요인으로 복원시킨다. 이 연구들의 추가적인 기여는 제도 변화의 메커니즘을 상세히 기술했다는 것인데, 우리의 작업도 이에 크게 의지했다. 최근의 연구들은 높은 수준의 제도 변화가 기존의 이론과 모순 없이 공존할 수 있다는 점을 해명했고, 이는 비교정치경제학의 지배적 접근으로부터 이탈한 것으로 볼 수 있다. 그렇지만 최근의 연구들은 제도의 **단절**(rupture)

가능성을 거부하며, 그 대신에 여전히 점진적이고 점증하는 변화의 누적이 시간이 지나며 변형을 일으킬 것을 예상한다는 점을 언급할 필요가 있다. 이에 더해, 최근의 연구들은 변화의 궤적이 분기하며, 이는 모든 선진 자본주의 정치경제에 공통적인 압력보다는 국지적 요인들에 의한 것이라고 계속 강조한다.[3] 이 두 가지 결론에 대해 말한다면, 다음 절에서 보듯이 우리는 이러한 제도주의 이론의 최근의 발전과는 의견을 달리한다.

만약에 국내의 정치·경제적 제도들이 대부분 끊임없는 재구성의 상태에 있고, 취약성을 드러내며, 정치적 연합이 계속 바뀌는 게 사실이라면, 비교정치경제학이 직면하는 분명한 질문은 공통의 압력과 제도 변화의 공통된 궤적이 존재하는지 여부가 될 것이다. 위에서 검토한 제도주의 이론화 내에서의 최근의 발전으로 말미암아, 자본주의 사회의 핵심 제도 내에서 변형을 야기하는 변화를 탐구할 이론적 공간이 열렸다. 결국 이것은 다음과 같은 비교정치경제학의 핵심 질문을 부활시킨다. 자본주의 사회들은 수렴을 향한 경향을 보이는가? 만약 그렇다면, 어느 정도나 그러한가? 이것이 바로 지금부터 우리가 마주할 질문이다.

2. 자본주의, 수렴 그리고 신자유주의

지난 30년에 걸친 주류 비교정치경제학으로부터 가장 급격한 단절은 볼프강 슈트렉의 최근 저서에서 비롯되었다(Streeck, 2009, 2011). 그는 이 저서에서 국민적 정치경제들의 불안정성과 변화를 진지하게 취급해야 한다고 매우

---

3 예를 들면, 마틴과 스웽크(Martin and Swank, 2008)는 커다란 제도 변화는 정책 분기를 계속 초래하는 요소들과 양립한다는 점을 논증했고, 또한 제도의 궤적에서 정부 형태의 설계 및 공공부문의 역할을 강조했다.

강력하게 주장했다. 이는 변화 궤적의 다양성에 대한 우리의 기대에 영향을 끼친다. 그가 주장하듯이, "자본주의의 **공통성**(commonalities)을 다시 생각할 시간이 왔다"(Streeck, 2009: 1, 강조는 원문 그대로). 슈트렉은 정치경제를 연구하는 학자들에게 제도와 제도의 논리로부터 자본주의와 자본주의의 논리로 초점을 이동하라고 강력히 촉구하며, 경제 발전이 내재적으로 모순적·갈등적·무정부적이고, 근본적으로 통제하기 어려운 성격을 갖는다는 점을 인식함으로써, 그러한 초점의 이동이 주는 함의를 끝까지 파헤치자고 역설한다. 따라서 거대한 제도 변화는 자본주의 사회에서 예외가 아니라, 정상 상태로 이해되어야 한다.

자본주의를 진지하게 사고한다는 것은, 자본을 이해관계나 행위자로 간주할 뿐만 아니라, 자본주의를 독특한 역사적 사회구성체로 다루는 것이다. 이것은 초기 정치경제학 전통의 통찰력, 즉 근본적인 불확실성, 지속적인 혁신, 자신의 기반을 무너뜨리는 시장의 능력, 상품화와 사회의 자기보호 간의 계속되는 충돌, 그리고 정당화와 축적 간의 긴장 등에 대한 강조를 되살리는 것을 수반한다(Boyer, 2011; Habermas, 1975; Polanyi, 1944). 이는 최근 수십 년 동안 비교정치경제학을 지배했던 제도 변화의 이론과는 다른 개념적 접근이며 상당히 다른 시사점을 던진다. 폰투손이 언급했듯이, "자본주의의 다양성 문헌은 '다양성'에 대해서는 아주 많은 말을 하지만, 놀랍게도 '자본주의'에 대해서는 거의 말하지 않는다. … [그리고] 이해관계의 충돌과 권력 행사에 대해 사고하지 않으며 대신에 효율성과 조정에 대한 고려를 이론적으로 우선시한다"(Pontusson, 2005: 164).

정치경제학이 분석 대상으로서의 자본주의를 시야에서 놓치면서, 권력, 갈등 및 비대칭적 계급이익 등을 경시했던 것은 아마도 우연이 아닐 것이다. 그러나 마르크스로부터 (아주 최근의) 슈트렉에 이르는 독특한 전통이 강조해왔듯이, 오늘날의 정치경제학에 만연한 안정적 균형상태, 경로의존성, 조정 문제, 조밀한 제도적 규제 같은 개념들을 가지고는, 자본주의의 내재적 역동성,

무정부성 또는 통제 불가능성을 제대로 포착할 수 없다. 게임이론의 틀 내에서 균형이라는 것은, 효용함수와 신념 집합이 주어졌다고 가정하면, 어떠한 행위자도 변화의 동기를 갖지 않는 세계의 상태를 뜻한다. 그것은 외부 충격에 의해서만 변화할 수 있다. 자본주의나 자본주의들을 마치 게임이론에서 말하는 제도적 균형인 것처럼 바라본다면, 그것은 끊임없이 출몰하는 표류와 공동화(空洞化), 점증적이고 근본적인 제도 변화의 경험적 징후들을 못 본 체하며 애써 덮어두는 것과 같다. 또한 그러한 관점은, 행위자들이 어떤 제도가 재생산되기를 정말로 원하지 않으며 그 제도를 완전히 바꾸고 싶다고 우리에게 분명히 말할 때조차도, 우리가 그들의 말을 못 들은 척 무시하거나 전혀 다르게 해석해야 한다는 것을 뜻한다. 현대 정치경제학의 상당수는 이와 같은 무시나 다른 해석에 관여해왔다.

　우리는 자본주의 경제에 적용할 수 있는 유일한 균형 개념은 평형(Gleichgewicht)으로서의 균형이라는 오래된 역학적 개념이라고 판단한다. 여기서 '균형'은 '저울(천칭) 위에서 무게의 동일함'을 의미한다. 그것은 물체에 작용하는 힘의 벡터들이 동일한 축에 위치하고 서로 힘이 상쇄되어 평형을 이루는 일시적 정지 상태를 가리킨다. 이처럼 그것은 드물게 발생하는 일이다. 이러한 오래된 균형 개념이 게임이론의 균형 개념보다 훨씬 역동적이고 오늘날의 자본주의 현실에 훨씬 적합하다. 이 개념에서는 (효용함수와 신념 집합이 주어진 상황에서) 행위자들이 균형을 이루었더라도, 그것을 그들이 그 지점에서 동일한 결론에 합의했다고 추정하지 않는다. 오히려 그들이 자신의 입맛대로 무게 중심을 과감하게 변경하기에는 아직 충분한 힘을 보유하지 않았다고 추정할 뿐이다. 물론 그 행위자들은 자신들이 선호하는 쪽으로 시스템을 움직이기 위해 노력하고 있다.

　'역학적' 균형 개념을 채택한다는 것은 정치경제학에 '정치적인 것'을 되돌려놓는 것을 뜻한다. 이는 1950년대와 1960년대의 정치경제학의 기원으로 되돌아가는 것이기도 하다. 사실 이것은 다원주의자들에 의해 수용된 균형 개념이었다(Schattschneider, 1960; Truman, 1962). 평형으로서의 균형 개념은 자본주의의 제도들을 경쟁하는 힘들의 산물로 바라본다. 이 경쟁하는 힘들이 어떤 때에는 자체적으로 평형을 달성할 수 있지만, 이 관점은 그 결과적 균형이 한갓 일시적 상태 그 이상일 것이라고는 기대하지 않는다.

이러한 접근은 자본주의 정치경제의 작동을 설명하는 데 있어서 비교정치경제학 분야의 학자들이 제도에 부여한 중심성에 의문을 제기한다. 유명한 표현대로, 그 안에서 "모든 견고한 것이 대기 속에 녹아내리는"(Marx and Engels, 2002: 223) 자본주의를, 제도가 배태되어 있는 사회와 경제로부터 제도의 상대적 자율성을 강조하는 정치경제학의 관점에서 설명하는 것은 그리 적합한 일이 아니다. 제도가 중요한 것은 분명하지만, 제도의 인과적 우선성은 학자들이 말하는 것보다는 약하다. 그보다 중요한 것은 제도가 작동하는 힘의 장(force field)[4]이다. 이것은 제도의 기능 방식에 결정적인 영향을 미치는 경제적이고 계급적인 동인(動因)이라고 할 수 있다(Korpi, 1983; Korpi, 2006b). 힘의 장 개념은 계급 균열이 여전히 우세한 노사관계의 영역에서는 특히 중요하다. 결국에 계급 행위자들의 상대적인 조직력 및 동원력의 변화와 이해관계의 변동은, 제도의 이해관계 조정 능력을 압도하고 제도의 재구성과 재편성을 초래할 가능성이 크다(Hyman, 1989: 2장).

우리가 보기에는, 제도주의 문헌들이 국민적 정치경제들의 진화에서 공통된 신자유주의적 궤적의 존재를 인정하기 어려운 이유 중 하나는, 만약 이 공통된 궤적이라는 게 정말로 존재한다면 그것은 '제도적 동형화'(Di Maggio and Powell, 1991)로서, 즉 전 국가들에 걸쳐 공통된 제도 형태로서 나타날 것이라고 예상하기 때문이다. 노사관계 제도의 경우에, 예상되는 것은 약한 노조,

---

4 힘의 장 또는 역장(力場)은 물리학에서 임의의 위치에 있는 입자에 작용하는 힘의 크기와 방향을 나타내는 벡터장(vector field)을 의미한다. 전하를 가진 입자 사이에 작용하는 전기력이나 질량을 가진 물체 사이에 작용하는 중력이 대표적인 예이다. ─옮긴이 주

약한 사용자단체, 독립적으로 이루어지는 기업별 교섭이나 개별화된 교섭을 특징으로 하는 전형적인 자유시장경제를 향하여 노사관계 제도의 지형이 평평해지는 것이다. 이렇게 평평해지고 있다는 계량적 증거가 대개는 제한적이라서(Golden, Wallerstein and Lange, 1999; Lange, Wallerstein and Golden, 1995; Wallerstein, Golden and Lange, 1997), 사람들은 국가 수준의 노사관계 체제가 신자유주의와 세계화의 힘에 대단히 탄력적이라고 결론을 내린다. 우리는 이러한 견해에 반대하며, 변이형태(allomorph)[5]를 유지하면서 노사관계 제도가 신자유주의의 방향으로 변화할 것이라고 주장한다.

애스모글루와 로빈슨(Acemoglu and Robinson, 2006)이 제도에 내재하는 '법률상의(de jure) 힘'과 '사실상의(de facto) 힘'을 중요하게 구분한 것이 여기서 도움이 된다. 법률상의 힘은 제도 형태 안에 응고되어 있는 데 비해, 사실상의 힘은 제도가 작동하는 불확정적인 힘의 장에 좌우된다. 어떤 제도의 경우는 법률상의 힘이 매우 직접적으로 그 결과를 산출하지만, 다른 제도의 경우에는 관련 행위자들 사이의 사실상의 힘의 균형에 따라 결과가 달라진다. 노사관계 제도는 대부분 법보다는 계약에 의존하기에, 그 제도는 행위자들의 상호작용의 모양을 만들어낼 뿐, 결과를 곧장 결정하는 일은 드물다. 예를 들면, 집중화된 교섭 중에는 스웨덴의 렌-마이드너(Rehn-Meidner) 모델처럼 행위자들이 경직된 임금 구조에 기초해서 가장 활력 있는 업종의 지불능력에 비례하는 높은 임금인상에 합의하는 경우도 있고, '켈트의 호랑이(the Celtic Tiger)'로 불린 아일랜드에서처럼 가장 부진한 회사들의 생산성 상승과 연동된 임금인상에 합의하는 경우도 있다(Baccaro and Simoni, 2007). 그러나 이 두 개의 집중화된 교섭이 초래하는 결과는 큰 차이를 보일 수 있는 것이다. 스웨

---

5 변이형태(變異形態) 또는 이형태(異形態)는 언어학의 형태론 분야에서 사용되는 용어이다. 어떤 형태소(morpheme, 의미의 최소단위)가 그것이 쓰이는 음운 환경에 따라 꼴이 바뀌어 여러 가지 형태로 실현되는데, 이때 실현되는 다른 형태를 변이형태로 부른다. 예를 들어, '~이/가', '~을/를' 등이 이에 해당한다. ―옮긴이 주

덴과 아일랜드의 교섭 형태가 거의 같았음을 감안하면, 제도의 결과가 제도의 형태로부터 독립적이라는 것을 알 수 있다. 이러한 결과의 차이는 관련 행위자들의 교섭력에 따라 형성된 것이다. 바로 이러한 노사관계 제도의 특징들은 왜 노사관계가 특유의 각축적 성격을 지니고 있는지, 왜 그 기능이 제도 안팎의 힘의 게임에 따라 크게 좌우되는지, 그리고 왜 노사관계는 다른 것에 비해 쉽게 제도 변화의 과정으로 들어서곤 하는지 설명해준다.

실제로 많은 제도들, 특히 노사관계 영역의 제도들은 고도로 조형적(plastic)이다. 맥락이 새로워지면, 일련의 새로운 압력과 제약에 놓이면서 동일한 제도 집합도 원래 만들어졌던 맥락에서와는 아주 다르게 기능하도록 재편성될 수 있다. "공식 제도는 자신의 쓰임새를 완전하게 확정하지 않는다. 이것이 제도적 관행의 중대 변화가 제도적 구조의 강한 연속성과 함께 관찰되는 중요한 이유 중 하나다"(Streeck and Thelen, 2005: 17~18). 제도의 조형성으로 인해 기존 제도의 기능과 의미는 변형을 겪을 수 있기에, 새로운 맥락에서는 이전과 다른 관행과 결과가 생겨나는 것이다.

분명히 우리는 제도의 단절 가능성을 차단하고 싶지 않다. 제도의 단절은 기존의 제도 집합이 완전히 재구성되어 새로운 제도 집합으로 대체되는 것이다. 이러한 사례는 이 책에서 나타날 것이다. 그러나 제도 변화의 메커니즘은 이보다 미묘할 수도 있다(Streeck and Thelen, 2005: 19~30). 오랫동안 휴면 상태로 잠복되어 있던 제도의 초기적 특징이 새로운 조건하에서 수면 위로 떠오를 수 있다. 이와 유사하게, 초창기에는 주변적인 규제 기능만 수행하던 부차적인 제도가 다른 맥락 속에서는 새로이 중요한 역할을 떠맡게 될 수도 있다. 그러므로 모든 상호의존적인 제도 다발 내에서의 위계 서열은 변할 수 있는데, 이는 관련 행위자들에게 경쟁하는 여러 제도 집합들의 가치가 시간에 따라 달라지기 때문이다. 또한 공식 제도 옆으로 새로운 관행으로 나가는 통로가 뚫려서, 행위자가 기존 제도를 우회하거나 그로부터 이탈하도록 하는 메커니즘이 형성될 수 있다. 이러한 대안적 메커니즘들의 핵심 포인트는 제도 형태의 변화나 정치경제의 제도적 지형의 변경이 필요하지 않다는 점이고, 그래서 양적 분석으로는 이 점을 포착하기 어렵다. 제도 형태에 초점을 맞추는 것만으로는 제도 변화의 정도를 과소평가하게 된다.

결과적으로 제도의 다양한 특징들은 (자본주의 그 자체처럼) 항구적인 재형성, 변화 그리고 불연속성의 방향을 가리킨다. 그러므로 제도 형태의 회복력과 연속성은 제도의 기능 측면에서의 수렴과 완전히 양립할 수 있다. 그리고 기존 경로를 따르는 제한적인 점증적 변화의 모습과는 반대로, 오히려 우리는 상당히 근본적인 변형을 초래하는 변화를 예상할 수 있다.

요약하면, 제도 형태에 주목하여 제도의 가변성 — 어떤 제도 집합이 크게 변하지 않았지만 실제로는 이전과 상당히 다른 방식으로 작동하게 되는 정도 — 을 시야에서 놓침으로써, 제도의 수렴이 어느 정도나 진행되는지 이해하지 못할 수 있다. 독일 사례와 관련하여 킨더만이 언급했듯이, 학자들은 "구조의 연속성"에 주목하여 "이를 확정함으로써 내용의 연속성을 그것으로부터 추론하는" 경향이 있다(Kinderman, 2005: 433).

지금으로부터 40년도 더 전에, 영국 노사관계의 상황을 조사한 왕립위원회가 다음과 같은 유명한 표현으로 주장하길, 영국에는 "두 개의 노사관계 시스템"이 존재했는데, "하나는 공인된 제도에 체화된 공식 시스템이고, 다른 하나는 노동조합, 사용자단체, 경영자, 현장위원(shop stewards)[6] 및 노동자들의 실제 행동에 의해 만들어진 비공식 시스템이 있다"(Royal Commission on Trade Unions and Employers' Association, 1968: 46번째 절). 이것이 바로 형태와 기능의 분리 그리고 구조와 관행의 분리를 가리키는 것이었다. 이러한 분리

---

6   현장위원(shop stewards)은 영국의 사업장에서 동료 조합원들에 의해 선출되어 교섭활동을 포함한 다양한 노조활동을 수행하는 자발적 활동가들을 지칭한다. 이들은 노조 의사결정에도 주요한 역할을 맡는 노동조합 핵심 활동가들이다. 이들의 공식적 지위는 노조 조직체계에 의해서 부여되는 것이 아니라, 작업장 교섭을 목적으로 자발적으로 구성된 작업장교섭기구에 의거한다. ―옮긴이 주

상태로 말미암아, 지난 30년 이상의 시기 동안 유럽 노사관계 제도의 수렴을 확인하고 그것의 근원적 궤적을 이해할 수 있는 경험적 공간이 마련된다.

수렴에 관한 논의는 신중하고 분명할 필요가 있다. 우리는 제도의 수렴을 옹호하는 거친 주장을 하려는 게 아니다. 동일성으로서의 수렴 — 제도의 풍경이 느리게 진행되는 평탄화 작용에 의해서 동일한 지형으로 변하는 것 — 의 증거는 제한적이고 상반된다. 다른 말로 하면, 우리는 오늘날 스웨덴이나 독일의 노사관계가 영국의 노사관계와 아주 명확한 의미에서 닮았다거나, 조정시장경제에 속하는 국가가 아예 없어서 선진 자본주의 세계가 오로지 자유시장경제의 국가들로 꽉 찼다고 주장하려는 게 아니다.

수렴은 동일한 제도 형태를 필요로 하지 않는다. 사실상 출발 지점의 상이함과 계급 행위자들의 동원 역량의 차이로 인해서 제도 형태가 수렴되는 일은 일어나지 않을 것 같다. 탈산업화, 국제화, 성장모델의 변화, 혹은 다른 어떤 거시적인 경제 변동 중 그 무엇이든지 간에 그러한 제도 변화를 밑에서 추동하는 원천이 동일한 경우조차도, 나라마다 상이한 제도적 유산과 행위자의 정체성 때문에 각국이 직면하는 장애물도 다르고, 발화점도 서로 상이하며, 제도의 재구성을 둘러싼 갈등의 원천도 달라진다(Hyman, 2001; Locke and Thelen, 1995). 따라서 예를 들면, "경제의 국제화는 … 외견상으로는 그것이 기존의 국가 제도의 변화를 초래하는 것처럼 보이지 않는 곳에서조차, 기존의 국가 제도에 새로운 어젠다를 강요한다"(Streeck, 2007: 545). 동일귀결성 (equifinality)[7]이라는 개념처럼, 상이한 경로를 밟아서 동일한 최종 상태에 이를 수 있는 것이다. 예를 들어, 단체교섭 분권화에 대한 수많은 국가 간 비교 연구들이 보여주듯이, 그 최종 상태가 동일할지라도, 분권화의 메커니즘과

---

7   동일귀결성 또는 등종국성(等終局性)은 생물학과 일반체계이론 등에서 발전된 용어로, 폐쇄체계에서와는 달리 개방체계에서는 상이한 초기 조건들에서 출발해 다양한 경로와 방법을 통해 동일한 결과로 이르게 될 수 있다는 원리를 지칭한다. —옮긴이 주

형태는 나라마다 매우 다양할 수 있다(Karlson and Lindberg, 2010; Traxler, 1995).

우리의 주장은 다음과 같다. 수렴은 모든 곳에서 동일한 제도의 출현을 수반하는 것이라기보다는, 기존 제도 집합들의 적용과 재편성을 통해 서로 유사한 방식으로 작동하고 비슷한 결과를 낳는 것과 연관된다. 그러므로 전체 국가들에 걸쳐 제도적 성과의 궤적은 수렴하지만, 제도 형태는 그렇지 않다. 물론 제도 형태의 전반적인 수렴도 가능하겠지만, 우리가 사용하는 제도의 수렴이라는 용어는, 반드시 공통의 제도들로 변한다는 것을 의미하는 게 아니라, 변화의 공통된 방향과 제도의 공통된 기능을 가리키는 것이다. 그리고 이 책에서 우리는, 출발 지점이 상이하고 변화의 속도가 매우 다르며 변화의 정치가 다양함에도 불구하고, 적어도 노사관계의 영역에서는 제도 변화의 공통된 방향을 가리키는 분명한 증거가 있다고 주장한다.

우리는 이 공통된 방향의 특징을 신자유주의적이라고 부르는 게 가장 적절하다고 주장한다. 신자유주의의 의미와 고전적 자유주의와의 차이에 대한 토론은 이 책의 범위를 벗어난다(이 문제에 대한 최상의 포괄적 논의로는 Dardot and Laval, 2009를 참고하라). 우리의 논의에서는 고전적 자유주의와는 다르게 신자유주의는, 국가 개입을 제한하여 자유방임의 형식으로 회귀하는 것과는 아무런 관계가 없다고 말하는 것으로 충분하다. 그 대신에 신자유주의는 시장 질서, 즉 개인들이 모든 영역에서 특화된 서비스의 제공자로서 스스로를 인식하고 다른 이들과도 그렇게 관계하며, 그들의 상호작용을 경쟁 원리와 이와 연관된 가격 시스템을 통해 조정하는 그런 종류의 사회를 만들어내고 제도화하기 위하여, 국가 권력을 사용하는 것과 연관된다(이에 대한 선구적인 분석으로는 Foucault, 2004를 보라). 이러한 접근 방식의 연속선상에서, 이 책에서 다루는 국가별 사례들은 국가가 자유화의 과정에서 결코 수동적이지 않았고, 사실은 자유화의 가장 중요한 동인이었음을 보여줄 것이다.

신자유주의는 전반적인 시장 자유화의 과정(Harvey, 2005), 또는 예전의 조직된 정치경제의 '해체(disorganization)'이다. 이는 "중앙집권적인 권위적 조정과 통제로부터 벗어나서, 집단행동이 아닌 개별적 행동과 경쟁의 확산으로, 그리고 자생적 시장과 유사한 방식으로 개인들의 선호와 결정이 집계되는 방향으로" 이동해가는 추세와 연관된다(Streeck, 2009: 149). 신자유주의는 일련의 경제 정책에 영감을 준 일종의 경제 철학이기도 하다. 따라서 그것은 특정한 거시경제 개혁의 전략과 관련이 있는데(Williamson, 1989), 이는 무역 및 금융 자유화, 재정 규율(이는 증세가 아닌 지출 삭감을 통해 달성된다)(Alesina and Perotti, 1997a, 1997b; Alesina and Ardagna, 1998) 그리고 정부가 완전고용을 포기할 것임을 확실히 하기 위한 인플레이션 억제 정책 등을 수반한다. 이에 덧붙여, 신자유주의는 위에서 요약한 거시경제적 틀과 양립하고 이를 가능하도록 하는, 다양한 시장 영역과 정책 영역의 구조 개혁을 수반한다. 회프너 등은 자유화 정책을 "정치적으로 실행되고 정치적으로 정당화되는, 자원배분 및 소득분배의 결정이 시장으로 위임되는 것"으로 정의한다(Höpner et al., 2014: 7). 경제 철학과 이와 연관된 경제 정책, 그리고 시장의 적합성을 높이려는 시도 등과 같은, 이 모든 정의들은 서로 연관되며 자유화의 중요한 구성요소를 분명히 포착한다. 하지만 우리의 용법에서 자유화는 정부가 하는 일의 수준보다 더 넓은 의미를 갖는다. 노사관계 영역의 자유화에 대한 다음 논의에서 자세히 서술되는 것처럼, 자유화는 **사용자 재량권**을 확대하는 데 영향을 미치는 모든 정책 또는 제도의 변화를 포괄하는 것이다.

선진 자본주의 정치경제의 제도 변화를 기술하는 용어로서 과연 자유화가 유용한가에 대한 중요한 논쟁이 있다. 어떤 학자들은 "20세기의 마지막 20년과 그 이후의 시기에 선진 경제권을 지배하는 추세를 전반적인 **자유화의 과정**으로 특징짓는 것이 타당하다"고 말한다(Streeck and Thelen, 2005: 2, 강조는 원문 그대로). 사실 이 강력한 정식화에서, 자유화는 아마도 정치적 동원, 특히 노동운동의 정치적 동원이 부재한 시기에 이루어진다는 점에서 혜택을 입은 제도 변화의 방향일지도 모른다. 왜냐하면 "자본주의 내에서의 자유화는 자본주의의 조직화에 비해서 여러 집단행동 문제에 훨씬 적게 직면할 수 있기 때문이다"(Streeck and Thelen, 2005: 33).

　다른 학자들은 자유화가 "명확하게 이해하는 데 오히려 방해가 되고", 조잡하며 지나치게 모든 것을 포괄하는 범주라고 말한다(Hall and Thelen, 2009: 22). 이에 따르면, 자유화는 다면적이라서, 그것이 정치경제의 한 영역에는 영향을 미칠지 모르지만 다른 영역들에서는 그렇지 않을 수도 있으며, 그 영향은 특정한 제도적 장치에 따라 가변적일 수 있다.

　이러한 논평에도 불구하고, 확실히 자본주의의 다양성과 그에 대한 비판 사이의 거리가 최근에는 상당히 줄었다. 예를 들어, 자본주의의 다양성 이론에 대한 실렌의 가장 최근의 재정식화에 따르면(Thelen, 2014), 제도 변화의 과정과 형태가 각기 달라서 다양한 변화의 궤적이 나타날 수는 있겠지만, 그 변화의 방향은 어디서나 동일하고, 다소 거친 판단이지만, 제도 변화가 나타난 곳이 어디든 그 모두가 자유화라는 개념으로 포착된다(Howell, 2015). 실렌은 선진 자본주의 세계에서 다중적인 '자유화의 다양성'이 작동하고, 각각은 상이한 분배적 결과를 낳는다고 지적했다(Thelen, 2014). 그녀는 자유화의 유형이 평등주의적 자본주의가 과연 실현 가능한 체제로 남아 있을 수 있는지에 관하여 시사점을 준다고 주장한다. 이에 대해 우리는 전적으로 동의한다. 신자유주의를 오직 하나의 특정한 제도 집합, 즉 규제가 완화된 전형적인 자유시장경제와 양립할 수 있는 것으로 인식하는 것은 잘못이다. 오히려 신자유주의는 **변화무쌍한** 기획이고, 매우 다양한 제도 형태들과 조화될 수 있으며, 다수의 상이한 인과적 경로들을 통해 달성될 수 있다.

　학문적 분석의 영역에서도 상당한 정도의 수렴이 나타난 것처럼 보이지만, 여전히 우리의 분석과는 중요한 차이가 남아 있다. 첫째, '자본주의의 다양성'을 설명하는 것에서 '자유화의 다양성'을 설명하는 것으로의 이동은, 무엇이 잘못되었고 앞의 이론적 장치 중 어떤 측면이 재고될 필요가 있는지에 대한 비판적 분석 없이 이루어진 것으로 보인다. 이는 외부 관찰자들에게 골대가 움직였다는 생각을 갖게 한다. 둘째, 자본주의의 다양성을 주장하는 학자들은 예전의 조정시장경제에서 제조업이 자유화를 경험했다는 사실을 수긍하려고 하지 않는다. 대신에 그들은 재협상된 조정을 말한다(Hall, 2007을 보라). 이 새로운 주장에 따르면, 자유화는 본질적으로 국민경제의 구성의 변화가 낳은 결과이다. 즉, 제조업은 여전히 조정되고 있으나, 탈산업화로 인하여 그 크기가 축소되고 있다는 것이다. 그들은 서비스산업을 지배하는 생산체제는 제조업과 동일한 제도적 생태계와 제도의 상호 보완성을 필요로 하지 않고, 오히려 시장적 조정 논리에 훨씬 더 크게 의존한다고 주장한다. 따라서 자유화는 자본주의 경제에서 제조업 쇠퇴와 서비스산업 성장의 산물이라는 것이다. 이런 견해와는 다르게, 독일과 스웨덴을 다루는 장에서 주장하듯이, 우리는 자유화가 무엇보다도 제조업 자체에서 발생했고, 제조업의 자유화가 국가 성장모델에 중대한 결과를 낳아서 그에 뒤따르는 개혁을 촉발했다고 본다.

우리는 '자유화'가 부정확하게 사용될 수 있는 위험을 인식하여, 아래에서는 우리가 그 개념을 어떻게 사용하는지 그리고 노사관계 영역에서 그것이 특수하게 무엇을 의미하는지 상세히 설명하겠다. 핵심적으로, 우리가 노사관계의 자유화라는 공통의 궤적을 주장하는 것이 뜻하는 바는, (노동법이나 집단적 규제의 형태로 부과되는) 사용자에 대한 제약이 감소한다는 점에서 **사용자 재량권**이 선진 자본주의 세계 전체에 걸쳐 한결같이 확대되고 있음을 입증하는 것이다. 이것은 더 많은 유연성에 대한 사용자들의 요구라는, 널리 쓰이는 표현보다 더 정확한 것이다. 다시 말해 사용자들이 노동자나 국가라는 행위자들과 비교하여 더 큰 재량권을 가져야 한다는 것이다.

제도의 형태와 제도의 기능을 구분하게 되면, 자유화가 두 가지의 움직임으로, 즉 제도적 과정 및 제도적 결과와 관련되는 움직임으로 분명하게 가시화된다. 제도적 과정과 관련된 움직임은 무엇보다도 규제완화, 즉 제도적 장벽의 제거나 완화와 관련된다. 노사관계로 좁혀 말하면, 규제완화는 사업장 수준에서 그리고 넓게는 노동시장과 사회에서 법적 규제나 계약에 의한 제한을 철폐함으로써 자본의 재량권에 대한 제약을 제거한다.[8] 많은 국가들에서,

제도적 제약의 제거는 규제가 거의 없던 과거로의 회귀이다. 제도의 규제완화는 다음 중 하나 또는 그 이상을 수반한다. 상위 수준의 단체교섭에서 기업이나 사업장에 가까운 하위 수준으로의 교섭 분권화, 피고용인과 사용자 간의 개별적 교섭 또는 사용자의 일방적인 의사결정의 확대, 계급 행위자들의 집단적 조직 역량의 축소 등이 그것이다. 이와 더불어, 실업급여의 수준과 수혜기간을 축소하고, 실업급여 지급을 적극적인 구직활동과 가용한 일자리를 수용할 의지에 좌우되도록 만들며, 고용 보호의 수준을 낮추고, 전반적으로 수요와 공급의 자유로운 만남을 방해하는 모든 메커니즘을 제거함으로써 노동시장 제도의 재구조화가 추진된다(Blanchard and Wolfers, 2000; Blanchard, 2006; Layard, Nickell and Jackman, 2005; Nickell, 1997; Nickell, Luca and Wolfgang, 2005; OECD, 1994; Saint-Paul, 2002; Siebert, 1997; Traxler, 1995).

제도의 규제완화는 계급 행위자들이 공인된 제도와 그 규칙을 우회하거나 무시하도록 허용하는 메커니즘을 통해서도 작동할 수 있다. 이는 위에서 언급했던 제도 변화의 형태 중 하나다. 이 과정은, 때로는 '예외인정(derogation)'[9]이라는 이름으로 불리는데, 노조와 사용자들이 특정한 상황하에서 노동법이나 상위 수준의 단체협약의 적용에서 제외되는 경우에 나타날 수 있

---

8 트라슬러(Traxler, 1995: 3)는 노사관계의 변화를 논의하면서 '자유화' 대신에 '해체(disorganization)'라는 용어를 사용하지만, 그가 말하는 변화의 차원들, 즉 분권화, 규제완화, 계급 행위자들의 집합적 역량의 해체 등은 우리가 이 책에서 사용하는 변화의 차원들과 유사하다.

9 'derogation'은 이 책에서 다루는 노사관계 자유화의 중요한 메커니즘 중 하나로, 일반적으로는 법이나 규칙의 적용에서 제외되거나 또는 그 적용에서 예외로 인정 받는 것을 의미한다. 이 책에서 derogation은 하위협약(기업별 협약)이 상위협약(산업별 협약)의 규범적 구속력과 적용 범위에서 제외되거나(이른바 개방조항 또는 선택적 이탈), 노동법상의 특정 조항이 특별한 사유에 의해 적용되지 않거나(법령의 적용제외), 여러 층위의 협약들이 충돌하는 경우에 노동자들에게 유리한 내용의 협약 조항이 우선되어야 한다는 원칙에서 벗어난 협약(불이익변경 협약)이 체결되는 경우와 같이 다양한 맥락과 의미를 내포하여 사용되고 있다. 이를 포괄하기 위해 derogation을 주로 '예외인정'으로 번역하고, 문맥에 따라서 어떤 경우에는 '적용에서 예외로 인정되는' 등으로도 번역했다. ―옮긴이 주

다. 이러한 이유로, 예외인정은 국가의 보다 적극적인 역할을 필요로 한다. 행위자들이 처벌받지 않으면서 제도의 규칙을 무시하도록 허용되는 노사관계 시스템은 규제완화에 사실상 종속된 것이다.

제도 자유화의 두 번째 형태는 공식적으로는 변하지 않은 제도의 역할이 변형되는 것, 즉 재량의 제한에서 재량의 확대로 그 역할이 변형되는 것과 연관된다. 제도의 규제완화 과정과는 대조적으로, 이것은 실렌이 '제도 전환(institutional conversion)'으로 기술한 것과 관련되는데, 그것은 제도가 과거에 맡은 기능과 다른 기능을 떠맡으며 상이한 결과를 낳게 되는 것을 뜻한다(Thelen, 2004: 36). 제도 전환은 조형성 — 맥락에 영향을 받아 그 기능이 쉽게 변하는 성질 — 에 의해 가능해지는데, 우리가 위에서 언급했듯이, 그것은 정치·경제 영역의 제도들이 갖는 특징이다. 이에 해당하는 한 가지 사례는 집중화된 교섭일 것이다. 한때 그것은 거대하고 개입주의적인 공공부문에 기초하여 자유주의적 자본주의의 대안 체계를 구성하는 핵심이자 시장 불평등의 정치적 교정자였다. 그러나 집중화된 교섭은 제도 전환에 의하여, 실질임금 인상이 생산성 상승에 체계적으로 뒤처지도록 하는 것처럼, 시장 자체에서는 만들어질 수 없어 보이는 결과를 낳는 제도적 장치가 될 수 있다. 또 다른 제도 전환의 사례는 사업장평의회(works council)의 기능 변화일지도 모른다. 변화의 결과로, 사업장평의회가 사업장에서 산업별 노조의 대리자로 역할하기보다, 새로운 조건하에서 사용자와의 협력과 일체성을 촉진하게 된다. 이 두 개의 사례를 보면, 공식 제도는 변하지 않은 채 유지되지만, 조건이 달라지면 제도의 조형성이 기능 및 작용의 전환을 가능하게 하고, 예전과는 상이한 결과를 산출할 가능성이 커지는 것이다.

따라서 우리가 제도 형태 자체에서 탈집단화와 분권화를 목도하거나, 또는 제도가 자유화의 결과에 기여하는 식으로 그 형태의 측면에서는 과거와 연속적이지만 그 내용의 측면에서는 변형되었다면, 제도 변화의 궤적이 신자유주의적인 방향을 향한다고 말할 수 있다.[10] 제도의 규제완화로서의 자유화는 제도 형태를 관찰함으로써 경험적으로 포착할 수 있다. 이에 비해 제도 전환의 결과로서의 자유화는 형태를 벗어나 제도의 내적 기능과 결과를 살펴야 한다. 이러한 이유 때문에, 우리는 제도의 형태 변화를 조사하는 데 적합한, 노사관계 지표의 추세에 대한 양적 분석과 더불어, 제도의 결과에서의 변화를 포착하는 것에 더 적합한 질적 사례 분석도 제시할 것이다.

제도의 규제완화로서의 자유화와 제도 전환으로서의 자유화의 공통점은 그것들이 모두 인사관리 및 노동시장 전략에서 사용자의 재량권을 확대시켜 준다는 점이다. 사용자 재량권은 서로 연관된 세 가지 차원을 갖는다. (1) 임금결정의 재량권: 개별 사용자들이 개별적 상황과 기업의 지불능력에 맞게 임금을 조정하고, 핵심적인 종업원들을 채용하고, 동기를 부여하며, 계속 고용하기 위해서 임금격차를 활용하는 정도. (2) 인사관리 및 작업 조직의 재량권: 예를 들면, 극심한 수요 변동에 적응하기 위해 노동시간 유연성을 조직하고 기능적 전문화나 직무 범주를 가로질러 노동을 효율적으로 배치하는 능력. (3) 채용 및 해고의 재량권: 고용관계가 임의고용(employment at will)[11] 모델에 거의 비슷해지는 정도. 그러므로 노사관계 제도가 시간이 지나며 얼마나 사용자의 재량권을 확대하는지가 노사관계 제도의 자유화를 측정하는 기준이 된다. 여기서 사용자들이 과거에 비해 더 확대된 재량권을 세 가지 차원에 걸쳐 각각 얼마나 실제로 행사할 것인지는 알 수 없다. 다만 틀림없는 사실은 그들이 더 많은 재량권을 선호할 것이라는 점이다.

---

10 출발 지점도 중요하다. 교섭의 분권화는, 업종별 교섭이 기업별 교섭으로 대체되는 경우와 마찬가지로 전국 수준의 교섭이 업종별 교섭으로 바뀔 경우에도 똑같이 중대한 결과를 초래할 수 있다.

11 '임의고용 원칙'은 미국의 고용관계를 구성하는 보통법(common law)상의 기본 원칙 중 하나로, 기간의 정함이 없는 고용에 있어서 각 당사자는 언제나 자유로이 계약을 해지할 수 있고, 노동자가 사직할 자유와 동일하게 사용자도 노동자를 제한 없이 해고할 자유를 갖는다는 원칙을 말한다. —옮긴이 주

이질적인 제도 집합들과 국가 특수적인 발전의 궤적들에도 불구하고, 우리는 서유럽 전역에 걸쳐 노사관계 시스템이 공통된 신자유주의의 방향으로, 다른 말로 하면 고용관계에서 사용자의 재량권이 더 확대되는 방향으로 변형된 실제 증거가 존재한다고 주장한다. 슈트렉은 '윌리엄슨적(Williamsonian)' 제도와 '뒤르켐적(Durkheimian)' 제도를 유용하게 구별한 바 있다(Streeck, 2009). 모든 제도들이 (윌리엄슨이 말한 것처럼) 거래비용의 경제를 가능케 하고 행위자들에게 신뢰할 만한 헌신을 이끌어내는 조정 장치인 것은 아니다. 어떤 제도들은 (뒤르켐이 말한 것처럼) 집단적으로 공유하는 사회적 가치와 목표에 부합되게 의무적인 성격을 갖고 행위자의 재량권을 제한한다. 이 책에서 제시된 증거에 따르면, 제도의 조정적 속성이 일부 사례에서 간신히 살아남았다고 한다면, 제도의 의무적 속성은 어느 곳에서든 다 완화되었다.

3. 노사관계 자유화와 자본주의 성장

사용자의 재량권을 노사관계 자유화의 일차적 지표로 삼는다는 것은, 우리가 말하고자 하는 정치·경제적 이야기의 중심부에 계급 행위자와 계급 권력을 둔다는 말이다. 이는 비교정치경제학에 대한 권력자원 접근과 현대 자본주의의 외형 변화에 대한 주목이, 지난 30년 이상 동안의 유럽 노사관계 시스템의 운명을 이해하는 데 필수적이라고 제안하는 것이다(권력에 기반한 설명에 대해서는 Emmenegger, 2015; Ibsen 2015를 보라). 우리는 비교정치경제학이 그 분야의 오랜 이론적 가정들 때문에 노사관계 제도의 자유화라는 공통된 궤적의 가능성을 부인해왔다고 주장했다. 그 이론적 가정들이란 자본주의의 변화된 모습보다는 제도와 그 내적 논리에 대한 중범위적 강조, 제도가 변형되지 않고서 경제적 압력을 성공적으로 굴절시킬 수 있다는 기대, 그리고 제도의 기능보다 그 형태에 대한 주목 등이다. 그로 인해 자본주의의 국가별 다양성이 시간에 따른 자본주의의 전반적 변화 양상의 중요성을 가리는 경향이 있었다.

이 책의 일차적 목표는 1970년대의 석유 파동 이래로 서유럽의 노사관계에서 자유화의 공통된 궤적이 실제로 나타났음을 보여주는 것이다. 이 책을 끝까지 읽은 독자들이 우리가 주장하고자 하는 이 단순한 사실, 즉 비교정치경제학 분야에서 일반적으로 수용하는 지식과 충돌하는 그 사실을 받아들인다면 만족할 것이다. 우리가 발견한 자유화의 공통된 궤적의 기저에서 작용하는 인과 요인들을 분석하는 일이 이 책의 주된 초점은 아니다. 하지만 학자들이 제도가 작동하는 사회·경제적 힘의 장에 더 주의를 기울여야 하고, 슈트렉이 설득력 있게 주장했듯이, 정치경제학의 중심에 자본주의 분석을 다시 위치시킬 필요가 있다고 우리가 주장하기 위해서는, 선진 자본주의 세계 전반의 노사관계 변형에 수반하는 광범위한 현상들에 대해 (비록 도식적이지만) 일정하게 논의하고, 그래서 우리가 발견한 공통의 궤적이 어떻게 신자유주의적 특성을 갖는지에 대한 요인들을 추가적으로 검토하는 것이 우리의 의무일 것이다.

우리는 선진국들의 포드주의적 임금주도(wage-led) 성장 체제의 일반적 위기와 그에 뒤이은 대안적 성장모델을 찾고자 하는 불안한 시도에서 노사관계의 자유화가 가장 핵심적인 부분을 차지한다고 주장한다(Boyer, 2015; Lavoie and Stockhammer, 2012; Stockhammer and Onaran, 2013). 사용자의 재량권을 제한하는 노사관계 제도들은 임금주도 성장에 기반한 포드주의 모델의 공통된 특징이었다. 흥미롭게도, 그것은 사용자들의 운신의 폭을 줄였지만, 동시에 자본주의의 생존력과 안정성은 증가시켰다. 포드주의는 실질임금을 생산성 증가와 연동시킴으로써, 생산 잠재력의 상승에 충분할 정도의 총수요 증가를 보장했던 것이다.

포드주의 모델은 1970년대에 무너지기 시작했고, 그 쇠퇴는 국제경제의 변화(무역 및 자본 자유화)와 내생적으로 발생한 문제들의 누적(예를 들어 임금인상에 따른 인플레이션과 탈산업화) 모두에서 기인한 것이었다. 포드주의 체제의 위기는 계급 간 세력균형을 변화시켰고 국가 정책의 변화를 촉발했다. 그리고 이를 통해 노동의 조직된 힘이 약화되면서, 사용자들이 자신의 재량권을 극대화하고 궁극적으로 노사관계 제도를 자유화하고자 하는 그들의 선호에 따라 행동할 수 있도록 허용했다. 따라서 포드주의 모델의 붕괴와 이에 동반된 노동조합에 반대하는 계급 권력의 변화는, 우리가 이 책의 사례 분석에 관한 장에서 자세히 살펴볼 국가별 사태 전개의 조건을 창출했다. 결국 이러한 사태 전개는 예전의 임금주도 성장모델로의 복귀를 차단했다. 몇몇 국가들에서, 노동시장을 더 경쟁적으로 만들고 연간 국민생산에서의 이윤몫을 증가시키려는 일관된 정책의 적용은 결국 포스트 포드주의적 성장이 출현하는 조건을 만들어냈다. 그 속에서 성장은 실질임금 인상에 의해서가 아니라, 가계부채의 증가와 해외 수요에 대한 의존성 강화에 의해 지탱된다.

우리는 이 책의 마지막 장에서 포드주의적 임금주도 성장의 위기와 새로운 성장모델의 출현을 다룰 것이다. 이 절에서 우리는 두 가지 변화를 강조하고자 한다. 첫째, 권력자원 이론의 연장선에서, 조직 노동의 약화는 사용자들이 노동의 선호에 상관하지 않고 공유된 집단적 제도들 내에서 움직일 필요 없이, 그들 자신의 최우선적 선호에 따라 보다 자유롭게 행동함을 의미했다. 둘째, 사용자들은 집단적 노사관계 제도를 지지하는 데 관심을 가질 가능성이 적어졌다. 이것은 예전의 포드주의 시대로부터 물려받은 집단적 제도들의 중요성이 감소했던, 지난 30년간의 성장모델에서 나타난 심층적인 변화의 결과였다.

사용자들 사이의 조정에 대한 주목이든(Soskice, 1990), 포드주의 시대의 노동과 복지 제도의 구성에 있어 기업가들의 이해관계가 수행한 역할에 대한 역사적 분석이든(Swenson, 2002), 또는 기업의 조정 필요성에 대한 주목이든 간에(Hall and Soskice, 2001b), 지난 20년 동안 정치경제학 내의 이론적 노력이 지닌 강점 중 하나는 사용자와 기업에 대한 새로운 강조였다. 자본주의에 관한 정치경제학이라면 자본을 다시 불러들일 필요는 결코 없었을 것이다! 그런데 그 분야가 진화하면서, 사용자의 이해관계와 선호에 관한 일련의 특정한 가정들이 거의 헤게모니적인 지위로 올라서게 되었다. 이 가정들은 제도가 경제 행위자들 사이의 세력균형이 아니라 합리적 조정에 대한 기업의 필요의 산물이며, 따라서 사용자들은 그 균형이 변화할 때에도 제도를 무너뜨릴 유인이 거의 없을 것이라고 강조한다. 이와 같은 조정의 필요로 인해, 제도의 구성과 재구성을 둘러싼 지속적인 계급 갈등보다는 공유된 이해관계에 입각한 계급 간 동맹이 만들어질 것이라고 기대되었다.

이러한 이론적 무게 중심의 이동은 한때 그 분야를 지배했던 정치경제에 대한 권력자원 접근(Korpi, 1983)의 포기를 반영하는 것이다. 코르피가 보다 최근에 주장했듯이(Korpi, 2006b), 그 접근은 더 많은 주목을 받을 만한데, 왜냐하면 권력자원 접근은 사용자의 선호를 문제화하고 우리가 경험적으로 관찰하는, 오래된 노사관계 제도들에 대한 기업의 태도에서의 급격한 변화를 설명하려고 하기 때문이다. 그 접근이 제시하는 바에 따르면, "행위자들이 움직이는 전략적 맥락"에 의해서 선호가 형성되기 때문에(Hacker and Pierson, 2004: 193), 기업의 행동으로부터 최우선적 선호를 추론하게 되면 어떤 정책이나 제도에 대한 지지가 특정한 선호 서열을 반영해서 이루어졌다기보다 어떤 세력균형에 대한 마지못한 동의로 인한 것일 수 있다는 점을 이해하지 못하게 된다.[12] 예를 들어보자. 기업은 (초기의 자본주의의 다양성 이론이 가정했듯이) 비시장적 조정을 전략적 판단 이전에 고정된 선호로 가지고 있을 수도 있고, 아니면 그들의 전략적 판단 이전의 첫 번째 선호가 배제되어 차선을 그 대안으로 선택했을 수도 있다. 어떤 적절한 여건 속에서, 두 경우 모두에서 관찰

---

12 이 쟁점의 탐구를 위해서는, 피터 스웬슨을 한편으로 하고, 제이콥 해커와 폴 피어슨을 다른 편으로 하여 진행된 대단히 흥미로운 논쟁을 보라(Hacker and Pierson, 2002, 2004; Swenson, 2004a, 2004b).

된 결과는 동일할 것이다. 하지만 기업이 어떤 제도적 합의의 **적극적 지지자**인 상황과, 기업이 전략적 맥락을 이해하여 그 합의에 그저 동의할 뿐인 그런 상황 사이에는 엄청난 차이가 있는 것이다(Korpi, 2006b). 또한 그 차이는 위태롭게 걸려 있는 제도의 운명에도 영향을 미친다.

그 차이는 결정적인데, 왜냐하면 행위자들의 권력자원이 변하면 그에 따라 사용자의 선택도 달라지기 쉽기 때문이다. 권력자원은 폭넓게 이해되어야 하는 용어로, 조직적 힘, 국가 역량 그리고 구조적 힘을 포괄한다(Block, 1987: 3장). 우리의 국가별 사례들이 말해주듯이, 조직 노동의 힘은 모든 곳에서 쇠퇴했고, 사용자단체는 보다 정치화되고 자신만만해졌다. 이러한 일들은 자본의 구조적 힘의 증가라는 맥락 속에서 일어났는데, 이것은 부분적으로 초국적 자본의 이동성 증대와 금융시장의 역할로부터, 그리고 부분적으로 국민경제를 효과적으로 규제할 수 있는 국가 능력의 약화로부터 비롯되었다(Jessop, 1990b; Strange, 1986). 이를 통해 우리가 앞선 절에서 주장했듯이, 정치경제학은 게임이론의 균형 개념으로부터 역학적 (평형의) 균형 개념으로 이동할 필요가 있음을 알게 된다. 역학적 균형 개념에 의하면, 자본주의의 제도들은 서로 경쟁하는 힘들의 산물이다. 이 힘들이 일정 시기 동안은 평형을 유지할 수 있지만, 그렇게 귀결된 균형이 단지 일시적 상황 이상의 것이 된다는 기대는 존재하지 않는다. 제도 변화를 이렇게 이해한다면, 오늘날 조직 노동의 힘이 쇠퇴하면서, 타협의 필요성에 구속받지 않고 사용자의 선호가 진짜에 보다 가깝게 표출될 가능성을 생각해볼 수 있다. 슈트렉이 생생하게 묘사했듯이, 자본가들은 "현대적이고 전통에 얽매이지 않는 탁월한 경제 행위자이다. 그들은 새로운 변경(new frontiers)을 향한 영원히 반복되는 질주에서 결코 쉬지 않는다. 이것이 왜 그들이 **근본적으로 통제 불가능**한지에 대한 이유이다. 그들은 사회적 규칙을 가차 없이 후려치기에, 사회 제도의 관점에서 항구적인 무질서의 원천인 것이다"(Streeck, 2009: 41, 강조는 원문 그대로).

우리는 앞서 고전 정치경제학, 즉 다른 누구보다 마르크스, 슘페터, 케인스, 폴라니의 정치경제학으로 복귀할 것을 주장했다. 더불어 통제 불가능하고 위기가 지배하는 자본주의 성장의 동학을 강조하는 것이 오늘날의 제도 변화를 이해하는 데 도움이 된다고 주장했다. 슈트렉(Streeck, 2011)은 자본주의 자체의 변화하는 특성에 주목하는, 역사화된(historicized) 자본주의에 대한 분석에 초점을 둔 정치경제학을 요구했고, 자본주의의 역사적 궤적을 추적하는 것이 국제적 변이를 강조하는 것보다 더 계몽적이라고 제안했다. 우리의 관심은 자본주의와, 그것을 규제하고 그 통제 불가능성을 관리하기 위해 정치적으로 구성된 노사관계 제도 사이의 역동적 관계에 있다.

이런 이유로 정치경제에 대한 조절이론의 접근이 가치를 지닌다. "조절은 자본주의 모순의 핵심을 일시적으로 안정시키거나 억제하는 경제적 과정을 정치적으로 수정한다"(Neilson, 2012: 161). 조절이론의 가장 중요한 통찰력은 자본주의의 모든 성장모델들이 다양한 형태의 갈등과 더불어 자본주의의 안정적 재생산을 위한 근본적으로 상이한 문제들을 만들어낸다는 것이다. 이처럼 각각의 자본주의 모델은 상이한 조절 제도의 집합을 수반하곤 한다. 이러한 제도들은 특정한 자본주의 축적체제를 일시적으로 안정시키는 데 기여하지만, 제도적 장치의 적합성을 보증하기 위해 뒤쪽에서 대기 중인 원대한 설계자가 있는 것은 아니다. 따라서 제도들의 체제가 시간이 지나서도 지속된다는 보장은 없다.

조절이론에 따르면, 포드주의 체제는 수많은 상호 연관된 조건들(예를 들면, 완화적 금융 체제, 제한적인 국제경제 개방)에 기초한다. 하지만 그중에서도 고용관계를 조절하는 제도들이 근본적 역할을 한다(Boyer, 2004). 적당히 강한 노동조합과 단체교섭에 힘입어, 실질임금은 오로지 경쟁의 힘에 의해 결정되지 않고 노동생산성에 연동된다. 이러한 장치는 두 가지 상호 보완적이고 상호 강화적인 동학을 작동시킨다. 한편으로, 실질임금 인상에 자극되어 대량소비가 총수요의 크고 확실한 원천이 된다. 다른 한편으로, 시장 확대는 생산성 상승을 자극하는데, 이는 실현 가능해진 규모의 경제와 여러 대안적 메커니즘을 통해 이루어진다.

조절이론의 문헌은 케인스주의의 '가속도 효과', 즉 수요증가에 대응하여 확대되는 투자 경향을 강조한다(예를 들어 Boyer, 2004: 95). 신규 투자는 결국 최근에 제작된 자본설비와 기술 진보를 생산에 편입시킴으로써 생산성 상승을 촉진한다. 다른 포스트 케인스학파(post-Keynesian) 연구들은 노동 경직성이 생산성을 향상시키는 역할을 강조하는데, 여기에는 자본/노동 대체 및 효율적인 인적자원의 활용 모두를 촉진하는 고임금과 제도적 제약이 포함된다(이에 대한 더 많은 논의는 이 책의 마지막 장과 Storm and Naastepad, 2012b를 보라). 생산성 상승은 결과적으로 실질임금 인상에 '자금을 공급'함으로써, 건실한 성장 및 성장 과정에서의 노동과 자본 간의 비교적 공평한 분배를 보장한다.

포드주의 모델이 문제가 없었던 것은 아니다. 그 사회적 기반은 항상 어느 정도 불안정했다. 생산성 상승을 초과하는 임금인상의 경향이 있었고, 이는 자본 축적을 위태롭게 하고 인플레이션 경향을 야기했다. 완벽하게 그 이유가 밝혀지지는 않았지만, 1960년대와 1970년대의 노동생산성의 추세적 감소, 유가 인상 그리고 노동계급의 전투성 강화 등과 같은 서로 겹쳐 일어난 사태 전개의 결과로, 1970년대의 어느 시기에 포드주의 모델은 서서히 멈추어버렸다(Armstrong, Glyn and Harrison, 1991). 자본 이동의 자유화는 축적에 있어 이윤의 체계적 중요성을 증가시켰고, 자본 수익률의 전 세계적인 최저 한도를 강요하여 국내 행위자들을 제약하는 요인으로 작용했다. 이와 동시에 선진 경제권의 무역 개방 확대는 임금주도 성장에 경상수지 측면에서의 제약을 강화했는데, 만약에 국내 임금이 무역 경쟁국보다 너무 빠르게 인상되면 이는 대외 적자를 야기할 것이다. 또한 무역 개방의 확대는 강력하고 생산적인 제조업을 가진 나라들이 국내 수요의 촉진을 희생해가며 수출주도 성장(export-led growth) 전략을 추구하도록 한다. 지난 30년 동안, 포스트 포드주의를 이해하고 그 특징을 파악하려는 시도들이 정말로 하나의 성장 산업처럼 나타났었다.[13] 여기서 우리는 이 연구들을 반복하지는 않을 것이다. 우리의 목적을 위해서 두 가지를 지적하는 것으로 충분하다. (1) 노사관계의 약화는 포드주의 성장체제의 생존에 결정적인 조건, 즉 노동조합운동과 단체교섭이 생산성 상승을 촉진하고 이를 통해 생산성 상승이 실질임금 인상에 의해 가계 소비로 이전되는 능력을 훼손시켰다. (2) 새롭게 출현하는 자본주의는 — 제조업뿐만 아니라 점차 성장하던 서비스산업에서도 — 유연성과 사용자들이 다양한 방식으로 재빠르게 대응하는 능력에 그 이전보다 훨씬 더 높은 프리미엄을 부여했다. 이것이 바로 하비가 '유연적 축적'이라고 정확하게 칭한 것이고, 사용자의 재량권 확대를 오늘날의 보편적 특징으로 만든 것이다(Harvey, 2005: 76).

대공황과 2차 세계대전 이후의 비교적 짧은 시기에, 포드주의를 지배하는 자본 분파의 변화된 필요와 산업 노동자의 거대한 규모에 기초한 새로운 계급 간 세력균형이 결합되어, 일시적이고 허약한 '계급 타협'이 만들어졌다고 볼 수 있다. 이 시기에 형태를 갖춘 선진 자본주의 국가의 노사관계 시스템은 이러한 타협을 반영했고 사용자의 재량권을 제한하는 데 기여했다. 이 책의 국가별 사례의 장들은 그 타협의 형식과 노동시장을 규제하기 위해 구축된 제도의 유형을 설명하는 것에서 시작한다. 그러한 제도들의 특정 형태는 나라마다 다르지만, 1970년대 말 무렵에는 사용자의 재량권이 실질적이고 현저하게 제약 받았다. 그러나 그 계급 타협은 (자본주의의 다양성 이론에서 사용하는 의미에서) 제도적 균형을 낳지는 않았고, 우리의 국가별 사례 연구들이 보여주듯이, 그 이후 모든 국가들에서 크게 침식되었다.

우리는 이 장의 결론을 맺으며, 노사관계의 궤적이 노동조합, 노동시장 제도 그리고 노동에서의 정의에 관심을 가진 특정한 학자들에게만 적합한 '부분적' 이야기가 아니라는 점을 언급하고자 한다. 노사관계 제도는 자본주의

---

13 그 문헌들은 매우 많다. 가장 야심 찬 연구들로는 Harvey(1989), Kotz, McDonough and Reich(1994), Lash and Urry(1987), Offe(1985), Piore and Sable(1984) 등이 있다. 전체적인 개관을 위해서는 Amin(1994)을 보라.

국가에서 체계적 중요성을 가진다. 그것은 선진 자본주의적 민주주의 국가들에서 1930년대와 1970년대 사이에 작동한 축적체제 전반의 생존 능력을 보장했다. 노사관계 제도의 침식과 위기는 오늘날 모든 곳에서 직면하고 있는 자본주의의 불안정성을 초래한 중요한 원인인 것이다.

3장

노사관계 변화의 양적 분석

이 장에서 우리는 1974년부터 2011년까지 15개 OECD(경제협력개발기구) 회원국들의 데이터를 분석하여 유럽 노사관계의 제도 변화를 평가한다. 이와 관련된 선행 연구는 제한적이고 점증적인 변화와 독특한 국가별 제도 집합의 지속성을 강조하는 경향이 있었다(Golden, Wallerstein and Lange, 1999; Lange, Wallerstein and Golden, 1995; Wallerstein, Golden and Lange, 1997). 그러나 이 연구들은 우리의 작업보다 다루는 시간대가 짧았고 분석에 사용한 변수들도 적었다.

우리가 주목한 지표로는 노조 조직률(노조 가입 자격을 갖춘 노동자들 중에서 노조 조합원의 백분율), 사용자 조직률(전체 노동자 중에서 사용자단체에 가입한 기업에 고용된 노동자의 백분율), 단체교섭의 집중화 및 조율(coordination)에 관한 세 가지 지표[그중의 하나는 다수 사용자 협약에서 '개방조항(opening clauses)'의 존재를 고려한다], 공공정책의 설계 및 실행에 대한 노동조합과 사용자단체의 참여 정도를 포착하는 사회협약(social pact)의 지표, 노사갈등 수준에 관한 지표 등이 있다. 표본은 12개의 서유럽 국가들(오스트리아, 벨기에, 덴마크, 핀란드, 프랑스, 독일, 아일랜드, 이탈리아, 네덜란드, 노르웨이, 스웨덴, 영국)을 포함한다. 이와 더불어, 자유시장경제의 표본을 늘리기 위해 호주, 캐나다, 미국도 포함했다. 설명의 편의를 위해서, 그리고 단기 변동을 완만하게 하고 결측값의 문제를 해결하기 위해서, 연간 자료는 1974년부터 2008년까지는 5년간의 평균으로 일곱 개의 시기를 구분해 집계하고, 2009년부터 2011년까지의 시기는 3년간의 평균으로 집계한다. 노사갈등에 관한 자료를 제외한 모든 자료의 출처는 피서르(Visser, 2013)가 수집하여 정리한 '노동조합, 임금결정, 국가개입 및 사회협약의 제도적 특성에 관한 데이터베이스(ICTWSS, 네 번째 버전)'이다.

이 장은 두 개의 절로 나누어진다. 첫 번째 절은 변수들의 기술통계 추이를 보여준다. 두 번째 절은 잠재된 차원들을 드러내기 위해 다양한 지표들에 대한 요인분석(factor analysis)을 수행한 이후 다양한 국가들의 궤적에 대해 논의한다.

1. 노조 조직률, 단체교섭 구조 및 노사갈등

노조 조직률 자료는 표 3.1로 나타난다.[1] 이를 보면, 노조 조직률이 1974~1978년과 2008~2011년 동안에 15개국 중 13개국에서 감소했음을 알 수 있다. 가장 큰 감소는 프랑스(-63%)에서 일어났다. 그 뒤를 이어 호주(-59%), 오스트리아(-52%), 미국(-49%), 네덜란드(-48%), 독일(-47%)의 순서로 조직률 하

---

[1] 호주와 미국의 경우에, 노조 조직률의 시계열 자료는 피서르의 데이터베이스(Visser, 2013)에서 두 개의 시계열 자료를 이어 붙여 구성한 것이다. 하나는 노조 조합원에 관한 행정 자료에 기초한 것이고(초기 연도에 해당함), 다른 하나는 노동시장 설문조사에 기초했다(이후의 연도에 해당함). 조정계수는 두 시계열이 중복되는 시기에 행정 자료의 수치를 설문조사 자료의 수치로 나누어 계산했다. 그렇게 하고 나서 조정계수는 초기 연도의 행정 자료에 적용했고, 이후의 연도에는 설문조사 자료가 사용되었다.

락이 나타났다. 감소가 가장 적은 곳은 벨기에(-3%)였고, 노르웨이와 핀란드
는 오히려 조금 증가했다(각각 2%, 4%). 1989~1993년과 2009~2011년 사이의
시기만 주목하면, 가장 큰 하락은 호주(-55%), 독일(-44%), 오스트리아(-38%),
아일랜드(-32%)의 순서로 나타났다. 1990년대부터 조직률은 모든 나라에서
감소했고, 심지어는 핀란드, 노르웨이, 벨기에 등의 '겐트(Ghent) 국가들'에서
도 하락했는데, 이들의 경우 앞선 시기에는 노조 조직률이 안정적이었고 오
히려 약간 증가하기도 했었다.[2]

표 3.1의 자료는 노조의 쇠퇴가 조정시장경제와 자유시장경제 가릴 것 없
이 어디서나 일어났음을 보여준다. 이러한 횡단적 추세는 독일과 영국의 노

표 3.1 노동조합 조직률

(단위: %)

국가	74-78	79-83	84-88	89-93	94-98	99-03	04-08	09-11	% 11-74	% 08-79	% 11-89
호주	44.76	44.98	43.85	40.51	30.75	23.84	20.00	18.37	-58.97	-55.53	-54.66
오스트리아	58.46	55.44	50.56	45.58	39.98	35.86	31.48	28.30	-51.59	-43.22	-37.91
벨기에	52.42	53.00	51.78	53.98	55.20	50.56	52.98	50.83	-3.03	-0.04	-5.83
캐나다	34.50	35.04	34.60	34.78	33.56	30.52	29.68	29.90	-13.33	-15.30	-14.03
덴마크	71.80	79.32	76.74	75.96	76.60	73.70	69.90	68.65	-4.39	-11.88	-9.62
핀란드	65.88	68.60	70.22	76.00	79.70	74.44	71.04	68.73	4.33	3.56	-9.56
프랑스	21.40	17.62	12.82	9.96	8.60	8.02	7.66	7.90	-63.08	-56.53	-20.68
독일	34.82	35.06	33.98	33.06	28.06	24.02	20.72	18.50	-46.87	-40.90	-44.04
아일랜드	57.28	58.18	53.88	52.20	45.92	36.92	33.14	35.47	-38.08	-43.04	-32.06
이탈리아	48.98	47.90	41.60	39.00	37.22	34.38	33.56	35.13	-28.27	-29.94	-9.91
네덜란드	37.20	33.48	26.66	24.56	24.78	22.16	20.72	19.27	-48.21	-38.11	-21.55
노르웨이	53.66	57.58	56.94	58.14	56.48	54.54	54.36	54.57	1.69	-5.59	-6.15
스웨덴	74.98	78.46	82.56	83.30	84.68	78.46	73.10	69.30	-7.58	-6.83	-16.81
영국	47.02	51.24	45.78	39.72	33.34	29.62	27.48	27.20	-42.15	-46.37	-31.52
미국	22.75	20.97	17.06	15.42	14.04	12.82	11.80	11.50	-49.44	-43.73	-25.42

---

2 겐트 국가들은 노조 가입을 위한 강력한 선택적 유인을 제공한다. 왜냐하면 실험보험이 자발
   적이고 노동조합에 의해 운영되며 국가가 많은 보조금을 지급하기 때문이다(Rothstein 1992,
   Van Rie, Marx and Horemans 2011).

그림 3.1 독일과 영국의 노조 조직률

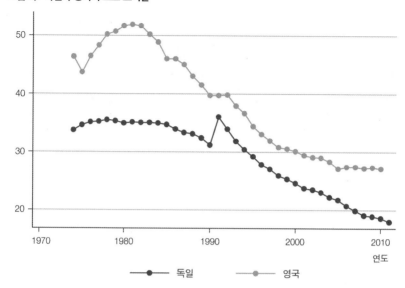

그림 3.2 벨기에와 노르딕 국가들의 노조 조직률(2차 회귀모형에 따른 추세선을 포함)

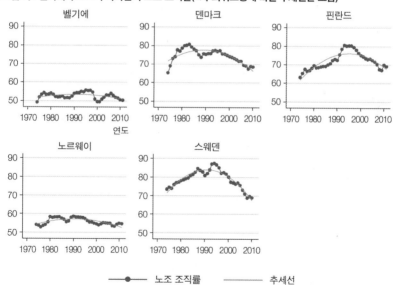

조 조직률 비교를 통해 분명히 드러난다(그림 3.1). 1980년대에는 독일보다 영국에서 노조 조직률이 더 급속하게 감소했다. 그러나 1990년대 초반부터 영국보다 독일에서 조직률 하락이 더 급격했다.

2009~2011년에 스웨덴, 핀란드, 덴마크는 여전히 70%에 근접한 노조 조직률을 보이고(세 나라 모두 겐트 제도가 있다), 노르웨이와 벨기에는 50%를 조금 넘는 수준이다. 하지만 그림 3.2에서 보듯이, 이들 나라에서도 노조 조직률이 1990년대 초반에 정점을 찍은 후 1990년대와 2000년대에는 하락했다. 아일랜드, 이탈리아, 프랑스, 캐나다, 노르웨이에서 조직률 하락세는 2010년대 초반에 오면 평평해진 것으로 보인다. 사실 이 국가들의 노조 조직률은 약간 증가했다. 이 현상은 경제위기 동안 비조합원들보다 조합원들이 인원 감축의 영향을 덜 받았기 때문으로 보인다.

피서르의 데이터베이스(Visser, 2013)는 다양한 출처로부터 얻은 부문/업종별 노조 조직률 자료도 편집해놓았다. 시계열은 불완전하고 자료의 대부분은 1990년대 중반부터만 사용 가능하지만, 그 정보는 음미해볼 가치가 있다. 그림 3.3에서, 민간부문, 공공부문, 이차 산업, 제조업, (공공부문보다 더 엄격히 정의되는) 공공행정, 상업, 그리고 숙박·음식점업 등의 노조 조직률이 부문/업종별로 구분되어 표시되어 있다. 마지막 두 개의 서비스업종은 노동집약적이고 저숙련직이 집중된 곳이다. 어디에서나 민간부문 또는 제조업보다 공공부문의 조직률이 더 높다. 대다수 국가들의 공공부문 조직률은 (미국을 포함해서) 하락하지 않았다. 그러나 호주, 영국, 오스트리아, 독일 등에서는 공공부문과 민간부문의 노조 조직률이 함께 하락했다. 네덜란드는 민간부문보다 공공부문에서 조직률 하락이 더 큰 것으로 보인다. 추가적으로, 노동집약적인 서비스업종(상업과 숙박·음식점업)의 노조 조직률은 어느 나라에서나 특히 낮은 수준이다. 예외적으로 (겐트 제도가 있는) 덴마크, 핀란드, 스웨덴의 민간서비스 업종의 조직률은 50%를 넘는다.

부문/업종별 노조 조직률의 통계가 부족하다면, (피고용인 기준 백분율로 측

그림 3.3 부문/업종별 노조 조직률

a) 자유시장경제

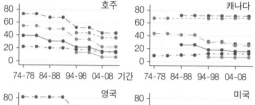

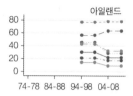

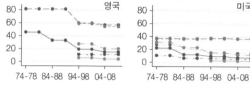

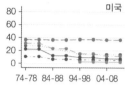

b) 대륙 유럽

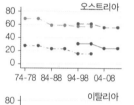

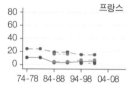

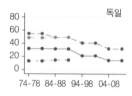

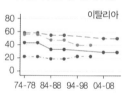

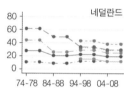

c) 벨기에와 노르딕 국가들

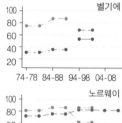

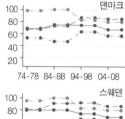

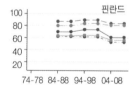

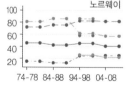

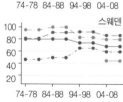

정한) 사용자단체 조직률에 대한 통계는 훨씬 더 듬성듬성하다. 표 3.2는 피서르의 데이터베이스(Visser, 2013)에서 가용한 자료를 보고한 것이다. 비록 대부분의 자료가 2000년대 초반부터 존재하고, 더욱이 호주, 캐나다, 미국의 자료는 아예 없지만, 사용자단체 조직률이 하락했다는 증거는 없다. 오스트리아의 사용자단체 조직률은 전체 기간 동안에 항상 100%를 유지했고, 다른 국가들의 사용자단체 조직률도 그 기간에 조금은 올라간 것으로 보인다. 일반적으로 사용자 조직률은 노조 조직률보다 더 높다. 법률에 의한 단체협약 효력 확장 제도가 없고, 단체협약 적용 범위[3]가 사용자단체에 가입한 기업들의 범위와 거의 일치하는 국가의 경우에, 사용자 조직률이 높다는 것은 특히 중요하다. 독일, 이탈리아, 스웨덴, 영국에서는 사용자 조직률의 소폭 감소가 관찰된다.

표 3.2 사용자단체의 조직률

(단위: %)

국가	74-78	79-83	84-88	89-93	94-98	99-03	04-08	09-11
호주								
오스트리아	100.00	100.00	100.00	100.00	100.00	100.00	100.00	100.00
벨기에						82.00		82.00
캐나다								
덴마크					58.00	60.00	65.00	
핀란드				63.75		66.50	72.70	
프랑스				74.00		74.00	75.00	
독일						63.00	60.00	
아일랜드						60.00		
이탈리아						62.00	58.00	
네덜란드						85.00	85.00	
노르웨이					53.50	59.00	65.00	
스웨덴					86.00	83.00	84.00	83.00
영국						40.00	35.00	
미국								

---

3 이 책에서 '단체협약 적용 범위(collective bargaining coverage)'는 문맥에 따라 '단체협약 적용률'로도 옮겼음을 밝힌다. —옮긴이 주

노동조합 조직률과는 다르게(하지만 사용자 조직률의 추세와는 일관되게), 단체협약 적용률이 전반적으로 감소했다는 증거는 없다(여기서 단체협약 적용률은 단체협약에 의해 포괄되는 노동자의 비율을 의미한다). 관련된 자료는 표 3.3에 제시되었다. 이를 보면, 단체협약 적용률이 오로지 노조의 포괄 범위와 직접적으로 연관되는 영국, 호주, 미국, 캐나다 등에서 협약 적용률이 감소했다는 점을 알 수 있다. 그러나 협약 적용률의 하락이 자유시장경제만의 특징은 아니다. 독일의 협약 적용률도 1990년에 85%에서 2010년에 61%로 떨어졌고, 제조업에서는 이보다 훨씬 낮다. 협약 적용률의 하락은 독일을 다룬 6장에서 논의될 것이다. 여기서는 독일의 단체협약 적용률이 사용자단체의 힘에 절대적으로 의존한다는 점만을 지적하고자 한다. 법적으로는 가능하지만, 단체협약 효력 확장 조항이 최근에 드물게 사용되었다. 독일의 일부 사용자단체들은 회원사 감소를 막기 위한 방법으로 '협약 없는 회원사'(산업별 협약에 구속되지 않는 회원사) 제도를 실험해왔다. 다른 국가들에서는 협약 적용률이 약간

표 3.3 단체협약 적용률

(단위: %)

국가	74~78	79~83	84~88	89~93	94~98	99~03	04~08	09~11	% 11-74	% 08-79	% 11-89
호주	88.00	88.00	85.00	76.67	60.00	50.00	45.00			-48.86	
오스트리아	95.00	95.00	95.00	98.00	98.00	98.75	99.00	99.00	4.21	4.21	1.02
벨기에	90.00	97.00	96.00	96.00	96.00	96.00	96.00	96.00	6.67	-1.03	0.00
캐나다	37.60	37.96	37.28	38.10	35.48	32.24	31.68	30.20	-19.68	-16.54	-20.73
덴마크	81.00	82.00	83.00	84.00	84.00	83.00	85.00			3.66	
핀란드	77.00	77.00	77.00	85.00	85.00	86.50	88.30	89.50	16.23	14.68	5.29
프랑스	76.00	78.95	88.30	94.50		92.00	92.00			16.53	
독일	85.00	85.00	85.00	85.00	75.18	68.84	64.70	61.55	-27.59	-23.88	-27.59
아일랜드						44.40	41.90	42.20			
이탈리아	85.00	85.00	85.00	85.00	85.00	85.00	85.00	85.00	0.00	0.00	0.00
네덜란드	78.40	81.80	80.30	80.00	83.40	84.70	84.85	84.30	7.53	3.73	5.38
노르웨이	65.00	70.00	70.00	70.00	72.00	72.00	73.50			5.00	
스웨덴	84.00	85.00	85.00	87.50	91.50	94.00	92.25	91.00	8.33	8.53	4.00
영국	77.30	73.50	64.00	54.00	36.88	35.74	34.22	31.57	-59.16	-53.44	-41.54
미국	26.26	24.78	20.04	18.14	16.26	14.74	13.52	13.23	-49.61	-45.44	-27.05

증가했다. 결국에는 노조 조직률과 단체협약 적용률 사이의 격차가 생겼다. 그 격차는 프랑스(85%), 오스트리아(70%), 네덜란드(65%), 이탈리아(50%) 등에서 특히 크다. 이러한 격차는 노조 조직률이 감소하는 가운데, 그렇게 줄어든 유노조 부문에서 체결한 협약의 효력을 확장하는 법률 제도 때문이다. 이렇듯 노조 조직률의 하락 추세로 말미암아, 노조로 조직된 소수의 노동자들과 다수의 미조직 노동자들의 연결이 끊어질지도 모른다는 우려가 생긴다. 결국 노동조합은 (노조 바깥의) 외부자들의 기대를 저버리면서 자기 조합원들의 이익을 위해서만 교섭하기 위해서 그들의 특권적 위치를 이용해먹는 내부자의 조직으로 행동한다고 손쉽게 비난받는다(Lindbeck and Snower, 1986, Saint-Paul, 2002).

노사관계의 차원 중에 교섭 구조와 교섭 집중화의 수준이 중요하다. 교섭 집중화는 대개 교섭의 주된 수준으로 측정한다. 피서르의 데이터베이스에는 교섭의 주된 수준에 대한 지표가 있는데(그래서 교섭 집중화/분권화의 서열척도가 제공된다), 이는 다음과 같이 코딩된다(Visser, 2013: 11).

5 = 교섭이 대부분 중앙 또는 산업 횡단적 수준에서 이루어지고, 그보다 낮은 수준의 협약들이 준수해야 하는, 중앙에서 결정된 구속력 있는 기준 또는 상한선이 존재한다.
4 = 중앙 교섭과 산업별 교섭의 중간 수준이거나 두 수준의 교섭이 번갈아 이루어진다.
3 = 교섭이 대부분 업종 또는 산업 수준에서 이루어진다.
2 = 업종별 교섭과 기업별 교섭의 중간 수준이거나 두 수준의 교섭이 번갈아 이루어진다.
1 = 교섭이 대부분 사업장 또는 기업 수준에서 이루어진다.

여기서 '대부분'의 의미는 해당 교섭 수준이 전체 협약 적용률 중 3분의 2

이상을 차지한다는 것이다. 표 3.4는 위의 코딩 도식에 따른 교섭 집중화/분권화 자료를 제시한 것이다. 교섭 분권화는 영국에서 정말이지 극적으로 이루어졌다. 1975~1978년에 영국은 집중화된 교섭에 해당했지만, 이후에 극적으로 분권화되었다. 호주와 캐나다에서도 집중화의 쇠퇴가 나타나지만, 아일랜드는 1988년과 2008년 사이에 매우 집중화되었다가(Baccaro and Simoni, 2007; Roche, 2007), 그 이후 금융위기와 함께 분권화되었다(Roche, 2011). 미국의 지표는 아무런 변화가 없는데, 이는 미국의 교섭 구조가 언제나 기업별이었기 때문이다. 분권화 과정은 덴마크와 스웨덴에서도 나타난 것으로 보인다. 1970년대에 이들 국가에서 임금과 노동조건이 중앙 수준에서 결정되었지만, 1980년대 후반과 1990년대 초반 사이에 교섭은 (기업별 교섭의 역할이 점차 커지며) 산업 수준으로 이동했다(Iversen, Pontusson and Soskice, 2000). 독일과 오스트리아는 변화가 없다고 보고되었고, 주된 교섭 수준의 척도에 따르면 벨기에와 이탈리아에서 1990년대부터 교섭 집중화가 (이탈리아의 경우는 약간) 일어난 것으로 보인다.

표 3.4 단체교섭 집중화 점수

국가	74-78	79-83	84-88	89-93	94-98	99-03	04-08	09-11	% 11-74	% 08-79	% 11-89
호주	4.00	4.20	4.60	3.20	2.00	2.00	2.00	2.00	-50.00	-52.38	-37.50
오스트리아	3.00	3.00	3.00	3.00	3.00	3.00	3.00	3.00	0.00	0.00	0.00
벨기에	3.40	4.20	4.80	4.60	4.20	4.60	4.60	4.67	37.25	9.52	1.45
캐나다	2.00	1.20	1.00	1.00	1.00	1.00	1.00	1.00	-50.00	-16.67	0.00
덴마크	5.00	3.80	3.80	3.00	3.40	3.00	3.00	3.00	-40.00	-21.05	0.00
핀란드	5.00	4.60	3.80	4.20	4.20	4.60	4.20	3.67	-26.67	-8.70	-12.70
프랑스	3.00	2.40	2.00	2.00	2.00	2.00	2.00	2.00	-33.33	-16.67	0.00
독일	3.00	3.00	3.00	3.00	3.00	3.00	3.00	3.00	0.00	0.00	0.00
아일랜드	2.80	2.20	2.60	5.00	5.00	5.00	5.00	1.00	-64.29	127.27	-80.00
이탈리아	3.40	3.40	2.40	2.80	3.00	3.00	3.00	3.00	-11.76	-11.76	7.14
네덜란드	3.60	3.60	3.20	3.40	3.00	3.40	3.20	3.00	-16.67	-11.11	-11.76
노르웨이	4.40	4.00	4.20	4.40	3.20	3.40	3.00	3.00	-31.82	-25.00	-31.82
스웨덴	5.00	4.60	4.20	3.80	3.00	3.00	3.00	3.00	-40.00	-34.78	-21.05
영국	4.60	3.00	2.40	2.00	1.00	1.00	1.00	1.00	-78.26	-66.67	-50.00
미국	1.00	1.00	1.00	1.00	1.00	1.00	1.00	1.00	0.00	0.00	0.00

위에서 살펴본 교섭 집중화의 척도는 오스트리아, 독일, 스웨덴, 덴마크 및 그 외 다른 국가들의 교섭 집중화의 실상을 크게 과장한다고 말할 수도 있겠다. 이 책의 국가별 사례에 관한 장들에서 보듯이, 독일과 스웨덴의 교섭 구조는 극적으로 변했지만, 그 변화가 주된 교섭 수준에 초점을 맞출 경우에는 포착되지 않는다. 주된 교섭 수준은 산업 수준으로 유지되어 왔지만, 중앙에서 협상된 조항들을 우회할 수 있는 기회가 증가하면서 산업별 교섭은 점차 침식되었다. 변화의 정도를 측정하는 더 현실주의적인 방법은 '개방조항'의 효과를 고려하는 것이다. 개방조항은 하위 수준의 협약이 상위 수준의 협약 조항들로부터 이탈하도록 허용하는 법률적인 또는 협약상의 규준이다.

피서르의 데이터베이스(Visser, 2013: 11)는 시간 변화에 따른 개방조항의 척도를 포함하고 있는데, 이는 대부분 제조업의 상황을 반영한 것이다. 그 척도는 다음과 같이 코딩된다.

5 = 개방조항이 예외적이다(파산이나 구조조정의 특수한 경우에만 적용하는, 단한 번의 긴급조항).

4 = 개방조항이 존재하고, 노동시간에 대해서만 제한적으로 사용된다.

3 = 개방조항이 존재하고, 임금에 대해서도 제한적으로 사용된다.

2 = 개방조항이 존재하고, 임금을 포함해 광범위하게 사용된다.

1 = 개방조항이 일반화된다. 업종별 협약이 사업장 교섭에 적용되는 기본틀만 설정하거나, 사업장 협상이 실패한 경우에 대비한 초기 설정만 규정한다.

0 = 해당되지 않음(업종별 또는 전국 협약이 없다).

교섭 수준과 개방조항의 척도를 조합하면, 교섭 집중화/분권화에 관한 조정된 척도를 만들 수 있다. 이를 통해 공식적으로는 교섭이 여전히 집중화되어 있지만, 예외인정의 가능성이 큰 경우를 고려할 수 있다. 다음의 코딩 도식에서 보듯이, 이 새로운 척도는 주된 교섭 구조에 개방조항의 정도를 사용한 가중치를 부여해 계산된다.

개방조항이 5점이면, 교섭 수준 × 1.0

개방조항이 4점이면, 교섭 수준 × 0.8

개방조항이 3점이면, 교섭 수준 × 0.6

개방조항이 2점이면, 교섭 수준 × 0.4

개방조항이 1점이면, 교섭 수준 × 0.2

개방조항이 0점이면, 교섭 수준 × 0.0

이 코딩 도식에 의하면, 최고 점수는 5점으로 이것은 교섭이 매우 집중화되어 있고 개방조항이 예외적인 경우이고, 최저 점수는 0점으로 이것은 교섭이 분권화된 경우에 해당한다. 주된 교섭 수준이 업종별 교섭과 기업별 교섭의 중간 수준이거나 두 수준의 교섭이 번갈아 이루어지면(교섭 수준 점수가 2점이면), 개방조항의 가중치는 2로 나눈다. 예를 들어, 교섭 수준의 차원에서 2점인 국가의 경우, 개방조항이 예외적이라면, 조정된 점수는 1이 된다. 이 대안적 집중화 척도는, 교섭 구조가 공식적으로는 변하지 않았으나 실제로 그것이 얼마나 침식되었는지 해명하는 데 보다 적합한 것으로 보인다. 그림 3.4가 드러내듯이, 독일의 경우 주된 교섭 수준의 척도는 변화가 없지만, 조정된 척도로 보면 노조 조직률 하락과 나란히 진행된 분권화 추세가 보인다(그림 3.4를 보라).

교섭 집중화의 조정된 척도는 분권화의 정도를 보다 분명히 보여줄 뿐만 아니라, 그것이 전반적 현상임을 명확히 알려준다. 이 척도에 따르면, 영국만이 아니라 스웨덴과 덴마크에서도 전반적인 분권화가 일어났다. 조정된 척도에서 아무런 변화가 없는 유일한 나라는 캐나다와 미국인데, 그 이유는 두 나라 모두 출발 시점부터 분권화된 교섭 구조였기 때문이다(표 3.5를 보라).

그림 3.4 독일의 교섭 집중화(왼쪽)와 노조 조직률(오른쪽)

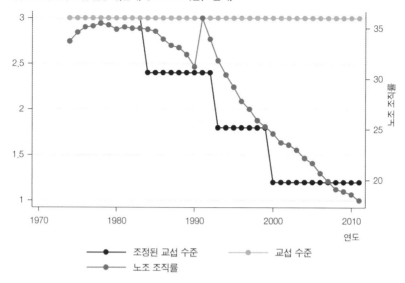

	조정된 교섭 수준		교섭 수준
	노조 조직률		

표 3.5 조정된 단체교섭 집중화 점수(개방조항 반영)

국가	74-78	79-83	84-88	89-93	94-98	99-03	04-08	09-11	% 11-74	% 08-79	% 11-89
호주	4.20	4.36	4.36	2.68	1.60	1.60	1.52	1.40	-66.67	-65.14	-47.76
오스트리아	4.00	4.00	3.52	3.40	3.16	2.80	2.80	2.80	-30.00	-30.00	-17.65
벨기에	4.40	5.20	5.24	4.68	4.36	4.68	4.68	4.73	7.58	-10.00	1.14
캐나다	1.00	1.00	1.00	1.00	1.00	1.00	1.00	1.00	0.00	0.00	0.00
덴마크	6.00	4.80	3.52	2.80	2.48	2.20	1.60	1.60	-73.33	-66.67	-42.86
핀란드	6.00	5.60	4.80	5.20	5.20	5.60	4.96	3.33	-44.44	-11.43	-35.90
프랑스	4.00	2.72	1.80	1.80	1.80	1.80	1.60	1.60	-60.00	-41.18	-11.11
독일	4.00	4.00	3.40	3.28	2.80	2.32	2.20	2.20	-45.00	-45.00	-32.93
아일랜드	2.44	1.96	2.20	4.00	4.00	4.00	4.00	1.00	-59.02	104.08	-75.00
이탈리아	4.40	4.24	2.28	3.16	4.00	4.00	3.64	3.20	-27.27	-14.15	1.27
네덜란드	4.60	4.12	3.56	3.72	3.40	3.28	2.92	2.80	-39.13	-29.13	-24.73
노르웨이	5.40	4.84	4.56	5.40	4.20	3.72	2.80	2.80	-48.15	-42.15	-48.15
스웨덴	6.00	5.60	5.20	4.56	2.80	2.32	2.08	1.60	-73.33	-62.86	-64.91
영국	3.76	2.80	2.08	1.60	1.00	1.00	1.00	1.00	-73.40	-64.29	-37.50
미국	1.00	1.00	1.00	1.00	1.00	1.00	1.00	1.00	0.00	0.00	0.00

주: 백분율을 계산할 때 0으로 나누는 것을 피하기 위하여, 모든 점수에 1을 더했음.

어떤 국가의 교섭 구조를 평가하는 데 사용되는 조금 다른 척도로 임금교섭의 조율 수준이 있다(Kenworthy, 2000; Soskice, 1990). 조율은 집중화와 연관되지만, 강력하고 응집력 있는 사용자단체나 노조 총연맹과 같은 기능적 대체물이 존재하는 경우에 공식적으로 분권화된 교섭 구조 내에서도 조율이 이루어질 수 있다. 피서르는 조율 변수를 다음과 같이 코딩했다(Visser, 2013: 10).

5 = (a) 정부의 관여 여부와 상관없이 이루어지는 정상 조직(들)에 의한 집중화된 교섭, 그리고/또는 평화 의무와 함께 정부가 시행하는 임금표(wage schedule)/임금동결 조치(예: 1980년 이전의 스웨덴), (b) 강력하고 독점적인 노조 총연맹에 의한 산업별 교섭의 비공식적 집중화(예: 1983년 이전의 오스트리아), (c) 영향력 있는 대기업들이 주도하는 교섭의 조율과 결합된, 광범위하고 규칙화된 패턴 설정과 고도로 동기화된 교섭(예: 1998년 이전의 일본)

4 = (a) 정부의 관여 여부와 상관없이 이루어지는 정상 조직들에 의한 집중화된 교섭, 그리고/또는 평화 의무 없이 정부가 시행하는 임금표/임금동결 조치(예: 1987~2009년의 아일랜드), (b) (노사 양편의) 정상 조직들에 의한 산업별 및 기업별 교섭의 (총연맹 내부의 그리고/또는 총연맹들 사이의) 비공식적 집중화(예: 2002~2008년의 스페인), (c) 노동조합의 높은 집중도와 결합된 광범위하고 규칙화된 패턴 설정(예: 대부분의 시기 동안의 독일).

3 = (a) (노사 중 한쪽, 또는 일부 노조들만의) 정상 조직들에 의한 산업별 및 기업별 교섭의 (총연맹 내부의 그리고/또는 총연맹 사이의) 비공식적 집중화(예: 2000년 이후의 이탈리아), (b) 오직 중간 정도의 노동조합 집중도와 결합된 불규칙적이고 불확실한 산업별 교섭(예: 1981~1986년의 덴마크), (c) 정부의 중재 또는 개입(예: 1966~1968년, 1972~1974년의 영국).

2 = 패턴 교섭 없이 또는 패턴 교섭이 소규모이면서 동시에 기본급(법정최

저임금) 또는 임금연동제의 설정을 통한 비교적 약한 수준의 정부의 조율을 수반하는, 산업별 및 기업별 교섭의 혼합(예: 대부분의 시기 동안의 프랑스).

1 = 개별 기업이나 공장에 국한된, 파편적인 임금교섭(예: 1980년 이후의 영국).

표 3.6에 보고된 조율 점수는 조율이 대다수의 나라에서 하락했지만(특히 영국과 캐나다), 그 수준이 상승한 국가들도 있다고 알려준다(특히 독일과 벨기에). 그러나 가중치가 부여되지 않은 교섭 수준/집중화 척도와 마찬가지로, 조율의 척도도 개방조항의 확산(이는 사용자단체와 노조 총연맹 모두의 조율 능력을 저해한다)에 대한 어떠한 고려도 하지 않았기에 편향될 수 있고, 그래서 교섭 체계에서 조율의 수준을 현실과 다르게 과장할 수 있다.

노사관계 제도화의 또 하나의 차원은, 넓게 정의하여 공공정책, 특히 소득정책, 사회정책 그리고 노동시장정책의 설계 및 실행에서 노동조합과 사용자단체의 참여이다(Avdagic, Rhodes and Visser, 2011; Baccaro and Simoni, 2008;

표 3.6 단체교섭의 조율

국가	74-78	79-83	84-88	89-93	94-98	99-03	04-08	09-11	% 11-74	% 08-79	% 11-89
호주	3.00	2.80	4.00	3.20	2.00	2.00	2.00	2.00	-33.33	-28.57	-37.50
오스트리아	5.00	4.80	4.00	4.00	4.00	4.00	4.00	4.00	-20.00	-16.67	0.00
벨기에	3.60	4.20	4.60	4.00	4.40	5.00	5.00	5.00	38.89	19.05	25.00
캐나다	3.40	1.00	1.00	1.00	1.00	1.00	1.00	1.00	-70.59	0.00	0.00
덴마크	5.00	3.80	3.40	4.00	3.80	4.00	4.00	4.00	-20.00	5.26	0.00
핀란드	5.00	4.20	4.60	4.20	4.20	4.60	4.20	3.67	-26.67	0.00	-12.70
프랑스	2.40	2.20	2.00	2.00	2.00	2.00	2.00	2.00	-16.67	-9.09	0.00
독일	3.20	4.00	4.00	4.00	3.80	3.40	4.00	4.00	25.00	0.00	0.00
아일랜드	2.80	2.20	2.20	4.00	4.00	4.00	4.00	3.00	7.14	81.82	-25.00
이탈리아	2.80	2.80	2.40	2.80	4.00	3.20	3.00	3.00	7.14	7.14	7.14
네덜란드	3.80	3.40	4.00	4.00	4.00	3.40	3.40	3.67	-3.51	0.00	-8.33
노르웨이	4.80	4.20	3.80	4.40	4.00	4.20	4.00	4.00	-16.67	-4.76	-9.09
스웨덴	5.00	4.60	3.60	3.80	3.40	4.00	4.00	4.00	-20.00	-13.04	5.26
영국	3.80	1.60	1.00	1.00	1.00	1.00	1.00	1.00	-73.68	-37.50	0.00
미국	1.00	1.00	1.00	1.00	1.00	1.00	1.00	1.00	0.00	0.00	0.00

Baccaro, 2014b; Rhodes, 1998). 코포라티즘(corporatism) 또는 사회협약으로 알려진 이 차원은 최근까지 쇠퇴했다고 간주되었으나(Streeck and Schmitter, 1991), 보다 최근의 연구들은 정책 결정의 제도화된 양식으로서의 코포라티즘은 결코 죽지 않았다고 말한다. 이에 따르면, 그것은 다른 종류의 정책을 실행하는 데 활용되기 시작했는데, 이제 더 이상 재분배나 공적 소비의 확대를 목표로 하지 않고, 오히려 실질 단위노동비용을 절감하고 경쟁력을 높이며 복지국가의 축소와 노동시장 자유화의 과정을 용이하게 하는 것을 목표로 삼는다(Avdagic, Rhodes and Visser, 2011; Baccaro, 2014b).

여기서 제시한 사회협약의 척도는 피서르의 데이터베이스로부터 두 개의 변수를 조합하여 구성했다. 해당 연도에 노사정 삼자협약 또는 노사 간의 양자협약이 타결되었는지 여부와, 해당 연도에는 협약에 관한 어떠한 협상도 없었지만 과거의 협약이 임금에 효과를 미치는지 여부를 조합한 것이다. 이에 따른 결과는 표 3.7에 나타난다. 그 척도는 1과 2 사이를 움직인다. 1.2라

표 3.7 사회협약

국가	74-78	79-83	84-88	89-93	94-98	99-03	04-08	09-11	% 11-74	% 08-79	% 11-89
호주	1.00	1.20	2.00	1.80	1.00	1.00	1.00	1.00	0.00	-16.67	-44.44
오스트리아	2.00	1.80	1.00	1.00	1.40	1.20	1.40	2.00	0.00	-22.22	100.00
벨기에	1.60	1.60	1.60	1.60	1.60	1.40	1.80	1.33	-16.67	12.50	-16.67
캐나다	1.00	1.00	1.00	1.00	1.00	1.00	1.00	1.00	0.00	0.00	0.00
덴마크	1.60	1.20	1.20	1.00	1.20	1.20	1.40	1.00	-37.50	16.67	0.00
핀란드	1.80	1.60	1.40	2.00	1.80	1.80	1.60	1.67	-7.41	0.00	-16.67
프랑스	1.20	1.20	1.20	1.40	1.20	1.60	1.20	1.33	11.11	0.00	-4.76
독일	1.00	1.00	1.00	1.00	1.20	1.00	1.00	1.00	0.00	0.00	0.00
아일랜드	1.80	1.40	1.40	2.00	2.00	2.00	2.00	1.00	-44.44	42.86	-50.00
이탈리아	1.60	1.40	1.20	1.60	1.60	1.40	1.20	1.33	-16.67	-14.29	-16.67
네덜란드	1.60	1.60	1.20	1.60	1.80	1.80	1.40	1.67	4.17	-12.50	4.17
노르웨이	1.60	1.40	1.00	1.20	2.00	1.20	1.40	1.00	-37.50	0.00	-16.67
스웨덴	2.00	1.80	1.60	1.20	1.20	1.00	1.20	1.00	-50.00	-33.33	-16.67
영국	1.80	1.00	1.00	1.00	1.00	1.00	1.00	1.00	-44.44	0.00	0.00
미국	1.00	1.00	1.00	1.00	1.00	1.00	1.00	1.00	0.00	0.00	0.00

주: 백분율을 계산할 때 0으로 나누는 것을 피하기 위하여, 모든 점수에 1을 더했음.

는 점수는 5년 중 한 해에 하나의 사회협약이 타결되었거나 과거 협약의 임금 효과가 해당 국가에서 유지되었다는 것을 뜻한다. 이 지수는 명시적인 협상과 협약에 초점을 두기 때문에, 오스트리아와 독일에서처럼 일상화된 협의를 과소평가할 수 있다. 그 지표를 보면, 북유럽 국가들과 영국의 코포라티즘 쇠퇴를 강조한 설명대로(Iversen, 1996; Swenson, 1991), 스웨덴, 덴마크, 노르웨이에서 사회협약이 상당히 감소했다는 점을 알 수 있다. 아일랜드의 경우에 1980년대 후반부터 2000년대 후반까지 사회협약이 정책 결정을 지배했지만, 경제위기 이후에 사라졌다(Regan, 2011; Roche, 2011).

마지막으로, 우리는 노사갈등을 다루었다(표 3.8을 보라). 우리는 파업 및 직장폐쇄로 인한 노동손실일수 — 우리는 이를 민간부문 취업자의 규모로 나누어 표준화했다 — 에 대한 국제노동기구(ILO)의 자료를 사용했다.[4] 이 자료는 2008년까지(프랑스는 2004년까지) 이용 가능한데, 역사적으로 노사갈등이 심했던 이탈리아와 영국을 포함해 모든 국가들에서 노사갈등의 감소 추세가 강하게 나타난다. 낮은 파업 성향은 노동의 힘이 약해진 결과일 수 있다. 하지만 단순히 위협만으로도 사용자들을 굴복시키는 경우라면, 노동의 힘이 강해서 낮은 파업 성향이 나타날 수도 있다. (생산성과 비교한 임금인상의 전반적 하락, 실업 증가, 불평등 심화 등의) 사회경제적 상황을 고려할 때, 노사갈등의 감소가 노조의 힘이 강해서 나타나는 현상이라고 말할 수 없다는 것은 거의 확실하다.

---

4 분자는 ILO 노동통계 데이터베이스(변수 9C)에서 가져왔다(ILO, 각 연도). 분모는 OECD의 연례노동력통계(Annual Labour Force Statistics)에서 가져왔다(OECD, 각 연도). 노사갈등의 기록 방식은 나라별로 다소 다르다. 특히 프랑스의 자료는 총파업과 정치파업, 그리고 한 개 사업체 이상이 참가한 모든 파업을 제외한다. 따라서 프랑스 노사관계의 갈등 수준은 과소평가되기 쉽다.

표 3.8 노사갈등

국가	74-78	79-83	84-88	89-93	94-98	99-03	04-08	% 08-74	% 08-79	% 08-89
호주	0.59	0.48	0.20	0.15	0.07	0.05	0.02	-96.67	-95.92	-86.90
오스트리아	0.00	0.00	0.00	0.01	0.00	0.07	0.00	-99.39	-99.35	-99.84
벨기에	0.21	0.11	0.05	0.03	0.02	0.05	0.06	-69.80	-45.41	107.24
캐나다	0.89	0.65	0.38	0.23	0.19	0.15	0.13	-85.06	-79.75	-42.57
덴마크	0.07	0.10	0.22	0.03	0.27	0.04	0.03	-61.87	-71.69	-8.45
핀란드	0.40	0.29	0.40	0.14	0.16	0.04	0.08	-81.06	-74.27	-45.40
프랑스	0.15	0.09	0.04	0.02	0.02	0.02	0.01	-94.88	-91.53	-67.90
독일	0.05	0.01	0.04	0.02	0.00	0.00	0.00	-89.38	-11.33	-69.06
아일랜드	0.50	0.54	0.28	0.11	0.06	0.06	0.01	-98.66	-98.75	-93.69
이탈리아	1.01	0.86	0.25	0.18	0.08	0.09	0.03	-96.66	-96.09	-81.16
네덜란드	0.01	0.03	0.01	0.01	0.02	0.01	0.01	-45.31	-78.33	-55.50
노르웨이	0.07	0.04	0.13	0.06	0.09	0.06	0.03	-51.90	-30.20	-44.51
스웨덴	0.03	0.22	0.09	0.06	0.04	0.03	0.01	-78.36	-97.29	-90.58
영국	0.35	0.44	0.35	0.06	0.02	0.02	0.03	-92.73	-94.21	-57.51
미국	0.26	0.17	0.07	0.06	0.04	0.04	0.01	-95.64	-93.22	-80.59

자료: 국제노동기구(ILO) 노동통계 및 OECD.

2. 요인분석

우리는 이제 위에서 보여준 변수들의 공변이(covariation)의 체계적 패턴을 밝히기 위해 요인분석을 하고자 한다. 요인분석은 기저에 숨겨진 여러 개념적 구성물이 가시적으로 나타나는 게 자료라고 가정하고, (표준화된) 관찰 변수들의 선형적 조합으로서의 개념적 구성물을 드러내 보여준다. 요인분석에 사용된 지표는 노조 조직률, 단체협약 적용률(결측값이 있는 해는 직선을 그어 대체했다), 교섭의 수준, 개방조항에 의해 가중치가 부여된 교섭의 수준, 교섭조율, 사회협약의 발생 그리고 노사갈등의 수준이다. 사용자 조직률은 자료의 포괄 범위가 빈약하기 때문에 요인분석에 포함하지 않았다. 자료는 5년간 평균이다. 요인을 추출하는 방법으로는 주성분분석이 사용되었다. 요인분석의 결과는 표 3.9로 나타난다.

표 3.9 요인분석

요인	고유값	차이	비율	누적 비율
요인1	4.16	3.05	0.59	0.59
요인2	1.10	0.41	0.16	0.75
요인3	0.70	0.18	0.10	0.85
요인4	0.52	0.22	0.07	0.92
요인5	0.30	0.15	0.04	0.97
요인6	0.15	0.08	0.02	0.99
요인7	0.08	-	0.01	1.00

• 요인부하량과 독자분산

변수	요인1	요인2	독자성
노조 조직률	0.70		0.40
협약 적용률	0.74		0.42
교섭 수준	0.95		0.10
조정된 교섭 수준	0.93		0.13
교섭 조율	0.93		0.12
사회협약	0.71		0.49
노사갈등		0.96	0.07

주: 사례수는 105개, 추출된 요인(회전하지 않음)은 2개, 빈칸은 요인부하량이 0.5 미만임.

고유값(eigenvalue)이 1보다 큰 두 개의 요인이 나타나고, 그 두 요인이 전체 자료의 누적 변이의 75%를 설명한다. 흥미롭게도, 이 두 개의 (회전하지 않은) 요인은 쉽게 해석된다. 첫 번째 요인은 교섭 수준의 지표(가중치가 부여된 것과 부여되지 않은 것 모두) 그리고 교섭 조율의 지표와 매우 강한 양(+)의 상관관계를 갖는다(요인부하량이 0.9보다 크다). 또한 그 요인은 노조 조직률, 단체협약 적용률, 그리고 사회협약과 강한 상관관계를 보인다(요인부하량이 0.7 이상이다). 다른 말로 하면, 첫 번째 요인에서 높은(낮은) 점수를 받은 국가는 교섭 집중화 및 조율, 노조 조직률, 협약 적용률, 사회협약의 발생 등에서 모두 높은(낮은) 점수를 받는다는 것이다. 따라서 첫 번째 요인은 노사관계 제도화의 차원을 포착한다. 두 번째 요인은 노사갈등의 수준과 매우 강한 상관관계를 갖고(0.96의 요인부하량), 그 외의 모든 변수들과는 약한 상관관계를 보인다(나머지 변수들의 요인부하량은 0.5보다 낮아 표에서는 제외시켰다). 이 두 번째 요인은 갈등의 수준(동원)을 포착한다. 이 두 개의 주성분은 서로 직교한다고 해석할 수 있다.

그림 3.5는 15개 국가들의 제도화와 동원의 평균 점수를 10년 간격으로 구분하여 좌표에 표시한 것이다(1974~1978년, 1984~1988년, 1994~1998년, 2004~2008년). 그래프가 너무 혼란스럽게 보이지 않기 위해서 프랑스, 독일, 이탈리아, 스웨덴, 영국만 국가명칭을 그래프에 나타냈다. 그림 3.5에서 가장 분명한 특징은 표본의 모든 나라들에서 노사갈등의 전반적 감소이다. 그래프는 시간이 흐르면서 점차 남쪽으로 이동한 것처럼 보인다. 특히 이탈리아에서 갈등의 감소가 인상적이다. 그러나 서쪽으로의 전반적 이동은 보이지 않는다. 비록 영국 노사관계 시스템의 탈제도화가 1974~1978년과 2004~2008년을 비교하면 두드러지지만, 국가들의 산포도는 시간이 흘러도 좁혀지지 않았다.

그림 3.6은 국가 그룹별 요인 점수의 변화를 좌표에 표시했다. 국가 그룹은 (1) 북유럽 국가(덴마크, 핀란드, 노르웨이, 스웨덴), (2) 대륙 유럽의 조정시장

그림 3.5 15개국의 요인 점수

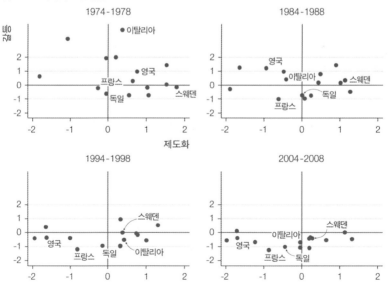

그림 3.6 국가 그룹별 요인 점수

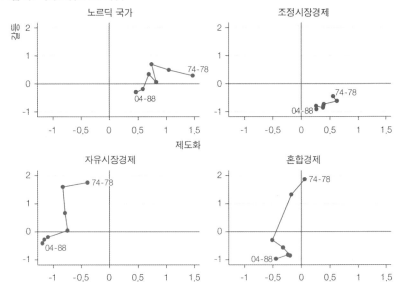

경제(오스트리아, 벨기에, 독일, 네덜란드), (3) 자유시장경제(호주, 캐나다, 아일랜드, 영국, 미국), (4) 혼합경제(프랑스, 이탈리아)로 구분했다. 그래프를 통해, 모든 나라들이 출발 지점이 다르지만 동일한 변화 궤적을 따르고 있다는 점을 볼 수 있다. 모든 국가 그룹들에서 변화의 방향이 북동쪽(갈등 및 제도화 점수가 높음)에서 남서쪽(갈등 및 제도화 점수 낮음)으로 나타난다. 잘 알려진 바대로, 북유럽의 노사관계 시스템은 1974~1978년에 다른 나라들에 비해 더 강하게 '제도화'되어 있었고, 그 뒤를 조정시장경제, 혼합경제, 자유시장경제의 순서로 이어졌다. 그런데 모든 국가 그룹들은 처음의 시기에 비해 2004~2008년에 제도화 점수가 더 낮아진다. 그러나 모든 노사관계 시스템들이 탈제도화를 겪었지만, 국가 그룹들 사이의 차이는 유지되고 있고, 북유럽 국가들은 여전히 대륙 유럽의 조정시장경제보다 약간 더, 그리고 혼합경제 및 자유시장경제보다는 상당히 더 제도화되어 있다.

3. 변화의 궤적에 대한 평가

이 장에서 보여준 양적 분석은 다음과 같은 결론을 제시한다. (1) 노조 조직률의 전반적 하락이 있었다. 북유럽 국가들과 벨기에의 경우 조직률 하락은 다른 나라들보다 늦게, 즉 1980년대 초반이 아니라 1990년대 초반에 시작되었다. (2) 몇몇 예외가 있지만, 노조의 쇠퇴는 공공부문보다 제조업에서 더 강했다. 또한 노동집약적 서비스업종의 노조 조직률은 다른 업종에 비해 과거에도 더 낮았고 지금도 그러하다. (3) 이용 가능한 자료에 기초해 볼 때, 사용자 조직률은 노조 조직률과 같은 정도로 하락하지 않았다. 다른 말로 하면, 계급 행위자들은 조직적 쇠퇴를 동일하게 겪지 않았다. (4) 분명히 전체 국가들에서 단체교섭의 분권화를 향한 추세가 나타났다. 이 추세는 교섭 구조의 지표에서 개방조항의 확산을 고려할 때 더 분명하게 보인다. (5) 노사갈등은 모든 곳에서 극적으로 감소했다.

국가별 노사관계 시스템이 안정적인가 아니면 본질적으로 변하고 있는가, 그리고 만약 본질적인 변화가 있다면 서로를 향해 수렴하고 있는가라는 질문에 확답을 주려는 주장은, 논리학자들이 말하는 '더미의 역설(sorites paradox)'에 빠질 위험을 안고 있다. 더미의 역설은 고대 그리스의 철학자인 밀레투스 출신의 에우불리데스(Eubulides of Miletus)가 처음 제기한 것이다. 그것은 여러 개의 유사한 형태로 서술되었는데, 그중 하나가 머리가 빠지는 사람에 관한 논변이다. "만약에 머리숱이 많은 사람의 머리카락 한 올이 빠지면 그 사람은 여전히 머리숱이 많다고 말할 수 있는가?", "만약에 머리숱이 많은 사람의 머리카락 한 올이 또 빠지면 그 사람은 아직도 머리숱이 많다고 말할 수 있는가?" 이 두 명제에 긍정적으로 답하는 게 당연하게 보인다. 그러나 두 번째 전제를 반복적으로 적용하면, 머리카락이 아주 많이 빠진 사람을 여전히 머리숱이 많다고 인정할 수밖에 없게 된다. 이러한 논리 연역은 고전논리학의 표준에 의해 완벽히 정당화된다. 왜냐하면 그것은 긍정 논법('p이면 q이다',

'p는 참이다', 그러므로 'q도 참이다')과 개별적으로 참인 명제들의 연쇄로만 이루어져 있기 때문이다. 하지만 그것은 상식과 날카롭게 대립한다.

이 역설은 어떤 특정한 성질(quality)이 느리게 증가하거나 느리게 감소하는 사태와 관련된 모든 명제들에 적용되며, "많은 기업들이 교섭 구조를 분권화하는 노사관계 시스템이 본질적으로는 여전히 안정되어 있다"와 같은 명제에도 마찬가지로 적용된다. 이 더미의 역설은 어떤 술어(述語)가 적용되는 경계를 정확하게 확정하기 어려운 자연언어의 모호성에서 비롯한다고 널리 알려져 있다. 인공언어는 명제의 진릿값이 참에서 거짓으로 이동하는 분명한 경계점이 있는 술어를 도입함으로써 이러한 종류의 역설을 제거한다. 이를테면 의학 언어에서 당뇨병 환자는 리터당 7밀리몰(mmol) 이상의 혈당을 가진 사람으로 정의한다. 그러나 대개 그러한 경계점은 어느 정도는 자의적이고 모든 사람들이 그것에 동의하지 않을 수도 있다. 분명한 경계점이 없는 경우, 위에서 얘기한 바와 같은 더미의 역설의 진리 상태를 결정하려는 것은 본질적으로 결함이 있다. 언어철학자들이 반음영(半陰影, penumbra)이라 부르는 것, 즉 어떤 술어가 적용되어야 하는지 명백하지 않은 상태를 검토하는 경우를 생각해보자. 어떤 관찰자가 머리숱이 적은 남자를 바라보며, 머리숱이 풍성했던 그의 상태가 근본적으로는 변하지 않았다고 생각할 수 있고, 다른 관찰자는 이와 반대로 그의 상태가 이제 변했다고 볼 수 있는 것이다. 이 경우에, 자의성을 피할 수 있는 유일한 방법은 더미의 명제의 진릿값을 결정하지 않고, 그 과정의 방향을 정확히 측정하려고 시도하는 것이다. 따라서 이제 그 질문은 문제의 그 남자가 머리카락이 빠지고 있는지 아니면 나고 있는지가 된다.

위에서 제시한 요인 점수는 자유화의 분명한 경계점을 정의하는 데에 상당히 잘 들어맞는다. 이 책의 초점인 5개국 ― 프랑스, 독일, 이탈리아, 스웨덴, 영국 ― 의 경우에, 우리는 노사관계가 자유화되었다고 간주될 수 있는 어떤 임계점을 상식에 따라 확정하고, 이를 바탕으로 각각의 나라들이 특정 시점에 어느 지점에 위치하는지 비교할 수 있다. 우리는 첫 번째 요인이었던 제도화에 집중해서 1989년과 1993년 사이의 영국의 평균을 기준점으로 선택했다. 이 선택은 관례에 따른 것이지만, 그 근거는 정당화될 수 있다. 자유화는 다른 나라들에 비해 영국에서 가장 빨리 시작되었고 더 멀리 나아갔다. 우리는 1980년대 말과 1990년대 초반 무렵이면 영국의 노사관계 시스템이 이미 자유화되었다고 생각한다. 비교의 기준점을 확정한 후, 우리는 특정 시점의 개별 국가들의 제도화 요인 점수와 위에서 말한 기준점 간의 비(ratio)를 자유화 지수로 구성했다. 자유화 지수가 높아지면, 자유화의 수준도 높아지는 것이다. 정의상 1989~1993년의 영국이 1의 값을 갖는다. 1 이상의 값은 완전히 자유화된 시스템의 임계점을 통과한 것을 의미한다. 이 지수는 자유화의 연속선상에 다양한 국가들이 서 있는 어떤 지표를 제공한다.

그림 3.7은 5개국의 자유화 지수를 보여준다. 이를 보면, 5개국 모두가, 실제로는 영국만 통과한 자유화의 임계점을 향해 나란히 이동해왔음을 알 수 있다. 시작 시점(1974~1978년)에, 스웨덴은 매우 비자유주의적인 사례로 이상점(outlier)이었고, 나머지 4개국은 분포의 중간 부근에서 군집을 이루었다. 물론 초기 조건이 상이했고 국가들의 상대적 거리가 줄지는 않았지만, 종료 시점(2004~2008년)에는 영국이 매우 자유주의적인 사례로 이상점이었고, 나머지 4개국은 상당한 자유화를 경험했음을 볼 수 있다.

요인 점수를 통해서도 수렴에 대한 조작적 정의를 만들 수 있다. 앞에서 확인한 두 개 요인(제도화와 노사갈등)의 표준편차가 시간이 흐르면서 감소하면, 다시 말해 요인의 분포가 시간에 따라 덜 산포하게 된다면, 노사관계 시스템이 수렴하고 있다고 말할 수 있다. 그림 3.8은 15개국 모두를 대상으로 하여 이 두 요인의 시기 변화에 따른 표준편차를 그래프로 나타낸 것이다. 노사갈등 차원의 산포도가 줄어들었다는 증거는 분명하지만, 제도화의 경우에 표준편차의 감소 추세는 보이지 않는다. 따라서 이용 가능한 자료에 대한 양적 분석의 결과를 보면, 산업 평화(industrial quiescence)에서는 수렴이 있었지만, 제

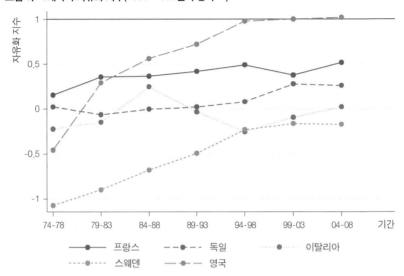

그림 3.7 5개국의 자유화 지수(1989~1993년의 영국=1)

프랑스 ——●——   독일 ——●——   이탈리아 ·····●·····
스웨덴 ——●——   영국 ——●——

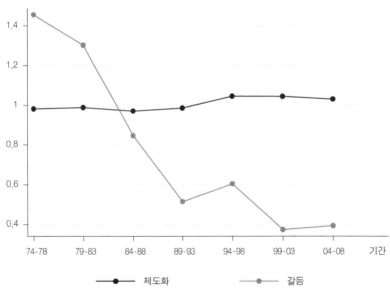

그림 3.8 시간에 따른 요인1(제도화)과 요인2(갈등)의 표준편차 도해

제도화 ——●——   갈등 ——●——

도화의 합성적 차원(여기에는 교섭 집중화, 교섭 조율, 사회협약, 노조 조직률, 협약 적용률이 포함된다)에 대해서는 그렇지 않았다. 선진국들은 제도화의 차원에서 같은 방향으로 움직였지만, 여전히 많이 다른 것이다.

그렇다면 양적 분석의 증거가 제도화의 축에서 제도적 분기의 지속을 가리키고 있는데, 왜 우리는 수렴이라는 말을 사용하기를 고집하는가? 현재 이용 가능한 양적 지표들이 기껏해야 제도의 규제완화로서의 자유화를 포착하는데 적합할 뿐이고, 제도 전환으로서의 자유화에 대해서는 거의 말하지 않는다는 것이 그 답이다. 우리가 다음 장에서 주장하듯이, 제도적 다양성의 범위가 줄어들지 않았을지는 몰라도, 상이한 제도들이 만들어낸 결과들이 점점 수렴한다는 견해에는 그럴 만한 이유가 있다. 사례로 다룬 모든 국가들에서 다양한 제도들이 사용자의 재량권을 확대시키기 때문이다. 이어지는 다섯 개의 장에서 우리는 영국, 프랑스, 독일, 이탈리아, 스웨덴에 대한 역사적 분석을 시도한다. 이 국가들은 출발점과 제도적 유산의 측면에서 큰 차이가 있다. 영국과 독일은 각각 자유시장경제와 조정시장경제의 전형이다. 스웨덴은 강력하게 집중화된 단체교섭, 강한 노조 및 사회민주당의 지배 등이 결합되었기에 비교정치경제학에서 중요하게 다루어져 왔다. 프랑스와 이탈리아는 분류하기 어렵기로 유명하지만, 양국의 크기와 경제적 중요성 그리고 전후 궤적의 특수성 때문에 자세하게 분석할 가치가 있다. 요약하면, 노사관계의 측면에서 이 5개국의 사례들 모두가 국가별 특이성의 배후에서 공통된 신자유주의의 방향으로 가고 있다는 우리의 핵심 주장을 검토하는 데 상당히 적합한 것으로 보인다.

4장

영국
집단적 규제의 붕괴와 자유시장경제의 구축

영국의 사례는 이 책에서 검토하는 다른 나라들과 다소 어울리지 않아 보인다. 그것은 노사관계 제도가 신자유주의의 방향으로 변형을 겪어왔다는 우리의 핵심 주장을 영국의 사례가 부인하기 때문이 아니다. 오히려 반대로 영국의 노사관계는 비교적 짧은 기간에 대규모의 탈집단화를 겪었다. 그 과정은 "제도적 노사관계의 종말"로 특징지을 수 있다(Purcell, 1993). 영국 사례는 두 가지 점에서 다른 나라들과 구별된다. 첫째, 주로 기존 제도가 직접적으로 침식되고 궁극적으로는 해체되며 제도 변화가 발생했다. 이것은 다른 국가들이 제도의 조형성과 재편성의 메커니즘을 통해 제도 변화가 나타난 것과 대조된다. 다른 말로 하면, 영국 사례에서 제도 변화를 찾아내는 일은 복잡한 게 아니고 쉽게 확인된다는 것이다.

둘째, 지난 35년은 두 시기로 구분된다. 첫 번째는 연이어 집권한 보수당 정부에서 탈집단화가 일어난 시기이고, 두 번째는 신노동당 정부의 지원 속에 노동시장의 부분적 재규제가 있었던 시기이다. 매우 제한적이었지만, 이 시기에 신자유주의를 저지하려는 시도가 있었다. 재규제는 집단주의로 복귀하는 모습을 띤 게 아니었고 ― 노조 조직률과 단체교섭은 지속적으로 감소했다 ― 입법과 국가기관을 통해 국가의 역할을 강화하는 형태로 나타났다. 따라서 변화의 궤적이 균일하게 신자유주의적이지는 않았지만, 오늘날 영국의 노사 관계가 위치한 곳은 매우 유연한 노동시장과 분권화·개별화된 제도적 특징 을 지닌 극도로 신자유주의적인 지점이라고 할 수 있다. 2010년에 집권한 보 수당-자유민주당 연립정부와 2015년에 자유민주당의 참여 없이 재집권에 성 공한 보수당 정부는 이렇게 마련된 합의를 깨지 않았다.

1. 집단적 규제 체제의 정점

1970년대 말의 영국은 흔히 알려지길, 사용자와 노조가 행사하는 매우 높 은 수준의 집단적 규제[오토 칸-프로인트(O. Kahn-Freund)가 이름 붙인 '집단적 자 유방임'이라는 용어로 잘 표현된다], 대체로 개입을 자제하는 국가, 그리고 강력 한 노동운동을 특징으로 한 노사관계 시스템을 갖고 있었다(Howell, 2005: 3 장). 노사관계 제도와 노동조합은 기업과 사업장 수준으로 분권화되어 있었 다. 그로 인하여 사용자의 재량권은 상당히 제한 받았으며, 고용 조건과 작업 조직은 공동 규제(joint regulation)에 종속되어 있었다. "그것은 21세기 노동조 합 활동가들 대다수는 꿈도 꿀 수 없는, 작업 수행에 대한 현장 노조의 일상 적 영향력을 반영하는 것이었다"(Brown and Edwards, 2009: 7).

양차대전 사이에 출현한 초창기 노사관계 시스템은 작업장 내부의 공식적 규제 제도가 제한된 상태에서 산업별 교섭에 의존했었는데, 1950년대에 이 시스템은 경제 변동과 생산성 향상을 도모하던 포드주의 기업들의 압력 속에 서 무너지기 시작했다(Howell, 2005: 4장). 1968년에 노사관계를 조사하는 왕 립위원회[일상적으로는 위원장의 이름을 따 도노번 위원회(Donovan Commission)로 알려져 있다]는 (산업 수준의) 공식적 노사관계 시스템과 (분권화된) 비공식적 노사관계 시스템이 충돌하고 있다는 진단을 내렸다(Royal Commission on Trade Unions and Employers' Association, 1968: 149번째 절). 이러한 진단은 "관리자들은 노조와 함께 통제를 해야 통제력을 회복할 수 있다"는 플란더스(A. Flanders)의 유명한 결론으로 이어졌다(Kessler and Bayliss, 1998: 36에서 인용). 그로 인하여 단체교섭, 분쟁해결, 공동 규제, 노조 구조 등이 기업 수준으로 분권화되면서 영국 노사관계는 변형되었다. 물론 1980년대 초반에는 이 모든 게 대부분 없어졌지만 말이다.

1960년대와 1970년대에 집단적 규제 제도들이 강화되었고 분권화되었지만 노동조합의 이데올로기, 특히 국가와의 관계에 대한 노조의 이데올로기는 변치 않고 유지되었다. '자발주의(voluntarism)'는 이 이데올로기에 붙여진 이름이었는데, 그것은 영국 노조들의 놀라운 자신감의 표현이었다. 영국의 노조들은 노조의 독립적 힘을 확신했고 국가가 책임지는 포괄적인 법률적 보호나 규제가 없이도 노조가 사용자와 교섭하여 조합원들에게 이익을 가져다줄 수 있다고 믿었다. 노조는 노사분쟁이 발생했을 때 불법행위로부터 면책을 기대했고 또 그것을 얻어냈지만, 그밖에는 법률적 규제보다 집단적 규제를 강하게 선호했다. 그것은 "말하자면 노조가 누구의 도움 없이 자기 스스로의 노력으로 현재의 권한과 영향력을 발휘하는 위치에 오르게 되었다는 생각"을 반영하는 것이었다(Flanders, 1974: 355). 이것은 학문적 분석에 의해서도 뒷받침된, 노동의 힘을 설명하는 견해 중 하나였는데, 칸-프로인트가 간결하게 말한 바와 같이 "국가가 준 게 아니라면 국가가 뺏어갈 수 없다"는 관점으로 요약될 수 있었다(McCarthy, 1992: 6에서 인용). 그리고 그 견해는 파업권을 제약하려고 했던 두 정부들의 시도가 노동운동의 저항에 부딪혀서 무위로 돌아간 1969~1972년의 경험을 통해 강화될 수 있었고, 게다가 1970~1974년의 보수당 정부가 노동조합에 패배한 일은 그 견해의 정당성을 강력히 입증해주었다.

이 자발주의는 노사관계 제도의 구축과 포괄 범위의 확대, 또한 그것의 유지에 있어서 국가가 수행하는 중요한 역할에 대해서는 제대로 인식하지 못했다(Howell, 2005). 하지만 1970년대 말까지 기업 내부에 제도화된 집단적 규제가 존재했고, 공동 규제 — 실제로는 공동결정(codetermination)이었다 — 가 임금, 노동시간, 분쟁처리 절차 등을 넘어서 노동생산성에 관련된 전반적 쟁점들까지 확대되어 분권화된 교섭의 범위가 크게 확장된 노사관계 시스템을 갖추고 있었다는 점은 틀림없는 사실이었다(Brown and Batstone, 1981). 현장 노조의 힘을 제일 명시적으로 보여주는 현장위원들(shop stewards)이 1961년에 약 9만 명에서 1980년에 약 31만 7000명으로 늘어났고 제조업 육체노동자를 넘어서 다른 부문까지 퍼져나갔다(Terry, 1983: 67). 노조 조합원 수와 조직률의 상승은 1970년대에 가속화되어 1979년에 정점에 달했을 때에 1340만 명의 조합원과 55.4%의 조직률을 기록했다. 조합원 증가의 3분의 2는 사무직 노동자들이었다(Bain and Price, 1983: 5). 이 시점에 대략 영국 노동자의 85%가, 단체교섭의 형식이든 또는 저임금 부문을 위해 설치된 임금심의회(Wages Councils)[1]의 형식이든, 집단적 임금결정의 메커니즘 속에 포괄되어 있었다(Milner, 1995).

그로 인하여 작업장의 조직과 인력 관리 전반에 걸쳐 사용자 재량권이 제한되었다. 그러나 아래에서 보듯이, 사용자 재량권의 제약은 주로 경영자 자신들의 선호에서 비롯되었고, 사용자를 협상 테이블로 끌어내거나 수많은 영국 기업들에서 우후죽순 생겨난 노사협의회(joint consultative committees) 테이블에 사용자를 앉힐 수 있었던 노동조합의 역량에서 기인한 것이었다. 법률적 규제는 여전히 제한적이었고 이제 막 나타나는 수준이었다. 예를 들면 1971년 노사관계법(1971 Industrial Relations Act) 이전까지는 노동법에 부당해

---

1 임금심의회는 1945년에 설치된 기구로서 기본적 임무는 노동부장관에게 법정최저임금액, 유급휴가 및 유급수당액을 제안하는 것이었다. 이 외에도 단체교섭을 촉진하는 역할도 수행했는데, 민간서비스 업종(주로 저임금 부문)을 중심으로 노조가 없거나 있어도 교섭을 할 힘이 없는 경우에, 임금심의회가 산업 수준의 임금 규제를 실행했다. 이후에 대처 정부는 임금심의회의 권한을 축소했고, 뒤이은 메이저 정부가 1993년에 임금심의회를 폐지했다. —옮긴이 주

고로부터의 보호 조항도 없었다(Davies and Freedland, 1993).

1979년 무렵에 영국의 노사관계 제도는 집단적 규제 모델의 원형에 가까웠다. 삼자협약(tripartism)은 코포라티즘의 제도 및 관행의 네트워크를 통해 사회정책과 경제정책 결정의 특징적 양상이 되었는데, 여러 차례 시행된 소득정책도 이에 포함된다. 또한 직접적인 또는 간접적인 메커니즘이 결합되면서 집단적 임금결정이 노사관계의 지형을 지배했으며, 수많은 제조업 및 공공부문에서 작업 조직은 공동 규제에 좌우되었고, 공공정책 자체가 확실하게 집단적 규제를 지원했다.

2. 위기와 변화

돌이켜보면, 1970년대 말은 노동조합의 힘과 집단적 규제 체제 모두가 정점에 달한 때였다. 이 노사관계 시스템은 뒤이은 30년 넘는 세월 동안 해체되었고, 그 시스템은 점점 더 개별화된 교섭과 일방적인 사용자 재량권으로 대체되면서 단체교섭은 마치 해수면 상승에 위협 받는 작은 섬과 같은 존재가 되었다. 노동법에 내재한, 권리에 대한 최소주의적 틀이 이 모든 것들을 뒷받침했다. 노사관계의 이러한 급격한 선회와 제도 변화의 규모를 이해하는 일은 간단치 않다. 1970년대 중반 영국 학계의 예상은 "영국의 노사관계는 어떠한 원대한 방법으로도 간단히 개혁할 수 없다"는 골드소프의 주장에서 잘 표현되었다(Goldthorpe, 1974: 452).

국가는 거의 80년 동안 단체교섭을 지지해왔던 자신의 태도를 철회했고, 집단적 규제 체제를 위해서 투자해왔던 사용자들도 자신의 이해관계를 변화시켰다. 변화는 경제적 동학보다는 정치적 동학에서 시작되었다. 1960년대 초반 영국의 양대 정당인 보수당과 노동당 간에는 어떤 정치적 합의 같은 게 있었는데, 그것은 강한 노조운동과 집단적 자유방임이 가져오는 공공정책 상의 편익과 관련된 것이었다. 영국의 '노동 문제'가 고도로 정치 쟁점화 되는 상황 속에서 이러한 합의가 깨졌다. 특히 1974년 히스(Heath) 정부가 노동조합의 반대 속에 몰락하자, 보수당은 노사관계법에 반대했던 노동조합을 비난했다. 그 후 1978~1979년의 이른바 '불만의 겨울' 동안 공공부문의 파업 물결속에서 '사회협약(Social Contract)'은 파탄에 이르렀다. 이러한 사태 전개는 1979년 마거릿 대처(M. Thatcher)가 이끄는 새로운 보수당 정부의 집권으로 절정에 달했다. 이와 더불어 인플레이션, 국제수지 위기, 파운드화의 가치 하락 그리고 재정적자 등 영국 자본주의의 단기적 문제들이라고 일반적으로 알려진 것들이 노동조합의 책임이라는 인식도 그러한 사태 전개를 촉발한 요인들에 포함되었다.

실제로 영국의 경제 문제가 어느 정도나 노동조합의 책임이었는가(Hall, 1986: 2장), 또는 '불만의 겨울'이 노조의 취약함이 아니라 노조의 강력함을 실제 얼마나 반영한 일인가 하는 질문을 던지는 것보다는, 그렇게 인식되었다는 사실이 더 중요했다. 특히 노동에 대한 언론의 적대감과 위기의 서사를 구성하는 데 언론이 수행한 역할(Hay, 1996)이라는 맥락 속에서는 그러한 인식이 초래한 결과가 더 중요했던 것이다.

이와 같이 영국 노사관계의 재구성을 선도한 주체는 국가였다. 노사관계를 연구하는 학계의 예측과는 반대로, 노동조합이 국가의 자원 제공과 집단적 규제 제도에 대한 지원에 예상보다 훨씬 크게 의존하고 있었다는 게 드러났다. 영국의 노동운동은 대체로 자발주의 이데올로기에 배태된 자신의 독립적 힘에 대한 근거 없는 가정을 내면화하고 있었다. 그리고 적극적인 집단적 권리나 조직화의 전통이 부재했기에, 노동운동은 국가 지원이 폐지되는 것에 더 취약해졌다. 플란더스는 "자발주의 전통을 금지하는 법은 제정될 가능성이 없다"고 주장했었지만(Flanders, 1974: 365), 지난 30년의 경험은 실제로 그 일이 가능하며, 그것도 대단히 파괴적인 결과를 미쳤다는 것을 보여주었다.

처음에는 사용자들과 현장 관리자들이 1950년대와 1960년대에 출현한 단체교섭 및 공동 규제의 분권화된 시스템에 만족하는 듯 보였다. 실제로 그들이 작업장 내의 변화를 관리하는 방법을 찾으며, 그 시스템을 추진해갔다. 관리자들은 도노번 위원회의 보고서를 따르는 "충실한 제자들"이었고[McCarthy, 1992: 36에 인용된 클레그(H. A. Clegg)의 표현], 1970년대 말의 조사 결과를 보더라도 관리자들은 현장위원들과의 분권화된 교섭을 강하게 지지했었다(Bastone, 1988). 사용자들은 대개 1979년 이후의 노사관계 입법, 특히 1980년과 1982년의 처음 두 개의 포괄적 입법의 방향에 반대하지 않았다. 노사관계를 둘러싼 정부와 사용자들 간의 갈등은 별로 없었다. 하지만 국가 정책이 대다수 사용자들의 요구보다 대개 앞섰던 것도 사실이다. 즉, 사용자들은 일단 제정된 법률에는 찬성하는 경향이 있었지만, 그 입법 자체는 재계의 적극적이고 활동적인 로비에 의해 추진된 게 아니었다. 1980년대를 통과하면서 이러한 일들이 점점 더 분명해졌다. 또한 입법의 의도가 합법 파업의 허용 요건을 제한하려는 원래의 목적에서 점차 확대되어 노사관계의 전반적인 탈집단주의적 변형을 꾀하는 쪽으로 이동해갔다. 1984년 이후부터 법 제정 이전에 보수당 정부가 발간한 자문 보고서들에는 기존의 노사관계가 혼란에 빠질지 모른다는 사용자들의 우려가 담기곤 했다. 그러나 법률 시행 이후에는 사용자들의 그러한 우려가 사라지는 경향이 있었다.

이처럼 국가는 사용자들을 특정한 방향으로 몰아갔고, 사용자들은 노사관계 관행을 변화시킬 자신들의 능력이 어디까지 수용 가능할지 그 한계에 대해서 생각하게 되었다. 시간이 지나면서 보수당 정부의 말과 행동은, 노동조합에 반대하고 단체교섭에 저항하는 사용자들의 노력이 국가에 의해 지원 받고 장려될 것이라는 확신을 심어주었다. 파업하기 어렵게 만들고 노동자들에게 파업의 비용이 더 많이 들게 함으로써, 국가는 노사관계 관행의 변화를 고려하는 사용자들로 하여금 이제 계산을 달리할 수 있게 해주었다. 던과 메트카프가 주장하길(Dunn and Metcalf, 1994: 22), 보수당의 노사관계 입법의 실질적 중요성은 "노조 결성에 반대하는 경영진의 자신감을 천천히 키워준" 것에 있었다.

　그러나 사용자들이 노동자들을 어떻게 상대할지 더 자유롭게 결정하는 상황을 국가가 만들어주었긴 했지만, 시간이 지나면서 사용자들이 그 자유를 매우 다르게 각색하여 활용한 것은 틀림없는 사실이다. 그러한 사용자들의 선택은 영국 자본주의의 구조 변화와 함께 사용자들의 이해관계 변화를 반영한 것이었다. 일련의 사업체 노사관계 설문조사들[2]을 보면, 노사관계 변형이 대부분, 예전부터 사업을 지속해온 기업들의 관행이 바뀐 것이라기보다는, 사라지는 기업들과 신규로 설립된 기업들의 노사관계 관행상의 차이에서 기인한 것이었다. 그리고 메이친(Machin, 2000)은 민간부문에서 노조의 힘의 변화를 설명하는 핵심 변수가 사업체의 연령이라는 점을 입증했다. 1980년대 이후 설립된 사업체의 노조승인(union recognition)[3] 비율이 훨씬 낮았고, 이 연령 효과는 시간이 지나면서 더 뚜렷해졌다. 따라서 영국 노사관계의 변형은 보수당의 정책과 입법 덕분에 집단적 규제의 회피를 선택할 수 있게 된, 일련의 다른 이해관계를 가진 신설 기업들이 만들어낸 것이었다.

　영국 자본주의의 구조 변화는 비교정치경제학 연구자들에게는 친숙한 주제다. 국제적 통합의 과정, 탈산업화, 인구 변화 그리고 유연성은 모든 선진 자본주의 경제들에 영향을 미쳤다. 그러나 그에 따른 경제적 압력에 직면하여, 다른 나라들은 상이한 방식으로 대응했다. 영국에서 국가와 계급 행위자들이 추구한 특정한 전략들을 산출한 것은 바로 국가 제도라는 장에서 펼쳐진 국제 경제 변화와 국내적 경제 발전의 상호작용이었다. 영국 자본주의의 여러 독특한 제도적 특성들(Hall, 1986) ― 사용자들 사이의 조정, 산업자본과 금융

2　영국 노사관계 전개에 관한 최상의 자료들 중 다수는 1980, 1984, 1990, 1998, 2004, 2011년에 수행된 6개의 사업체 설문조사들에서 얻어졌다.

3　노조승인은 일반적으로 노동조합을 단체교섭을 위한 대표로서 사용자가 인정하는 것을 말한다. 영국의 법정 노조승인 제도의 기본 목적은 관련 노동자의 과반수가 노조승인을 원하는 경우 사용자로 하여금 노동조합을 승인하도록 하는 메커니즘을 구축하는 데 있다. ―옮긴이 주

자본 간의 장기적 관계, 그리고 조율된 임금교섭 능력 등의 부재 — 은 국제적 경쟁 압력의 강화에 대하여 비용 절감과 저임금/저숙련 전략을 통한 대응을 조장하는 효과를 미쳤다(Wood, 2001). 이러한 상황 속에서, 영국에서 공급 측면의 유연성이 결국에는 일방적인 경영자 통제, 사회적 관계의 탈집단화 그리고 노동시장 규제완화 등과 결부된 매우 색다른 방식으로 달성된 것은 놀라운 일이 아니다. 영국의 사례는 '과도한 유연성(hyperflexibility)'이라는 용어로 불리기도 했는데(Amoore, 2002), 그것은 정말로 필연적이지는 않았겠지만, 포스트 포드주의의 자연발생적인 변종과 같은 것이었다.

이는 노사관계에 분명한 함의를 준다. 히어리가 주장했듯이(Heery, 2002), 노사관계의 사회적 파트너십(social partnership) 모델은 시장 지배적이고, 성장을 위해 고품질·고부가가치 전략을 추구할 능력을 갖춘 대기업을 필요로 한다. 경쟁시장에서 비용 절감 전략을 추구하는 중소기업들이 지배하는 영국 경제에서는 사회적 파트너십보다는 사회적 갈등이 만들어질 가능성이 더 컸다. 이러한 환경에서 노동조합과 집단적 규제가 수행하는 역할이나 그 가치는 분명하지 않았던 것이다.

위에서 언급된 경제적 변화가 중요한 점은, 무엇보다 그것이 사용자들의 이해관계에 미친 효과 때문이었다. 영국 경제의 국제화가 진척되고 유연성에 대한 요구가 커지면서, 사용자들은 노동자들과 이제 다른 관계를 맺고자 했다(Boswell and Peters, 1997). 이 시기에 유연성을 더 중요시하면서 노사관계 시스템의 집단적 기초는 점차 약화되었다. 왜냐하면 사용자들은 점점 노동자들의 고용계약 조건을 차별화하길 원했기 때문이다. 그러한 이유로 다수의 노동자들을 하나의 집단으로 묶는 단체교섭은 사용자에게는 매력이 떨어지게 되었다. 1960년대와 1970년대에 사용자들은 작업장에서 자신들의 재량권을 제약하는 여러 관행을 돈을 주고라도 무마시키고자 했고, 그들은 이 목표를 달성하는 하나의 메커니즘으로 단체교섭을 이용했다. 그러나 오늘날에 사용자들은 집단적 대표(collective representation) 자체를 문제로 여기며, 노동자들과의 관계를 개별화하고자 한다.

3. 집단적 규제에 대한 보수당의 맹공

1979년부터 1997년까지 보수당의 노사관계 개혁은 자주 자세하게 서술되었기 때문에(Davies and Freedland, 1993; Howell, 2005; Marsh, 1992), 이 절에서는 단지 그 구성요소들을 요약할 것이다. 물론 이 요약은 제도 변화의 규모를 담아내야 할 것이다. 1990년대 초반 무렵에 작업장 노사관계를 다룬 한 연구는 "변화가 워낙 커서 전통적인 영국 노사관계의 독특한 '시스템'이 더 이상 경제 전반의 특징이 아니라는 결론을 내려도 무리는 아니다"라는 판단을 내릴 수 있었다(Millward et al., 1992: 350).

집단적 규제, 강력한 노동조합, 그리고 단순히 고용계약 조건만이 아니라 작업 조직에 관한 이중(two-tier) 교섭이 지배하는 노사관계 시스템은 사라지고, 그 대신에 이제 노사관계의 전면적인 탈집단화가 특징인 새로운 제도 집합이 확실하게 구축되었다. 이것은 집단적 대표, 집단적 규제, 단체행동 등의 무력화와 연관되기에 결국 사용자와 노동자 간의 사회적 관계의 개별화를 수반한다. 노조 조합원, 노조승인 및 단체교섭의 동시적 감소는 경영진이 고용계약 조건을 일방적으로 설정하는 일터가 수적으로 점점 우세해진다는 것을 뜻한다. 어떤 경우는 경영진이 종업원들과 협의를 하지만, 노동조합, 전국 또는 산업별 협약, 개별 노동자들을 보호하는 법률 등으로부터의 제약은 최소한에 그친다.

그보다 이전 시대에 입법은 영국 노사관계의 제도 변화에서 매우 제한된 역할을 했고 행정조치가 주된 수단이었다. 하지만 이와 반대로, 보수당의 정책은 개혁 추진에서 노동법의 역할에 최고의 지위를 부여했다. 이는 왜 18년 동안의 보수당 집권기 전반에 걸쳐 노사관계에 관한 주요 입법이 무려 여섯

번이나 있었는지를 설명해준다. 그 각각의 법률들은 여러 부분으로 구성되었고 다양한 주제를 다루었다. 우리는 아래에서 이 법률들의 실제 내용을 다룰 것이다. 하지만 입법의 중심적 역할이 다른 간접적인 정책 요소들의 중요성을 반감시키는 것은 아니었다. 이 모두는 같은 방향을 가리키며 추진되었다. 여기에는 다음과 같은 정책들이 포함된다. 즉, 경기 수축을 유발하는 거시경제 정책을 시행하여 구직자가 넘쳐나도록 노동시장을 느슨하게 하고 탈산업화를 가속화시켰으며, 국제경제의 압력에 따라 영국 경제를 개방하고 외국인의 국내 투자를 확대했으며(이로써 상이한 노사관계 문화가 들어왔다), 공공부문의 구조조정과 민영화로 새로운 노사관계 정책을 촉진했고, 코포라티즘 제도와 관행을 제거했으며, 공공부문 노조의 파업에 대처해 승리를 거둠으로써 전시 효과를 극대화했다.

그렇더라도 이 시기의 노사관계 개혁의 뚜렷한 특징은 입법이 노사관계를 직접적으로 재편하려고 했다는 점에 있다. 한 차례의 입법으로 원래의 목표가 달성되지 못하는 것처럼 보이면, 입법 이외의 해결책을 찾거나 목표 자체를 변경시키기보다 "시멘트를 또 한 번 덧바르는" 추가적인 입법으로 대응했다(Undy et al., 1996: 74). 1979년 이후의 보수당 정부는 1971년 노사관계법의 실패에서 두 가지 핵심적인 교훈을 얻었다. 첫 번째 교훈은 처음부터 전체 시스템이 다 노출되도록 하지 않고, 대신에 조금씩 움직이며 새로운 노사관계 시스템의 구조에 새 요소를 '단계적으로' 추가함으로써 노동운동이 그 움직임에 저항하기 어렵게 한다는 것이었다.

두 번째 교훈은 자유재량을 허용하는 내용으로 법률을 제정하는 것이었다. 정부 정책을 통해 어떤 특정한 노사관계 모델이나 그 형태를 규정하는 게 아니라, 스스로 가장 적합하다고 여기는 노사관계 제도를 선택할 수 있는 사용자의 권리를 보장하기 위해서, (법적 장애물의 형태이든 노동조합의 저항 능력이든) 그것을 방해하는 규제를 폐지하고자 했다. 목표는 사용자 재량권의 확대였다. 1971년 노사관계법이 불법행위에 대한 일련의 형사상 책임을 신설했다면, 1980년대와 1990년대의 입법은 오직 민사상 책임 조항만을 만들어냈다. 이 새로운 법률을 활용할지 결정하는 일은 사용자의 몫이었다. 이 두 가지로 말미암아 입법에 대한 사용자들의 반발을 크게 줄일 수 있었다. 왜냐하면 사용자들은 그들의 노사관계 관행을 억지로 변경하지 않아도 되었고, 또 이를테면 '순교자'가 되는 노동조합이 생겨나 영국의 노동운동 진영이 이를 지원하기 위해 몰려드는 사태도 예방할 수 있었기 때문이었다.

그렇긴 하지만, 1980년대 말이 되면 보수당은 단체교섭과 노동자들의 집단적 대표 제도의 폐해를 없애고, 사용자들에게 그들이 원하는 대로 노동자들을 다루도록 허용하는 정책보다는, 노동조합과 단체교섭의 역할이 제한되는 노사관계의 개별화를 촉진하는 정책에 점점 더 관심을 쏟게 되었다. 보수당 정부는 여러 차례의 백서 발간을 통하여, 노조에게 단체교섭과 관련된 일에서 손을 떼고 대신에 조합원을 위한 개별 서비스를 제공하라고 촉구했고, 사용자에게 개별 계약(individual contract)의 장점을 강조하면서 "노동조합 대표나 단체교섭의 수단을 통하기보다 자기 사용자를 직접 상대하고자 하는 종업원 개인들의 열망"을 지지한다고 약속했다(Department of Employment, 1992: 15). 그렇지만 노사관계 법제가 자유재량을 허용하는 특성을 가졌다고 해도, 그로 인해 1979년부터 1997년까지의 탈집단화가 노골적인 국가 전략이었다는 사실이 흐려져서는 안 된다.

하이에크(F. Hayek)가 보수당의 입법 계획에 미친 영향을 강조한 한 연구는 그것의 주요 주제를 다음과 같이 분석했다(Wedderburn, 1991: 8장). 집단주의를 제거하고, 고용 관련 법제의 규제완화를 추구하며, 노조 자체보다는 조합원 개인의 권리를 우선시하면서 노동조합을 포괄적인 정부 규제가 필요한 특별한 조직으로 다루고, 노조 활동을 기업 내부로 억제하는 것, 즉 노조 활동의 영향력이 기업 내로 제한되어야 하고 기업을 넘어 확장되지 않도록 하는 것 등이 주요 주제들이었다. 이 마지막 사항은 던과 메트카프도 잘 지적한 바 있다(Dunn and Metcalf, 1994: 8).

만약 [보수당 입법의] 최우선적인 선호가 단체교섭을 없애는 법을 제정하여 노조를 공제조합이나 노동자 상담소 같은 무해한 조직으로 약화시키는 것인데, 이를 달성하기가 너무 어렵다는 게 확인되었다면, 이에 대한 대비책은 아마도 노조가 지배하는 영토를 외부와 차단해 기존의 무노조 부문과 신규 기업들이 노조에 오염되는 것을 예방하는 조치였다고 할 수 있다. … 만약 입법의 효과로 집단주의가 시장 경쟁자들에게 전파될 수 없다면, 유노조 기업과 그 노동자들은 무노조 부문이 점점 늘어나는 세상에서 노조운동에 따른 비용을 치러야 하는 어려움에 처할 것이다.

보수당 정부는 단체교섭이 더 이상 공공정책상의 선(善)으로 간주되지 않으며, 노동자들과 새로운 관계를 맺고자 하는 사용자를 지원할 것이라는 점을 분명히 했다. 어떤 경우에는 (예를 들면, 단체교섭을 개별 계약으로 대체하는 경우에) 법원이 사용자가 주도한 이런 관행을 금지하는 판결을 내린 이후에 입법에 의해 그 관행이 합법화되기도 했다. 요약하면, 국가가 조성한 노사관계의 분위기 속에서 사용자들 스스로 새로운 노사관계의 제도와 관행을 실험할 수 있는 자신감을 가지게 되었던 것이다.

눈사태처럼 밀려든 노사관계 입법들의 주요 구성요소들은 몇 가지 항목으로 요약될 수 있다. 첫째, 쟁의행위와 관련된 것으로, 영국에서는 쟁의행위가 민·형사상 면책 조항에 의지하고 있었다. 이에 대해서 보수당은 입법을 통해 쟁의행위가 면책 조항에 의해서 보호 받는 요건을 좁혔다. 1차적 쟁의와 2차적 쟁의(또는 동조파업)를 구분하고, 2차적 쟁의에는 모든 민·형사상 면책권을 제거했다.[4] 이와 유사하게 (면책권이 인정되는) 노동분쟁의 정의를 협소하게 규정하여서 직접적인 노동조건에 관한 분쟁만을 그것에 포함했다. 1970년대

---

4   2차적 쟁의(secondary action)는 '2차 보이콧(secondary boycott)' 또는 '동조파업(sympathy strike)', '연대파업(solidarity action)'으로도 불리는데, 자신들과 별개의 사업체에서 일어난 쟁의행위를 지원하기 위한 노동쟁의를 의미한다. 때로는 독립된 법인이지만 같은 기업집단 소속이거나 연관된 업체의 파업을 지원하는 쟁의에도 이 용어를 사용한다. —옮긴이 주

광산 파업에 나타났던 대규모 '원정' 피케팅[5]의 영향력을 의식하여, 피케팅도 본인이 일하는 장소에서만 허용되도록 제한했다. 1984년부터는 조합원 찬반투표가 사전에 이루어져야만 쟁의행위에서 면책권이 보장되었다. 이 요건은 시간이 가면서 점점 규제가 세졌다. 법에 의해 조합원 찬반투표의 자구 표현과 찬반투표 시행의 시한이 규정되었고, 심지어는 찬반투표에 참여한 조합원들의 명단을 사용자에게 필수적으로 알리도록 하여서 조합원들에 대한 사용자의 잠재적 위협이 가능해졌다. 1993년부터 조합원 찬반투표는 우편으로만 진행되도록 했다. 이처럼 엄청나게 복잡한 규제들이 준수되지 않을 시에는, 노동조합이 쟁의행위에 대한 면책을 보장받지 못하게 되었다.

이 영역에서 입법의 요점은 본래적으로 집단적인 것을 탈집단화하려고 했다는 점이다. 법률에 의해서 파업 행위를 분쟁 사업장으로만 제한하려 했고, 분쟁의 범위도 엄격하게 경제적 쟁점으로 좁혔다. 쟁의행위 참가자가 여러 사업장에 걸쳐 있는 경우 각 사업장별로 분리된 찬반투표를 실시해야 한다는 요건은 보다 폭넓은 단체행동의 기반을 약화시켰다. 그리고 우편 투표라는 것은, 한 명의 노동자가 동료들에 둘러싸인 사업장 총회에서 찬반을 선택하는 것과 비교하여, 자기 집에 앉아 서류를 작성하게 되면 파업의 가능성을 달리 판단할 것이라는 가정하에서 파업 참여를 개별화시킨 것이었다.

보수당 정부에 의해 제정된 법의 두 번째 주제는 노동조합 운영에 대한 규제였다. 1979년 이전에 정부는 내부 운영 절차에 대한 노조의 자율성이 외부 규제보다 더 중요하다는 전제에 입각해 행동했다(1971~1974년은 짧은 예외였는데, 당시 노사관계법은 노조 등록제를 도입했다). 1979년 이후에 이러한 입장이 뒤집혔다. 우선적으로 노조 내부에 일정한 형식의 민주적 절차를 강제하는 것

---

5   피케팅(picketing)은 일반적으로 노동쟁의에서 조합원들이 공장이나 사업장의 출입구에 늘어서거나 스크럼을 짜서 파업 비참여자나 파업 파괴자의 사업장 출입을 막는 행위를 말한다. 또한 원정 피케팅(flying picket)은 쟁의에 돌입한 전국의 여러 사업장을 돌아다니며 파업 노동자들을 지원하는 피케팅 운동을 가리킨다. ―옮긴이 주

이 고려되었다. 파업 찬반투표의 법적 규제는 이러한 외부 규제에 대한 강조의 일환이었다. 또한 최고집행위원회(정확한 명칭이 무엇이든) 그리고 노조 위원장이나 사무총장을 포함해 전국노조의 핵심 직위는 법률에 의해서 5년마다 선출하도록 의무화되었다(결국에는 우편 투표가 강요되었다). 더 나아가, 노조가 조합원을 규율하거나 그들의 행동을 제한할 수 있는 자격도 법에 의해 제한 받았다. 마지막으로, 노동당에 대한 노조의 재정 지원을 억제하기 위해서 1984년에는 정치자금을 모으는 모든 노동조합들은 정치자금 지원의 존폐 여부를 묻는 조합원 투표를 10년마다 실시하도록 의무화했다. 하지만 이에 상응하여 기업의 정치자금 기부에 대해서 그 회사 주주들에게 찬반투표로 의사를 물어야 한다는 법안은 제출된 적이 한 번도 없다. 노동조합은 특별한 조직으로 간주된 것이다.

세 번째 주제는 일반적으로 노동조합 활동에 대한, 그리고 특수하게는 단체교섭에 대한 국가의 지원을 폐지한 것이다. 영국에서 노사관계의 집단적 규제 제도들은 1890년대부터 만들어졌는데, 국가와 사용자로부터 항상 이런저런 지원을 받아왔다. 1980년대와 1990년대의 입법은 일반적으로 모든 형태의 국가 지원을 폐지했고, 노조와 단체교섭을 지원하는 사용자의 법적 의무를 제한했다. 시행된 지 얼마 안 된 법정 노조승인 절차와 일방중재(unilateral arbitration) 조항[6]이 1980년에 폐지되었다. 일방중재 조항은 단체교섭 효력 확장 제도의 일종으로, 노조가 산업별 협약에 참여하기를 거부하는 기업들을 한번에 정리할 수 있는 제도였다. 공정임금결의안(Fair Wage Resolu-

---

6 노동당정부와 노조 간의 '사회협약'의 일환으로 제정된 1975년 고용보호법(Employment Protection Act)에는 단체협약의 효력을 확장함으로써 노조의 입지를 강화하는 규정도 있었다. 그중 하나가 일방중재 조항을 활용하여, 만약 동일한 업종과 지역에서 유사한 노동자들 간에 임금 및 노동조건의 차별이 합리적인 이유 없이 존재할 경우에, 중앙중재위원회(Central Arbitration Committee)의 법적 강제력을 갖는 중재를 통해, 해당 업종이나 지역에서 단체협약에 의해 인정되거나 일반적으로 준수되는 임금 및 노동조건이 적용될 수 있었다. ─옮긴이 주

tion)[7]도 폐지되었다. 또한 1979년 이후 연이은 입법을 통해, 클로즈드숍(closed shop) 제도[8] ─ 이것은 노조승인이 이루어진 사업장에서 노동자들의 무임승차를 막는 역할을 했다 ─ 를 조금씩 무너뜨려 결국 1990년에 완전히 불법화했다.

또한 보수당의 입법은, 사용자가 노조 간부에게 근로시간면제(time-off)를 필수적으로 해줘야하는 업무 범위를 줄였고, 노조 교육훈련에 필요한 노조 간부의 시간을 사용자가 유급으로 처리해줘야 하는 요건도 축소함으로써 1975년 고용보호법의 효과를 최소화했다. 1993년에 노조 교육을 위한 정부의 재정 지원도 사라졌다. 1979년 이전까지만 하더라도, 좋은 노사관계는 잘 훈련되고 자원도 적절하게 제공받는 사업장의 노조 간부들에 달려 있고, 그래서 국가와 사용자들은 이러한 활동을 실제적으로 보조해줘야 한다는 생각이 우선되었다. 1979년 이후 이 가정이 뒤집어져, 그 비용을 온전히 노동조합 스스로 감당해야 했다.

네 번째로, 단체교섭이 그 자체로 공공정책상의 선이라는 공식적 승인이 사라졌다. 상징적으로 이 조치는 단체교섭을 촉진하는 역할을 담당하는 알선·조정·중재국(Advisory, Conciliation and Arbitration Service: ACAS)의 법정 의무가 폐지된 1993년에 일어났다. 이는 1890년대 말 이래로 존재해온 집단적 규제를 지지하는 공적 신념이 공식적으로 없어졌음을 의미했다. 1993년 노동조합 개혁 및 고용권리에 관한 법(Trade Union Reform and Employment Rights

---

7 최초의 공정임금결의안은 1891년에 영국 하원에서 만장일치로 통과시킨 의회 결의안으로, 정부와 계약하는 도급업체는 용역 노동자들의 고용계약 조건이, 그에 상응하는 단체협약 등에서 규정된 고용계약 조건보다 열악해지지 않도록 해야 한다는 내용을 담고 있었다. 이후 영국 하원은 1909년과 1946년에 공정임금결의안을 재차 통과시켰다. ─옮긴이 주

8 영국의 클로즈드숍 제도는 한국에서 사용되는 유니온숍(union shop)까지 포함하는 광의의 개념이었다. 즉, 영국에서 클로즈드숍은 '피고용인은 고용되기 이전에 노조에 가입해 있어야 한다'는 규정(입사 전 클로즈드숍)과 '피고용인은 고용된 후 반드시 노조에 가입해야 한다'(입사 후 클로즈드숍)는 규정을 모두 담고 있다. 1978년 영국에서 클로즈드숍의 적용을 받는 조합원 수는 약 520만 명으로 전체 조합원의 절반에 해당될 정도로 많았다. ─옮긴이 주

Act)의 또 다른 조항은, 추가적으로 노동자가 단체협약에서 이탈해서 '인적(개별)' 계약을 선택하는 데에 사용자가 재정적인 유인책을 줄 수 있도록 허용했다. 이전에 그런 행위는 노조 조합원을 차별하게 될 것이므로 불법으로 인정되었었다. 그러나 조합원 자격을 유지하는 것과 단체교섭의 대행자로 노동조합을 택하는 것 사이에 중대한 구분선이 그어졌다. 전자는 계속 보호 받았지만, 후자는 그렇지 않았다. 이 조항은, 사용자(들)와의 집단적 관계에서 노동조합을 노동자를 대표하는 집단적 행위자로서가 아니라, 조합원에 대한 개별적 서비스의 제공자로서 노동조합의 역할을 강조하던 1990년대 초중반의 매우 영향력 있던 담론을 반영했다. 이런 의미에서, 그것은 이 시기의 탈집단화의 논리를 전형적으로 보여주는 것이었다.

다섯 번째 주제는 노동시장 규제완화였다. 사용자에게 부과되었던 해고의 정당성 입증 책임을 없애고 노동자가 부당해고 구제 신청을 할 수 있는 최저 근속기간을 6개월에서 2년으로 연장함으로써 부당해고로부터의 보호 효과가 약화되었다. 영국에서 법정최저임금제와 연관된 유일한 기구였던 임금심의회가 처음에는 그 권한이 축소되었고 이후 1993년에는 아예 폐지되어서, 영국은 법정최저임금제가 없는 국가가 되었다. 그런데 영국에서 노동시장 규제를 완화하려는 조치들은 상대적으로 드물었다. 그 이유는 단순했는데, 영국에서 고용관계를 규제하는 데 입법이 큰 역할을 한 적이 없기 때문이었다. 집단적 자유방임의 유산이 의미하는 바는 노동조합의 힘이 유연한 노동시장의 주된 장애물이었다는 것이었다.

그러나 새로운 고용 권리(employment rights)가 부여되는, 특히 노동시장의 재규제와 관련된 몇몇 법률들이 통과되었다는 점을 언급하는 게 중요하다. 새로운 고용 권리의 대부분이 유럽연합 지침(European directives) 덕분에 영국에서 실현되었다는 점을 생각하면, 이 외견적 모순은 이해된다. 그래서 1993년 '노동조합 개혁 및 고용권리에 관한 법'에는 유럽공동체(EC)의 임신·출산 노동자 보호지침(EC Pregnant Workers' Directive), 노동조건 통지지침(EC Proof of Employment Directive), 산업안전보건지침(EC Health and Safety Framework Directive), 사업이전 시 노동자 보호지침(EC Acquired Rights Directive) 등을 준수하는 조항들이 포함되었다(Davies and Freedland, 2007: 28).

공공부문은 노사관계 개혁의 중요한 영역이었다. 물론 여기에서 입법 하나만으로 계급관계의 규제를 위한 새로운 제도들이 구축되지는 않았다. '모범 사용자(model employer)'로서 영국의 국가는 민간부문 사용자들에게 공공정책이 선호하는 노사관계 관행을 보여주기 위하여 공공부문을 오랫동안 활용해왔었다. 그러나 1979년 이후 보수당 정부는 공공부문 노사관계에 대하여 근본적으로 다른 미래상을 갖고 있었다. 공공부문을 모범 사용자로 활용하는 것으로부터 민간부문의 최선의 관행을 공공부문에 수입하는 것으로 국가 정책이 변경되었다. 다른 말로 하면, 공공부문은 이제 민간부문으로부터 배우고 그것을 모방했다(Carter and Fairbrother, 1999). 대부분의 경우 공공부문 노사관계는 전반적인 공공부문 구조조정의 산물로서 간접적인 방식으로 개혁되었고, 그것은 공공부문의 경영진과 노동조합, 노동자들을 주로 시장의 힘에 노출시킴으로써 이루어졌다. 이를 통해 공공부문 노사관계의 제도와 관행이 변화할 것이라는 기대가 있었다. 보수당 정부는 가능한 한 공공부문의 규모를 축소하려 했는데, 이는 새롭게 민영화된 기업들에 시장의 힘에 의해서 종전과는 다른 노사관계 관행이 도입될 것이라는 믿음 속에서 이루어진 것이었다. 민영화되지 않고 공공부문에 남은 산업과 서비스의 경우, 시장을 대신하는 제도들이 도입되었고 공공부문 노사관계는 새롭게 구성되었다(Beaumont, 1992; Seifer, 1992).

민영화된 산업들의 목록에는 철강, 가스, 전기, 상수도, 통신, 석탄, 철도 등이 포함되었다. 공공부문 종사자의 전체 규모는 1979년에 740만 명에서 1998년에 500만 명으로 3분의 1이 줄었다. 이 감소는 대부분 민영화의 결과였는데, 국유화된 산업에 속한 노동자는 180만 명에서 33만 명 이하로 83%나 감소했다(Labour Research Department, 1999: 97).

새롭게 민영화된 기업들의 노사관계 관행에 대해 일반화하기는 어렵다. 민영화된 기업들에서 노동조합에 대한 노골적인 승인 취소(derecognition) 조치는 거의 없었는데, 특히 노조들이 많은 수의 조합원을 유지하며 흔들리지 않고 버텼기 때문이었다. 물론 상수도 회사들과 배전 기업들은 여기서 중요한 예외였다. 사실상 모든 경우에, 민영화는 전국 교섭의 종식을 가져왔고 그 대신에 교섭은 지역 센터별로 또는 다양한 사업부문별로 분권화되었다(Labour Research Department, 1994). 이에 더해 민영화는 거의 항상 다과업화와 성과연동임금제가 포함된 전면적인 유연성 협약을 수반했다.

공공부문 구조조정 자체는 1980년대 후반부터 속도를 높였다. 공공부문의 현장 단위들 ― 예를 들어 병원과 학교 ― 의 자율성을 더 크게 강조했고, 동시에 공공부문에 일정한 경쟁 형식을 주입하기도 했다. '민간위탁'과 '강제입찰제' 등과 같은 제도를 통해 공공부문에서 노조로 조직된 노동자들이 특정 서비스의 공급을 두고 민간 도급업체들과 경쟁하도록 강제했다.

공공부문의 파업을 견디고 이겨내려는 정부의 의지도 거론해야 할 것이다. 초기의 사례는 영국철도공사(British Rail)와 브리티시 레이랜드(British Leyland)[9]가 있지만, 가장 주목되는 사례는 1984~1985년의 탄광노동자 파업일 것이다. 이 파업은 여러 측면에서 보수당의 노사관계 정책의 결정적 계기였고, 영국 노사관계의 재구조화를 위해 국가 행위가 어디까지 나아갈 수 있는지 생생하게 보여주는 실제 사례였다. 심지어 영국의 정보기관들도 이 갈등에 개입했을 정도다. 탄광노동자들이 패배하자, 탄광산업은 민영화되었고 광산 폐쇄와 해고 조치로 인해 사실상 그 산업은 없어진 것이나 마찬가지가 되었다.[10]

---

9   영국 자동차산업의 여러 제조업체들을 합병하여 1968년에 설립된 자동차 제조기업으로, 1978년에 일부가 국유화되었다. 한때 영국 자동차시장의 40%가량을 점유하기도 했다. 1970년대 후반부터 구조조정, 공장폐쇄, 명칭 변경의 어려움을 겪다가 1980년대 중반부터 민영화와 해외매각 등 격심한 구조조정이 이루어졌다. ―옮긴이 주

마지막으로, 공공부문의 점점 더 많은 노동자들의 임금결정이 단체교섭에서 벗어나 임금평가기구(Pay Review Body)의 권고 밑으로 들어갔다. 임금평가기구는 폭넓은 비교 가능성의 기준에 근거해 임금 권고안을 만든다. 1979년 이전의 임금평가기구가 단체교섭에 관여하지 않았던 집단들(의사, 치과의사, 군인 등)을 위한 기구였다면, 1979년 이후에는 간호사와 교사처럼 그 이전에 단체교섭권을 가졌던 집단들과도 관련되었다. 거의 100만 명이 단체교섭에서 빠져나갔고, 보수당 집권기 동안 임금평가기구에 포괄되는 노동자들이 3분의 2까지 증가했다(Bailey, 1994: 123-25). 1997년 이후의 노동당 정부에서도 이 정책이 계속 확대되었다는 점을 언급할 필요가 있다. 2004년에 '변화를 위한 어젠다(Agenda for Change)'[11]가 시행되면서 국가보건의료서비스(National Health Service)에 고용된 100만 명 이상의 노동자들이 독립적인 임금심의기구로 또 이전되었다.

보수당 정부의 노사관계 정책에 관한 마지막 주제는 영국에서 코포라티즘의 흔적을 지워버린 것이다. 삼자협약과 정부에 대한 노조의 접근권은 1979년 이후 갑자기 차단되었다. TUC(노동조합회의)와 보수당 정부 간의 고위급 접촉은 매우 제한적이었고, 노동조합에 매우 중요했던 삼자기구들 ― 전후 '영국의 합의(British Consensus)'의 최고 상징이라고 할 만한 인력관리위원회(Manpower Services Commission)[12]와 국가경제개발위원회(National Economic Development

---

10 파업이 벌어진 당시에, 전국광산노조(NUM)는 170개 탄광에 고용된 18만 명의 조합원이 있었다. 2002년 아서 스카길(Arthur Scargill) 위원장이 사퇴한 때에, 조합원은 3000명으로 추산되었고, 유지되고 있던 탄광은 13개였는데, 모두 민간 회사가 소유한 것들이었다(Wainwright and Nelsson, 2002).

11 오늘날 영국의 국가보건의료서비스(NHS)에 고용된 직원들의 직무평가제도와 이에 따른 공동의 임금체계 개혁을 가리킨다. 이것은 노사정이 참여한 협약에 따라, 2004년 12월 1일부터 시행되었고, 이 조치는 국가보건의료서비스 시행 이후 가장 근본적인 변화로 평가된다. ―옮긴이 주

12 1973년에 설립된 독립적 위원회로, 산업계·노동조합·지방정부·교육계 등에서 참여하는 고

Council)[13] ─ 이 처음에는 축소되었다가 이후 폐지되었다(Mitchell, 1987).

이 장의 후반부에 우리는 보수당의 노사관계 정책의 효과를 요약할 것이다. 여기서는 보수당의 개혁에 의해서 영국의 거의 모든 노사관계 제도들이 영향을 받았고, 변화의 일관된 방향은 탈집단화, 분권화, 규제완화였으며, 그 최종 목표는 사용자의 재량권을 확대하는 것이었다는 점을 간략히 언급하고자 한다.

4. 1997년 이후 새로운 노사관계 합의의 출현

영국에서 노사관계 제도에 관한 정치적 합의에 근접한 것이 있었다면, 그것은 1894년 왕립노동위원회(Royal Commission on Labour)가 최초로 노동조합과 사용자단체 간의 단체교섭이 공공정책상의 선이라고 명확히 표현한 때부터, 1979년 대처가 이끄는 보수당 정부가 집권한 시점까지 존재했었다. 집단적 규제의 약화를 추구하며 급류처럼 쏟아졌던 법률과 이와 관련된 공공정책은 그러한 정치적 합의를 끝장냈다. 노동조합운동과 여전히 제도적 연계를 맺고 있던 노동당 정부의 복귀는 노선 전환을 기대하게 할 수도 있었다. 하지만 실제로는 잠정적으로 새로운 합의가 출현했는데, 이것은 2010년에 선출된 보수당-자유민주당 연립정부와 2015년에 선출된 보수당 단독정부에 의해서도 뒷받침된 것이었다.

1997년에 18년간의 보수당 시대를 끝내며 다시 집권한 후 2010년 정권을

용 및 직업훈련 조정기구였다. 이 기구는 1987년 이후 위상이 축소되었고 1990년대 초반 각 지역별로 분권화된 기구들(72개)의 네트워크로 완전히 대체되었다. ─옮긴이 주

13 1962년에 경제계획을 위해 노사정 삼자가 참여하는 포럼에서 출발하여 1970년대 동안 영국식 코포라티즘('사회협약') 기구로 운영되었다. 대처 집권 이후 위상이 축소되었다가, 1992년에 폐지되었다. ─옮긴이 주

내줄 때까지 노동당 정부는 13년 동안 지속되었다. 노동당은 야당 시절에 노선을 전환하여 '신노동당(New Labour)'으로 이미지를 쇄신했고, 당 지도자 토니 블레어(T. Blair)가 '제3의 길'이라고 부른 노선을 추구했다. 노동시장에 대해서는 커다란 규모의 저임금·저숙련 부문을 둔 유연하고 최소로 규제 받는 노동시장의 필요성을 인정하는 접근법을 취했다. 국제 분업에서 영국의 위치를 재설정하려는 진지한 노력은 없었다. 앞에서 지적했듯이 조정 제도의 부재라는 견지에서 보면 그러한 노력을 했더라도 달성하기는 매우 어려웠을 것이었다. 따라서 신노동당의 노사관계 의제는 이전의 보수당 정부와 몇몇 측면에서는 달랐지만, 근본적으로는 보수당의 노사관계 개혁의 요점인 탈집단주의로 수렴했다(Smith, 2009). 오히려 신노동당의 접근법의 특징은, 계급관계의 집단적 규제에 대한 (입법이나 다른 수단을 통한) 지지라기보다는 직장에서의 개인의 권리(individual rights at work)의 창출에 대한 정부의 강조였다.

신노동당은 본질적으로 노사관계에 대한 일원주의적(unitarist) 신념을 가지고 있었다. 블레어는 기업과 노동의 이해관계가 대립하지 않는다고 주장했다. "나의 전망은 경영진과 직원의 경계가 사라지는 곳에 있습니다. … 정부의 계획은 사용자와 종업원의 갈등을 동반자 관계의 촉진으로 바꾸는 것입니다"(Department of Trade and Industry, 1998: 서문). 그리고 노동법의 역할은 "일터에서 일하는 사람들이 품위를 유지하고 공정함을 누릴 최소한의 기반을 마련해 주는 것입니다"(같은 곳). 블레어에 따르면, 공정과 경쟁력은 함께 가는 것이다. 양자 간에는 충돌이 없는데, 왜냐하면 "경제가 경쟁력을 갖추고 성장하려면, 영국이 우리 국민들의 재능을 이용할 수 있도록 일터에서 공정과 기회의 문화가 필요하기" 때문이다(같은 곳). 그러나 신노동당에게 공정성은 경쟁력을 위한 것이었지, 그 반대는 아니었다. 노동시장에 대한 규제는 언제나 효율성과 경쟁력에 미치는 그것의 효과에 주의하며 실행되었다(Davies and Freedland, 2007).

노사관계 제도의 우선적 과제는 일터에서 힘의 불균형을 바로잡는 것이 아

니었다. 오히려 그것은 기업에 도움이 되도록 노동자의 생산성과 창의성이
적절히 활용되는 여건을 조성하는 것이었다.

> 우리 함께 보수적이지 않고 창조적인 노동조합과 기업을 만들어갑시다. 더 좋은
> 회사를 만들기 위해 경영진과 협력할 수 있는 노동조합을 만들어봅시다. 변화의 공
> 포나 착취 때문이 아니라 성공을 위해 전념하기 때문에 가입하는 그런 노동조합을
> 만듭시다. 뒤돌아보는 게 아니라 앞을 보고, 노동자를 지원하며, 빠르게 변하는 경
> 쟁적인 세계에서 안전하게 살기 위해 필요한 진정한 적응 능력을 고취하는 그런 노
> 동조합을 우리 함께 만들어봅시다(Blair, 1997).

따라서 계급관계의 집단적 규제를 지지하는 공적 신념으로의 복귀는 없었
다. 신노동당 정부는 노동조합이 사용자에게 자신의 가치를 증명할 필요가
있다고 반복하여 주장했다. 이러한 입장에 따르면, 노조의 역할은 조합원들
에게 서비스를 제공하고 기업이 경쟁력을 더 갖출 수 있도록 협조하는 것이
지, 사용자로부터 조합원을 보호하는 게 아니다. 또한 법조문에 소중히 새겨
야 할 것은 직장에서의 개인의 권리이지 보호 기능을 위한 노조가 아니다. 이
를 통해서 노동당 정부가 쟁의행위 참가를 매우 제약하는 국가 규제는 유지
한 반면에, 최저 수준의 권리 보장과 노동자를 위한 발언권 신장은 장려했던
이유가 설명된다.

보수당 집권기 동안 완전히 주변화되었던 영국의 노동조합들은 신노동당
의 노사관계 개혁의 주요 방향을 지지하는 데에 상당히 관여했다. 대처리즘
을 경험하며 노동운동은 그들의 오랜 자발주의 노선을 포기하게 되었고, 노
동자와 노동조합을 위한 명문화된 권리와 법률적 지원의 가치를 인식하게 되
었다. 이런 점에서 가장 중요한 것은 법정 노조승인 제도에 대한 노조의 지지
였다(Trade Union Congress, 1995). 분명히 영국의 노조들이 신노동당이 추진
하는 개혁의 성격이 소극적이어서 실망했고, 노조들은 쟁의행위에 관한 법률

의 실질적 변화를 바랐을 것이었다. 그럼에도 불구하고 노동조합은 자신들에게 힘이 되는 노동법의 기본틀에 스스로가 얼마나 의존적인지를 마침내 이해하게 되었다. 이는 노조가 그동안 얼마나 약하고 주눅 든 상태였는지를 잘 보여주는 것이었다.

신노동당은 네 가지의 주요 노사관계 개혁 조치를 추진했다(Brown, 2011; Howell, 2004). 첫째, 전국적인 법정최저임금이 영국 역사상 최초로 도입되었다. 임금심의회가 폐지된 1993년 이전에, 그 기구는 사용자와 노조의 대표자들로 구성되었고, 단체교섭의 초기 형태로서 전통적인 저임금 산업 노동조건의 최저 수준을 정했었다. 저임금을 규제하려고 국가 수준의 법률을 사용하는 것은 집단적 자유방임의 전통에서 일정하게 이탈하는 것이었다. 1999년에 법정최저임금제가 시행된 이후, 최저임금은 (적어도 2008년까지는) 중위 임금에 비례하여 상승했으나, 여전히 그것은 "겨우 제한적인 파급 효과만"을 낳는 수준에서 정해졌다(Grimshaw and Rubery, 2012: 111).

둘째, 신노동당은 유럽연합 사회조항(Social Chapter)[14]에서의 선택적 이탈(opt-out)을 중단했다. 유럽연합 사회조항을 수용하고 유럽연합 지침이 많이 늘어나면서, 국내 노동법에 점점 더 큰 영향을 주었는데, 특히 '가족 친화' 정책(육아휴직)과 비정규 노동자(시간제, 임시직, 파견노동자)의 동등한 권리 보장 사안에 큰 영향을 미쳤다. 그러나 신노동당 정부는 노동시장 규제를 최소화하기 위해 이 지침들을 항상 가능한 한 가장 협소한 방식으로 해석하길 원했다는 점이 지적되어야 한다. 신노동당 정부는 노동자 협의에 관련된 지침의 영향을 제한했고, '노동시간 지침(Working Time Directive)' 중에서 최장 노동시간 조항의 적용으로부터 이탈할 권한을 얻어냈다. 게다가 2007년에 유럽연

---

14 유럽연합 사회조항은 1991년 12월에 영국을 제외한 모든 유럽연합 회원국들이 작성한 사회정책 합의서(Social Policy Agreement)에 대한 일반적 명칭이다. 그 합의서는 이후 마스트리히트 조약에 사회 의정서(Social Protocol)로 통합되었다. ―옮긴이 주

합 기본권 헌장(EU Charter of Fundamental Rights)[15]에서 선택적으로 이탈하기로 했는데, 이는 그 헌장이 유럽사법재판소(European Court of Justice)에 고용의 권리를 보호하는 새로운 권한을 부여하기로 했기 때문이었다(Grimshaw and Rubery, 2012).

노사관계 개혁의 세 번째 구성요소는 1999년 고용관계법(Employment Relations Act)이었다. 이것은 직장에서의 개인의 권리에 대한 새로운 조항을 포함하여 여러 특징을 가진 법률이었다. 부당해고로부터의 더 많은 보호, 고충심문 절차에서 보좌인으로 동료 노동자나 노조 간부를 요구할 수 있는 개별 노동자의 법적 권리, 노조 조합원 가입을 기록하는 블랙리스트 작성 금지, 파업시 처음 8주간 부당해고로부터의 보호 등이 그것이다. 고용관계법은 한 가지 중요한 집단적 권리를 담았다. 즉, 전체 투표자 중 과반수가 노조를 지지할 경우에 노조승인의 권리가 포함된 것이다. 이 권리는 소규모 기업에는 적용되지 않고 찬성률의 최저 한계선을 요구한다는 점에서 중요한 제한조건이 달렸다. 그럼에도 불구하고 그것은 영국 노동법에서 유의미한 혁신이었다(1970년대의 약 5년 동안 노조승인에 관한 법은 이와는 조금 다른 형태로 존재했던 적이 있었다).

노사관계 개혁 의제의 네 번째이자 마지막 부분은 노동당의 두 번째와 세 번째 임기에 나타났는데, 그것은 처리해야 하는 소(訴) 제기 건수를 줄이기 위해 고용심판위원회(Employment Tribunal) 제도를 정비한 것이었다. 사용자의 재정 부담을 줄여주는 게 명시적 목표였다. 이 개혁의 일환으로, 2002년 고용법(Employment Act)은 법령에 의해서 기업 내 해고 및 고충처리에 관한 최소한의 내부 절차를 만들었다(이것 또한 집단적 규제의 잠재적 형식을 개별화된

---

15 유럽연합 시민의 제반 권리를 명문화한 문서로 2009년 리스본 조약의 발효로 유럽연합의 기구들과 회원국들에 법률적 구속력을 갖게 되었다. 이 헌장은 존엄성, 자유, 평등, 연대, 시민의 권리, 사법적 권리 등의 제목으로 오늘날 요구되는 광범위한 기본권 목록을 담고 있다. 통상 이 헌장은 유럽연합법의 일반원칙으로 인정 받는다. ―옮긴이 주

법률적 형식으로 대체한 것이다). 그러나 이마저도 기업에 부담이 된다며, 2008년 고용법(Employment Act)은 그것을 알선·조정·중재국 감독하의 법정 실행 지침으로 대체했다.

2010년 보수당-자유민주당 연립정부의 선출은 공공부문 고용에 상당히 극적인 영향을 미치는 가혹한 긴축의 시대를 알렸지만(Elliott, 2010), 지금까지의 영국 노사관계의 궤적을 변화시킨 것은 거의 없었다(보다 포괄적인 검토는 Williams and Scott, 2016을 보라). 만약 보수당이 절대 다수로 집권했다면, 보다 중요한 개혁을 상상해볼 여지도 있었다. 실제로 영국의 가장 큰 사용자단체는 2008년 경제위기 이후 노조가 해고 반대를 대담하게 요구할 수 있다는 이유로 쟁의행위의 가능 요건을 한층 더 제한하자고 요구했었다(Confederation of British Industry, 2010). 그러나 총선 이전에 데이비드 캐머론(D. Cameron)에 의해 이미지를 쇄신한 보수당은 물려받은 노사관계의 합의에 대체로 만족한다는 입장을 내비쳤다(Williams and Scott, 2010). 노사관계 영역에서 광범위한 추가 입법의 구실로 극단적인 경기침체가 활용되지 않은 것은 놀라운 일이다. 심지어 금융·경제위기의 여파 속에서 긴축정책에 가장 큰 타격을 받은 공공부문에서도, "사회적 대화의 제도적 구조의 대부분이 계속 유지되고 있다"(Bach and Stroleny, 2012: 4). 물론 2010년 이후 공공부문의 임금은 사실상 동결되었고 고용은 실제로 감소했지만, 노사관계의 제도적 재구조화를 향한 노력은 제한적이었다(Bach and Stroleny, 2012).

일부 작은 변화들도 있었다. 부당해고로부터 보호 받을 수 있는 자격 획득에 필요한 근무기간이 늘어났고, 고용심판위원회 제소를 억제하려는 추가적인 조치가 있었다(Hall, 2012).[16] 하지만 영국산업연맹(CBI)[17]의 로비에도 불구

---

16 더 구체적으로 보면, 2010년 집권한 보수당-자유민주당 연립정부에서 이루어진 노동법 개혁에는 부당해고 소송의 제소자격을 2년의 계속근로기간으로 강화했고, 제소비용제도를 도입했으며, 소송 제기 이전에 필요적 화해절차를 도입하여 본안소송 진행 사건수를 대폭적으로 감소시켰다. ―옮긴이 주

하고, 연립정부는 유럽연합의 '파견노동자 보호 지침'의 시행을 약화시키길 거부했고, 적어도 수사적으로는 신노동당이 도입했던, 부모 모두에 적용되는 유연근로시간제의 주요 권리를 확대하는 데 열성을 다했다. 경제·사회·노동시장 정책에 대한 연립정부의 접근 방식에 본능적인 신자유주의가 담겨 있다는 데에는 의문의 여지가 없지만, 그것이 지난 20년 동안의 노사관계 합의를 대폭적으로 고쳐 쓰고자 한 것으로 해석되지는 않는다. 부분적으로 이것은 연립정부가 이미 규제가 매우 완화된 노동법 체계를 물려받았다는 단순한 사실을 반영하는 것이다. 2010년 이후 개혁 조치가 시행된 경우에, 그것은 노조 승인 절차나 파업권처럼 집단적 권리가 아니라, 노동시장 규제를 표적으로 삼았다(Grimshaw and Rubery, 2012).

그런데 보수당은 2015년 총선을 준비하고 보수당-자유민주당 연립정부의 해체를 전망하면서, 만약에 재집권한다면 '핵심' 공공서비스 업종에서 합법 파업에 필요한 조합원 투표의 문턱을 더 높일 것이고, 피케팅에 추가적인 제한을 부과하며, 파업 시 파견업체 직원의 고용을 허용하고, 조합비 납부에 대한 사전 동의 조항을 만들겠다는 공약을 발표했다(Conservative Party, 2015: 18~19). 2015년 7월, 새로 집권한 보수당 정부는 이러한 공약을 담은 법안 패키지를 공표했다. 특히 모든 파업 찬반투표에 투표율 50%의 문턱을 도입하고, 보건의료·교육·공공운수 업종에는 이에 더해 투표권을 가진 모든 조합원의 40% 이상이 찬성해야 한다는 파업 찬반투표 관련 조항을 도입할 것이라고 선언했다(Department for Business, 2015). 그 이후 공공부문 노동자의 경우 조합비 자동이체를 불허하는 조치가 잇따랐다. 보수당 정부가 발표한 노사관계 제도의 변화는 대개 공공부문을 중심에 둔 것이었는데, 그것은 가혹한 긴축

---

17 영국산업연맹(Confederation of British Industry)은 1965년에 기존의 영국사용자총연합, 영국공업연합, 영국제조업협회 등이 통합하여 설립되었다. 현재 영국의 기업가들을 대표하는 최대 규모의 이익단체로 재계의 이익 증진을 위해 로비를 중심으로 한 여러 활동을 벌이고 있다. ―옮긴이 주

정책에 반대하는 공공부문 노조의 저항을 극복할 필요성 때문이었다. 물론 그 제도 변화에는 노동자와 노조의 단체행동을 제한하려는 집착도 여전히 광범위하게 유지되었다.

1980년대와 1990년대 초반의 공세로부터 시작된 보수당의 노사관계 입법들 중 거의 대부분은 여전히 시행 중이며 신노동당과 그 뒤를 이은 보수당-자유민주당 연립정부에 의해 보증되었다. 이러한 노동법의 기본 얼개에 1997년 신노동당 집권 이후에는 노동시장의 제한적 규제가 덧붙여졌다. 이것은 고용심판위원회와 국가 기관을 통해야 구속력을 가지게 되는, 개인의 법적 권리의 형태를 띠었다. 하지만 그 규제라는 것이 노동조합의 힘을 키우도록 설계된 집단적 권리 — 이를 통해서 노조는 단체교섭을 통해 사회적 관계를 규제하는 역할을 떠맡게 된다 — 와는 대부분 상관이 없었다. 이로 인한 결과 중 하나는, 노동자들이 그들의 권리에 관해 조언하는 사업장의 현장위원들(union representatives)[18]을 점점 덜 의지하게 되었고, 개별화된 장치가 노조를 대체하면서 고용심판위원회나 알선·조정·중재국이 제공하는 알선 서비스의 활용이 크게 증가한 현상이다(Advisory Conciliation and Arbitration Service, 2008).

노동시장의 규제를 강화하거나 법률적 권리를 집행하는 국가의 새로운 역할 때문에 노조가 얻게 된 혜택이 있었다면 — 그런 혜택을 보았다는 증거는 별로 없다 — 그것은 거의 예외 없이 간접적으로 생겨난 것이었다. 선진 자본주의 세계의 다른 나라들과 마찬가지로, 영국에서 사회적 관계가 규제되는 두 개의 궤도, 즉 노조에 의한 집단적 규제와 국가에 의한 법률적 규제 중에서 정부는 후자에 관심을 집중시켰다. 따라서 오늘날의 노사관계에 대한 합의점은 대처리즘으로부터의 근본적 이탈이 아니라 대처리즘의 공고화로서 가장 잘

---

18 'union representative'라는 용어는 과거 제조업에서 현장위원을 칭했던 샵스튜어드(shop steward) 제도가 사무직, 전문직, 공공부문 등 비제조업 노조들에서도 일반화되면서 붙여진 이름이다. 오늘날 영국의 노동조합들은 공식적으로 현장위원을 union representative로 부르며, union steward라는 명칭도 함께 사용한다. —옮긴이 주

이해될 수 있다. 그것은 일터에서의 사회적 세력균형의 현 상태를 전반적으로 수용하고, 대개 노사관계에 대한 일원주의적 관점을 공유하며, 가장 본질적으로는 사회적 관계의 집단적 규제보다 개별적 규제를 공통적으로 강조한다. 대처리즘의 접근법과 그것을 계승한 중도좌파 혹은 중도우파 정부들 사이의 차별성은 국가에 의한 노동시장 규제의 정도에 있는 것이지, 노동시장 규제의 동인(動因)에 있지는 않다. 대체로 양쪽 다 집단적 규제를 거부한다.

5. 오늘날 영국 노사관계의 구조

1970년대 중반 집단적 규제의 전성기 이후에 영국 노사관계의 제도적 구조는 어느 정도나 신자유주의의 방향으로 변화했는가?[19] 그리고 사용자 재량권이 신자유주의적 변형의 일차적 지표임을 고려하면, 사용자들은 고용계약 조건, 작업 조직, 다양한 형태의 유연성 등을 관리할 수 있는 능력을 어떤 영역에서 어느 정도나 확대했는가? 1960년대와 1970년대에 사용자 재량권에 대한 결정적 장애물은 노동조합과 함께 하는 집단적 규제 또는 공동 규제의 시스템이었고, 그것이 노동법에 의해 경영전권(managerial prerogative)이 제한되는 고도로 법률화된 노사관계 시스템이라기보다는 작업장 깊숙이 제도화된 시스템이었음을 떠올릴 필요가 있다. 이와 같이 신자유주의는 항상 규제완화보다는 탈집단화를 통해 더 쉽게 스스로를 드러낸다. 그리고 이것이 바

---

19 앞서 언급했듯이, 1980년과 2012년 사이에 이루어진 여섯 번의 사업체 조사는 노사관계의 제도 변화의 증거를 보여주는 풍부한 자료원이다. 조사에 포함되는 기업 규모의 최저선은 최근에 올수록 점차 줄어들어, 25명 이상을 고용한 기업에서 10명 이상으로, 보다 최근에는 5명 이상으로 바뀌었다. 따라서 그 조사들이 이루어진 30년 전체에 걸친 비교에는 약간의 주의가 필요하다. 그러나 분명한 것은 전 기간에 걸쳐 집단적 대표와 집단적 규제에 관련된 모든 제도들이 계속 꾸준히 쇠퇴했다는 점이다.

로 우리가 살펴봤던 것이다. 1890년대 이후 거의 한 세기 동안 영국의 공공정
책 및 노사관계 관행의 중심에 위치했던 노사관계의 집단적 규제 제도들은
이제는 분명히 거의 최종적인 쇠퇴 단계에 있다.[20]

우선 1979년에 정점에 이르렀던 노조 조합원 규모와 조직률은 그 이후 30
년 동안 절반 이상 감소했다. 조합원은 현재 650만 명이고 조직률은 26.6%이
다. 그러나 조직률 수치는 공공부문에 크게 편향되어 있다. 민간부문은 14.2
%에 불과한 반면에, 공공부문은 56.3%이다(Achur, 2011). 감소분의 약 3분의
1은 사업체와 노동자 구성의 변화에 기인한 것이지만, 나머지는 사용자의 태
도와 관행에서의 변화, 즉 "무노조 기업으로 가버리거나 무조노 기업을 유지
하려 하고, 또 노조승인에 유리한 쟁점들을 없애려 하는" 사용자들의 선호가
반영된 것이다(Blanchflower and Bryson, 2009: 56).

작업장에서의 노동자 권력과 작업에 대한 공동 규제에 관여하는 노조 역량
의 제도화를 보여주는 가장 강력한 지표는 1960년대와 1970년대에 현장위원
들이 극적으로 증가한 사실이었다. 최근에는 반대로 그렇게 증가한 규모가
고스란히 가파르게 줄어들어서, 1980년에 약 33만 명이었던 현장위원들의
수가 현재는 어림잡아 10만 2000명으로 줄었다(Charlwood and Forth, 2009:
79). 2004년에 25명 이상을 고용한 기업들 중 오직 23%에만 현장위원이 존재
했고(같은 곳, 77), 사업장의 현장위원이 존재하는 곳일지라도 그들은 협상에
관여하는 일보다는 조합원들에게 서비스를 제공하는 일에 자신들의 시간 대
부분을 쓰고 있다.

단체교섭으로 눈을 돌리면, 협약 적용률이 대폭 하락했는데, 이것은 노조
의 존재가 줄어들고 산업별 교섭이 거의 사라진 상황이 반영된 결과였다. 집

---

20 오늘날 영국 노조의 상황에 관한 가장 포괄적인 조사는 세 권으로 간행된 "영국 노동조합의
    미래 프로젝트"(*The Future of Trade Unions in Britain*, Gospel and Wood)에 담겨 있다
    (Fernie and Metcalf, 2005; Gospel and Wood, 2003; Kelly and Willman, 2004).

단적 임금결정 기제의 적용률과 노조 조직률 사이에 한때 존재했던 상당한 격차(1970년대에 대략 30%포인트의 격차)는 (대개 이중교섭의 한쪽 부분인) 산업별 교섭과 임금심의회 같은 제도의 역할이 반영된 것이었다. 이러한 격차는 거의 사라져, 단체협약 적용률은 2010년에 30.8%로 감소했고, 민간부문의 경우는 16.8%로 줄었다(Achur, 2011: 32). (산업별) 다수 사용자 교섭(multiemployer bargaining)은 2004년에 25명 이상을 고용한 사업체 중 7%에서만 임금결정 방식으로 활용되었는데, 민간부문의 경우는 그 비율이 1%였다(Kersley et al., 2005: 20). 물론 임금심의회는 1993년에 폐지되었다. 2004년에 25명 이상을 고용한 민간부문 사업체의 85%(당연히 1인 이상의 모든 사업체로 추산하면 더 높다)에서 단체교섭은 아무런 역할을 하지 못하며 임금은 주로 경영자에 의해 일방적으로 결정되었다(Brown, Bryson and Forth, 2009: 34). 단체교섭은 공공부문에서 보다 강력하게 남아 있지만, 이곳에서도 임금이 단체교섭에 의해 결정되지 않는 사업체 비율이 상당히 증가하여, 2011년에 43%에 달했다(van Wanrooy et al., 2013: 83). 노조 조합원 규모의 감소가 미치는 충격은 영국의 노사관계에서 특히 중요한데, 그 이유는 교섭이 이루어지는 사업체를 넘어서는 단체협약의 효력 확장 제도가 없기 때문이다. 법률적인 효력 확장이나 사용자단체의 조율을 통한 효력 확장 제도가 없는 상황에서, 노동조합의 포괄범위의 감소는 단체교섭 적용률의 감소로 직결된다. 이에 따라 현재 둘 사이의 격차가 유난히 좁혀졌다. 어느 글에서 논평했듯이, "노조 조합원 규모의 감소가 국제적으로는 이례적이지 않은 것인지는 몰라도, 영국에서 그 영향은 이례적이다"(Brown, Deakin and Ryan, 1997: 75).

노조 조직률과 단체교섭이 동시적으로 또 실질적으로 감소한 사태로 말미암아, 영국 경제에서 집단적 규제의 존재감이 확실히 줄어든 결과가 나타났다. 1970년대의 핵심 특징 중 하나는 단체교섭이 규모만이 아니라 범위에서도 확대되어, 작업장 조직 및 노동조건의 모든 측면들을 포괄했다는 점이었다. 그러나 교섭 범위가 다시 줄어들면서 현재에는 "종업원의 의무사항과 작업 조직에 대한 규제에 있어서 현장위원들의 관여가 확실히 크게 줄어들었고", 결국 작업장의 조직은 경영자의 일방적 권한에 따라 좌우되는 게 되었다(Brown et al., 2000: 617). 단체교섭 그 자체는 이제 협상보다는 협의를 닮아서 공식성이 약한 모습을 띠곤 한다. 그 결과 "모든 사례들에서 기업 수준 노조 조직들의 활동 범위와 지위, 영향력은 대폭 약화되었다. 잘 드러나지는 않았지만, 집단적 규제가 쇠퇴한 것이었다"(Brown et al., 2000: 617). 이 연구가 결론을 내리길, "따라서 노조승인이 실제로 무엇을 의미하는지는 사실상 사용자가 결정하는 것이나 다름없다"(같은 곳, 75). 2011년 사업체고용관계조사(Workplace Employment Relations Survey)는 이러한 지적에 동의하며, 2004년 조사 이후에도 단체교섭의 범위는 급격하게 축소되었고, 대개의 임금교섭은 "빈껍데기"와 비슷해졌다고 말한다(van Wanrooy et al., 2013: 82). 그래서 2010년에 민간부문 노조의 임금 프리미엄이 6.7%로 줄어든 사실을 알게 되더라도 그것이 그리 놀라운 일은 아니다(Achur, 2011: 2).

단체협약 적용률이 노동조합과 함께 줄어들었고 게다가 단체교섭이 유지되는 곳에서는 그것이 공동화(空洞化)되는 동안에, 협의와 교섭의 대안적 형식들이 나타났다. 사용자들은 종업원 참여를 위한 직접적 기제를 만들 수 있고, 종업원을 대표하는 비(非)노조 기구를 만들 수 있다. 사업체 조사로부터 '종업원의 발언권(employee voice)'에 관련된 두 가지 분명한 결론을 도출할 수 있다. 첫 번째는 지난 30년 동안 노조 단독의(union-only) 발언권 기제가 급격히 감소한 반면에, 비노조 단독의(nonunion-only) 발언권은 증가했다는 점이다. 후자에는 경영자와 종업원 사이의 다양한 직접 소통 제도들이 포함된다. 오래된 사업체들에서는 노조를 통한 발언권 기제가 이러한 다른 제도들로 보완되는 경향이 있는 데 비하여, 신설 기업들에서는 노조를 통한 발언권 기제는 거의 없고, 비노조 형태의 발언권 기제가 나타날 가능성이 더 컸다.

이와 연관된 두 번째 결론은 모든 집단적 대표의 형식들 — 노조, 노사협의회, 사업장평의회 등 — 이 이 시기에 급격히 감소했고, 그것이 부분적으로 경영자가 만들어서 관리하는 직접참여 제도들의 증가로 보충되었다는 것이다(van Wanrooy et al., 2013: 56~67). 이러한 노사관계 제도들은, 사업장에 강력한 노동조합이 존재한다는 사실에 기초하거나 대륙 유럽의 사업장평의회 같은 법적 요건에 기초한 것보다 훨씬 더 취약하고 경기침체나 여타의 위기에서 살아남기가 어렵다. 2005년 이후 영국은 '유럽연합 정보제공 및 협의에 관한 지침(EU Information and Consultation Directive)'을 준수해야 하는 상황이 되었다. 하지만 영국 국내법에 도입하는 과정에서 그 지침을 실제 실행하는 부담이 노동자들에게 돌아갔고, 노동자들이 기존의 정보제공 및 협의에 관한 사업장 협약을 바꾸려고 할 때 이를 방해하는 '이중의 장애물'이 설치되었다(Hall, 2004).[21]

그렇다면 노사관계의 변화가 사용자의 재량권에 미친 영향에 관해서 우리는 어떤 결론을 내릴 수 있을까? 1970년대 말에, 경영자의 태도는 '극도로 방어적'이었다. 당시 제조업의 주요 설문조사 중 하나가 보여주듯이, 경영자들 중에서 3분의 2가 "노동의 내부적 재배치와 인원 배치의 수준, 감원, 생산량의 중대한 변화"에 대해서 노조와 협상한다고 응답했다(Brown and Edwards, 2009: 7). 30년 후에는 모든 게 바뀌었다.

노동법의 규제는 여전히 가벼운 영향만 미친다. 심지어 신노동당이 직장에서의 개인의 권리 조항들을 정책적으로 강조한 이후에도 그러했다. 법정최

---

21 이와 관련된 영국의 국내법 명칭은 '노동자의 정보 및 협의 규정'(The Information and Consultation of Employee Regulations)이다. 이에 따르면, 50명 이상의 종업원을 고용한 사업체에서 10% 이상의 노동자가 동의하는 경우에 사용자를 상대로 정보제공 및 협의에 관한 협약을 체결하자고 요구할 수 있다. 그런데 만약 정보제공 및 협의에 관한 협약이 기존에 존재하고 40% 미만의 노동자가 협상을 요구하는 경우에, 사용자는 새로운 협상을 시작할 지에 대한 종업원 찬반투표를 요구할 수 있다. 이 찬반투표 요구에 40% 이상의 노동자가 투표에 참가하고, 동시에 투표 참가 노동자의 과반수가 새로운 협상에 찬성하는 경우에만 협상은 시작된다. 만약 이 두 가지 요건이 충족되지 않으면 사용자의 협상 의무는 발생하지 않게 된다. 본문에서 말하는 "이중의 장애물"은 바로 이러한 절차적 요건을 가리키는 것이다. —옮긴이 주

저임금제가 있지만, 적극적으로 활용되지 않았다. 부당해고로부터의 보호(현재는 이마저도 축소되었다) 이외에 채용 및 해고에 관한 제한은 없다. 시간제, 임시직, 파견노동자들은 동등 처우를 보장하는 유럽연합 지침의 혜택을 보았고, 또한 유럽연합은 육아휴직을 강화하고 노동시간에 일정한 제한을 가하는 데 상당한 기여를 했다. 그러나 모든 경우에 유럽연합 지침들은 사용자들에게 최대한의 유연성을 제공하는 약한 형태로 시행되었다. OECD의 2008년 (연립정부의 집권 이전) 고용보호 지표를 보면, 영국은 12개 유럽연합 회원국 중 최하위를 차지한다(OECD 회원국 중 미국과 캐나다만 고용보호 지표에서 영국보다 덜 엄격하다). 임시직 고용보호는 특히 취약하다(Venn, 2009: 9, 그림 1).

따라서 집단적 규제가 여전히 사용자에게 기본적인 제약으로 작용하지만, 이상의 모든 증거들은 경영자의 일방적 결정이 매우 높은 수준으로 작동한다는 점을 보여준다. 2004년 사업체고용관계조사(10명 이상의 종업원을 고용한 기업들이 조사 대상이었다)는 경영자들에게 공동 규제에 관한 12개의 다양한 주제에 관해 그들이 협상하거나, 협의하거나, 정보를 제공하거나 혹은 아무것도 안 하는지 질문을 던졌다(Kersley, et al., 2005: 22, 표 7). 전체 사업체 중 3분의 2가 노동조건의 어떤 측면이건 간에 어떠한 관여도 없다고 응답했다. 개별 항목들을 보면, 전혀 관여가 없다고 응답한 기업들이 69%에서 78% 사이로 조사되었다. 전체 사업체 중 15~18%는 다른 항목들은 제외하고 임금·노동시간·휴가에 관해 협상한다고 했다. 그 밖의 영역에서 직원들이 회사로부터 변화에 관한 정보를 제공받는다는 사업체는 약 10%였고 그에 관해 직원들이 회사와 협의하는 사업체는 12~17%였다.

결국 1970년대 말에는 상상도 할 수 없었던 수준으로 사업체 경영의 모든 측면들에서 사용자의 재량권이 발달한 것이다. "우리가 가진 증거는 100년 전 단체교섭이 탄생하기 이전에 있었던 것과 같은, 자유롭고 규제 받지 않는 노동시장의 출현을 가리키고 있다"는 퍼셀의 판단에 반론을 제기하기는 힘들다(Purcell, 1993: 23).

6. 소결

집단적 규제의 핵심 제도들은 1979년 이후 30여 년 동안 체계적으로 해체되었다. 노동자들의 일차적인 집단적 대리자인 노동조합운동의 쇠퇴에서, 기업과 사업장으로의 단체교섭의 분권화와 이를 대체하는 경영자의 일방적인 노동조건의 결정에서, 노동조합 내의 집단적 의사결정 구조의 약화에서, 그리고 단체행동의 감소와 노조보다는 국가 기관으로 직접 향하는 개별적인 법적 소송이나 고소가 이를 대체하는 경향 등에서, 탈집단화가 그 모습을 드러냈다. 신뢰할 만한 일련의 사업체 노사관계 조사들에서 신중하게 결론을 내렸듯이, "영국 노사관계의 구조와 운영에서" 일어났던 변화를 "완전한 탈바꿈으로 평가하는 게 타당할 것이다"(Millward, Bryson and Forth, 2000: 234).

영국 노동조합운동의 외관상 자율적인 힘은 결국 꺾였는데, 그렇게 된 데에는 집단적 규제에 대한 수많은 사용자들의 지지가 철회되고 심대한 경제 구조조정을 겪으면서 나타난, 대규모적이고 전방위적인 국가의 적극적 행동이 작용했다. 애초에 그것은 노조의 정치적·정책적 영향력과 쟁의행위에 참여하는 노조의 활동 역량을 제한하려는 정치적 프로젝트로서 시작했지만, 작업장의 사회적 관계의 관리 방식을 사용자들이 선택할 수 있는 자유와 그 조건을 창출하기 위한 전반적인 탈집단주의 프로젝트로 확대되었다. 영국 경제의 구조 변화, 사용자들의 이해관계 변동, 그리고 효과적인 저항을 조직할 힘이 없는 노조의 무능력이 합쳐져서, 신설 기업들은 무노조 노사관계를 선택하고 기존 기업들은 노조의 역할을 협상보다는 협의로 축소시킬 수 있게 되었다. 사용자 재량권의 범위가 극적으로 확대된 것이다.

1장에서 논의된 제도 변화의 메커니즘으로 돌아가면, 영국은 기존 제도의 완전한 해체를 보여주는 보기 드문 사례이다. 영국 사례에서는 제도 전환(conversion)의 역할은 매우 작았다. 보수당 집권기에 집단적 규제 전반의 법률적·행정적 기반은 약화되거나 완전히 폐지되었다. 새로운 제도의 구축은 신노동당이 집권할 때까지 거의 일어나지 않았다. 신노동당 정부에서 제도의 구축은 직장에서의 개인의 법적 권리라는 형태로 나타났다. 이에 따른 결과 중 하나는 원래 주변적이었던 고용심판위원회 제도의 중요성이 커져서, 그것이 분쟁을 규제했던 집단적 메커니즘의 붕괴를 대체하면서 빠른 속도로 지배적인 제도가 된 것이었다. 사용자들이 제도의 구축에 관여한 것은 사업체 안에서였고, 이곳에서 그들은 자기 종업원들과의 개별적인 직접 소통의 기제를 만들었다. 영국의 사용자들은 (사업장평의회 같은) 비(非)노조적인 집단적 대표 기구를 수용하거나 새로 만들라는 유럽 대륙 국가들의 설득에 반발했던 것이다. 영국의 노사관계는 철저히 탈집단화되었다.

5장

프랑스
국가 주도의 자유화와 노동자 대표 제도의 변형

1970년대 말의 시점에서 프랑스 노사관계의 자유화는 가능성이 없어 보였다. 광범위한 국가 규제와 강력한 산업별 교섭이 결합되어 노동시장을 매우 경직되게 만들었고 임금결정 및 작업 조직에서 사용자의 자율성과 재량권을 확실히 제한했다. 1968년 5~6월의 파업 이후로 국가는 노동시장 규제에 점점 더 직접적으로 관여했다. 실제로 최저임금제의 보다 적극적인 활용, 행정 당국에 의한 정리해고 허가제, 관대한 실업급여, 공공부문 임금협약 등을 통해 국가가 노동조합과 단체교섭의 취약성을 대신하여 노동시장 규제에 직접적으로 관여하게 된 것이다. 따라서 프랑스는 영국과는 뚜렷이 대조적이었는데, 프랑스에서 유연성 확대에 대한 장애물은 계급관계의 집단적 규제에 있던 게 아니라, 광범위한 국가 규제에 있었던 것이다.

그러나 21세기의 첫 10년이 끝나갈 무렵에는 노동시장과 작업장이 놀라울 정도로 유연해졌고 기업들은 국가 규제와 상위 수준의 단체교섭으로부터 더 큰 자율성을 누리게 되었다. 동시에 교섭과 협의, 대표를 위한 기업 단위 제도들의 조밀한 네트워크 ― 그 이전의 25년 동안 민간부문에서 거의 없었던 제도들

— 가 프랑스의 사업장들에 널리 퍼졌다. 노사관계 제도 지형의 이러한 변형은, 한편으로 기업 수준에서 새로운 제도들이 창출되면서, 다른 한편으로 기존 제도에 변이가 일어나 새로운 기능을 떠맡게 되면서 일어난 것이었다 (Howell, 2009).

1980년대 이후 프랑스에서는 다른 많은 나라들과 달리 유연성을 가로막는 주된 장애물이 노동조합이나 단체교섭이라기보다는 오히려 국가의 직접적인 규제 활동이라고 인식되었다. 이 점을 고려하면, 프랑스 정부는 노사관계 제도의 재구성에 있어서 다음과 같은 특수한 문제에 직면하지 않을 수 없었다. 즉, 사용자의 일방적 강행이 아니라 진정한 협상을 통한 유연성의 도입을 가능케 하는 노동 측 행위자가 기업 내에 부재한 상황에서, 과연 정부가 어떻게 노동시장의 직접적 규제로부터 손을 떼고 빠져나올 것인가? 이 특수한 문제로 인하여, 사용자들이 인력 배치상의 유연성 확대의 기회를 갖고자 한다면, 그러한 변화를 기업 수준에서 노동자들과 협상을 통해 실현하도록 사용자들에게 법률상의 의무를 지우는 전략이 나타나게 되었다. 여기서 중요하면서도 역설적인 것은, 경제의 포스트 포드주의적 구조조정이 필요하다는 게 빌미로 작용하여 국가 주도적으로 노사관계 제도의 재구성이 실행되었다는 점이다.

노동시장과 작업장 규제의 책임을 기업 내부 행위자들에게 이전시키는 이런 핵심 전략은 지난 30년 동안 프랑스에서 보수주의 정부와 사회주의 정부가 공유해온 것이었다. 이러한 양대 정파의 초당적인 노력 덕분에 프랑스의 노사관계 시스템은 1970년대 말과 비교해 사용자의 재량권을 더 많이 허용하는 방식으로 변형되었다. 따라서 지난 10년 동안 연금 개혁이나 청년 임시직 노동계약제의 도입을 둘러싸고 주기적으로 발생한 폭발적 시위가 프랑스 노사관계에 대한 대중적 인식을 계속 지배했지만, 오히려 이런 사회적 동원이 노사관계의 조용한 혁명을 가린 게 사실이다. 그 조용한 혁명을 통해서 계급관계를 관리하는 제도가 뚜렷하게 자유화되었다.

1. 국가 통제적 노사관계

전후 프랑스 노사관계의 뚜렷한 특징은 강력한 포드주의적 동력이 부재했다는 점이다. 즉, 사용자와 국가가 임금과 생산성, 혹은 (보다 일반적으로 말하면) 수요와 생산성을 연결하는 메커니즘을 추구하도록 하는 포드주의적 동력이 없었다. 지시적 계획경제의 과정과 그 목표에 비추어 보면, 기업 내 노사관계 제도의 구축은 별로 중요하지 않은 문제였다. 게다가 노동조합의 조직적 취약성과 1958년 이후 보수주의 정부의 통치로 인해 노동이 배제된 프랑스 특유의 전후 합의가 형성되었다(Jefferys, 2003: 3장; Ross, 1982).

전후 노사관계 체제의 첫 번째 특징은 단체교섭, 특히 기업 내 단체교섭의 취약성이었다. 초기 프랑스 노동법의 주춧돌은 1950년에 제정된 법이었는데, 그 법은 단체협약보다 입법을 우선시하고 기업 내부의 협약보다 상위 수준의 협약을 우선시하는 엄격한 위계를 설정했다. 기업별 협약이 법령이나 산업별·전국 협약보다 노동자들에게 더 불리한 내용을 담을 수 없다는 원칙 때문에, 기업별 협약을 애써 체결할 유인이 사용자들에게는 거의 없었고, 유연성을 확보할 수 있는 기업 내의 제도적 기제도 존재하지 않았다. 또한 1950년 법은 국가가 산업별·지역별 단체협약을 본래의 서명 당사자의 범위를 넘어서 확장할 수 있게 허용했고, 덕분에 그 협약들은 사회적 규제를 위한 매우 엄격한 수단이 되었다. 그리하여 전후에 단체교섭 건수는 이따금씩 늘어나는 식이었고, 그것도 거의 대부분 산업별 수준에서 체결되었다(Reynaud, 1975: 7장).

이와 연관된 이 시기의 두 번째 특징은 노동조합 조직의 취약성이었다. 노동조합 조직률은 1945년 이후 하락하여 1960년대 초반에 약 17%로 낮아졌다. 그 후 1968년의 파업 물결 속에서 회복되어 1974년에 거의 25%로 정점에 도달했으나, 그 이후부터 현재까지 조직률은 장기간에 걸쳐 느린 속도로 계속 하락했다(Amossé and Pignoni, 2006: 407). 또한 프랑스의 노조들은 이념과 종교에 따라 분열되어 조합원을 두고 경쟁했기에 노조 간 협력은 가끔씩만 이루어질 수 있었다. 전후 프랑스의 법은 5개의 총연맹에 대표성 지위(repre-sentative status)[1]를 부여했는데, 이로써 이 5개의 총연맹들만 전국 협약을 체결할 수 있고 사업장의 종업원대표 선거의 1차 투표에 후보자를 지명할 수 있었다. 또한 1968년 이전에 노동조합은 기업 내에서 법적 보호를 받지 못했는데, 이로 인해 노조 조직은 사용자의 적대감에 특히 취약했다.

1968년 5월과 6월의 파업 물결은 이러한 프랑스 노사관계의 궤적을 바꿨다. 적어도 처음에는 노동자 동원의 폭발적 분출에 영향을 받아서, 전후 노사관계 시스템의 두 가지 주요 취약 지점이었던 기업 내부의 노조 및 단체교섭이 모두 강화될 것처럼 보였다. 파업 물결을 진정시킨 그르넬 협정(Grenelle Accords)은 50인 이상의 노동자를 고용한 기업 안의 노조 '지회'(union section)에 처음으로 법적 보호를 제공했고, 이와 더불어 약간의 권한 부여 및 자원 제공도 허용했다. 또한 1970년대에 정부의 여러 개혁 조치들이 있었는데, 특히 샤방-델마(J. Chaban-Delmas)의 '새로운 사회(New Society)' 프로젝트[2]는 집단적 규제를 처음으로 시도했다(Howell, 1992: 4장).

기업 내 노조 지회들이 제도적으로 늘어났다는 증거가 조금 있었지만, 노조 조합원의 급증이나 기업별 교섭의 증가가 뒤따른 것은 아니었다(Liaisons Sociales, 1971: 8). 단순하게 말하면, 프랑스의 노조들은 사회적 규제의 부담을

---

1 프랑스에서 교섭에 참가하는 노동조합은 조합원만을 대표하는 것이 아니라 교섭에 서명하는 사용자와 고용계약을 맺은 모든 노동자를 대표하는 것으로 간주한다. 즉, 프랑스에서 단체협약은 서명 단체의 대표성을 매개로 만인효(萬人效, erga omnes) 원리의 효과를 발휘하는 것이다. 따라서 교섭에 참가하는 특정 노조는 해당 조합원뿐만 아니라 전체 노동자를 대표하고 있음을 정부로부터 인정 받아야 한다. 1966년에 프랑스의 여러 노조 총연맹들 중 5개의 노총이 대표성 지위를 법적으로 인정 받았다. —옮긴이 주

2 샤방-델마는 드골주의 성향의 정치인으로 1969년부터 1972년까지 총리를 역임했다. 68혁명 이후의 정치사회적 혼란을 진정시키기 위해 그가 제안한 '새로운 사회' 프로젝트는 프랑스 사회의 주요 사회세력들 간의 대화를 통해 복지국가 및 사회정책 입법, 최저임금의 정기적 인상, 노사관계의 개혁, 언론에 대한 정부의 권한 약화 등을 추진하자는 것이었다. —옮긴이 주

감당할 만큼 강하지 못했던 것이다. 노조는 사용자를 교섭 테이블로 끌어낼 능력도 없었고, 노동자들을 장악하여 사용자에게 협약을 체결하도록 할 능력도 갖고 있지 않았다. 이러한 상황에서 어느 저명한 법학자는 다음과 같이 주장했다. "협상은 단지 겉치레다. 사용자가 제안을 하면, 거기에 동의하거나 동의하지 않을 뿐이다. … 힘의 균형이 없다면, 단체교섭이라고 말할 수 없다"(Lyon-Caen, 1980: 8~9).

하지만 변한 것이 있었다. 1968년 5월의 진정한 유산은 노사관계 영역에 대한 국가 개입이 훨씬 더 커졌고 노동시장 규제가 더 강화된 것이었다. 본질적으로 프랑스 국가는 노동조합과 단체교섭의 취약성을 대신하게 되었고, 집단적 규제가 없는 가운데 법률적·행정적 규제를 확대했다. 부분적으로 이것은, 드골(C. de Gaulle)의 사임[3] 이후 보수 성향 정부들의 인식, 즉 사회적 투자를 확대하고 수요를 증대시켜 이를 경제성장과 연결시키려는 정책적 관심이 국가의 경제계획 수립 과정에 포함될 필요가 있다는 인식을 반영한 것이었다(Hall, 1986: 7장). 그러나 이는 1968년 5월 사태로부터 간신히 살아남은 체제의 자기 보호적 대응이기도 했다. 이때부터 시작되어 지금까지, 프랑스 정부는 노동시장 보호와 노사관계 제도를 모두 활용해 노동자들의 불만이 전달될 수 있는 채널을 만들고 이를 통해 그 불만을 분산시킴으로써 미래의 사회적 동원의 분출을 예방하고자 했다.

1968년 이후에, 법정최저임금은 생계비와 일반적인 임금수준 모두에 연동되었으며, 정부 재량의 연례적 인상을 통해서 보다 적극적으로 활용되면서, 임금수준의 상향 압박이 더 심해졌다. 게다가 임금계약의 자동적 요소로서 물가연동제가 공공부문의 단체협약에서 시작하여 민간부문으로 빠르게 확산

---

3 샤를 드골은 1959년 제5공화국 초대 대통령에 취임한 후 1965년에 재선되었으나, 1968년 5~6월에 정치적 위기에 몰렸고 결국 1969년 4월 국민투표에서 패배하여 대통령직을 사임했다. —옮긴이 주

되며 널리 활용되었다. 1973년 무렵에 약 600만 명의 노동자들이 물가에 연동된 생계비 보장제(cost-of-living safeguards)의 혜택을 받았고 이로 인해 임금의 경직성이 커졌다(Mery, 1973). 또한 노동부가 단체협약의 효력을 확장할 수 있는 절차적 요건도 1971년에 완화되었다.

임금결정 이외의 분야를 살펴보면, 국가 개입은 노동시장의 다른 영역에도 영향을 미쳤다. 1974년 10월에 소득 대체율이 직전 임금의 90%에 해당하는 실업급여가 새로이 추가되었고, 그다음 해에는 입법에 의해 경제적 사유로 인한 해고[4] 이전에 행정 당국의 허가를 받아야 한다는 법적 요건이 만들어졌다. 또한 프랑스 노동법은 고용계약을 엄격히 규제하여, 임시직·기간제 계약을 제한했고 기간의 정함이 없는 계약을 규범화했다(Le Barbanchon and Malherbet, 2013: 10).

따라서 1970년대 말 경에 프랑스는 산업별·전국 교섭의 우선성을 강조하면서 기업 내부에서는 미발달한 단체교섭의 위계제와 국가주의적 노동시장 규제가 결합된 노사관계 시스템을 갖추고 있었다. 그로 인하여 채용과 해고에 대한 사용자의 재량권이 약했고, 산업별 교섭, 물가연동제, 정부에 의한 단체협약 효력 확장, 저임금 부문에서의 최저임금제의 적극적 활용 등에 의해서 임금결정 과정이 제약되었다(Contrepois and Jefferys, 2006). 하지만 기업 내에서 노동조합과 단체교섭이 취약하고 기업위원회(works council)[5]의 권한이 제한적이었기 때문에, 임금결정 영역에 비해서 작업 조직과 관련한 사용

---

4 프랑스 노동법에서는 해고를 그 사유에 따라 '개인적 사유에 의한 해고'와 '경제적 사유로 인한 해고'로 구분하여 규율한다. 한국의 노동법에서 후자에 해당하는 것은 근로기준법 제24조의 '경영상 이유에 의한 해고'(이른바 정리해고) 조항이다. —옮긴이 주

5 프랑스의 사업장평의회에 해당하는데, 프랑스에서는 이를 기업위원회(comité d'entreprise)라고 부른다. 기업위원회는 프랑스 노사관계에서 기업 내 종업원 대표 기구의 핵심이다. 그것은 법인격을 가지며, 기업 내 설치된 모든 문화적·사회적 활동을 운영하거나 감독하고, 경제적 영역에서 협의권을 갖는다. 하지만 독일의 사업장평의회와는 달리 프랑스의 기업위원회는 공동결정의 권한이 없는 협의 기구라는 특징을 갖는다. —옮긴이 주

자의 재량권은 더 큰 편이었다.

2. 포스트 포드주의적 구조조정의 도전

강력히 규제된 노동시장이 고용에 미치는 영향을 인식하고, 또 계급관계가 고도로 정치화된 상황의 위험을 의식하면서, 단체교섭을 '개선하려는' 시도가 1970년대 후반에 나타났다(Howell, 1992: 5장). 그러나 1980년대가 되어서야, 노동시장 및 작업장 유연성의 긴급성이 사용자와 정치인들의 최상위 의제가 되었다. 이러한 변화는 경제 구조조정의 가속화, 실업의 빠른 증가, 전통적인 국가 통제형(dirigiste) 케인스주의 정책의 실패를 인정하면서 나타났다 (Culpepper, 2006). 1981년 이후에 노사관계 시스템과 프랑스 경제의 포스트 포드주의적 구조조정 간의 양립 가능성은 정치적으로 매우 중요한 문제가 되었고, 노사관계 제도의 개혁은 이후 30년 넘는 세월 동안 모든 정부의 의제로 계속 등장했다.

이러한 변화는 (1981년에 집권한) 사회당 정권의 초기 경제 프로젝트가 국내 외적 제약에 직면한 가운데 포기되고, 이후 프랑스 사회당이 시장 친화적 정책의 가치로 '전환'한 일과 동시에 일어났다(Singer, 1988). 집권 초기에 프랑스 사회주의가 입은 정신적 외상의 충격은 엄청났고, 지난 20년 이상 지속된 높은 실업률은 경제위기가 끊임없이 지속되고 있다는 인식을 강화했다. 그동안 통화 안정, 노동시장 유연성 그리고 국유화된 산업의 민영화에 관한 정치적 의견이 불일치한 경우는 거의 없었다. 오히려 어떻게 노사관계 제도가 이러한 경제 구조조정에 기여할 수 있는지, 그리고 사회적 보호와 유연성 간의 정확한 균형점으로 무엇이 적절한 것인지가 문제였다. 이로 인해 노사관계 개혁은, 약간의 차이가 강조되긴 했지만, 본질적으로 주요 정당들 모두 공유하는 정치적 프로젝트가 되었다.

메이유(Mériaux, 2000)가 주장했듯이, 프랑스에서 포스트 포드주의의 두 가지 핵심 요소는 법률적 규제로부터 기업의 '해방' 그리고 임금 관계에 관한 교섭에서 고용의 관리에 관한 교섭으로의 초점 이동으로 요약되었다. 하지만 프랑스의 신자유주의에는 독특한 점이 있다. 사회당과 이들의 주요 정치적 반대파였던 드골주의 정당들(Gaullists)[6] 양 진영 모두 프랑스식 대처리즘을 진지하게 숙고하지는 않았다. 부분적으로 이것은 양국의 이데올로기적 유산의 차이를 반영했고, 또 부분적으로는 실업과 경제 구조조정이 몰고 올 사회적 동요에 대한 공포를 반영했다(주기적으로 체제를 마비시킨 파업들로 인해 그 공포는 강화되었다). 1982~1983년의 경제위기가 노동시장과 거시경제정책에 대한 사회당의 사고에 깊은 흔적을 남긴 것처럼, 1987년과 1995년의 파업 물결은 드골주의자들을 주저하게 만들었던 것이다. 자크 시라크(J. Chirac)는 프랑스 사회의 '사회적 분열'을 치유해야 한다는 호소로 대통령의 첫 임기를 시작했고, 니콜라 사르코지(N. Sarkozy)는 자유시장주의자로서의 자신의 평판에도 불구하고 '제3의 길'에 대한 지적 부채를 강조했다. 노동시장과 관련해서 보면, 정부 규제를 제한한 가운데 사용자들이 재량껏 노동력을 관리할 수 있도록 열성을 다하는 초당적인 노력이 지난 20년 이상의 세월 동안 이어져 온 것이다. 물론 이렇게 하면서도 양대 정당은 노동자에게 미칠 사회적 충격을 완충하는 방법을 찾고자 했다. 일종의 "사회적 마취제"(Levy, 1999)로서 사회정책 활용을 크게 확대하는 것과 더불어, 아래에서 자세히 다루겠지만 유연성이 적어도 협상을 통해 도입될 수 있도록 보장하는 여러 노력들이 바로 사회적 충격에 대한 완충제 역할을 했다.

프랑스 국가가 포스트 포드주의적 경제 구조조정에 적합한 방식으로 노사

---

6 드골주의는 원래 제5공화국 초대 대통령으로 1969년의 사임까지 프랑스 정치를 이끌었던 샤를 드골의 정치적 지향과 사상을 일컫는 용어이다. 하지만 본문에서 '드골주의'는 1980년대에 들어와 시라크(J. Chirac)에 의해 창당된 공화국연합(RPR)이 주창한 노선을, 그리고 '드골주의 정당'은 주로 공화국연합을 중심으로 한 우파 정치세력을 가리킨다. —옮긴이 주

관계 제도를 재구성하고자 노력하는 가운데 당면하게 된 핵심 문제는, 경영자 일방주의 대신에 노사 협상을 허용하는 기업 내 집단적 규제의 제도가 발달하지 않은 상황에서, 어떻게 하면 노동시장 규제를 완화할 것인가 하는 문제였다. 사회당 정부와 드골주의 정부 모두에서 국가의 핵심 전략은, 자율적이고 지속적인 사회적 대화를 창출하는 법률상의 의무를 기업 내부에 적용하여 실현시키는 것이었다. 이 기업 내의 사회적 대화를 통해 결국에는 노동시장의 규제완화가 이루어질 수 있다고 보았다. 사용자들이 인력 배치의 측면에서 더 많은 유연성을 누리기 위해서는 기업 수준에서 협상을 통해 변화를 이끌도록 하는 법률상의 의무를 이행해야 했다. 기업 내에서 노동조합의 취약성을 고려하면, 결국 이 의무는 누가 법적으로 사용자와 교섭할 수 있는가에 대한, 또는 적어도 누가 사업장의 변화를 공식적으로 승인할 것인가에 대한 새로운 규정을 필요로 했다. 따라서 기업 수준으로의 교섭 분권화, 새로운 노동자 대표 기구의 창출, 그리고 이러한 미시코포라티즘(micro-corporatism) 제도·관행과 유연성 확대 간의 연계가 1981년 이후 노사관계 개혁의 세 가지 일관된 요소가 되었다.

이 공유된 전략에는 최근의 제도 변화에 나타난 중심적 역설이 담겨 있다 (Lallement and Mériaux, 2003). 즉, 제도 변화의 전략적 목표는 계급관계의 규제에 대한 책임을 기업과 노동에게 권한을 주어 이전시키는 것이었다. 하지만 노동의 취약성이라는 맥락 속에서 국가가 여전히 강하게 관여할 수밖에 없었다. 국가는 노사관계 제도의 재구성 과정에서 물러나 있을 수 없었는데, 그것은 노사관계의 사적 행위자들이 포스트 포드주의의 도전에 대응하기에는 너무 약했기 때문이었고, 또한 노동시장에 대한 국가의 법률적 규제 자체가 노동시장 유연성의 주요 장애물이었기 때문이었다. 더 나아가 프랑스 국가가 1960년대 말에 사회적 파트너를 **발명했다**는 인식이 존재한다(Couton, 2004). 즉, 국가가 사회적 혼란을 끝낼 협상의 상대방을 갖기 위해서 계급 행위자들에게 대표성 지위와 그에 따른 정당성을 부여했다는 것이다. 1981년 이후, 노동조합의 취약성으로 인해 자율적인 단체교섭을 촉진하는 국가의 능력이 제한되었고, 이에 따라 누가 노동을 대표하는지를 정부가 재규정하게 되었다. 이 대표성의 재규정은 국가가 사회적 이해관계의 창출에서 수행했던 예전의 역할을 다시 행사해서, 노조로부터 기업 내 비노조(nonunion) 기구로 정당성을 이전시키는 것이었다.

프랑스의 국가는 당연히 진공 속에서 행동하지 않았다. 유연성 확대를 위해서 노동시장의 규제를 줄이는 게 후임 정부들의 목표였고, 그것도 협상의 방법으로 그리고 노동자들이 감당해야 하는 유연성의 사회적 비용을 억제하는 방식으로 이를 달성하는 게 목표였기 때문에, 노동과 기업의 협력이 요청되었다(Vail, 2004). 프랑스의 사회적 파트너들은 중요 사안들에 대해 기꺼이 교섭하려고 했다. 그렇긴 해도 이 과정은 노동자와 사용자 양측 모두에 논쟁을 불러왔다.

먼저 노동 측을 보면, CGT(노동총연맹)[7]는 1990년대 초에 결국 프랑스공산당과 결별하여 장기간의 제도적 유대관계를 청산하고 국내외적으로 다른 노조들로부터의 고립도 끝냈다. 1999년부터 2013년까지 CGT의 총서기였던 베르나르 티보(B. Thibault)는 다른 노조들과 기꺼이 타협하고 단체협약에 더 자주 서명할 의지를 내보이는 등 보다 실용주의적인 전략을 추구했다. 2003년의 직업교육에 관한 전국 특별협약은 1971년 이후 최초로 CGT가 서명한, 총연맹들 간의 의미 있는 협약이었다. 그동안에, CFDT(프랑스민주노동연맹)[8]는

7 CGT(Confédération Générale du Travail)는 1895년 설립된 프랑스의 노조 총연맹이다. 프랑스공산당과 유기적 연계를 유지해왔으나 본문에서 보듯이 1990년대 초반부터 그 연계를 끊어냈다. 현재 조합원 규모가 약 71만 명으로 프랑스에서 두 번째로 큰 노총이다. ―옮긴이 주

8 CFDT(Confédération Française Démocratique du Travail)는 1964년에 기존의 기독교노총 계열에서 떨어져 나와 독자적인 노총으로 설립되었고, 오늘날 약 87만 명의 조합원을 가진 프랑스의 최대 규모의 노총이다. 주로 프랑스사회당과 정치적 연계를 갖고 있었으나 1990년대 이후부터 그 연계가 약해졌다. ―옮긴이 주

사용자와 국가의 특별한 파트너로 등장했다. CFDT는 '개혁만능주의(hyper-reformism)'로 이름 붙여진 전략을 추구했다. 이 전략은 사용자와 국가가 교섭에 부과한 제약을 받아들이며 협상이 그 자체로 중요한 것이라 강조했다. CFDT는 다른 노조들보다 복지국가 개혁을 훨씬 적극적으로 지지했고, 이런 접근은 2003년에 라파랭(J. Raffarin) 정부의 연금 개혁을 공개적으로 지지함으로써 다른 노조들과의 협조 대열에서 이탈하며 최고조에 달했다. 이런 독자 행보로 인하여 공공부문 연금 개혁이 마지막으로 시도되었었던 1995년에 발생했던 사회적 위기가 2003년 연금 개혁에서는 일어나지 않을 수 있었다.[9]

사회적 대화에 참여하려는 의지가 커졌지만, 노조가 직면한 핵심 딜레마는 여전히 남아 있었다. 즉, 조합원이 줄어드는 시대에, 사회적 대화가 사실상 양보 교섭을 의미한다면 과연 노조는 독립적으로 어떤 역할을 할 수 있을까? 프랑스의 노동조합운동의 특징을 '가상의 노조주의(virtual unionism)'라는 말로 규정하는 게 유용할 수 있다(Howell, 1998). 이런 특징을 지닌 조직 노동의 영향력은 (노동의 집단적 역량이라는 의미에서) 계급적 힘에 의존하지도 않고, 노동의 힘을 보여주는 일체의 관습적인 수단에도 의존하지 않으며, 오히려 그것은 다음의 두 가지 기능에 의해 좌우된다. 한편으로 프랑스에서 노동조합운동은 국가를 상대로 노동자의 이해를 대표하는 하나의 매개체로서 기능하고(좀처럼 노조에 가입하지 않는 노동자들은 사회적 위기의 시기에 국가와의 교섭을 위해 이러한 기능을 활용한다), 다른 한편으로 프랑스의 노동조합운동은 국가가 사회 혼란을 초래하는 경제 정책을 정당화하고자 할 때 그 정당화의 기능을 담당하는 기구로 역할한다. 이 두 번째 기능과 관련하여, 프랑스의 여러 정부들은 노사갈등과 경제위기의 시기에 변화에 대한 협상을 위해서 노동조합을 찾는 경향이 있었다. 따라서 프랑스의 노동조합운동은 조직적으로는 매우 취

---

9   이로 인해 CFDT 내부에는 엄청난 반대 의견이 분출해서 주요 산업별 연맹들 일부가 탈퇴하는 일이 벌어졌고 직업선거에서 득표율이 하락했으며 조합원이 감소했다.

약하면서도 현재에 이르기까지 대규모의 사회적 동원을 이끌어가는 능력을 계속 보여준다는 점에서 역설적인 존재이다(Béroud and Yon, 2012).

주요 사용자단체는 1980년대와 1990년대에 특히 두 번의 사회당 정부의 개혁 조치 ─ 1980년대 초반의 오루법(Auroux laws)과 1990년대 말에 주 35시간제를 제도화한 오브리법(Aubry laws)[10] ─ 에 대응하며 급진화되었고 정치화되었다. 그 결과로 1998년에 새로운 단체, MEDEF(프랑스기업운동)[11]가 설립되었다. 이 사용자단체는 프랑스의 경제적 질병에 맞서고자 훨씬 강력한 신자유주의적 처방을 요구했고, 국가 및 노조와의 관계에서 보다 호전적인 태도를 취했다(Woll, 2006). 1999년에 MEDEF는 '노사관계의 재건(Refondation sociale)'이라고 불린 운동을 시작했고 그 계획에 함께하자고 노조에 제안했다. 그 핵심에는 노동시장을 규제하는 데에서 국가가 철수하고, 그 대신에 사회적 파트너들이 스스로 적절하다고 보는 개혁을 자유롭게 협상하게 내버려두라는 요구가 있었다(Lallement and Mériaux, 2003). 변화가 협상되는 한 기업들은 현재의 법률이 허용하는 것보다 더 큰 유연성을 보장받을 것이기 때문에, 그 계획에는 예외인정(derogation)을 대대적으로 확대하라는 요구가 포함되었다. 하지만 MEDEF는 단체교섭에 대해서 분열적 태도를 보였다. 즉, 국가를 상대로는 규제완화를 촉구하기 위해서 단체교섭을 지지한다고 하면서도, 노동계약의 개별화가 주는 이득도 옹호했다. '노사관계의 재건' 계획의 성패는 주요 노동조합들 중 적어도 한 곳이라도 과연 그 계획을 지지할 것인지 여부에 달려 있었다. 다시 말해 취약한 노동자 조직이라는 상황하에서 자율성이 (노동자보

---

10 프랑스의 노동법들은 주로 해당 법안을 제출한 당시의 노동부장관의 이름을 따 법의 명칭을 부르곤 한다. 이후에 나오는 법의 명칭도 마찬가지다. ─옮긴이 주

11 MEDEF(Mouvement des Entreprises de France)는 프랑스 최대 규모의 기업가단체로 1998년에 기존의 CNPF(프랑스사용자회의, 1946년 창설)를 대체하며 설립되었다. MEDEF는 주로 지역 및 전국, 나아가 유럽 수준에서 재계의 이익을 대변하는 로비 단체로 활동하고 있다. ─옮긴이 주

다 사용자에게 더 유리한) 유연성으로 바뀔지 모른다는 위험에도 불구하고, 국가로부터 노사관계 및 노동시장의 자율성을 더 많이 확보해야 한다는 요구를 기꺼이 지지하는 노동조합이 있어야만 그 계획은 가능했던 것이다. 바로 여기에서 CFDT의 '개혁만능주의'로의 전략 선회는 사용자들의 새로운 전략을 가능케 했고, 이로써 CFDT가 MEDEF의 우선적인 대화 상대자가 되었다. 하지만 프랑스의 주요 사용자단체의 급진화가 갖는 중요성을 너무 과장해서는 안 된다. MEDEF는 조직적으로 약했고(Woll, 2006), 그 조직이 공식적으로 표방하는 것과 사용자들의 이해관계, 또는 그들의 행동 사이에는 분명한 간극이 있었다(Moreau, 2004: 36). MEDEF는 재계의 대표자보다는 로비 단체로서 더 중요했다. 메이유가 언급했듯이(Mériaux, 2000), 이보다 중요한 변화는 프랑스 자본주의의 변형이었다. 이 변형은 노동조합운동의 위협으로부터 보호받는 한 국가의 규제를 용인했던, 오래된 '가산제적(patrimonial) 문화'를 가진 기업들이 점차 유럽 시장이나 세계 시장에서 경쟁하는 현대적 기업으로 대체되면서 이루어졌다. 더 많은 유연성은 이런 기업들에게는 반드시 갖추어야 할 요건이었던 것이다.

3. 노사관계 개혁 프로젝트

프랑스의 노사관계 제도들은 2차 세계대전 이후 35년 동안 매우 안정되어 있었다. 위에서 서술했듯이, 분명히 국가는 점점 개입주의적으로 되었고, 1981년에 사회당이 대통령과 하원을 다 장악했을 때, 사회당 정부는 1945년 직후에 만들어진 단체교섭 시스템과 노동법의 핵심요소들을 그대로 물려받았다. 이와 반대로 최근의 30년은 제도 변화가 가속화된 시대였다. 1981년 이후의 정부들은 연이어 노사관계를 개혁하여 단체교섭을 분권화하려 했고, 동시에 기업 단위의 비노조 노동자 대표(nonunion, firm-specific representatives of workers)와의 사회적 대화(이는 공식적인 교섭의 기준에 미달하는 협의와 참여를 뜻한다)를 촉진하려고 했다. 이러한 시도가 목표한 바는 국가가 노사관계의 적극적 관리와 노동시장의 실질적 규제에서 모두 물러나는 것이었다. 따라서 노사관계 제도의 개혁과 유연성을 확대하는 조항은 밀접히 연결되었고, 두 요소는 흔히 동일한 법률의 일부분을 차지하며 나타났다.

시간이 흐르며 프랑스의 노동조합들이 집단적 규제를 책임질 능력이 별로 없다는 게 분명해지자, 관심은 이제 기업 단위의 비노조 기구의 창출과 합법화로 집중되었다. 사태가 이렇게 진행되고 기업 내 노조 지회도 마찬가지로 취약하다는 사실이 분명해지면서, 협약이 체결되더라도 그것을 노조의 대항력이 뒷받침하는 진정한 협상의 산물이라고 간주하기가 어려워졌다. 오히려 그렇게 체결된 협약이 협의에 훨씬 더 가까운 것으로 대체되거나 사용자의 일방적 결정을 추인하는 것에 불과한 일들이 벌어졌다. 그리하여 이 시기의 노사관계 개혁이 사용자 재량권과 노동시장 유연성의 확대를 동반한 것은 그리 놀라운 일이 아니었다.

이 절에서는 노사관계 제도의 재구성과 관련하여 구분되는 세 개의 시기에 초점을 맞출 것이다. 첫 번째는 1980년대 초반 오루법이 도입된 시기이다. 이것은 단체교섭의 엄격한 위계를 허물고 기업별 교섭 및 대화를 장려했다. 두 번째는 1990년대의 과도기 또는 실험기이다. 이 시기에 유연성과 교섭 의무 사이의 연관성이 나타났다. 세 번째는 21세기의 첫 10년으로, 기업에 중심을 두며 노동자 대표권에 관련된 비노조 기구들의 역할 확대를 허용하는 새로운 노사관계 시스템이 성문화된 시기이다.

오루법은 새로운 사회당 정부의 집권 초반기인 1982~1983년에 통과되었다. 그것은 프랑스 노동법전의 3분의 1을 완전히 새로 썼을 만큼, 1936년 이후 가장 큰 변화를 수반한 노사관계 개혁 프로젝트였다(Gallie, 1985; Howell, 1992: 7장). 이 개혁에 영감을 준 다양한 인물들이 있었는데, 대표적으로 1981년 사회당 정부의 첫 번째 경제·재무부 장관이었던 들로르(J. Delors)는 그 이전에 노사관계 개혁에 관한 샤방-델마의 '새로운 사회' 계획의 설계자였다. 그리하여 오루법은 분권화된 단체교섭을 장려하는 상당히 관습적인(그렇지만 그 범위에서는 급진적인) 조치들과 '미시코포라티즘'의 특징을 갖는 일련의 구성요소들을 결합했다. 그 법은 노동 규제의 산업별·전국적 제도와 연계되지 않고 대체로 자율적인 기업 단위 노사관계 제도를 강화했다.

우리의 목적과 관련해서, 오루법에 의해 도입된 중심 요소들은 다음과 같다. 첫째, 기업 내 사회적 관계를 논의하는 정기 회합의 형식으로, 노동자들의 의사표현의 권리가 확립되었다. 둘째, 광범위한 경제적 사안들에 대한 의무적 협의권이 기업위원회에 부여되었고, 외부 전문가를 채용할 권한을 포함해 더 많은 자원이 확충되었으며, 대기업에서는 경제특별위원회[12]가 설치되었다. 셋째, 노조대표위원(trade union delegates)[13]이 모든 기업에서 법적 보호를 받게 되었다. 1968년 이래로 종업원 50명 이상 규모의 기업들만 이 조항의 적용을 받았었다. 또한 그러한 규모의 기업의 경우에 노조는 (사무실과 노조의 의무적 활동에 대한 근로시간 면제 등의) 추가적인 자원을 얻었다. 넷째, 50명 이상을 고용하며 노조대표위원이 있는 기업의 경우에, 기업 및 지사(支社) 단위에 연례적 교섭 의무가 생겼다(교섭이 협약 체결에까지 이르지는 못할 수도 있었다). 게다가 아주 제한된 상황하에서는 이제 기업별 협약이 법령과 상위 수준 협약의 적용에서 예외로 인정될 수 있었다. 또한 공공부문 노사관계에서도 이와 유사한 일련의 개혁들이 있었다.

---

12 경제특별위원회는 프랑스 기업의 기업위원회에서 설치할 수 있는 여러 특별위원회 중 하나로, 상시 근로자 1000명 이상의 대기업에 설치된다. 주로 기업위원회에 제출해야 할 경제·재무에 관한 문서 및 기업위원회에 의해 의뢰된 모든 문제를 검토하는 임무를 부여 받는다. ─ 옮긴이 주

13 노조대표위원(délégué syndical)은 기업 내에서 노동조합을 대표할 법적 지위를 갖는 자로서, 해당 기업의 종업원이어야 하고 대표성을 인정 받은 노조들에 의해 각각 선임된다. 이들은 기업별 또는 사업장별로 교섭하여 협약을 체결하는 독점적인 법적 지위를 갖고, 업무 수행을 위해 사업 규모별로 차등화된 근로면제 시간을 보장받는다. ─옮긴이 주

노사관계 제도의 자유화에 대한 오루법의 유산을 이해하는 데 있어서 몇 가지 사항이 언급될 만하다. 첫 번째는 프랑스에서 처음으로 교섭의 중요성이 강조되었고 교섭에 참여할 의무가 부과되었다는 점이다. 이는 단체교섭을 사회적 규제의 주요 형식으로 간주하는 공공정책이었고, 이 정책은 그 후 30년 동안 더 강화되었다. 그리고 이것은 영국의 보수당 정부가 단체교섭에 대한 정책 노선을 뒤집어버린 때와 거의 동일한 시기에 발생했다. 더욱이 (엄격히 제한되었지만) 예외인정의 권리가 인정되면서, 오루법에 따라 1950년 이후 계속되었던 협약 간의 엄격한 위계[또는 '유리조항 우선 원칙(favorability principle)', 즉 기업별 협약이 법령이나 상위 수준 협약보다 불리한 내용을 포함할 수 없다는 원칙]에 최초로 균열이 생겼다.

두 번째로 언급할 사항은 다음과 같다. 오루법은 프랑스의 노동조합을 직접적으로 강화하는 데 거의 도움이 되지 않았다(기업위원회에 주어지는 권한을 증대시킴으로써 노조가 간접적으로 강화되리라 희망했지만). 이에 비해서 그 법은 독립 노조들과 사용자들 간의, 교섭 수준별로 유기적으로 접합된 단체교섭의 논리에서 벗어나 버린 일련의 미시코포라티즘의 요소들(기업위원회로의 더 많은 권한의 부여, 의사표현의 권리, 예외인정의 권리 등)을 많이 담고 있었다. 이 개혁은 여러 형태의 기업 내 사회적 대화를 장려했고, 이를 통해 기업 바깥의 노동조합이나 상위 수준의 단체교섭과 연결되지 않은 여러 종류의 기업 단위 노동자 대표 기구들이 창출되었다. 예를 들면, 프랑스의 기업들에 노조에 의해 매개되지 않고 직원들과 직접 소통을 강조하는 경영 관행들이 확산되고 품질분임조와 노동자-관리자 공동회합과 같은 여러 제도들이 출현하던 시기에, 의사표현 그룹[14]이 법적으로 의무화되었다(Jenkins, 2000: 3장). 따라서 오

---

14 의사표현 그룹(group d'expression)은 사회당 정부가 사업장에서 경제적 시민권 실현과 노동자들의 직접 참여의 제도화를 도모하기 위해 입법을 통해 도입한 제도였다. 이를 통해 노동자들은 일상적인 직무관련 사안들(노동조건 개선, 조직의 합리화, 생산성 향상 등)에 관해 어떠한 중간매개(노조나 선거 절차)를 거치지 않고 집단적인 회합을 통해 자신들의 의사를 표현

루법은 이러한 경영 관행들이 프랑스의 최첨단 기업들을 넘어 경제 전체로 확산되도록 함으로써 경영 관행을 강제적으로 현대화하는 결과를 낳았다.

법 시행 10년 후에 이루어진 포괄적인 조사에 따르면, 프랑스 노사관계 제도에 미친 오루법의 개혁 효과는 분명했다(Coffineau, 19993). 산업별 단체교섭은 정체되었던 데 비해, 기업별 교섭은 실질적으로 증가하여 "사회적 규제의 우선적 양식"이 되었다(Coffineau, 1993: 93). 그러나 이와 동시에 노동조합 운동의 쇠퇴는 반전되지 않았고 오히려 그 추세가 가속화된 것으로 나타났다. 실제로 사용자들은 법률이나 부문별 협약(branch agreement)의 적용에서 특별한 예외로 인정 받기 위해서, 실제로는 소수의 조합원들을 대표하는 노조대표위원들과 협약을 체결하고 있었다. 동시에 경제 구조조정이 가속화되는 상황에서 단체협약을 체결하는 노조대표위원과, 작업 조직의 재편성을 협의하는 기업위원회나 의사표현 그룹 간의 구분선이 무너졌다. 중소기업에 대한 오루법의 적용을 조사한 한 연구에 따르면, "약간 명의 노조대표위원들이 존재할지라도, 교섭은 항상 기업위원회와 이루어진다"(Bodin, 1987: 195).

1990년대를 통해 개혁을 추동한 것은 경제위기에 대한 깊은 우려였다. 실업률이 국제적 수준과 비교해 높게 지속되면서 고용 정책이 노사관계 정책을 추동하여 개혁 프로젝트에 긴급성을 부여했고, 그것과 유연성의 도입이 보다 긴밀히 연계되었다. 물론 그 연계는 1980년대에도 있었다. 실제로 예외인정의 권리는 주당노동시간을 단축한 1982년의 법에서 처음 출현했다. 이후 그 법은 같은 해에 오루법으로 통합되었다. 사회당 정부는 주당노동시간 단축의 대가로 노동시간 사용에 더 많은 유연성을 허용하고자 했다. 그러나 1990년대에 들어와 유연성을 허용하도록 명시적으로 설계된 노사 협약을 통해 노사관계 관행상의 혁신이 나타날 가능성이 더 커졌다. 이로 인해 1990년대는 일

한다. ―옮긴이 주

종의 실험적 시기가 되었다. 왜냐하면 새로운 제도와 관행들이 기업 단위에서 상당히 협소한 목적을 위해 만들어진 이후에 입법화 노력으로 확장되었고 결국에는 법안에 포함되어 법률로 제정되었기 때문이었다.

부진한 경제성장과 고실업의 상황에서, 사용자단체와 일부 노조 총연맹은 분권화된 교섭을 지지하고 계급관계의 규제에서 국가로부터 더 많은 자율성을 달성하는 것을 찬성한다고 공개적으로 확약했다. 힘이 약한 노조나 기업 단위의 노동자 대표 등과의 교섭이 사용자들에게 주는 매력은 아주 단순한 것이었다. 즉, 그것은 유연성을 달성하는 하나의 방법이었다. 노동조합들의 계산법은 이보다 복잡했다. 일부 노조 총연맹은 이러한 변화를 결코 지지하지 않았다. CGT는 일관되게 반대했다. 반면에 조합원이 감소하는 상황에서 다른 총연맹들은 새로운 노동자 대표 제도가 도입되면 노조가 소규모 기업들에 접근하기 쉬워지고, 결국 기업 내 노조대표위원이 더 많아질 수 있다는 희망을 품었다. 또한 기업 내 영향력을 놓고 벌인 노조 간 경쟁도 총연맹들이 서로 다른 입장을 취하는 데 영향을 미쳤다.

1995년 10월에 사용자들과 일부 노조 총연맹들(3대 총연맹 중에서는 CFDT만)이 국가로부터 단체교섭의 자율성을 요구하는 공동입장을 발표했고 단체교섭에 관한 전국 협약에 서명했다(EIRR, 1995). 그 협약은 선출직 종업원대표(이는 기업위원회의 노동자위원이거나 종업원대표위원[15]을 가리키는데, 둘 다 전후부터 프랑스 노동법에 그 규정이 있었다), 또는 노조대표위원이 없는 소기업의 경우에 대표성을 인정 받은 전국 노조의 위임을 받은 종업원 중에 누구라도, 기업

---

15 종업원대표위원(délégués du personnel)은 11명 이상의 종업원이 있는 모든 민간 사업장에서 종업원의 직접 선거로 선출된다. 사업장 내에 적용되는 법령과 단체협약의 적용을 감시하는 임무를 부여 받고, 이를 위하여 사용자에게 종업원들의 요구 사항을 전달하거나 근로감독관에게 자신의 관할에 속하는 고충 사항이나 감독 사항을 신고하는 역할을 맡는다. 기업위원회가 없는 사업장(기업위원회는 종업원 수 50인상의 사업장에 설치됨)에서 종업원대표위원은 기업위원회의 권한 중 일부를 행사할 수 있다. —옮긴이 주

별 협약을 체결할 수 있도록 하는 3년간의 실험을 제안했다. 이것은 중요한 혁신으로 여겨졌지만, 오루법 이후 전개된 관행을 인정하고 사후적으로 정당화한 것이기도 했다. 기업 내에 실제 노조대표위원이 없는 경우, 사용자들은 유연성을 협상할 누군가를 필요로 했다. 또한 그 협약은 예외인정의 권리를 더 넓혔다. 1995년의 이 협정은 1996년에 법제화되어 승인되었고, 첫 실험 기간이 끝난 1999년에 추가적으로 다시 5년간 연장되었다.

1990년대 동안에 노사관계 개혁과 기업 수준의 유연성 추구를 연결한 것은 무엇이었나? 이와 관련된 가장 좋은 실례는 노동시간 단축과 유연화의 영역에서 나타난다(Askenazy, 2013). 1982년 이후 20년 동안, 노동시간 변경의 방안은 어떤 정당이 집권하든지 상관없이 매우 일관되었다. 즉, 노동시간의 전반적 단축에 대한 대가로 사용자에게 노동시간 사용에서 더 많은 유연성이 제공되었고 노사 협상을 통해 노동시간 변경이 이루어지도록 했다. 1993년과 1995년의 법은 이러한 정식을 법률에 담았는데, 만약 노동시간 유연성이 기업별 협약에 따라 도입되고 노동시간 단축의 결과로 일자리가 만들어지거나 유지되면 예외인정이 허용되었다.

그러나 가장 광범위한 노동시간 단축 실험은 오브리(Aubry)법에 포함되었다. 그 법은 1998년에서 2002년 사이에 순차적으로 주당 35시간제를 도입했다(Hayden, 2006; Rouilleault, 2001; Trumbull, 2002). 이 일련의 법률들은 주당 노동시간 단축을 협상하는 데 있어 노조의 위임을 받은 노동자 대표나 전통적인 단체교섭 이외의 다른 대안들의 활용을 허용했다. 노조대표위원이 없는 소기업에서는, 대표성 있는 전국적인 노조 총연맹 중의 한 곳으로부터 협상 체결권을 위임 받은 노동자가 종업원을 대표해 기업별 협약에 서명할 수 있었고, 혹은 위임 받은 노동자가 없는 상황에서 도출된 협약의 경우에는 종업원 총투표에서 과반수 승인을 받고 지역의 산업별 노사공동위원회로부터 인준을 받도록 했다. 이 위임 절차는 기업 수준의 노동시간 협약에 널리 활용되었고(Rouilleault, 2001: 7장), 기업 규모가 작을수록 노조대표위원의 서명이 없는 협약이 더 많이 체결되었다. 노동조합이 취약한 조건에서, 노동시간 협약과 교환된 것은 그러한 협약을 승인하는 노동 측의 새로운 노사관계 행위자들의 창출이었던 것이다.

우리는 앞서서 경제적 사유로 인한 대량 해고는 행정 당국의 허가를 받아야 한다는 요건이 1970년대에 도입되었고, 그것이 곧바로 사용자들에게는 경제 구조조정에 대한 경직된 관료적 장애물의 상징이 되었음을 지적했다. 이 요건은 1986년에 폐지되었지만, 그것을 대신하여 사용자들은 (대량 해고에 따른) 사회적 방안을 기업위원회에 제출하여 해고의 대안을 제시하거나 보상을 제공해야 하는 의무가 생겼다. 1995년 로비앙(Robien)법은 그 사회적 방안에 해고를 회피하는 하나의 선택지로 노동시간 단축을 포함했다. 또다시 규제완화, 특히 이 경우에는 수량적 유연성과 관련된 규제완화를 추진하는 데 있어서 기업 수준 사회적 대화에의 참여 의무가 수반되었다. 젠킨스에 따르면 (Jenkins, 2000: 140), 이 법은 "보다 적극적인 인적자원관리"라는 접근 방식을 촉진했다. 실제로 이 의무조항은 일자리 감소를 최소화하기 위한 유연성 협상을 촉진할 가능성이 있었다. 그리고 해고 회피를 위한 사용자의 방안에는 응당 다양한 보상책과 기업 내부의 작업 조직 재편성 계획이 담겼기 때문에, 노동조합의 합법적인 독점적 교섭 기능과 기업위원회 및 여타의 종업원 대표 기구의 협의 기능 사이의 구분선이 더 흐려지는 결과가 초래되었다.

2002년 사회당의 선거 패배에 뒤이어, 그리고 2007년 사르코지의 대통령 당선 이후 속도가 붙으며, 프랑스의 노동법은 이러한 1990년대의 실험들을 일반화하고 성문화했다. 이는 주로 2004년과 2008년 두 차례의 입법으로 나타났지만, 분권화되고 기업 중심적인, 새롭게 형성된 비노조 기구들이 구체적 모습을 갖추도록 한 또 다른 중요한 일들이 전개되었다.

단체교섭에 대한 이전의 단편적이었던 개혁들이 프랑스의 노동법에 실질적으로 통합된 것은 주로 2004년의 피용(Fillon)법을 통해서였다. 1995년의 전국 협약과 2001년의 추가적인 전국 협약에 기초한 이 법은 두 가지 중요한 변화를 담았다. 변화의 첫 번째 부분은 유리조항 우선 원칙의 중대한 수정과 관련되었는데, 단체협약이나 법률에서 명시적으로 부정하지 않는 한 예외인 정(불이익변경)을 허용함으로써 본질적으로 유리조항 우선 원칙을 종식시켰다. 최저임금을 포함한 4개 영역에서만 그 법은 예외인정의 가능성을 차단했다. 이에 따라서 이제 산업별 협약은 전국 협약보다 노동자에게 덜 유리할 수 있었고, 기업별 협약은 산업별 협약보다 덜 유리할 수 있게 되었다. 게다가 노조대표위원이 없는 기업에서 기업위원회와 같은 기업 단위 기구에 협약 체결권이 부여될 수 있었고, 선출직 종업원대표가 없는 경우에 노조의 위임을 받은 노동자가 협약을 체결할 수 있었으며 종업원 총투표로 그것을 인준할 수 있게 되었다. 그러므로 예외인정(불이익변경)과 같은 관행이나 이전에는 특정 사안에만 허용되거나 특수한 재정적 혜택을 이용할 때에 허용되었던, 비노조 행위자들의 협약 인준 자격이 이제는 노사관계 시스템 전반으로 확대된 것이었다. 예외인정의 범위 확대는, 로지예(P. Rodière)가 "예외인정에 의한 붕괴"라는 말로 그 특징을 정확히 묘사한 사태 전개를 촉진시켰다(Moreau, 2004: 10). 즉, 기업에 유연성을 제공하는 "특별 예외 제도가 급속히 늘어나면서" 노동법은 그 기초가 약화되었다.

변화의 두 번째 측면은 이른바 '다수제 원리'를 교섭에 통합시키려고 시도한 것이었다. 다수제 원리는 노동 측의 협약 서명자가 (노조 총연맹들 중의 다수든지 아니면 노동자들의 다수든지) 일정하게 다수를 대표하는 것을 지칭했다. 그 이전에 프랑스의 노동법은 소수의 노동자들을 대표한다고 인정된 하나의 노조가 서명하더라도 협약의 유효성을 인정했었다. 피용법은 상위 수준 협약이나 노동법보다 불리한 내용의 기업별 협약이 체결될 가능성이 더 커진다면, 노동자들을 타당하게 대표하는 단체나 기구에 의해서 예외인정 협약(derogatory agreement)[16]이 체결될 것이라는 점이 일정하게 보장되어야 한다고 보았다. 하지만 피용법에서 이 부분은 약하게 도입되었다. 여기서 이 내용을 상세하게 검토하지는 않을 것이다. 왜냐하면 그것은 2008년의 법에 의해 많은 부분이 대체되었기 때문이다(자세한 내용은 Moreau, 2004: 27~32를 보라).

피용법에 따라서 전반적인 노사관계 시스템에서 기업의 자율성이 높아졌고, 노동조합으로부터 기업 단위 비노조 기구들로 노동자 대표권의 이전이 촉진되었다(Jobert and Saglio, 2005). 1996년에 프랑스의 노동조합들은 단체협약 체결에 대한 공식적인 독점권을 상실했고, 피용법은 그러한 상실을 승인한 것이었다. 그 법은 사업장에 제대로 뿌리내린 강력한 노조가 없는 가운데 분권화된 교섭이 직면하게 된 핵심 딜레마를 반영했다. 피용법은 적어도 4개의 상이한 노동자 대표권 개념을 구체화했다. 즉, 사업장에서 노조 조합원을 대표하는 노조대표위원, 사업장 선거를 통해 선출되는 (기업위원회와 종업원대표위원과 같은) 종업원대표, 기업 내에 공식적인 노조대표위원이 없는 경우 노조 총연맹의 위임을 받은 노동자 개인, 특정 기업의 종업원 총투표 등이 그것이다. 메이유가 지적했듯이(2004년 저자와의 개인적 교신), 위임 받은 노동자가 서명한 협약을 인준할 때와 마찬가지로, 총투표 절차는 대의 민주주의의 원리와 병행하여, 어쩌면 그것과 경쟁 관계에 있는 직접 민주주의를 도입하는 셈이었다. 다시 말해서 종업원 총투표는 전혀 협상이 이루어지지 않은 채 경영진이 일방적으로 제안한 것인지도 모르는 협약에 대하여 그 찬반 여부를 종업원들에게 직접 물어보는 제도인 것이다.

예외인정의 기회가 더 많아지고 사회정책의 실행을 위해서 단체교섭이 더 자주 활용되면서(아래를 보라) '대표성' 또는 더 적절하게는 정당성 문제가 매우 긴급한 정치적 사안이 되었다. 특히 대규모 노조 총연맹들은, 양보 조항을 포함한 기업별 협약이나 고용조건이 후퇴한 협약에 대표성이 없는 소규모 노

---

16 '불이익변경 협약'이라고도 한다. 법령에 비하여 단체협약이 노동자들에게 불리한 조항을 담도록 변경되거나, 하나의 기업에 산업별 협약과 기업별 협약이 동시에 적용되는 '협약충돌'의 경우에 협약 당사자의 의사에 따라 '유리조항 우선 원칙'을 배제할 수 있도록, 다시 말하면 기업별 협약이 노동자들에게 불리한 내용을 정하고 있더라도 산업별 협약이 적용되는 게 아니라 기업별 협약이 적용되도록 허용하는 것이다. ─옮긴이 주

조들이 서명할 가능성을 차단하길 원했다. 비록 노동자 측의 대표성을 확실히 보증하는 것이 협약에 대한 노동자들의 반발 가능성을 줄일 수 있는 방법이었지만, 사용자들은 노동 측 당사자의 대표성 확보에 관심이 별로 없었다. 결국 분권화된 새로운 노사관계 체제의 정당성은 대표성 규칙을 일정한 수준에서 명확히 규정하는 것에 달려 있었다.

2004년의 피용법은 이에 대한 절차를 개시했지만, 2007년 사르코지의 당선 이후에 추가적인 입법을 목표로 노조와 사용자단체의 치열한 협상이 이어졌다. 그 결과가 바로 단체교섭의 기업 수준 대표권에 관한 2008년 법이었다 (Ministère du Travail, 2013; Robin, 2008).[17] 이 법에는, 특정 노조가 가장 최근의 기업 내 직업선거(professional election, 통상적으로 기업위원회의 노동자위원 선거)[18]에서 최소한 10%를 득표한 경우에만 해당 노조 출신의 노조대표위원의 교섭권이 인정되고, 이에 더해 이제부터 직업선거에서 최소한 30%를 득표한 하나 또는 둘 이상의 노조가 서명해야(그리고 50% 이상 득표한 노조들이 서명에 반대하지 않아야) 기업별 협약의 유효성이 인정된다는 두 가지 주요 조항이 도입되었다. 처음에는 소규모 노조들이 직업선거에 공동후보를 출마시킴으로써 이 10%의 문턱을 통과할 수 있었지만, 그 관행은 2012년에 끝났다. 이로 인하여 몇몇 소규모 노조 총연맹들, 특히 CFTC(프랑스기독노동자연맹)[19]가 공

---

17 여기서 인용된 노동부 보고서(Ministère du Travail, 2013)는 그 법률 조항에 대한 가장 포괄적인 설명을 제공하며, 그 법이 시행된 지 5년 후에 그 영향을 조사한 최초의 보고서이다.

18 직업선거(élections professionnelles)는 종업원대표위원 및 기업위원회의 노동자위원들을 종업원들의 무기명 직접투표로 선출하는 제도로, 선거 협정에 기초해 전국적으로 4년마다 이루어진다. 직업선거의 1차 투표는 대표성이 인정되는 노조들 모두 후보를 출마시킬 수 있고, 만약 1차 투표에 후보를 출마시킨 노조들이 모두 합해서 등록 유권자의 반수 이상을 획득하지 못한 경우에는 2차 투표가 실시된다. 2차 투표에는 대표성을 인정 받은 노조 소속이 아닌 후보들도 출마할 수 있다. 오늘날 프랑스 노사관계에서 개별 노조들의 직업선거 득표율은 노조의 대표성 인정과 직결되고 노조의 영향력과 힘을 알려주는 유력한 지표로 인식된다. ─옮긴이 주

19 CFTC(Confédération Française des Travailleurs Chrétiens)는 1919년 설립된 기독교계열 노

공부문 및 민간부문의 수많은 사업장에서 결국 없어질 수도 있지 않겠냐는 예측이 제기되었다. 그러나 2012년에 치러진 개혁 이후의 최초의 직업선거에서 이런 일은 일어나지 않았다.

두 가지 추가적인 변화가 2008년의 법에 도입되었다. 첫째, 노동시간 문제와 관련해서, 전통적인 교섭 위계가 사실상 역전되었다. 산업별 협약은 이제 기업별 협약이 존재하지 않는 경우에만 그 기업에 적용할 수 있게 되었다. 이는 기업별 협약을 우선시하는 예외인정 제도를 훨씬 넘어서는 것이었다. 둘째, 노조대표위원을 대신하여 선출직 종업원대표와 위임 받은 노동자가 협약에 서명할 수 있다는 조항의 적용이 200명 이하 규모의 모든 사업장으로 확대되었다. 여기서 그 연관성에 주목해야 한다. 즉, 대표성 문턱이 도입되면서, 노조대표위원이 기업에서 인정 받고 협약을 체결할 가능성은 줄어든 데 비하여, 비노조 기구의 서명 기회는 늘어났다. 피용법이 기업 내 노조 지회와 노조대표위원의 권한 범위를 줄이는 효과를 낳았다면, 이로 인해서 전체 교섭의 수가 감소할 것인지, 아니면 비노조 선출직 종업원대표가 체결하는 교섭이 단순히 더 늘어날지는 앞으로 두고 봐야 한다. 분명한 점은 이제 조합원이나 전국 노조가 아니라 직업선거 투표가 노조 정당성의 최종 심판자가 되었다는 것이다. 이것은 프랑스의 노동자 대표 제도에 심대한 영향을 미쳤다.

지난 15년 동안에 점점 더 가속적으로, 국가가 사회정책을 시행하는 주요한 방법으로 단체교섭을 활용하는 관행이 출현했다. 모로는 그것을 "입법 이전에 전산업적(multi-sectoral) 교섭에 의존하는, 하나의 시스템에 준하는 관행"이라고 표현했다(Moreau, 2004: 58). 피용법은 입법 절차에 앞서 사회적 파트너 간의 교섭을 보장하겠다는 의회의 '공식 약속'을 담았다. 이것은 노동법이

총으로 프랑스 정부로부터 대표성을 인정 받은 5대 총연맹 중 하나이다. 1964년에 CFTC는 분열을 겪었고 그 당시 분리된 세력이 CFDT를 결성했다. 현재 조합원은 약 16만 명이다. — 옮긴이 주

나 산업별 교섭으로 달성할 수 있는 수준보다 "노동 기준의 유연성을 확대하려는" 시도를 반영한 것이다(Naboulet, 2011b: 6). 이로 인해 교섭의 결과가 입법으로 반영되는 '교섭된 법(loi négociée)'이라는 혼종적 형식이 나타났다. 그런데 이것은 단순히 국가가 옆으로 물러나서 교섭의 결과를 잠자코 받아들이는 게 아니라는 점을 이해하는 게 중요하다. 오히려 국가는 점차 법률상의 의무와 재정적 인센티브를 통해 교섭 의제를 설정했다. 나불레는 2005년 이후에만 그러한 법률상 의무에 따라 설정된 교섭 의제가 10개 이상이라고 추산했다(Naboulet, 2011b: 1). 그리고 사르코지의 재임 기간에 정부가 전국 교섭의 의제를 매년 제안하는 관행이 나타나서 특정 사안들에 대한 노사 교섭을 재촉했다. 2012년에 선출된 프랑수아 올랑드(F. Hollande) 대통령은, 새 정부의 5년 임기 동안 추진될 사회적 의제를 결정하는 '사회대토론회'[20]와 함께 자신의 임기를 시작했다(Nablecourt, 2012).

이러한 관행이 최근 들어 보다 공식화되었지만, 그것은 유연성과 자유화가 입법보다는 전국 협약을 통해 도입되는, 더 정확하게 말하면, 전국 협약을 통해 규제완화와 자유화를 위한 입법을 정당화하는 것인데, 이는 오래된 계보를 갖고 있다. 1990년대 말 이래로 사실상 언제나 협상의 주도권은 국가나 사용자가 쥐었고 노동 측은 양보했다. 사실 이것은 전국 교섭을 통한 노동시장 관행의 개혁과 공동 운영되는 사회보험 제도의 개혁이라는, MEDEF의 '노사관계의 재건' 계획의 핵심 항목이었던 것이다. 국가는 특별히 공공부문에 관심을 가졌다. 2003년에 공공부문의 연금 협약이 체결되었는데, 이와 유사한 연금제도 개혁이 1995년에는 파업의 분출로 저지되었지만 이번에는 이러한 전국 협약의 관행 덕분에 성공적으로 파업이 방지되었다. 이와 비슷한 방식

---

20 사회대토론회(grande conférence sociale)는 2012년 사회당 정부가 제안한 일종의 전국 차원의 포럼으로, 정부의 전반적인 노동·사회정책의 어젠다를 노동조합과 시민단체가 참여하여 공동으로 결정하고, 노동정책에 대한 전국 교섭의 일정을 조율하는 역할을 했다. ―옮긴이 주

으로 질병보험과 실업보험 제도의 개혁도 이루어졌다. 2009년에 정부는 고용계약의 유연성과 실업급여의 단순화에 대한 교섭이라는 사회적 의제를 제안했고, 두 가지 모두 전국 교섭에 뒤따르는 입법으로 그 해결책을 찾았다(Rehfeldt, 2011).

이상을 요약하면 다음과 같다. 역사적으로 노동조합이 낮은 조직률을 갖고 있는 상황에서, 프랑스의 전국 교섭의 부활은 오늘날 유럽 다른 곳에서의 사회협약과 유사한 동학을 반영하는 것이다. 즉, 그것은 사회정책과 노사관계 영역에서 신자유주의적 개혁을 정당화하려는 것이다(Baccaro, 2011b와 이탈리아를 다룬 이 책의 7장을 보라).

4. 프랑스 노사관계의 변화된 구조

1970년대 말에 프랑스의 노사관계는 산업별 단체교섭이 발달되어 있었지만, 기업 내부의 제도는 거의 발달되어 있지 않았다. 기업 안에서 단체교섭은 드문 일이었고 노조는 취약했으며 불안정했다. 가장 중요한 것은 노동시장과 노사관계에 대한 고도의 국가주의적 규제였다. 국가는 산업별 협약의 효력을 확장했고 채용 및 해고의 권한을 제약했으며, 법률에 의해 노조 총연맹의 대표성 지위는 공식적으로 정당화되었고, 물가연동제와 최저임금제는 임금결정을 주조했다. 이에 따라 노동시장의 유연성을 저해하고 사용자들이 재량껏 기업을 조직할 능력을 가로막는 일차적 장애물은 국가가 되었다. 그 이후 30년 동안 이 노사관계 시스템은 국가가 노동시장 규제를 점진적으로 완화하면서 변형되었고, 기업 수준 제도들의 조밀한 네트워크가 출현했으며, 기업 내의 단체교섭이 확산되었고 규칙화되었다(이 과정에 대한 훌륭한 개관을 위해서는 Duclos, Groux and Mériaux, 2009와 Amossé, Bloch-London and Wolff, 2008을 보라). 이 변형의 핵심적 역설은 두 개의 상극적인 경향에 대한 랠르망의 정식화에서 포착된다(Lallement, 2006). 한편으로, 단체교섭이 사회적 규제의 형식으로 점점 중요해지는 사회의 '계약화(contractualization)' 경향이 나타났다. 다른 한편으로, 조합원이 줄고 조직력이 붕괴하며 노동조합의 정당성 쇠퇴가 발생했다. 그렇다면 질문은 다음과 같이 제기된다. 노조 없이, 또는 더 정확히 조합원 없는 노조와 함께, 기업 수준의 노사관계를 재구성한다는 게 무슨 의미인가? 이러한 사태 전개가 결국 사용자 재량권의 확대와 프랑스 노사관계의 자유화에 던지는 의미는 무엇인가?

단체교섭에서 우리의 논의를 시작하려면, 앞에서 제시된 요점을 다음과 같이 상기하는 게 중요하다. 즉, 교섭의 사회적 역할이 확장되었는데, 이는 정부가 사회정책을 더 유연하게 적용하기 위한 가장 중요한 메커니즘으로 — 법률상의 의무, 재정적 인센티브 그리고 전반적인 정책과제의 조합을 통해 — 교섭을 활용할 가능성이 이제 훨씬 더 커졌기 때문이다(Duclos, Groux and Mériaux, 2009: 4부). 법률과 공공정책이 노사 대표들이 협상할 과제를 설정하고 기업 수준에 상당히 큰 재량권과 유연성을 창출한다는 의미에서, 그것들은 "사회적 대화를 가능하게 하는 데"에 있어서 여전히 중심적인 역할을 수행한다(Naboulet, 2011b: 1).

산업별 교섭은 프랑스 노동자의 97%라는 거의 보편적인 단체협약 적용률을 계속 보장하고 있지만(Combault, 2006: 1), 이런 포괄 범위에 반영된 것은 전체 경제에서 노동조합운동의 힘이나 그 존재감이 아니라 협약의 효력을 확장하려는 국가의 결정이다. 더 중요한 것은 산업별 교섭이 최저임금, 노동시간 및 휴가를 결정하고 기업별 교섭의 절차를 관리하는 등 최소한만을 규정한다는 점이다.[21] 기업별 협약을 통해 유연성을 더 확대하기 위하여 사용자

---

21 카스텔과 그의 동료들(Castel, Delahaie and Petit, 2013)은 산업별 교섭과 기업별 교섭 간의 관계 또는 '접합'을 조사했다. 그들은 산업별 협약이 임금결정의 과정을 규제하는 데 사용되는 데 비해서, 기업별 수준에서 임금이 실제 결정되며, 그래서 전체적으로 양자는 보충적인 관계라고 결론지었다.

들이 (은행산업에서처럼) 산업별 교섭을 끝내버리거나, (화학·자동차·철강·항공 산업에서처럼) 산업별 교섭의 중요성을 최소화한다는 증거가 있다(Moreau, 2004: 61~62).

단체교섭과 관련된 주요한 변화는 1981년 이후 기업별 교섭의 팽창이었다. 특히 기업별 교섭이 오루법과 오브리법의 여파로 이례적으로 증가하는 시기가 있었다(Ministrè de l'Emploi, 2004: 111). 기업별 협약의 수는 1984년과 2011년 사이에 거의 아홉 배가 증가했다(Castel, Delahaie and Petit, 2013: 21). 1984년에 약 200만 명의 프랑스 노동자들이 기업별 협약에 포괄되었다면, 2002년 무렵에 그 수는 두 배가 되었다(Andolfatto, 2004: 115). 나불레는 2000 년대의 후반기에 전체 노동자의 61.3%, 또는 약 700만 명의 노동자들이 매년 어떤 형태로든 기업별 교섭에 연관된다고 추산했고(Naboulet, 2011a: 19~20), 2005년과 2010년 사이에 체결된 기업별 임금협약의 수는 43% 증가했다.[22]

노동시장을 통제하는 법률과 산업별 협약을 약화시키는 데에 기업별 교섭이 활용될 가능성은 1982년에 기존의 '유리조항 우선 원칙'으로부터의 작은 이탈에서 처음 나타났는데, 지금은 그 가능성이 정말로 매우 커졌다(Martin, 2011). 이것은 사용자들이 기업별 교섭에 더 많이 의지하고 산업 수준에서 기업 수준으로 관심을 옮기려고 한 것을 상당히 설명해준다. 본질적으로 예외 인정은 분권화를 초래하며 동시에 규제완화의 효과를 낳는다. 그것은 사회적 규제에서의 하향 이동과 규제적 역할로부터의 국가의 후퇴를 수반한다. 모로가 프랑스의 단체교섭에 대한 종합적인 조사에서 언급했듯이, 단체교섭의 기능은 지난 40년 동안 변화했다. 즉, 단체교섭이 노동자들을 위한 권리와 혜택을 획득하는 메커니즘에서 (프랑스인들이 '주고받기'로 부르는) 상호 양보의 관행

---

22 이것은 2005년의 수치(Ministrè de l'Emploi, du Travail et de la Cohésion Sociale, 2006: 204)와 2010년의 수치(Ministrè de Travail, de l'Emploi et de la Santè, 2011: 456)를 사용하여 계산되었다.

으로, 그리고 "결국에는 규제완화를 향해가는 교섭의 과정으로서 … 성문법 하에서는 가능하지 않았을 유연성 조치를 도입하는 경영 수단"으로 그 기능이 변한 것이었다(Moreau, 2004: 5~6).

교섭의 기능을 이해하고, 또 교섭에서 도출된 협약이 어느 정도나 사용자 재량권의 확대를 불러올지 파악하려면, 기업별 협약을 체결하는 주체가 누구인지 조사해야 한다. 오루법이 통과된 때부터 기업위원회나 종업원대표위원과의 위법적인 협약이 증가했지만, 1990년대 말까지는 대표성을 인정 받은 노조들이 교섭에 관한 공식적 독점권을 갖고 있었음을 기억할 필요가 있다. 프랑스에서는 기업별 협약의 범주화가 복잡하고, 1990년 이전의 자료들은 온전히 비교 가능하지 않다. 그렇긴 하지만, 교섭에 대한 2000년대 중반의 조사 결과를 보면, 전체 기업별 협약 중에서 3분의 1을 조금 넘는 비율(37%)이 노조대표위원들이나 노조 지회에 의해 체결되었고, 9%의 협약들은 선출직 종업원대표에 의해 서명되었다(Naboulet, 2011a: 52). 나머지 50% 이상의 협약들은 사용자의 일방적 서명의 산물이거나 또는 종업원 총투표에 의해 인준된 사용자의 결정이었다. 새로운 노동시간 협약의 쇠퇴와 피용법의 시행과 함께, 2002년 이후에는 기업 바깥의 노조로부터 위임 받은 노동자가 체결한 협약은 2% 미만으로 줄어들었다. 임금, 노동시간 및 노동조건을 포괄하는 공식적인 임금협약의 대다수는 여전히 노조대표위원에 의해 체결되지만, 범위가 좁은 다양한 협약들, 이를테면 종업원저축제도나 이윤공유제를 시행하기 위한 협약들은 선출직 종업원대표에 의해 체결되거나 사용자의 서명 또는 종업원 총투표로 결정된다. 이러한 경향은 노조대표위원이 드문 소규모 기업들에서 더 흔하게 나타나고 있다.

더 나아가, 나불레는 노조대표위원과 선출직 종업원대표 간의 구분선이 흐려진다고 강하게 주장한다(Naboulet, 2011a). 그 이유는 그 둘이 대개 동일인이거나, 선출직 종업원대표가 노조 교섭위원과 함께 교섭에 참여하기 때문이다. 유연성의 협상이라는 맥락에서, 기업 내 단체교섭의 기능과 대화·협의의 기능 간의 경계가 "점점 더 불분명해진" 것을 감안하면, 이는 놀라운 일이 아니다(Naboulet, 2011a: 55). 한편으로 노조의 영역인 임금교섭과, 다른 한편으로 기업 특수적인 이윤공유제, 또는 기업위원회와 종업원대표와의 논의나 사용자의 일방적 결정에 종속된 작업 조직 변경에 대한 협의 사이에 엄밀한 구분선은 없다. 따라서 대표성 지위를 인정 받은 노조가 서명하는 임금협약과 사용자에 의해 일방적으로 시행되거나 어쩌면 종업원 총투표로 인준되는 종업원저축제도 사이에는 뚜렷한 경계가 있는 게 아니고, 그 둘은 본질적으로 어떤 연속체의 양극단에 위치하는 것이다. 이로 인하여 기업별 협상이 확산되고 보다 중요해지면서, 특히 소규모 기업들에서 노동조합의 배타적 영역은 점점 줄어들었다. 또한 노조의 교섭, 기업 단위 기구와의 협의, 사용자의 위법적 행동 간의 구분선도 희미해졌다.

최근에 만들어진 분권화된 노사관계 안에서 프랑스 노동조합의 위상은 일종의 수수께끼와 같다(Béroud and Yon, 2012; Wolff, 2008b). 한편으로, 노조 조합원은 점점 줄어들었다. 다른 한편으로, 지난 20년 동안 기업 내에서 노조의 제도적 존재는 점점 커지는 추세를 보였다. 1980년대의 조합원 급감 추세는, 조직률이 반 토막이 나며 1993년에 9.4%를 기록한 이후에 다소 안정되었다. 그러나 조합원 감소는 지속되었고 최근의 수치는 7.6%의 조직률을 나타내고, 민간부문에서는 5%에 근접하게 되었다(Amossé and Pignoni, 2006: 406).

다른 한편, '노조의 부흥(resyndicalisation)'을 옹호하는 주장은 최근의 두 가지 추세에 의거한다. 첫 번째는 1990년대 중반 이후 직업선거에서 노조가 등록한 후보 명단이 득표율 면에서 큰 성공을 거둔 것이고(Dufour and Hege, 2008; Jacod and Ben Dhaou, 2008), 두 번째는 기업 내에 노조 지회의 설치가 많아진 것이다. 1992/1993년, 1998/1999년, 2004/2005년 그리고 2010/2011년에 실시된 사업체노사관계조사(REPONSE)는 최근 시점으로 올수록 노조대표위원이 존재하는 기업의 수가 늘어났다고 알려준다. 조사 결과에 따르면, 2011년에 50명 이상 규모의 기업 중 67% 또는 20명 이상 규모의 기업 중 35%

에 노조대표위원이 존재하고 있었다(Pignoni and Raynaud, 2013: 5). 그렇다면 그것은 "조합원 없는 노조(unions without members)"를 가진 노사관계 시스템의 기능에 어떤 의미를 갖는 것인가?(Pernot and Pignoni, 2008: 147)

앞서 언급했듯이, 특히 노조 대표성에 관한 2008년 법의 통과 이후, 노동조합 자체는 직업선거에서의 득표에 더 많이 의존하게 되었다. 듀푸와 이지(Dufour and Hege, 2008)는 전후 대부분의 시기에 기업위원회는 노사관계 시스템에서 주변적인 지위였고 노조에 비해 확실히 부차적이었지만, 기업위원회가 오루법 시행 이래로 더 많은 법적 권한을 부여 받고 노조 조합원이 급감하면서, 그 정당성의 측면에서 노조는 이제 기업위원회에 의존하는 하위 파트너가 되었다고 말한다. "노조 구조는 대표성을 정당화하고 스스로 생존하기 위해서 기업위원회 선거 결과에 의존하게 되었다. 이는 대표 역할의 역전을 보여주는 것이다"(Dufour and Hege, 2008: 5). 더 중요한 것은 이로 인해 노동조합 힘의 본질이 계급적 힘 ― 노동을 철회하여 생산을 중단시키는 능력 ― 으로부터 사업장 선거에서의 득표력으로 근본적으로 변화되었다는 점이다.

기업 내 노조대표위원은 기업 수준 대표 기구들(기업위원회, 종업원대표, 위생·안전·노동조건협의회)에 의해 흡수되었고, "단체교섭으로부터 경영진이 통제하는 사회적 대화로 그 위상이 전반적으로 저하된" 결과가 나타났다(Pernot and Pignoni, 2008: 161). 따라서 노조대표위원은 그들이 공식적으로 소속된 전국 노조에서 단절된 채, 사용자와 협약을 체결하지만 독립적인 힘은 거의 행사하지 못하는 존재가 되었다. 게다가 2015년 초반에 사회당 정부가 추진하는 '사회적 대화의 현대화'에 관한 협상 과정에서, MEDEF는 중소기업에서 노조대표위원, 종업원대표 그리고 기업위원회를 포함한 모든 기업 수준 대표 기구들이 통합된 '기업협의회(Conseil d'Entreprise)'를 신설하여 이 단일 기구가 기업별 단체협약의 체결권을 갖게 하자는 제안을 했다(Ouest France, 2015). 이 제안이 시행된다면, 노동조합의 교섭 독점권은 최종적으로 없어지게 될 것이다. 그런데 2015년 7월의 최종 법률은 50~299명의 노동자를 고용하는 기업에서 모든 비노조 대표 기구들을 통합하는 '단일노동자협의회(délégation uni-que du personnel)'를 신설하는 한편,[23] 10명 이하를 고용하는 기업들의 경우 그 외부에 지역노사협의회라는 새로운 형태의 노동자 대표 기구를 신설하도록 했다(Assemblée Nationale, 2015). 그러하기에 노동자 대상의 설문조사에서 노동자들이 자신들의 이익을 보호하는 노조의 역량에 제한된 신뢰를 보이는 것도 그리 놀랄 일이 아니다(Pignoni and Tenret, 2007: 5). 또한 노동시간 협약의 '질'을 조사한 연구들은 노조대표위원이 체결한 협약보다 위임 받은 노동자가 서명한 협약이 더 강력하다는, 즉 노동자를 위한 혜택을 더 많이 포함한다는 점을 발견했다(Thoemmes, 2009). 이러한 현상은 산업별 노조들이 점점 자율적으로 변해가는 기업 수준의 노조대표위원들에 의지하기보다, 차라리 위임 제도를 사용하여 교섭의 조건에 대해 더 큰 통제력을 행사할 수 있기 때문에 나타난다. 조합원의 부재하에서 기업 수준의 노조 조직들은 독립적 노조주의보다는 기업별 노조주의에 더 가까운 것을 만들어내었던 것이다.

유연성을 확대하기 위해서 기업별 교섭을 법률상 의무로 만들려는 프랑스 국가의 전략은, 노조의 취약성이라는 조건 속에서 비노조 노동자 대표 기구들의 창출과 합법화를 필요로 했다. 그 결과 비노조 노동자 기구들의 수와 영향력이 증가했다. 여기에는 기업위원회, 종업원대표, 소기업에서 기업위원회와 종업원대표의 임무를 모두 수행하는 새로운 대표 형태, 위임 받은 노동자 등이 포함되는데, 이들은 주로 노동시간 단축을 실행하는 데 활용되었다(Wolff, 2008a: 91). 2010/2011년에, 20명 이상 규모의 기업들 중 무려 75%가

---

23 이 책이 발간된 이후인 2017년의 노동법 개정으로 2018년 1월 1일부터 2020년 1월 1일까지 11명 이상을 고용한 모든 민간부문 사업체에서는 '사회경제협의회(comité social et écono-mique)'라는 단일한 노동자 대표 기구로 통합이 이루어져야 한다. 이 기구는 과거 세 개의 주요 정보제공 및 협의 기구들, 즉 종업원대표, 기업위원회, 위생·안전·노동조건협의회를 통합한 것이다. 사회경제협의회는 선출직 종업원대표, 사용자 대표 그리고 노조가 지명한 대표자(또는 대표 노조들)로 구성되며, 기업의 경제·재정 상황, 기업의 전략적 방향, 정리해고 및 직업훈련, 기타 사회·문화적 활동들에 대한 자문 및 협의의 기능을 수행한다. ―옮긴이 주

선출되거나, 지명되거나 혹은 위임된 종업원 대표를 갖추고 있었고, 50명 이상 규모의 기업들에서 이 수치는 94%까지 올라갔다(Pignoni and Raynaud, 2013: 5).[24]

이전에는 기업 수준의 노사관계 제도들이 거의 발달하지 않았던 곳에서 사업장의 비노조 대표 기구들의 밀도와 다양성이 증가한 사실은, 사용자와 국가가 유연성을 협상하기 위하여 그 협상 파트너를 새로 만들어야 할 필요를 반영한 것이다. 늘어난 노조 지회와 함께, 이 기구들은 역량이 제한적이고 경영진으로부터의 자율성이 취약하거나 독립적인 권력자원이 별로 없는 기업 단위 기구들이다. 3분의 1이 조금 넘는(36.9%) 노동자들만이 종업원대표가 경영진의 결정에 영향을 미칠 수 있다고 믿는 것은 놀랄 일이 아니다(Amossé, 2006: 6).

지난 30년 동안 프랑스 노사관계의 변형은 (일부 노조 총연맹의 제한된 지지와 함께) 통제되고 협상되는 방식으로 노동시장 유연성을 도입할 수 있게 해주는 어떤 메커니즘을 찾고자 한 정부와 사용자의 노력으로부터 추동되었다. 하지만 취약한 노동자 대표성 때문에 대체로 일방적인 협상이 벌어졌다. "이러한 단체교섭의 조직된 분권화는 협상을 통한 유연성(negotiated flexibilities) 확대를 가능하도록 하는 것이 목표이다. 기업별 교섭은 유연성의 장소, 정확히 말하면 협상을 통한 규제완화(negotiated de-regulation)의 장소가 되고 있다"(Moreau, 2004: 23, 강조는 원문 그대로).

노사관계의 분권화와 사회적 대화의 일반화는 유연성과 사용자 재량권의

---

24 여기서 사업체노사관계조사(REPONSE)의 분석 결과를 언급할 가치가 있다. 그 조사는 1992/1993년부터 2004/2005년까지 모든 노동자 대표 형태(노조 및 선출직)가 장기간에 걸쳐 증가한 사실을 보여준다. 그러나 2010/2011년 조사는 기업위원회와 노조대표위원 모두 약간 감소했다고 알려준다. 이것은 국가가 권한을 위임했거나 창설을 촉구했던 사업장 수준의 사회적 대화가 절정에 달했던 시기가 지난 후부터 사업장 노사관계 제도들이 안정되었음을 시사하는 결과이다(Pignoni and Raynaud, 2013).

확대를 조장했다. 그것은 특정 사안에 대한 교섭을 의무화하고, 예외인정 협약을 위한 기회를 창출하며, 사용자들에게 비교적 힘이 약한 노동 측 파트너를 갖도록 보장해주고, 국가가 규제완화를 합법화하면서 이루어진 것이었다. 젠킨스가 말했듯이, 30년 동안 국가의 개혁 프로젝트는 "광범위한 조직적 유연성을 이루려는 여러 시도를 촉진했다"(Jenkins, 2000: 166, 강조는 원문 그대로). 노사관계 제도의 재구성은 유연성의 도입과 밀접히 연관되어 이루어졌다.

따라서 지난 20년은 작업 조직 및 노동시장의 유연성이 눈에 띄게 증가한 시기였다(1990년대의 포괄적인 개관을 위해서는 Jenkins, 2000을 보라). 아스케나지는 "꾸준히 진행된 프랑스 노동법의 조정과 기업들의 인적자원부서 신설이 유연한 노동시장을 만들었다"고 결론지었다(Askenazy, 2013: 242). 유연성의 확산은 개별화된 임금 제도의 전파,[25] 다양한 형태의 총체적 품질관리 프로그램, 시간제·임시직·기간제 노동자의 확대로 이어진 고용계약의 유연성 증가, 유연근무제로 가능해진 작업 조직 재편성의 기회 증가 등 다양한 영역에서 분명하게 나타났다. 시간제 노동자의 비율은 1980년에 8%였는데 2003년에 18%가 되었고, 기간제 노동자는 1996년과 2003년 사이에 거의 2%포인트가 증가해 11.1%가 되었다(IRES, 2005: 9~10). 노동시간 단축의 사례는, 그것이 교섭을 통해 이루어져야 한다는 법률상 의무 요건 때문에 실제 적용에서는 광범위한 조직적 유연성이라는 결과가 야기된 것을 잘 보여주는 사례이다. 아스케나지가 말했듯이, "주당 35시간 정책으로 더 많은 여가시간과 교환된 것은, 더 많은 유연성과 노동강도가 더 높아진 작업 조직인 것으로 보인다"(Askenazy, 2013: 324). 기업들은 다양한 교대제 근무형태와 수요에 더 잘 대응하는 작업일정 관리를 실험하기 위해서, 단축된 노동시간을 산정하는 다양한

---

25 2004~2005년의 사업체노사관계조사(REPONSE)는 비감독직 노동자의 무려 76%가 개별적인 임금인상 제도의 적용을 받고, 그들 중 56%는 개인성과급을 적용 받는 것을 발견했다(Castel, Delahaie and Petit, 2013: 35).

선택지를 활용했다(Askenazy, 2013: 341~343). 그리고 주당 35시간제 입법(오브리법)은 초과근무에 더 큰 재정적 부담을 지우면서 사용자들로 하여금 보다 근본적인 작업 조직의 재편성을 고려하도록 몰아갔다(Hayden, 2006).

또한 국가는 해고를 둘러싼 기업 수준의 사회적 대화가 준비된 상황에서는, 노동시장의 직접적 규제에서 더 기꺼이 철수할 용의를 갖고 있었다. 앞에서 언급했듯이, 해고에 대한 행정 당국의 허가 제도는 철폐되었고 그 대신에 기업위원회에 사회적 방안이 제시되어야 한다는 조항이 들어갔다. 21세기의 첫 10년 동안 최근에 채용한 노동자의 해고를 더 용이하게 하거나, 사용자에게 채용 보조금을 주는 새로운 종류의 노동계약들이 도입되었다. 그것은 실업을 줄이는 가장 빠른 길이, 특히 청년과 장기 실업자의 경우에, 사용자들이 신규 노동자를 더 쉽게 채용하고 해고할 수 있도록 하며 그 비용이 덜 들도록 하는 것이라는 가정에 근거했다. 그리하여 노동시장의 규제완화는 보다 노골적으로 진행되었다. 그로 인하여 주로 청년 노동자와 신입사원을 대상으로 그들에게 저임금과 약한 일자리 보호를 제공하는, 어지러울 정도로 많은 노동계약들이 도입되었다(Le Barbanchon and Malherbet, 2013: 18). 예를 들면, 2005년에 도입된 최초고용계약(contrat nouvelle embauche)은 소기업의 신규 채용인원을 대상으로 고용계약 이후 처음 2년 동안은 사용자가 사유를 불문하고 통상적인 해고 보상금을 지급하지 않고서도 노동자를 일방적으로 해고할 수 있게 허용했다.

2008년에 정부는 (CGT가 서명하길 거부한) 전국 협약을 입법화했는데, 그것은 신규 입사자를 보다 쉽게 해고할 수 있는 수습 기간을 설정했고, 새로운 형태의 기간제 계약을 허용했으며, 기업위원회와 협의가 필요 없는 고용계약의 합의해지 절차(사용자들이 '우호적 이별'이라고 다소 오해의 소지가 있는 말로 지칭한 것)를 도입했다. 2000년대 후반의 조사 결과는 이 절차의 활용이 전체 해고의 11%를 차지한다고 보고했다(Tissandier, 2011).

사회당의 올랑드 대통령의 임기 초반에 '고용 안정화'에 관한 전국 협상이 시작되었는데, 이것은 해고 노동자에 대한 약간의 보호 조치를 제공하면서 경쟁력과 유연성을 높이기 위한 대타협으로 여겨졌다. 2013년 1월에 광범위한 내용의 합의에 도달했고[하지만 CGT와 FO(노동자의 힘)[26]는 서명하지 않았다] 이후 입법화되었는데, 이로써 기업들이 노동자를 해고하는 게 더 쉬워졌고 해고자에게 지급되는 보상금도 줄었다. 그리고 노동시장 이중화를 완화하기 위한 시도로, 임시직 노동자의 채용 시 사용자의 실업보험 기여금을 높이고, 반대로 상용직 노동자를 채용할 때는 그 비용을 낮추는 조치가 시행되었다 (Turlan and Cette, 2013). 2014년 지방선거 패배와 사회당 정부의 내각 개편 이후에, 그리고 높은 실업률이 지속되는 상황에서, 소기업에 적용되는 채용 및 해고 규제를 완화하는 데 초점을 둔 추가적인 노동시장 개혁 패키지가 2015년 6월에 발표되었고(Melander, 2015), 그 뒤를 이어 2016년 3월에 정부는 엘 코므리(El Khomri) 법안을 공개했다. 그 법안은 노동시간, 초과근무, 부당해고에 대한 보상 등의 사항에서 유연성을 확대하는 다양한 새로운 가능성을 제안했다(Bissuel, 2016). 그 과정에서 그것은 익숙한 경로를 밟게 된다. 즉, 유연성의 상당 부분은 기업별 협상에 맡겨졌다.

1970년대 말에 사용자 재량권에 대한 일차적인 제약은 노동시장을 직접 규제하는 법률과, 기업 수준의 유연성을 제한하는 산업별·전국적 기준을 뒷받침한 국가로부터 나왔었다. 그러나 이제 그러한 제약이 사용자들에게 가하는 무게가 훨씬 가벼워졌다. 채용과 해고의 권한을 둘러싼 규제는 실질적으로 완화되었다. 또한 부분적으로 노동시간 단축의 충격 속에서, 한 번도 강하게 규제 받지 않았던 작업 조직에 유연성이 광범위하게 도입되었다. 1970년대에 통상적으로 사용자들은 고정된 물가연동제와 최저임금의 상승 압력과

---

26 FO(Force Ouvrière)는 정부로부터 대표성 인정을 받은 5대 노총 중 하나로, 정식 명칭은 CGT-FO이지만 일반적으로 FO로 불린다. 프랑스공산당과의 관계 설정을 둘러싸고 CGT 내부의 소수파 세력이 이탈하여 1948년에 설립했다. 현재 약 30만 명 정도의 조합원이 있고, 프랑스에서 조합원 수로는 세 번째 규모의 노총이다. —옮긴이 주

함께, 산업별 협약에 의한 통일적인 임금인상에 직면했었다. 하지만 이것은 개별화된 임금 제도를 전반적으로 도입함으로써, 그리고 이윤공유제 및 종업원 자본참가제도가 전체 임금 인상액의 일부를 대신함으로써 변형되었다 (Brochard, 2008). 기업별 협약은 산업별 교섭으로 결정된 임금의 최저수준을 준수해야 하지만, 임금인상 총액이 지켜지는 한 기업별 협약이 임금 체계를 변경할 수 있다(Martin, 2011). 임금결정의 영역에서 개별화는 분권화 및 규제 완화와 함께 진행되며 사용자 재량권의 범위를 넓혀 왔다.

5. 소결

자유화는 여러 나라들에서 상이한 경로를 따른다. 부분적으로 그것은 이전의 전후 시기로부터 물려받은 제도적 유산과 계급 행위자들의 힘에 좌우된다. 영국에서 집단적 규제가 사용자 재량권을 확대하기 위해 해체되어야 했다면, 프랑스에서 사용자 재량권의 제한은 노조와 단체교섭이 아니라 국가 통제적 노사관계 시스템에서 연원했다. 따라서 역설적이지만, 국가주의적 규제로부터 기업 내부의 교섭 제도와 사회적 대화의 구축으로의 변화가 자유화의 경로가 되었고, 국가가 노동시장의 적극적 규제로부터 철수하고 유연성의 도입을 가능케 하며 기업 경영에서 사용자의 자율성과 영향력을 확대할 수 있도록 하는 자유화 메커니즘이 채택되었다.

오루법에서 시작하여 1990년대 후반과 2000년대에 자유화에 속도가 더해지는 동안에 번갈아 집권한 좌우파 정부들은, 만성적인 실업을 줄일 수 있는 사활적 조치로 인식된 노동시장의 자유화와, 포스트 포드주의적 구조조정이 초래할지도 모를 '유혈적' 대결 또는 사회적 동원에 대한 공포 사이에서 균형점을 찾고자 했다. 사회적 동원을 완전히 막지는 못했지만, 스스로 개혁할 능력이 없는 마비된 사회로 프랑스를 바라보는 국제적 인식과는 반대로, 노동시장과 노사관계 제도의 놀랄 만한 신자유주의적 변형이 최근에 이루어졌다.

지난 30년간 일관되게 적용된 자유화의 실행 방법은, 어떤 형태로든 유연성의 조건에 대한 사회적 대화에 참여하겠다는 서약을 대가로 해서 규제완화를 약속하는 것이었다. 규제완화는 공식적인 법률의 변화로 이루어지거나, 법률의 효력으로부터 예외를 인정 받을 권한이 부여되며 이루어졌다. 또한 규제완화와 교환되는 사회적 대화는, 가능하다면 노조와 교섭하거나, 그렇지 않으면 기업 단위의 노동자 대표 기구들과 협의하는 것이었다. '계약화'와 노사관계의 분권화는 규제완화의 대가였다. 이 과정은 기업 내에 새로운 노동 측 행위자를 창출하거나 기존의 노동 측 행위자에게 새로운 책임을 부여하는 일을 필요로 했다. 그러나 기업 내에서 점점 빈껍데기가 된 프랑스의 노조들도, 또한 노조 이외의 다른 새로운 행위자들도, 힘을 키우고 자신감에 넘치는 사용자 계급에 효과적으로 대항할 만큼 충분히 독립적이거나 능력을 갖고 있지 못했다. 그로 인한 결과는 일방적인 자유화였다.

예전에 있던 집단적 규제의 빈틈들이 대대적인 실험과 기업 수준의 조밀한 네트워크 및 기업 단위 기구들의 출현에 의해 채워지면서, 프랑스 노사관계의 변형은 다양한 형태의 제도 변화를 통하여 일어났다. 예를 들면, 제도 변화는 협약 체결권의 위임 절차와 같이 전적으로 새로운 제도의 구축을 포함했지만, 더 중요하게는 기업위원회와 종업원대표, 유연성을 협상하게 된 전국 교섭, 그리고 예외인정 기제의 범위와 그 용처의 확대 등과 같이 기존 제도들이 새로운 기능을 떠맡도록 변이를 일으켰다. 사실 예외인정은 1960년대 프랑스의 정책 입안자들이 사랑했던 '예외주의'[27]의 새로운 형태를 보여주

---

27 1960년대의 프랑스 예외주의(exceptionalism)는 당시 미소 냉전 구조에서 프랑스의 대미종속을 극력 거부한 드골 대통령의 독자 외교노선과 자주국방 정책을 가리키는 용어이다. 드골은 미국 정부와의 불화 속에 1966년 미국 주도의 북대서양조약기구(NATO)군에서 탈퇴했다. 좀 더 일반적으로 프랑스 예외주의는 프랑스인들 스스로 자기 나라의 문화적 위대함을 칭송하는 말로 사용되기도 한다. —옮긴이 주

는 것이다. 노사관계의 공식 제도들이 경직적이고 구속적으로 보이더라도, 기업들은 예외인정을 통해 고도의 유연성과 자율성을 누릴 수 있다. 이 책 전체를 통해 우리가 언급했듯이, 제도의 기능은 그 형태의 구성요소들이 변하지 않고 유지되더라도 변형될 수 있는 것이다.

6장

독일
제도의 약화와 노사관계의 자유화[1]

독일은 비자유주의적 자본주의의 회복력에 대한 논쟁에서 오랫동안 핵심 사례였다. 독일은 자본주의의 다양성 문헌(Hall and Soskice, 2001a) 내에서 조정시장경제의 전형이었다. 이런 맥락에서 독일은 영미형 자본주의가 유일하게 생존 가능한 자본주의 모델이 아니고, 보다 공평하고 경제적 효율성의 측면에서도 부족하지 않은 대안이 있으며, 그것이 글로벌화된 세계에서도 신자유주의 조류에 맞서 계속 생존할 수 있다는 자본주의의 다양성 문헌들의 주장 내에서 가장 높은 평가를 받는 사례였다.

자본주의의 다양성 관점에 영향을 받은 꽤 많은 연구들은 독일의 정치경제 제도들이 전반적인 조정시장경제의 경로를 따라 기껏해야 점진적인 변화를 겪을 것이라고 예상한다. 이러한 예상은 인내하는 자본을 공급하는 금융 제도, 임금 비용을 둘러싼 기업 간 경쟁을 없애면서 동시에 직장에서 종업원의

---

1   이 장은 키아라 베나시(C. Benassi)와 공동으로 집필했다.

발언권과 유연성을 보장하는 노사관계 제도, 그리고 높은 수준의 산업 특수적 숙련을 보장하는 직업훈련 체제 간의 강력한 상호 보완성에 근거한 것이다. 그렇기 때문에 이러한 제도들은 슈트렉(Streeck, 1991)이 예전에 '다변화된 품질 생산(diversified quality production)'이라고 부른 제도적 비교우위를 독일의 사용자들에게 제공한다. 이 때문에 사용자들은 기존의 제도를 선호하며 (Soskice, 1999; Thelen 2000) 이 모델의 제도들을 적극적으로 해체하기보다 가장 충실하게 지켜낼 것이라는 기대가 생겨났다.

하지만 이 장에서 우리는 독일 모델이 실제로는 허물어지고 있다고 주장한다. 노사관계 영역에서는 확실히, 마찬가지로 다른 기능 영역들에서도 (Höpner, 2001), 독일의 여러 제도들은 상당히 극적인 변화를 겪어왔다. 하지만 극적인 변화가 노사관계의 핵심 제도에 대한 정면 공격을 통해서는 그리 많이 나타나지는 않았다. 그런 경우도 일부 있었지만, 주로 사업장평의회의 관행과 기능의 변화에서 나타나는 제도의 조형성, 그리고 단체협약 적용률의 감소와 노동조합 및 사용자단체의 퇴보가 결합되어 극적인 변화가 일어났던 것이다. 또한 자본 이동을 통한 지리적 탈출로가 주어지면서 사용자들은 과거의 지배적인 노사관계 관행을 억지로 해체시키지 않고서도 그것에서 벗어나는 게 가능했다.

이 장에서 우리는 처음에는 기업의 주도로, 그리고 그 후에는 법률의 변화를 통해서, 독일 제조업 기업들의 비용 절감 욕구가 어떻게 자유화를 추동했는지 상세히 살펴볼 것이다. 이러한 동학이 독일의 노사관계 제도의 형태가 아니라 기능에 심대한 변화를 초래했다. 결론에서 우리가 주장하듯이, 노사관계 제도의 침식은 경제성장의 추동력인 가계소비를 약화시켰고 독일의 성장모델을 수출주도 성장으로 변화시키는 데 기여했다. 이것은 결국 독일 성장의 추동력으로서의 국내 소비의 역할을 약화시켰고, 제도 변형의 과정에 가속도가 붙게 했다.

처음부터 이 장은 독일 모델에 관한 문헌에서 여전히 논란거리인 제조업에 초점을 맞추고 있다는 점이 언급되어야 한다. 최근에 자본주의의 다양성 연구에 영향을 받은 독일 노사관계 관련 문헌들은 자유화를 인정하지만, 여전히 제조업은 전략적으로 조정되고 있으며, 시장적 조정의 논리가 지배하는 곳은 바로 서비스산업이라는 주장을 계속한다(Hassel, 2014; Thelen, 2014). 다른 말로 하면, 이런 주장에 따르면 자유화는 본질적으로 구성의 효과(compositional effect)로 인한 것이다. 즉, 탈산업화가 제조업의 비중을 줄이고 서비스산업의 비중을 늘리기 때문에, 시장적 조정의 중요성이 경제 전반적으로 커진다는 것이다(Thelen, 2014를 보라). 우리는 이 주장에 반대하며, 이 장에서 자유화 과정이 제조업에도 심대한 영향을 미쳤다고 주장할 것이다.

이 장은 다음과 같이 구성된다. 첫 번째 절에서 우리는 독일 노사관계의 황금기를 논의한다. 두 번째 절에서 우리는 자유화 과정에 대하여 역사적으로 설명한다. 세 번째 절에서는 단체협약 적용률, 사업장평의회, 임금 동학에 대한 자료를 제시한다. 네 번째 절에서 독일의 궤적에 대한 해석을 통해 결론을 내린다.

1. 지나간 과거로서의 독일 모델

교과서적인 명성을 지닌 독일 모델은 상당히 경직적인 시스템이었다. 채용과 해고에서 사용자의 재량권은 높은 수준의 고용보호에 의해 제한되었다. 임금수준을 지역노동시장 및 생산물시장의 상황에 맞게 조정하는 기업의 능력은 산업별 단체교섭에 의하여 제약되었다. 물론 경영진과 선출된 노동자 대표 기구(사업장평의회) 간의 협력적 관계로 말미암아 사업장 수준의 기능적 유연성은 비교적 높았지만, 작업 조직의 모든 주요 변경사항들은 협상을 거쳐야 했다(Thelen, 1991; Turner, 1991).

슈트렉의 유력한 주장에 따르면(Streeck, 1997a), 독일의 제도적 경직성은 독일 제조업이 대량생산 산업 내에서의 비용 경쟁으로부터 벗어나 다변화된 품질 생산으로 이동하게 만든 역동적 효율성의 원천이었다. 이로써 독일 기업들은 아시아의 신흥 경쟁자들과의 경쟁을 성공적으로 헤쳐 나아갈 수 있었다(Jürgens, Malsch and Dohse, 1993; Sorge and Streeck, 1987). 제도는 독일 사용자들을 제약하면서도 그들에게 힘을 주었고, 그냥 내버려두었을 때에는 선택하지 않았을지도 모르는 경쟁 전략 쪽으로 그들을 조금씩 밀고 갔다. 강한 노조와 포괄적인 노사관계 제도가 있었기에 비용에 기반한 경쟁이 불가능했고, 그래서 기업들은 기술과 혁신에 투자함으로써 품질과 생산성 향상을 추구하게 되었다(Hall and Soskice, 2001a; Sorge and Streeck, 1987; Streeck, 1991).

직업훈련 시스템은 노동자 숙련을 충분히 공급함으로써 독일의 경제적 성공에 기여했다. 사용자와 국가가 공동으로 재원을 마련하고, 노조·사용자 및 공공당국이 공동으로 운영하는 직업훈련 시스템은, 2년에서 3년 동안 학교 교육과 실무 경험을 결합시켰다. 제조업에서 핵심적인 직업훈련 학위과정인 전문기능공 양성과정(Facharbeiterausbuildung)은 노동자에게 여러 회사들에서 공통적으로 인정되는 산업 특수적인 직업 기술을 제공했다. 전문기능공은 "재료, 도구 및 제품에 대한 전반적인 지식"을 갖고 면밀한 감독 없이도 독립적으로 일할 능력을 지녔다(Roth, 1997: 117). 따라서 그들은 다변화된 품질 생산에 필수적인 복잡한 기술과 기능적 유연성에 대처할 수 있었다. 1980년대에 직업훈련은 실업을 줄이기 위해 확대되었고, 이는 통상적인 수준보다 훨씬 더 많은 숙련 노동자의 공급으로 이어졌다(Streeck, 1997b: 247).

다변화된 품질 생산의 방식은 공동결정권을 지닌 튼튼한 사업장평의회와 포괄적인 산업별 교섭 제도에 의해 뒷받침되었다. 이런 제도적 지형에 추가할 요소가 있다면, 그것은 사용자와 노동자로 하여금 숙련 특수적 훈련에 투자하도록 하는 높은 수준의 고용보호였다(Estevez-Abe, Iversen and Soskice, 2001). 엄격한 고용보호 법제로 보호되는 정규직 고용관계가 제조업에서 지배적인 계약 형태였고 상호 신뢰에 기초한 작업 조직 시스템을 위한 우호적

환경을 만들었다(Iversen and Soskice, 2001; Streeck, 1992: 32).

사업장평의회는 직업훈련 제도의 구축과 비테일러주의적(non-Tayloristic) 작업 조직의 구현에 적극적으로 관여했다. 더 나아가 사업장평의회는 노동과 경영 간의 협력을 이끌어냈다. 비록 공식적으로는 노조로부터 자율적인 기구였지만, 노조 조합원들이 사업장평의회를 조직적으로 지배했다. 이로 인하여 동질적인 산업별 기준을 설정하려는 노조의 목표에 배치되는 회사 지향적 논리를 사업장평의회가 채택할 수 없도록 예방할 수 있었다(Streeck, 1984). 사업장평의회 위원 중에 노조 조합원의 비율이 철강업에서 90%를 넘어 최고로 높았다(Niedenhoff, 1981: 27~30). 금속산업의 노조 조직률은, 비록 국제적으로는 아주 높지는 않았지만, 40~45% 정도로 전체 산업의 평균과 비교하여 10%포인트 높았다(Hassel and Schulten, 1998: 499; ICTWSS, 2011). 금속산업의 협약은 약 80%의 노동자에 적용되었다. 이러한 높은 협약 적용률은 금속노조(IG Metall)[2]의 힘과 사용자들의 높은 응집력 모두에서 기인한 것이었다. 1979년에 사용자단체의 조직률은 약 58%였고, 피고용인의 77% 이상을 포괄했다(Silvia, 1997: 193; Silvia and Schroeder, 2007: 1440). 금속노조와 금속산업사용자연합(Gesamtmetall)[3]은 바덴-뷔르템베르크 주(州)에서 협상을 벌여 지역별 협약을 체결하는데, 이후 그 협약이 다른 지역들로 확대되었다. 금속산업의 단체협약은 임금수준을 높게 정했고 노동자들 사이의 임금격차를 제한했다. 노동 비용에 대한 이런 제약들은 다변화된 품질 생산의 발전에 기능적으로 작용했다. 특히 숙련 범주 간의 임금격차가 작았기 때문에 사용자들은 폭넓게

---

2 독일의 금속노조(IG Metall)의 기원은 1890년대에 금속노동자들의 노조에 있지만, 공식적으로는 1949년에 창립되었다. 자동차, 기계, 가전, 조선, 일반금속 등 대부분의 금속·전자산업뿐만 아니라, 최근에는 다른 산업별 노조와의 통합을 통해 철강, 정보통신, 섬유, 의류, 목재, 플라스틱 산업의 노동자들까지 조합원으로 받아들이고 있다. ―옮긴이 주

3 금속산업사용자연합(Gesamtmetall)은 금속·전기산업의 전국 수준 사용자단체이다. ―옮긴이 주

훈련에 투자하게 되었다(Streeck, 1992: 32).

단체교섭 제도 덕분에 제조업 노동자뿐만 아니라 경제 전반적으로도 임금 수준이 높아지고 임금격차가 줄어들었다. 실제로 OECD 회원국 중에서 독일 은, 벨기에와 스칸디나비아 국가들 다음으로 임금소득 격차가 가장 작은 나 라 중 하나였다(Hassel and Schulten, 1998: 47). 비록 제조업보다 서비스업에서 생산성 상승률이 더 낮고 노사관계 행위자들의 힘이 더 약했지만, 임금은 상 이한 부문들 간에 비슷한 속도로 증가했다. 왜냐하면 금속노조가 제조업의 (더 높은) 생산성 상승률 대신에 전체 경제의 생산성 상승률에 맞추어 자신의 교섭 정책을 조정하며, 다른 부문의 노조들의 협상을 위한 최저수준을 설정 해주었기 때문이었다(Schulten, 2001: 5). 게다가 경제 전반에 걸쳐 단체협약 적용률이 1980년에 80%를 넘었다(Streeck, 1997b: 244). 이런 높은 적용률 또 한 단체협약의 일반적 구속력 선언[4]이 빈번하게 있었기 때문이었다. 서독에 서 1977년부터 1987년까지 매년 대략 500개에서 600개의 단체협약들이 일반 적 구속력 선언으로 그 적용 범위가 넓어졌고, 1980년에 일반적 구속력 선언 의 대상이 된 단체협약의 수가 608개로 최고조에 달했다(BMAS, 2013: 7).

노사관계 시스템이 사업장과 산업 수준에서 고도로 제도화되어 있었던 데 비하면, 국가 수준의 삼자협의 정책 결정은 독일 모델의 핵심 특징이 아니었 다. 이와 관련되는 가장 분명한 조율의 경험은 1970년대의 합주행동(Kon- zertierte Aktion)이었는데, 그것은 물가 안정과 경제성장, 고용 증가를 달성하 기 위해 설립된 구속력이 없는 제도적 포럼이었다. 합주행동은 노조, 사용자 단체, 연방정부, 독일연방은행(Bundesbank) 간의 정보 교환 및 협의를 장려했

---

4 독일에서 단체협약은 기본적으로 단체교섭에 참여한 노조의 조합원과 사용자단체 회원사에 게 적용되지만, 실제로는 균등대우원칙에 의해 교섭 주체의 조합원뿐만 아니라 다른 노동자 들에게 적용된다. 특히 한 산업이나 지역 노동자의 50% 이상이 산업별 단체협약의 적용을 받 는 경우에는 정부가 '일반적 구속력 선언'을 함으로써 해당 산업이나 지역 전체에 노조 가입 여부와 무관하게 협약이 포괄적으로 적용된다. ─옮긴이 주

다(Adam, 1972: 8쪽 이하; Scharpf, 1987: 153). 이 기구는 정부 자문위원회의 제안에 따라 노조의 임금인상 요구를 규율하자는 안을 노조가 거부하면서 1977년에 종료되었다(Testorf, 2011: 313쪽 이하).

독일 모델에 대한 대다수의 분석이 공급 측면의 특징과 그것이 다변화된 품질 생산의 발전에서 수행한 역할을 강조하지만, 독일의 노사관계 제도, 특히 단체교섭 시스템과 이와 연관된 부문 간 재분배 또한 수요 측면에서 중요한 역할을 했다. 특히 노사관계 제도는 생산성 상승이 임금 상승으로 반영되도록 보장함으로써 민간 국내수요의 증가를 뒷받침했다(Schulten, 2004: 5). 패턴 교섭의 원리에 기초한 조율된 산업별 교섭을 통해 생산성이 높은 회사의 노동자들로부터 생산성이 낮은 회사의 노동자들로 재분배가 이루어졌다. 패턴 교섭 덕분에 제조업의 생산성이 저부가가치 부문(예를 들어, 서비스업)으로 재분배되었던 것이다. 기업 수준에서는 사업장평의회가 가치사슬을 따라 기업 내 모든 노동자들에게 산업별 협약이 적용되도록 보장했다. 그리하여 한 제조기업 안에 물류·식당·청소 서비스처럼 서비스 직군에 고용된 노동자들도 조립·단조 공정처럼 보다 '생산적인' 사업 단위에 속한 그들의 동료들과 동일한 단체협약에 포괄되었고 비슷한 수준의 임금을 받았다.

이 책의 결론에서 보다 충분히 설명하겠지만, 독일의 성장모델은 시간이 지나면서 변화했다. 내수, 특히 가계소비는 점차 수출 증가보다 그 중요성이 낮아졌다. 독일은 언제나 수출에 매우 성공적이었지만, 1990년대까지 성장모델은 가계소비와 수출 모두가 견인한 것이었다. 그러나 1990년대부터 소비는 내리막길을 걸었고 수출이 독일 성장의 유일한 동력이 되었다.

그림 6.1은 GDP 대비 민간소비 비율의 궤적을 나타낸 것이다. 이 그림을 보면, 1990년까지 민간소비 비율이 증가 추세를 보이다가 1990년 무렵 통일의 충격에 상응하여 한 단계 더 증가했지만, 1990년부터 그 후로는 꾸준히 감소했음을 알 수 있다. 실제로 투자는 1980년대 후반까지 감소하다가, 1990년대 후반까지 (통일의 효과에 따라) 단기적으로 개선되었으나, 2000년대에 다시

그림 6.1 국내총생산 대비 민간소비 비율의 궤적

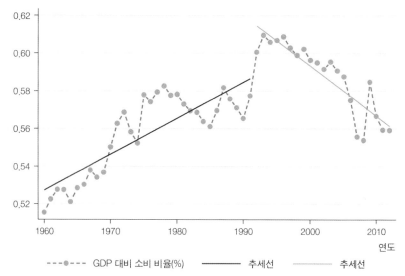

자료: AMECO Database.

감소했다. 그림 6.2는 GDP 대비 수출 비중의 추세를 보여준다. 수출은 1960
년대와 2010년 사이에 꾸준히 증가했다. 그런데 그 증가 추세는 1990년대부
터 현재까지의 시기에 매우 가팔라졌다. 독일은 통일 이후 20년 동안 한층 더
개방경제가 된 것이었다. GDP 대비 수출의 비중은 20%에서 50% 이상까지
증가했다. 수입도 늘어났지만, 그보다는 증가의 속도가 늦다. 수입에는 국내
생산의 최종 단계에 들어가는 중간재 수입이 포함되기 때문에 수입은 부분적
으로 수출과 연관된다. 슈토크하머 등이 보고한 자료에 의하면(Stockhammer
et al., 2011: 14), 독일 수출액 중에 중간재 수입의 비율이 2000년에 38%였고
이는 이전 40년 동안 증가해왔다. 그림 6.3은 GDP 대비 임금몫의 궤적을 보
여준다. 이 그림은 1980년까지는 완만한 상승을 나타내지만, 그 이후 2008년
까지 30년 동안 지속된 하락을 보여준다. 2008년 위기 이후의 시기에는 임금
몫의 완만한 상승이 나타났지만, 그것은 그 이전에 잃어버린 부분을 만회하
기에는 턱없이 부족한 것이었다.

그림 6.2 GDP 대비 수출의 비중

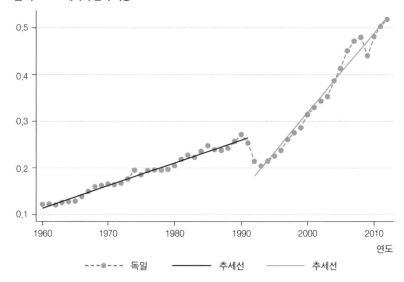

자료: AMECO Database.

그림 6.3 임금몫의 궤적

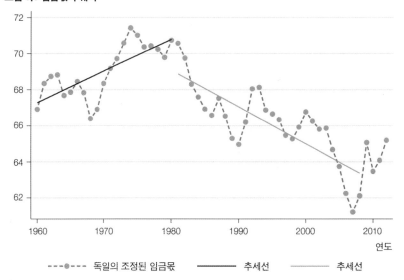

자료: AMECO Database.

전체적으로, 독일 경제의 궤적에서 네 가지의 추세가 두드러진다. 그것은 1990년 이후 국내 소비의 압축, 동일한 기간 GDP 대비 수출(과 수입) 비중의 가속적 증가, 무역수지의 흑자, 그리고 임금몫의 하락이다.

우리는 앞선 연구에서 이런 추세를 계량경제학적으로 분석했다(Baccaro and Benassi, 2017). 여기서 우리는 그 분석의 주요 결론을 요약하겠다. 독일 경제는 가계소비와 수출 모두가 성장의 자극제로 작용하는 균형적 성장모델로부터, 내수 증대가 수출 경쟁력에 부정적인 영향을 미치고 이를 통해 성장을 약화시키는, 온전한 형태의 수출주도 성장모델로 변해왔다. 게다가 독일의 수출은 그 이전에 비해 1990년대 이후에 가격에 더 민감해진 것으로 보인다. 수출이 가격에 민감할 경우, 수출은 실질실효환율[5]의 평가절상에 부정적인 영향을 받는다. 즉, 외국의 임금과 물가보다 국내의 임금과 물가가 더 빨리 상승함으로써, 국제 시장에서 비용 경쟁력이 하락하는 것이다. 이로 인해 임금인상 억제(wage moderation)[6]가 수출 성과를 위한 기능적 필요조건이 된다. 구체적으로 설명하면, 임금인상 억제를 통해 무역 상대국들과 비교해 단위 비용을 보다 낮은 수준으로 유지하는 것이 매우 중요해진 것이다. 독일은 1999년부터 유로화 가입국이 되면서, 가격에 민감한 수출의 경제적 효과가 분명해졌다. 독일에게 유로화는 구조적으로 평가절하된 실질환율 체제였다. 이런 체제에서 독일의 임금인상 억제는 곧바로 실질환율의 이득으로 전환되었는데, 왜냐하면 무역 상대국들은 명목환율의 조정을 통해 그에 대한 보상을 받을 수 없었기 때문이었다. 이 장의 목적에 비추어 더 중요한 것은, 수출

---

5 실질실효환율(real effective exchange rate)은 한 나라의 화폐가 상대국 화폐에 비해 실질적으로 어느 정도의 구매력을 갖고 있는지를 나타내는 환율을 의미한다. 이것은 명목환율의 변동뿐만 아니라 국가 간 물가상승률의 차이를 감안해 산출된다. ―옮긴이 주

6 대개 인플레이션 속도에 맞추거나 그보다 약간 높은 수준으로 노동자들의 임금인상률을 안정시키는 정책을 가리킨다. 본문에서는 문맥에 따라 '임금 안정(화)' 또는 '임금인상 자제'로도 번역했다. ―옮긴이 주

이 가격에 민감한 수출주도 성장모델하에서 수출 지향적 기업들은 그들의 시장 점유율을 늘리기 위해 비용을 억제하고 경쟁력을 증진시켜야 하는 큰 압력 속에 놓인다는 점이다. 다음 절에서 주장되듯이, 이것은 노사관계 제도의 자유화를 촉진한다.

2. 자유화의 궤적

이 절에서는 독일 노사관계 제도의 점진적인 침식을 자세히 살펴본다. 노사관계 제도의 재구성은 아마도 독일 노동조합의 힘이 최고조에 달했던 1980년대에 일어난 노조의 노동시간 단축 공세라는 전혀 뜻밖의 장소에서 시작되었다. 뜻밖이었지만, 노동시간 단축 공세가 그 이후로 계속될 독일 노사관계의 분권화 추세에 시동을 걸었던 것이다(Streeck and Hassel, 2004).

1) 노동시간 공세

1980년대에 노조들은 성장률이 하락하고 실업이 증가함에 따라 임금 요구를 자제하라는 압박을 받았다. 단체교섭은 일과 삶의 균형이나 기업에서 벌어지는 작업 조직의 재편성 및 합리화 과정의 영향과 같은 질적인 사안을 더 많이 다루게 되었다. 단체교섭의 질적 전환이 임금과 같은 '딱딱한' 사안으로부터 노동시간이나 작업 조직과 같은 '부드러운' 사안으로 협상의 초점을 이동시켰고, 또 이런 이동이 기업 수준 교섭의 중요성을 키웠기 때문에, 사용자들은 교섭의 질적 전환을 환영했다(Artus, 2001: 87 이하).

이런 새로운 질적 사안에 초점을 맞추면서, 금속노조는 1983년도 교섭에서 주당 35시간으로의 노동시간 단축을 요구했다. 이런 교섭 전략은 또한 일자리 재분배를 통해 높은 실업률에 대처하는 것을 의미했다(Artus, 2001: 88).

7주간의 파업 끝에 타협이 이루어졌다. 금속노조와 금속산업사용자연합은 주당 38.5시간에서 시작하는 단계적인 노동시간 단축에 합의했다. 그 대가로 노조는 사업장 수준의 노동시간 유연성 협상에 동의했다. 38.5시간이라는 숫자는 산업 내 평균이었을 뿐, 실제로는 사업장평의회가 주당 노동시간을 37시간에서 40시간 사이에서 교섭할 수 있었다(French, 2000: 203; Hinrichs and Wiesenthal, 1986: 280).

사업장협정(Betriebsvereinbarung)[7]은 가지각색이었기 때문에, 표준적인 노동시간 단축 정책을 정식화하고 실행하는 일은 어려웠다. 대규모 제조업체들은 유연성 확대의 혜택을 보았다. 발달된 기술과 과학적인 작업 조직의 편성 덕분에, 그들은 시간당 비용의 증가를 생산성 상승으로 상쇄할 수 있었다. 그러나 소규모 기업들은 주당 노동시간의 표준화에 따르는 어려움을 견뎌야 했다(Hassel and Rehder, 2001: 14). 따라서 노동시간 단축을 일반화시키려는 노력은 실패했고, 주당 35시간이라는 목표는 1990년대에 서독 지역의 금속 및 인쇄산업에서만 달성되었다. 결국 경기 후퇴의 영향을 받은 사업체들은 선택적인 노동시간 단축을 시행했는데, 그것은 통일 이후, 특히 1993~1994년의 위기 동안 널리 확산되었다(Lehndorff, 2001: 19 이하). 전반적으로 노동시간 단축을 둘러싼 갈등이 불거지면서 사업장 교섭의 적절성이 증가했고 산업별 교섭의 침식이 시작되었다.

2) 통일의 충격

독일의 통일 과정은 제도 이식을 위한 정부의 거대한 시도였는데, 그중에

---

7 산업별 노조와 사용자단체 사이에 맺어진 산업별 단체협약에 기초하여 사업장평의회는 개별 사용자와 협의를 통해 기업 내에서 '사업장협정(Betriebsvereinbarung, 직장협정)'을 맺을 수 있다. 사업장협정은 사업장 내부의 특수한 사정을 반영하여 내용이 매우 방대하고 수시로 체결되며, 해당 사업장의 모든 노동자에게 적용된다. ─옮긴이 주

서도 독일에 편입된 새로운 주(州)들에 노사관계 및 사회적 보호 제도들을 이전하는 과제를 수반했다(Jacoby, 2000). 노조와 사용자단체들은 노사관계 제도가 동독 지역으로 확장되는 것을 지지했다(Paster, 2012: 163 이하). 1991년에 금속산업에서 동독 지역의 임금률을 서독 지역의 임금률에 연계시키는 단계협약(Stufenplan)이 체결되었다. 그 목표는 생산성의 큰 격차에도 불구하고 1994년까지 임금의 동등성(wage parity)을 달성하는 것이었다. 사용자들은 주로 다음의 세 가지 이유 때문에 동독 지역의 임금인상에 동의했다. 첫째, 통일 과정에 정부가 보조금을 지급했기 때문에 사용자들은 높은 임금 비용의 부정적 효과를 정부에 전가할 수 있었다(French, 2000: 204). 둘째, 사용자들은 서독 정부가 지원하는 첨단기술 투자 덕분에 동독 지역의 기업들이 서독의 생산성을 따라잡을 것이라고 생각했다(Sinn and Sinn, 1994: 153). 셋째, 동독 지역의 저임금은 그 지역 소비자의 처분가능소득을 감소시키고 독일의 생산자들이 비교우위를 갖지 못하는 값싼 제품들로 그들의 소비가 몰리도록 해서, 결국에는 서독의 사용자들에게 손해가 될 것이라고 여겨졌다(French, 2000: 204).

그러나 단위 노동비용의 급상승은 동독 기업의 경쟁력을 약화시켰고, 동독 지역 경제의 붕괴를 초래하는 데 한몫을 했다. 1989년부터 1991년 사이에, 동독 지역의 GDP는 40% 감소했다. 1992년에 동독 지역의 실업률은 14.8% 정도였고 ― 서독 지역의 실업률 6.6%의 두 배였다 ― 1997년에는 거의 20%로 상승했다(Ritter, 2007: 119~121). 이런 상황에서, 동독 지역의 금속산업 사용자들은 단계협약을 점점 비판했고, 많은 중소기업들은 단계협약 준수 의무를 회피하기 위해서 금속산업사용자연합에서 탈퇴하거나 가입하지 않았다(Silvia, 1997). 이에 대응하는 차원에서 금속산업사용자연합은 동독 지역의 사용자들의 지지를 되찾기 위해 보다 공세적인 교섭 정책을 채택했다. 1993년에 단계협약의 수정에 실패한 이후에, 금속산업사용자연합은 그 협약의 적용을 중단했고 새로운 협상을 요청했다.

이전 인상률의 3분의 1 수준인 9%의 임금인상안과 동독 지역뿐만 아니라 서독 지역의 기업에도 적용되는 기업 수준의 개방조항 도입을 요구하는 사용자 측의 제안으로 교섭이 시작되었다. 당연히 금속노조는 이 제안에 강력히 반대했고 1993년 봄 내내 노동자들을 동원하여 반대했다. 5월 14일에 체결된 협약은 임금인상률이 26%로 정해졌고 동독과 서독 지역 간의 임금 동등성 목표를 유지했지만, 그 달성 시점이 1996년으로 연기되었다. 금속노조의 입장에서 이 협약 체결의 대가로 내준 것이 개방조항의 도입이었다. 사회적 파트너들의 철저한 통제를 조건으로 해서, 개방조항이 1996년까지 허용되었다. 사용자와 사업장평의회는 금속노조와 금속산업사용자연합의 대표자들로 구성된 위원회에 경영상의 긴급성 요건의 승인을 요청해야만 했다(French, 2000: 206 이하). 긴급조항(hardship clauses)의 사용은 5명 미만 규모의 기업들의 경우에 보다 엄격히 규제되었다. 1993년에서 1995년 사이에, 동독 지역의 금속산업에서 181개의 긴급조항이 그 위원회에 신청되었고, 그중 83개가 거부되었다(Bahnmüller, Bispinick and Weiler, 1990: 60 이하). 동독 지역의 다른 경제부문에도 이와 유사한 사태가 나타났다. 긴급조항은 빠르게 확산되었고, 많은 기업들이 노동시간 단축을 도입하고 정리해고를 회피하기 위한 수단으로 임금을 삭감하거나 동결하려는 경우에 긴급조항을 활용했다(Bahnmüller, Bispinick and Weiler, 1990: 57). 1992년에 경기침체가 서독 지역을 강타했을 때에도 긴급조항이 통상적 수단이 되었다. 결국에 통일의 충격에 대한 대응 과정에서 경직적인 산업별 단체교섭의 원칙에 예외가 도입된 것이었고 그러한 관행이 점진적으로 제도화되어 갔다.

3) 독일 모델의 비용 문제

1990년대 초의 경제위기는 독일 경제 모델의 새로운 차원을 드러냈다. 즉, 독일은 고품질의 틈새시장에서 경쟁력을 가졌지만, 수출이 계속 성공하기 위해서는 비용에 대한 고려가 이전보다 중요한 관심사가 되어야 할 것처럼 보였다(Herrigel, 1997: 178 이하). 앞 절에서 주장했듯이, 다변화된 품질 생산과 자본주의의 다양성에 관한 문헌들의 공통된 주제는 제도의 경직성, 특히 독일 경제의 성공에 기여한 포괄적이고 재분배적인 노사관계 제도였다. 그러나 미국과 일본 제조업체들의 경쟁력이 새롭게 강화되고 새로운 동아시아 생산업체들이 출현하면서, 이제는 고품질 제품의 생산에 있어서 비용이 적게 드는 대안적 방식이 존재하게 된 것이었다(Jürgens, 2004).

1990년대에 독일 경제는 대단히 높은 실업률과 성장의 정체를 겪었다. 적어도 부분적으로는 고비용과 경직된 임금결정 규칙 때문에 경기침체가 발생했다는 합의가 나타났다[심지어 쾰른의 막스플랑크사회연구소(Max-Planck Institute in Cologne)처럼 진보적인 경제학 서클에서도]. 이에 대한 논쟁은 서비스산업에서 사회보장 기여금이 고용 창출에 미치는 부정적 효과(Scharpf, 1997a) 그리고 제조업에서 해외이전을 촉진하는 유인(Sinn, 2006)이라는 두 가지 문제에 초점이 맞추어졌다.

첫 번째 주장은, 경직된 임금결정 규칙과 고율의 강제적 사회보장 기여금이 민간서비스 업종의 기업들이 고용 창출을 경제적으로 매력적이지 않다고 보는 원인이 되었다고 평가했다. 탈산업화로 제조업의 고용이 감소하는 시기에, 민간서비스 업종이 이러한 일자리 감소를 상쇄해줄 것이라고 여겨졌지만, 고율의(그리고 재정적으로 역진적인) 사회보장 비용과 낮은 생산성이 결합됨으로써 그러한 대체 역할을 적절하게 하지 못한다는 것이었다. 공공부문 고용이 팽창하여 부진한 민간 수요를 대신 채워주는 스칸디나비아 국가들과는 다르게(Iversen and Wren, 1998), 독일에서 공공부문의 확대는 정치적으로 실현 가능하지 않았다. 1980년대 말까지 직업훈련의 확대와 노동시간 단축, 조기퇴직제가 실업률 상승을 완화해주었다(Streeck, 2001: 89-93). 그러나 이런 해결 방식은 공적예산에 가중되는 큰 부담을 고려하면 장기적으로 지속 가능하지 않았다(Jürgens, 1997: 112).[8]

두 번째의 주장은 제조업 공급사슬의 구조조정을 강조했다. 기업들은 린 생산(lean production) 기술을 도입함으로써, 그리고 더 낮은 비용으로 독일이나 외국의 공급업체로 외주화할 수 있도록 가치사슬을 모듈(module) 단위로 재편함으로써, 국제시장의 비용 압박에 대응했다. 그로 인하여 대규모 제조업체들의 가치사슬은 점점 분산되었고 파편화되었다(Doellgast and Greer, 2007; Greer, 2008; Jürgens, 2004: 419). 동유럽의 새로운 시장들 덕분에 독일의 제조업체들은, 독일 국경에서 지리적으로 인접한 새로운 생산입지들과 국내 노동자보다 값싸고 질 좋은 노동력에 쉽게 접근할 수 있었다(Jürgens and Krzywdzinski, 2006: 3).

동유럽 국가들, 특히 체코와 폴란드로의 대규모 외주화는 (독일 국내) 제조업의 저숙련 고용을 감소시켰다(Geishecker, 2002; Sinn, 2006). 1990년대부터 2000년대 중반까지 높은 실업률이 지속된 상황에서, 외주화를 통한 일자리 감소의 문제는 이 시기의 정치 담론을 지배했고 노사관계 및 노동시장 자유화의 필요성을 둘러싼 정치적 합의가 마련되는 데 기여했다(Silvia, 2010: 223; Upchurch, 2000: 76).

4) 고용과 경쟁력을 위한 협약

1990년대 전반기에, 산업별 교섭 제도에 대한 사용자단체들의 지지는 약해졌다. 특히 중소기업들은 동독 지역뿐만 아니라 서독 지역에서도 산업별 단체협약으로 정해지는 높은 임금수준에 대해 소리 높여 불만을 표출했다(Hassel and Rehder, 2001: 5). 일부 기업들은 사용자단체에서 아예 이탈했다. 서독 지역의 금속산업 사용자단체의 조직률은 1984년의 77.4%에서 1991년

---

8 이른바 '막스플랑크사회연구소'의 제안은 보편적인 '환경세(green tax)'를 재원으로 저임금 노동자들에게 재정 지원을 함으로써 그들을 위한 사회보장 기여금을 인하하는 것을 목표로 했다.

의 71.6%로 하락했고, 동독 지역은 1991년에 65.7%였다(Silvia and Schroeder, 2007: 1440).

금속산업사용자연합은 조직적 출혈을 막으려고 산업별 협약을 적용 받지 않는 회원자격(Ohne Tarifbindung-Mitgliedschaften)이라는 선택지를 도입했다. 더 나아가, 이 단체의 교섭 정책은 노조의 임금 요구를 수용하려는 의사가 줄어드는 방향으로 변했다. 1993년 9월에 금속산업사용자연합은 1994년 초에 산업별 협약이 종료되더라도 서독 지역에서 협약을 갱신하지 않겠다고 선언했고, 10%의 임금 삭감과 사업장 수준에서 노동시간 유연성을 더 한층 확대하자는 요구를 제기했다(Turner, 1998: 102).

금속노조는 조합원들을 동원하여 이에 대응했다. 결정적인 쟁의행위는 금속노조 조합원의 92%가 파업에 찬성한 니더작센 주(州)에서 일어났고, 이를 통해 금속산업사용자연합과의 협상이 개시되었다. 최종 협약은 고용안정을 대가로 1년간 임금을 동결하고 주당 30시간까지 노동시간 단축에 관해 기업이 사업장평의회와 교섭할 수 있도록 하는 것이었다. 이후 이 협약은 패턴 교섭을 통해 독일의 모든 주로 확대되었다(Turner, 1998: 104~106).

이 협약이 초래한 결과는 사업장평의회들이 공장을 외국으로 이전하겠다는 기업들의 위협과 고실업으로 인한 압박을 받으면서 드러났다(Turner, 1998: 100). 1994년의 이 협약 이후에 이른바 '고용과 경쟁력을 위한 협약(Pacts for Employment and Competitiveness)'[9]들이 여러 산업들로 빠르게 확산되었다. 보다 국제화된 제품 전략을 가진 기업들은 사업장협정을 더 많이 활용했고, 생

---

9 '고용과 경쟁력을 위한 협약'은 여기서 1990년대에 독일 기업의 생산입지 해외이전 또는 인원 감축 문제를 다루기 위해 기업 또는 사업장 단위로 사업장평의회와 사측이 체결한 고용 및 경쟁력 강화 문제에 관한 협약들을 통칭하는 용어이다. 보다 일반적으로 이 용어는 주로 대기업, 특히 구조조정을 겪는 대기업에서 작업 조직, 노동시간, 생산성, 유연화, 그리고 고용형태 등의 광범위한 사안을 주로 '노사 파트너십'의 관점에서 체결한 기업 또는 사업장 단위의 협약을 가리킨다. ―옮긴이 주

산입지의 경제적 생존 능력을 확보하는 데 사업장평의회로 하여금 공동의 책임을 지도록 만들었다(Rehder, 2003: 113~116). '고용과 경쟁력을 위한 협약'은 주로 노동시간, 작업 조직의 재편성, 조기퇴직 그리고 임금삭감이나 동결에 관한 조치들을 포함했다(Seifert and Massa-Wirth, 2005). 1980년대에 체결된 사업장협정과는 다르게, '고용과 경쟁력을 위한 협약'은 산업별 협약에 종속되지 않았고, 산업별 협약의 조항을 수정할 수 있었고 또 예외인정을 받을 수 있었다(Hassel and Rehder, 2001). '고용과 경쟁력을 위한 협약'은 예외적인 경제 상황에 대한 대응으로 제시되었고 처음에는 최대 3년간의 유효기간을 가졌다. 그러나 1990년대 말부터, 이러한 기업 단위의 협정들은 그 협약 유효기간을 더 길게 하는 조항을 담았고 한층 더 제도화되면서, 단체교섭의 분권화를 한 단계 진전시켰다(Rehder, 2003: 118).

2003년에 서독 지역과 동독 지역의 노동시간을 (주당 35시간으로) 동등하게 하려는 시도는 사용자들의 반대로 결국 좌절되었다. 노조의 이러한 패배는 주목할 만한 것인데, 왜냐하면 금속산업 사용자들이 금속노조에 맞서 전략적 우위를 점하기 위해 산업 평화를 포기하고 산업별 교섭을 고의적으로 망가뜨릴 의지가 있다는 점을 증명했기 때문이었다. 래스의 설명에 따르면(Raess, 2006), 금속산업의 사용자단체들은 기업들이 산업별 협약을 적용 받지 않는 회원사로 변경하도록 조장했고, 베엠베(BMW)와 지멘스(Siemens) 같은 대기업들은 생산을 해외로 이전할 것이라고 위협했으며, (일자리 보장에 관심 있는) 사업장평의회와 (균등화에 관심 있는) 금속노조 사이에 균열이 발생했다. 사용자들의 공세적인 교섭 전략은(Kinderman, 2005도 보라) 대기업들이 독일의 노사관계 제도를 지지한다는, 자본주의의 다양성 문헌들의 주장(Soskice, 1999; Thelen, 2000)과 양립하기 어렵다.

분권화 경향에 대해 조금이라도 통제력을 회복하기 위하여 금속노조는 2004년에 포르츠하임 협약(Pforzheim Agreement)에 서명했다. 그 협약은 단체협약의 예외인정을 가능하도록 했지만, 사용자가 신규 생산 투자와 같이 일자리를 보장하겠다는 구체적인 대책을 제시할 경우에만 그것을 허용했다. 또한 그 협약은 노조와 사용자단체가 협상에 적극적으로 참여하도록 했다(Haipeter, 2009).

5) 일자리를 위한 동맹

'고용과 경쟁력을 위한 협약'의 확산과 병행하여, 임금 비용을 줄이고 실업 문제를 완화하려는 시도가 유럽형 사회협약에 관한 협상이 이루어지는 국가 수준에서 나타났다. 1995년에 금속노조 위원장 클라우스 츠빅켈(K. Zwickel)은 모든 경제 부문을 포괄하는 노사정 삼자협약으로서 '일자리를 위한 동맹(Bündnis für Arbeit)'을 제안했다. 그 제안에는 금속노조가 물가 상승에 따른 임금인상과 함께(생산성에 연계된 임금인상은 없이), 장기 실업자들의 경우 협약보다 낮은 임금률로 취업하는 데 동의한다는 내용이 포함되었다. 금속노조는 그 대가로 사용자들에게 고용을 보장하고 장기 실업자와 직업훈련생을 위한 신규 일자리를 제공할 것을 요구했다. 정부에게는 직업훈련에 대한 재정적·정치적 책임을 강화하고 사회보장 기여금을 낮출 것을 요구했다(Bispinck, 1997: 64).

연방정부는 이런 노조의 계획을 지지했고, 1996년 1월에 노조 및 사용자단체 대표들과 정부 간 협의가 시작되었다.[10] 사용자단체들은 '일자리를 위한 동맹'을 노동비용 축소 요구를 실현할 기회로 보았다. 사용자들의 선호에 부합되게, 협의는 혁신에 대한 투자나 신규 사업 및 고용 창출에 관한 정책보다는 주로 노동시장과 복지 개혁에 초점을 두고 진행되었다. 이로 인해 삼자협

---

10 1996년 1월의 이 협의는 '제1차 일자리를 위한 동맹'으로 불리기도 한다. 정식 명칭은 '일자리와 생산입지의 공고화를 위한 동맹(Bündnis für Arbeit und Standortssicherung)'이다. ─옮긴이 주

약의 해결 방식에 대한 노조의 열의가 식었고, 정부가 제안한 여러 삭감 조치들을 노조가 거부하면서 협상은 깨졌다. 당시 정부는 소기업의 고용·보호제도 완화, 의료보험 및 실업급여의 삭감, 기간제 계약의 최대 사용기간 연장 등을 제안했다. 노조의 협상안에는 노동시간 단축과 초과노동 대신 시간제 노동을 늘리는 조치가 포함되었다.

노조는 정부가 제안한 개혁안에 맞서 항의와 시위를 조직했다. 그러나 이런 반대에도 불구하고, 연방의회는 1996년 9월에 삭감 조치들을 승인했다(Bispinck, 1997: 66~71). 물론 삼자 협상의 시도는 실패했지만, 그 협의와 동시에 진행된 단체교섭에서 일부 성과가 나타났다. 즉, 모든 산업에서 임금은 매우 조금 인상된 대신에, 직업훈련과 노동시간 단축에 관한 조항이 협약에 포함되었다(Bispinck, 1997: 74).

노사정 삼자협약의 새로운 시도가 1998년 연방의회 선거가 끝나고 몇 주 후에 나타났다. 사회민주당과 녹색당의 새로운 연립정부는 삼자협의를 다시 시작했다. 전략적 상황은 극적으로 변해 있었다. '비우호적인' 정부와 상대해야 했던 1995년의 경우에 노조는 국가 수준에서 협상하길 열망했겠지만, 이제 보다 '우호적'이라고 생각되는 정부를 상대하여[사회민주당의 선거 캠페인에는 콜(H. Kohl) 정부의 복지국가 축소를 취소하겠다는 공약이 포함되어 있었다], 노조는 선거에서 현 정부를 지지했던 것에 대한 보상금만 받아내면 된다는 쪽으로 더 기울었다(Streeck, 2003). 새롭게 만들어진 '일자리, 직업훈련 및 경쟁력을 위한 동맹'은 직업훈련과 연금부터 노동시간과 재정정책까지 광범위한 사안을 포괄했다. 사용자단체들은 협상에서 장기간의 임금 억제를 노조에 요구했다. 경제 전문가들로 구성된 자문위원회는 사용자단체의 입장을 지지했다. 노조들은 이 동맹 내에서 임금 정책이 교섭 안건이 되는 것을 거부했지만, 대안적인 정책에 대한 공통의 입장을 마련할 수는 없었다. 금속노조는 60세 조기퇴직 제도를 원했던 반면에, 광산·화학·에너지노조(IG BCE)는 부분 퇴직 제도의 개선을 선호했다. 다른 노조들은 - 예를 들어 서비스업종 노조들은 - 이런 정책이 정규직 고용관계에 속하는 남성 노동자들을 특권화한다며 비판했고, 그 대신에 주당 노동시간의 집단적 단축을 요구했다(Bispinck and Schulten, 2000: 197~201).

따라서 제1차 '일자리를 위한 동맹'은 단체교섭을 통해 정부의 삭감 조치들을 부분적으로 '바로잡을' 수 있었기에 구체적인 성과를 약간이라도 거두었다면, 제2차 '동맹'은 노조의 임금인상 요구를 억제시키는 데 겨우 성공했다(Hassel, 2001). 그럼에도 불구하고, 핵심 행위자들은 협상의 방식을 통해서 이런 제한적인 성과가 달성된다면, 차라리 정부가 일방적으로 보다 기민하게 움직이는 게 더 낫겠다는 생각을 하게 되었고, 결국 2000년대 초반 입법을 통한 노동시장 자유화를 향한 길이 놓이게 되었다.

6) 하르츠 개혁

2000년대 초반에 고용 위기가 지속되고(실업률이 2005년에 11%에 달했다) 사회민주당과 녹색당이 모두 우경화하면서, 정부가 개혁에 보다 과감하게 나서야 한다는 입장이 등장했다. 그것은 본질적으로 협상의 접근법을 버리고 정부가 일방적으로 개입하자는 것이었다. 제2차 '일자리를 위한 동맹'의 실패와 정치권의 변화가 정부 전략이 변화하는 데 중요한 작용을 했다. 적록 연립정부는 2003년 1월 니더작센 주 지방선거에서 패배했고 연방상원(Bundesrat)의 과반 확보에 실패했다. 이에 따라 연립정부는 (재계의 이해에 민감한) 야당이 동의할 수 있는 경제정책을 추구해야 했다(Streeck, 2003). 적록 연립정부의 총리였던 게르하르트 슈뢰더(G. Schröder)가 착수한 노동시장·조세·복지 개혁의 패키지였던 '아겐다 2010(Agenda 2010)'은 이런 새로운 정치적 지향이 반영된 것이었다. 이 개혁을 추동한 세력은 신자유주의 개혁을 촉진하기 위한 공개 논쟁에 적극적으로 참여해온 독일의 사용자들이었다(Menz, 2005: 199 이하). 사용자들이 추진한 가장 유명한 계획은 금속산업사용자연합이 자금을 지원한 '새로운 사회적 시장 계획(Initiative Neue Soziale Marktwirtschaft)'이라는 싱크탱크였다. 이 단체의 목표는 단순한 제도 개혁이 아니라, 보다 근본적으로 '사회적 시장경제' 개념에 관한 사회 규범과 가치를 변화시키는 것이었다. 예를 들면, 이 단체의 캠페인은 자유시장이 모든 이들에게 기회를 제공하고 "별볼일 없는 급여의 일자리라도 없는 것보다 낫다"는 생각을 고취시켰다 (Kinderman, 2005: 440 이하).

슈뢰더의 '아겐다 2010'은, 당시 폭스바겐(Volkswagen)의 인사담당 이사였던 페터 하르츠(P. Hartz)가 위원장을 맡고 15명의 위원으로 구성된 '노동시장의 현대적 서비스를 위한 위원회'의 제안에 대부분 근거하고 있었다. 이 위원회의 제안은 적극적·소극적 노동시장 정책을 개혁하고 노동시장의 규제를 완화함으로써 향후 3년 동안 실업률을 50% 감소시키는 것을 목표로 삼았다 (Menz, 2005: 204). 이 개혁은 2003년에서 2005년 사이에 승인되었고 복지 제도와 노동시장 규제 모두에 엄청난 영향을 미쳤다.[11]

하르츠 I과 II는 비정규 노동의 사용에 대한 규제를 완화했다. 하르츠 I은 파견노동에 초점을 두었고, 모든 지방노동청에 실업자를 위한 인력알선대행사를 설치하도록 했다. 파견노동 사용에 관한 제한들은 폐지되었다. 기업들은 사용 사유를 구체적으로 밝히지 않고 향후 정규직 전환을 보장하지 않고서도 파견노동을 사용할 수 있게 되었다. 해고로부터의 보호도 완화되었는데, 파견업체가 파견노동자의 계약 기간을 정할 때 사용업체에 배치되어 일하는 실제 기간과 동일하게 기간을 정하여 고용계약을 체결할 수 있었기 때문이었다.[12] 게다가 정규직 노동자와 파견노동자 간의 동일임금 원칙은 단체

---

11 일명 '하르츠 개혁'은 2003년과 2005년 사이에 법안이 발효된 총 네 개의 개혁 패키지로 구성되었다. 하르츠 I과 하르츠 II(주로 노동시장 및 비정규 노동과 관련된 개혁)는 2003년 1월 1일에, 하르츠 III(주로 연방노동청 및 노동시장 서비스 개혁)은 2004년 1월 1일에, 그리고 하르츠 IV(주로 실업급여 제도 개혁)는 2005년 1월 1일에 각각 발효되었다. ─옮긴이 주

12 이 조항을 보다 분명히 하면, 파견노동자의 파견노동 계약 기간을 사용사업주로의 파견 기간

협약에 의해 적용에서 제외될 수 있었다. 하르츠 II는 미니잡(minijob) 또는 미디잡(midijob)을 만들었다. 이 일자리들은 각각 월 최대 400유로 또는 월 최대 800유로까지의 소득에 대해서 사회보장 기여금 및 조세를 감면해주었다. 그 개혁은 이런 고용형태에 적용되던 주당 15시간 미만의 제한선도 폐지했다 (Weinkopf, 2009: 13). 더 나아가, 하르츠 II는 자영업(Ich-AG)[13]에 대한 보조금도 도입했다(Jacobi and Kluve, 2006: 21).

하르츠 III은 실업사무소를 재구조화하여, 지방노동청과 사회복지사무소를 통합해 고용지원센터(Job Center)를 만듦으로써 노동시장 서비스의 효율성을 높이고자 했다. 하르츠 IV는 실업보험 제도를 정비했다. 과거에 이것은 세 개의 층으로 구분되어 있었다. 첫 번째 층은 실업급여(Arbeitslosengeld)로 사회보장 기여에 기초했고 소득에 연동되었으며 수급기간에 제한이 있었다. 두 번째 층은 실업부조(Arbeitslosenhilfe)로 조세에 기반했고 (실업급여보다 조금 낮은 수준으로) 소득에 연동되었으며 수급기간에 제한이 없었다. 이것은 흔히 은퇴 단계로 이행하는 데 활용되었다. 세 번째 층은 사회부조(Sozialhilfe)로 조세에 기반했고 자산조사를 받았으며 최저생계비 수준으로 설정되었다. 사회부조 수급권을 얻기 위해서는 수급자가 저축을 사전에 청산하고 본인의 집을 팔아야 하는 것과 같은 일련의 장벽을 넘어야 했다. 하르츠 IV는 임금소득에 완전히 연계된 실업급여(이제 '실업급여 I'로 불렀다)의 수급기간을 연령에 따라 최대 12~18개월로 단축했다. 또한 실업부조와 사회부조를 통합한 새로운 급

과 일치시킬 수 있도록 했다는 것이다. 이것은 파견사업주가 사용사업주로의 노동자 파견기간과 파견노동자와 체결한 근로계약 기간을 일치시키는 것을 금지했던 종래의 파견법 조항이 삭제된 것이었다. 이러한 '개혁'은 독일의 구 파견법이 파견사업주에 대해서 파견노동자를 상시적으로 고용하도록 하는 입법 태도를 가지고 있었던 것과 비교해, 이러한 입법 태도의 약화를 의미했다. —옮긴이 주

13 Ich-AG는 '1인회사', '나홀로 주식회사', '자기회사' 등으로 번역되는데, 실업자가 창업하여 자영자가 되면 3년치 실업수당 등 자금지원과 일정한 조세 감면 조치를 취해주는 제도이다. —옮긴이 주

여제도('실업급여 II')를 만들었고, 그 급여수준을 대략 이전의 (임금소득에 연계되지 않은) 사회부조의 수준으로 설정했다. 게다가 실업급여 II의 수급권은 자산의 이용가능성 여부에 따라 주어지며, 수급자는 구직 활동에 적극적으로 나서야만 했다(Hassel and Schiller, 2010: 26~34). 고실업의 시대에 이 개혁 조치가 실행되자, 노동자들은 그 조건에 상관없이 주어지는 일자리를 받아들일 수밖에 없었고, 사업장평의회는 현재의 일자리 안정을 위해 기꺼이 양보하고자 하는 태도를 더 굳히게 되었다.

사용자단체들은 하르츠 개혁을 환영했지만, 노조들은 격렬히 비판했다. 특히 실업급여의 수급기간을 단축시키고 실업자들에게 주어진 일자리를 받아들이라는 압박에 대해서 그 비판이 거셌다. 그러나 노조들은 사용자와 정부가 추진하는 자유화의 공세에 저항하기에는 너무 약했고 또 분열되어 있었다. 구조조정과 다운사이징으로 초래되는 결과를 감내할 만하게 해주는 기업수준의 사회정책 수단들(예를 들면, 조기퇴직·부분퇴직 제도)을 이미 발전시켜놓았기 때문에, 대규모 제조업체들의 사업장평의회는 실업보험 제도의 방어를 우선시하지 않았다(Hassel and Schiller, 2010: 129~133).

더 나아가 여러 노조들은 서로 다른 입장을 취했다. 화학노조, 요식업노조, 철도노조는 하르츠 개혁에 대해 교섭할 의사가 있었다. 금속노조 — 노조 위원장이 개혁주의 성향의 츠빅켈에서 보다 전투적인 위르겐 페터스(J. Peters)로 바뀌었다 — 와 통합서비스노조(Ver.di)는 보다 급진적인 입장이었고 정부와의 협상을 원하지 않았다. 독일노총(DGB)은 하르츠 개혁에 대한 대안을 담은 제안서를 출간함으로써 노조 공동의 행동강령을 만들려고 노력했지만 성공하지 못했다. 개혁주의 성향의 노조들은 그 직후에 대화를 지지하며 '복지국가의 미래: 개혁에 찬성하다'라고 불린 계획을 주도하기 시작했다. 2003년 3월 금속노조와 통합서비스노조가 주최한 대중시위가 제한적인 성공을 거둔 이후에, 이들두 노조도 정부와의 협상에 동의했다(Hassel and Schiller, 2010: 265~269).

파견노동자에 관한 교섭은 빈약한 성과만을 거두었는데, 이는 하르츠 개혁에 대한 협상 과정에서 힘의 불균형을 상징하는 것이었다. 앞서 말했듯이, 하르츠 I은 파견업에 관한 특별 단체협약을 통해 동일임금 원칙의 적용에서 예외인정을 허용했었다. 사용자들은 전통적으로 독일노총 가맹 노조들이 보유했던 교섭 독점권을 파기했고, 실제로 소규모의 파견업체협회(INZ)는 독일노총의 단체협약 권한을 약화시키는 것으로 유명한 기독교노동조합연맹(CGB)[14]과 교섭을 시작했다(Dribbusch and Birke, 2012: 6; Vitols, 2008).[15] 이런 일들로 인해 금속산업의 파견노동자와 정규직 노동자 간의 임금격차가 2009년에 30~40%로 벌어졌다(Weinkopf, 2009). 2012년과 2013년에 정규직 노동자와 파견노동자 간의 임금격차를 줄일 목적으로 주요 파견업체협회들과 노조들은 9개 산업에서 단체협약을 체결했다. 이들 협약은 업종 특수적인 추가수당을 설정했는데, (4~6주의) 추가수당 없는 파견 기간이 끝나고부터 차등적인 추가수당을 지급하며, 9개월 이상 근무한 파견노동자의 경우 임금의 50%까지 추가수당을 증액하도록 만들었다(Spermann, 2013).

노조의 입장에서 하르츠 개혁은 '우호적인' 정부로부터 정치적 지원을 더 이상 기대할 수 없다는 분명한 신호 같은 것이었다. 노동조건의 균등화에 관심을 가진 산업별 노조들과 일자리 안정에 우선적인 관심을 가진 사업장평의회 간의 조율, 그리고 산업별 협약과 단사협약[16] 간의 조율이 더 어려워졌다.

---

14 독일노총으로부터 독립적인 기독교 성향 노조들(현재 14개)의 중앙조직으로, 독일에서 세 번째로 큰 노총이다. 현재 약 28만 명의 조합원이 속해 있다. ─옮긴이 주

15 2011년에 베를린 노동법원과 연방노동법원은 파견노동에 관한 기독교노조들의 특별교섭단은 단체협약을 체결할 권한이 없다고 판결했다.

16 단사협약(單社協約, Firmentarifvertag)은 산업별 노조가 사용자단체에 가입하지 않은 개별 기업과 직접 체결하는 협약으로, '기업협약', '사내협약'으로도 번역된다. 독일의 단체협약은 적용범위와 체결 주체에 따라 크게 광면협약(Flächentarifvertag)과 단사협약으로 구분된다. 광면협약은 해당 산업의 노동조합과 사용자단체가 협약 체결의 주체이고 그 적용범위는 산업별 노조의 조합원과 사용자단체 소속 사업장 전체인 데 비해, 단사협약은 산업별 노조와 개별 사용자가 협약을 체결하여 해당 기업 내에서만 적용된다. 대표적으로 폭스바겐사가 단사협약을 체결해왔다. ─옮긴이 주

실업급여 수급기간의 단축과 보다 엄격한 수급자격 기준의 도입으로 인하여 사업장 수준에서 노동자들은 더욱더 기업에 기꺼이 양보할 의사를 갖게 되었다. 이런 추세는 사업장평의회와 노조를 거세게 압박했다(Dörre, 2012; Urban, 2010). 게다가 산업별 단체협약이 적용되지 않는 계약 형태(예를 들면, 파견노동과 미니잡)의 확산은 노동시장의 분절을 한층 심화시켰고 불안정 고용의 여러 형태들이 널리 퍼지는 데 기여했다.

3. 새로운 독일 모델

이 절에서 우리는 독일 노사관계 시스템의 최근 상황에 대한 새로운 자료를 보여줄 것이다.[17] 기존 연구들에서도 독일의 계급 행위자들의 조직적 약화가 자세히 서술되었지만(Bosch et al., 2007; Hassel, 1999), 앞서 보여준 자유화 추세에 따라 제조업을 포함한 산업별 단체교섭이 얼마나 영향을 받았는지는 대개 과소평가되곤 했다. 우리의 분석은 '노동시장 및 직업조사 연구소 (IAB)'의 사업체 패널 자료에 의존한다. 그림 6.4는 제조업 및 서비스업과 전체 경제에서의 단체협약 적용률에 대한 자료를 나타낸 것이다.[18] 산업별 단체협약 적용률은 모든 업종에 걸쳐 가파르게 하락했다. 1995년에 단체협약 적용률은 전체 경제 부문이 72%, 제조업이 80%, 250명을 초과하는 규모의 제조업 사업체가 92% 그리고 서비스업종이 72%였다. 2013년의 협약 적용률은 각각 49%, 50%, 67%, 45%였다. 산업별 단체협약의 적용률 하락은 단사협

---

17 이 절은 Baccaro and Benassi(2017)의 자료에 의존한다.

18 우리는 제조업에 다음의 산업들을 포함했다. 펄프, 종이, 인쇄·출판, 화학, 고무, 플라스틱·연료, 기타비금속 광물, 1차 금속 및 금속 가공제품, 기타 기계·장비, 전기·전자 및 광학 기기, 운송장비, 기타 제조업. 서비스업종에는 소매업(자동차 및 오토바이 소매업 제외), 가정용품 수리, 숙박·음식점, 그리고 '기타 개인 서비스' 분류가 포함된다.

약의 증가로 보충되지 않았는데, 단사협약의 적용률은 특히 서비스업종에서 낮았다. 유일한 예외는 250명보다 많은 규모의 제조업 사업체였다. 그곳에서 단사협약의 적용률은 1995년과 2013년 사이에 6%에서 17%로 증가했다(그림 6.5를 보라). 가장 눈에 띄는 추세는 어떠한 협약에도 포괄되지 않는 노동자들의 비율 증가였다(그림 6.6). 2013년에 이 비율은 경제 전체적으로 42%였고, 제조업이 37%, 250명을 초과하는 규모의 제조업 사업체는 15% 그리고 서비스업종이 50%였다. 이 수치는 1995년에는 각각 17%, 12%, 2%, 19%에 불과했다. 이보다 더 인상적인 것은 어떠한 단체협약도 적용 받지 않는 사업체의 비율이다. 2013년에 어떤 형태로든 단체협약이 적용되지 않는 사업체의 비율은 제조업이 70%이고 서비스업이 66%였다. 250명을 초과하는 규모의 사업체의 경우에도, 2013년에 사업체 중 26%(노동자 중 14%)가 어떤 형태의 협약도 적용 받지 않았다.

1995년에서 2013년까지 18년 동안 노동자의 단체협약 적용률은 20~30%

그림 6.4 산업별 협약의 적용을 받는 노동자의 비율

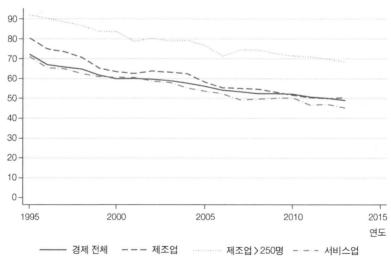

자료: IAB, 저자의 자료 가공.

그림 6.5 단사협약의 적용을 받는 노동자의 비율

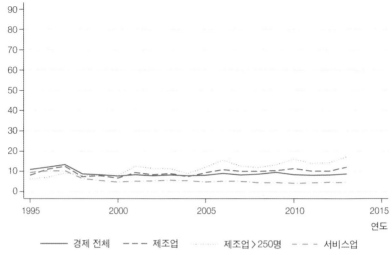

경제 전체 　－ － － 제조업 　‥‥‥‥ 제조업＞250명 　－ － － 서비스업

자료: IAB, 저자의 자료 가공.

그림 6.6 단체협약의 적용을 받지 않는 노동자의 비율

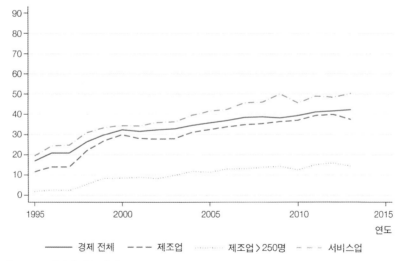

경제 전체 　－ － － 제조업 　‥‥‥‥ 제조업＞250명 　－ － － 서비스업

자료: IAB, 저자의 자료 가공.

포인트 하락했고 그 적용률의 감소 추세에서 제조업과 서비스업 간에는 큰 차이가 없었다. 게다가 (이용 가능한 자료를 확보할 수 있는 2개 연도인) 2005년과 2007년 사이에, 산업별 협약이 적용되는 제조업 사업체의 20% 이상이 단체협약이 정한 조항을 변경할 수 있는 개방조항을 활용했다. 전반적으로 보면, 이상의 증거는 산업별 교섭이 아직은 독일의 주된 교섭 형태이지만, 그것은 구멍투성이라는 점을 시사한다. 독일의 제조업 사업체 중 약 30%만이 어떤 형태건 단체협약의 적용을 받고 있는 것이다.

또한 IAB 자료에 기초하여, 그림 6.7은 제조업, 서비스업 그리고 전체 경제에서 사업장평의회에 포괄되는 노동자의 비율을 나타내었다. 여기서 그 포괄률은 서비스업보다 제조업에서 상당히 더 높다(30% 이하 대 60% 이상). 더 나아가 제조업에서는 감소 추세가 없지만, 서비스업의 경우 약간의 감소가 보인다.

이상의 자료는 산업별 단체교섭에 영향을 끼친 주요한 제도 변화가 협약

그림 6.7 사업장평의회에 포괄되는 노동자의 비율

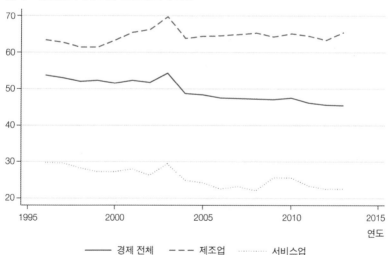

자료: IAB, 저자의 자료 가공.

적용률의 침식과 예외인정이었음을 말해준다. 그에 반해서, 사업장평의회는 감소하지 않았다. 하지만 그 역할은 상당히 변했다. 사업장평의회는 전환(conversion)의 과정을 통과해온 것이다. 전후 황금기에 사업장평의회는 균등한 노동 기준이라는 노조의 정책을 수용해 실행했다. 그러나 지난 20년 동안 그것은 핵심 종업원의 고용을 지켜내는 데 활동의 초점을 두었다. 이 목표를 달성하기 위하여 사업장평의회는 점점 더 기꺼이 양보하겠다는 자세를 취했고 산업별 교섭의 약화에 기여했다.

산업별 단체교섭의 약화는, 부문 내 및 부문 간에 생산성 증가를 재분배하고 내수를 진작시키는 단체교섭의 능력에 중대한 영향을 미쳤다. 유럽연합의 KLEMS 데이터베이스[19]의 자료에 기초한 그림 6.8은, 부문 간 재분배와 균형적인 임금 상승이 1974~1990년 동안 확실히 독일 모델의 핵심 특징이었음을 보여준다. 이 그래프는 전체 경제의 노동생산성과 고가제품(high-end) 제조업과 저가(low-end) 서비스업의 실질임금 인상률을 비교한 것이다.[20] 이 기간에 세 개의 경제 부문은 대략 동일한 인상률로 성장했다. 그러나 그림 6.9에서 보듯이, 1991~2007년 동안에 상황은 극적으로 변했다. 오로지 고가제품 제조업만이 경제 전반적인 생산성 상승과 보조를 같이할 수 있었다. 그러나 이 부문마저도 2000년대 중반부터는 실질임금이 생산성을 따라잡지 못했다. 이에 비해 서비스업종의 임금은 정체되었고 심지어 실질임금은 약간 하락하고 있다. 고가제품 제조업의 고용 비중이 35년 동안 약 30% 감소한 반면에 저가의 민간서비스 업종의 고용 비중은 40% 증가한 것을 고려한다면(EU KLEMS 자료에 기초), 이런 상황은 전체 노동자 중 줄어드는 소수만이 생산성에 비례

---

19 http://www.euklems.net/을 보라(2008년 3월 공개).

20 고가제품 제조업은 NACE(유럽 차원의 경제활동 분류체계)의 D21부터 D37까지의 분류코드를 포함하는 것으로, 종이 및 펄프, 석유정제품, 화학, 고무 및 플라스틱, 비금속 광물제품, 금속제품, 기계장비, 전기·전자 및 광학 기기, 운송장비, 그리고 기타 제조업 등을 포괄한다. 저가 서비스업은 소매업(NACE의 G52 분류코드)과 숙박·음식점업(H 분류코드)을 포함한다.

그림 6.8 1974~1990년 동안의 고가제품 제조업 및 저가 서비스업의 실질임금과 전체 경제의 노동 생산성 추세

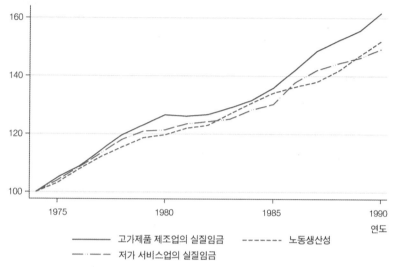

자료: EU KLEMS 자료를 저자가 가공.

그림 6.9 1991~2007년 동안의 고가제품 제조업 및 저가 서비스업의 실질임금과 전체 경제의 노동 생산성 추세

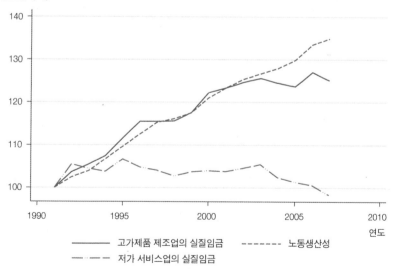

자료: EU KLEMS 자료를 저자가 가공.

하는 실질임금 인상의 혜택을 맛보고 있음을 말해준다. 임금 억압은 국내 소비를 부진하게 만들고, 수출주도 성장에 갇히는 하나의 원인이 되는 것이다.

4. 소결

이 장에서 우리는 독일 노사관계의 자유화를 역사적으로 재구성했다. 단체교섭의 분권화과정은 노동시간 단축을 목표로 노조가 취한 공세의 의도하지 않은 결과로서 1980년대에 시작되었다. 1990년대에도 통일의 충격에 대응하고, 비용 절감과 유연한 협약 조항을 목표로 한 사용자들의 시도에 반응하면서 교섭 분권화가 지속되었다. 해외 이전과 외주화의 위협에 직면하여 노동자 대표 기구는 산업별 기준에서의 이탈과 개방조항에 동의하게 되었다. 사회협약을 통한 양보 형성의 과정을 관리하려는 시도가 1990년대 동안 이루어졌지만, 이런 시도들은 성공하지 못했다. 협약 적용률의 극적인 하락과 개방조항의 확산의 형태로 단체교섭 시스템의 침식이 변함없이 계속되면서, 2000년대 초반 무렵 정부의 일방적 개혁을 통해 노동시장의 실질적 자유화가 달성되었다. 이제 노사관계에 관한 새로운 독일 모델은 황금기의 모델과 매우 달라졌다. 단체협약 적용률이 전체 노동자를 기준으로 50%이고 제조업 사업체를 기준으로는 30%인 상황에서, 산업별 단체교섭은 지나간 과거에 비해 포괄성이 훨씬 떨어지는 제도가 되었다. 게다가 산업별 단체교섭의 축소는 단순히 서비스업의 특수성이 아니라, 제조업에도 영향을 미친다.

자유화 과정은 사용자 재량권의 확대를 불러왔다. 임금인상을 결정하는 규칙은, 개방조항 같은 협약 메커니즘을 통해서, 또는 단순히 단체협약 적용에서 아예 이탈함으로써 특정 기업의 경제적 상황에 맞게 조정되었다. 2000년대에 독일 경제는 임금 억압을 경험했다. 그것은 생산성 상승에 뒤처지는 임금인상과 특히 서비스산업에서 (그러나 이 산업에서만은 아닌) 임금몫의 감소를 수반하는 것이었다. 이런 추세는 특히 임금분포의 하위 50%에서의 임금 불평등 심화와 저임금 일자리의 비율 증가를 야기했다(Antonczyk, Fitzenberger and Sommerfeld, 2010; Bosch and Weinkopf, 2008; Dustmann, Ludsteck and Schönberg, 2009). 노동시간 결정에 대한 사용자의 재량권도 확대되었다. 사실 사업장 교섭을 통해 구체적인 기업 상황에 맞게 노동시장 체제를 조정하는 능력은, 처음에는 1980년대의 노동시간 단축 공세의 의도된 효과에 대항하기 위해서 사용되었고, 그 이후에는 실직을 최소화하면서 기업의 위기를 견뎌가기 위해 활용되었다. 정규직 노동자들의 고용보호는 축소되지 않았지만, 사용자들이 노동자를 임시적으로 채용하는 일은 상당히 쉬워졌고, 임금의 동등성 요건도 약화되었다.

여기서 우리가 개진한 주장은 독일 모델의 진화에 대한 최근의 자본주의의 다양성 접근의 설명과는 다르다. 그 연구들은 지난 20년간 독일의 노사관계가 상당히 자유화되었다는 것에 더 이상 이의를 제기하지는 않지만, 제조업이라는 독일 경제의 핵심은 여전히 근본적으로는 조정되고 있다고 주장한다 (특히 그중에서도 Hall, 2007; Hassel, 2014; Palier and Thelen, 2010; Thelen, 2014). 이 문헌들에 따르면, 간단히 말해 자유화는 정확한 이야기가 아니다. 그 대신에 실제로 일어난 것은 조정의 해체가 아닌 조정의 축소이며, 대부분 그것은 탈산업화에 의해, 즉 제조업의 축소와 서비스업의 확대에 따라 초래되었다는 입장이다(Thelen, 2014). 이에 따르면, 이 과정에서 핵심(조정되는 제조업)과 주변(규제완화되는 서비스산업)이 공존하는 이중 균형이 발생했고, 이것은 새로운 형태의 이중 균형이다.

우리는 독일의 정치경제에서 이중화(dualism) 추세가 분명히 보인다는 점을 부인하지 않는다. 그러나 그것이 안정적 균형에 해당한다고 생각할 이유는 없다. 지금까지 우리의 논의에서 보듯이, 자유화를 향한 추동력은 무미건조한 탈산업화 과정에서 생긴 게 아니라, 수출 부문 자체로부터 발생했다. 수출 지향적 기업들이 비용 절감을 목표로 자유화를 추진하면서 노사관계 제도가 작동하는 방식을 극적으로 변화시킨 것이었다.

이중화의 범주가 정치경제학 논쟁에서 등장한 것이 이번이 처음은 아니다. '1차 노동시장'과 '2차 노동시장' 간의 이중화라는 설명은 미국 및 다른 나라의 내부노동시장에 대한 논쟁에서 두드러진 특징이었다(Doeringer and Piore, 1971; Osterman, 1994). 30년 전에 골드소프는 현대 자본주의의 궤적을 설명하면서 '코포라티즘'과 '이중화' 체계 간의 이분법을 도입했었다(Goldthorpe, 1984). 그에 따르면, 독일과 북유럽 국가들 같은 코포라티즘 국가는, 강력한 집단적 행위자들과 그들로 하여금 보다 '포용적인' 성과를 만들어내도록 하는 집중화된 제도적 역량을 지녔다. 반대로 미국과 영국 같은 국가들의 경우에, 내부노동시장이 지배하는 '핵심'과 노동시장의 기준이 시장의 힘에 침식되고 많은 노동자들이 상품화를 경험하는 '주변' 사이의 분할이 출현했다. 그로부터 30년 후인 오늘날, 상품화 과정은 미국과 영국에서 그 최종 단계에 도달한 것처럼 보이고, 이중화 담론의 대상은 예전의 코포라티즘 국가들로 이동했다.

질적 자료에 근거한 증거들은 독일의 제조업이 결코 균형상태가 아니라고 말해준다. 자유화를 향한 개혁은 핵심 노동자들을 압박해 기꺼이 양보하라고 몰아갔다(Eichhorst and Marx, 2010). 핵심 노동자들과 비정규 노동자들은 유사한 직무를 수행하기에 잠재적으로 대체 가능하다(Holst, Nachtwey and Dörre, 2010). 또한 노조들은 파견노동이 안정적 고용을 불안정 고용으로 대체할 수 있는 한 가지 방법이라고 여기고 있다(Benassi and Dorigatti, 2015).

이 장에서 개진된 주장으로부터 얻을 수 있는 한 가지 시사점은, 이중화가 새로운 균형상태가 아니라 자유화의 과정에서 통과하는 중간 단계일 수 있다는 점이다. 행위자들의 세력균형에서 반전이 일어나지 않는 한, 장기적으로 보아 조정되는 핵심(coordinated core)의 회복력을 신뢰할 만한 근거는 없다.

7장

이탈리아
양보적 코포라티즘의 성장과 쇠퇴

1970년대 말과 그로부터 35년 후의 이탈리아 노사관계 시스템을 바라보면 마치 두 개의 다른 지질 시대의 그림을 보는 것 같다. 1970년대 말에 정부가 직면했던 핵심 과제는 노동조합이 이탈리아 경제를 불안정하게 하지 않도록 전투성을 자제해달라고 설득하는 문제였다. 그런데 2010년대 초반으로 오면, 국가부채 위기에 직면한 정부는 더 이상 노동조합과 타협하려 애쓰지 않고, 아예 노조의 도움 없이도 위기를 극복할 수 있다는 태도를 매우 분명히 했다. 1970년대 후반의 이탈리아 노사관계 시스템은 '뜨거운 가을(Hot Autumn)'[1]의 노동자 동원의 여파가 가시지 않은 채 크게 흔들리고 있었다. '뜨거운 가을'은 작업장과 사회 전반에 걸쳐 노동조합의 힘을 극적으로 키웠다. 노조들은 더 많고 더 평등하게 분배되는 임금과 노동시간 단축, 경직적인 작업 규칙을 통

---

1   '뜨거운 가을(Hot Autumn)'은 1968년부터 수년 간 이탈리아의 수많은 공장들, 특히 북부의 공업도시들에서 발생한 일련의 대규모 파업들을 지칭하는 용어이다. 이탈리아의 노동운동과 노사관계는 '뜨거운 가을' 이후 크게 변화했다. ─옮긴이 주

한 경영의 재량권 제한과 산업민주주의의 확장, 보다 관대한 사회정책, 그리고 경제정책 전반에 대한 더 많은 영향력 행사를 요구했다. 두 번의 석유위기의 충격과 결합하여, 노조 권력의 성장은 전투적 임금인상 투쟁과 대공장에서 노조의 작업장 통제로 이어졌다.

이후 35년 동안 노조 권력과 제도의 경직성은 점차 무너져 갔다. 2000년대 초반까지 대부분의 변화는 정부가 핵심적 역할을 한 전국적인 코포라티즘 협약을 통해 이루어졌다. 코포라티즘 교섭은 시간이 지나며 전환(conversion)의 과정을 겪었고 양보 교섭으로 변해갔다. 1970년대 후반과 1980년대 초반에 그것은 산발적으로 시작되었고 노조는 마지못해 참여했으며, 그때마다 노조는 모든 양보 조치에 대해 두둑한 보상을 해달라고 요구했다. 1990년대의 코포라티즘 교섭은 이탈리아 경제의 유연적 구조조정을 촉진하기 위한 비상수단으로 활용되었다. 2000년대에 들어오면 정부는 코포라티즘 협약을 통해 계속 노조의 협력을 구했지만, 최대 규모의 노조 총연맹은 점차 양보를 하지 않으려고 했다. 2010년대 초반에 이탈리아 정부는 일방적 개혁으로 입장을 바꿨다. 정부가 노조의 반대 의사를 무릅쓰고라도 개혁을 성사시키는 게 정부의 능력이 뛰어남을 입증하는 징표가 되었고, 국제 금융시장에서 정부의 신용도를 높여주었다.

이탈리아는 이 책에서 살펴보는 국가들 중에서 독특한 사례이다. 왜냐하면 이탈리아 사례는 노사관계의 자유화가 공식적인 교섭 분권화를 수반할 필요가 없다는 점을 보여주기 때문이다. 실제로 이탈리아의 단체교섭 구조는 재집중화되었던 반면에, 분권화된 교섭의 포괄 범위가 커졌다는 증거는 없다. 대신에 자유화는 노조와 기업 간 세력균형 변화의 결과이자 조직 노동에 대한 정부 정책 변화의 산물이었다. 집중화된 교섭으로 달성하고자 기대했던 자유화의 가능성이 사라지게 되면서 일방적인 노동시장 개혁이 진행되었고, 이를 통해 고용보호가 약화되고 하위 교섭이 상위 규제로부터 예외로 인정될 가능성이 커졌다.

이 장은 다음과 같이 구성되었다. 다음 절은 1970년대 말 이탈리아 노사관계와 그것을 개혁하기 위한 시도에 대해 간략한 설명이 제공된다. 그다음은 코포라티즘 협약들의 궤적을 분석한다. 이후의 절은 단체교섭 구조의 진화, 그리고 노동시장 개혁을 다룬다. 마지막 절에서 이탈리아의 궤적에 대한 해석이 이루어진다.

1. 1970년대 말의 이탈리아 노사관계

이탈리아의 노사관계 시스템은 1960년대까지 노동조합의 취약함과 사용자의 우월함으로 특징지을 수 있었다(Romagnoli and Treu, 1981; Turone, 1992). 단체교섭은 대부분 집중화되어 있었다. 이를 통해 주요 경제단체인 콘핀두스트리아(Confindustria)[2]는 가장 역동적인 공업 부문에서의 노동비용을 농업처럼 가장 후진적인 부문의 경제적 조건에 연계시킴으로써 노동비용 상승을 억제할 수 있었다. 또한 일반적으로 노동조합들은 분권화된 단체교섭을 위해 필요한 조직적 인프라가 없었다. 공장 단위의 대표 구조는 취약했거나 존재하지 않았다.

이런 상황은 1960년대에 변화하기 시작했다. 처음에는 1960년대의 초반 몇 년 동안 그리고 그 후에는 극적으로 이른바 '뜨거운 가을'의 영향하에서 (특히 이탈리아의 북서부의) 노동시장 조건이 노동에 유리해졌다. '뜨거운 가을'은 처음에 1968년의 연금 개혁을 둘러싼 대중시위로 점화된 파업의 거대한 물결로 출발하여 1969~1972년의 단체교섭 과정에서 지속되었다(Pizzorno et

---

2   콘핀두스트리아는 '이탈리아산업총연합'으로 번역될 수 있는데, 이탈리아에서 가장 대표적인 민간부문 사용자단체이다. 1910년 설립되었고 주로 이탈리아의 기반산업이라 할 수 있는 기계, 철강, 화학, 섬유 등의 주요 기업들의 이해를 대변하며, 산하에 수십 개의 업종별협회를 두고 있다. ─옮긴이 주

al., 1978). 수많은 공장들, 특히 금속산업의 여러 공장에서 세 개의 주요 노조 총연맹들 - CGIL(이탈리아노동총동맹), CISL(이탈리아노동조합연합), UIL(이탈리아노동연합)[3] - 은 행동의 통일을 실험했다. 1972년에 이런 기층 노동자들의 실험은 이른바 CGIL-CISL-UIL 통합연맹(Federazione Unitaria)을 설립하는 연맹 협정이 체결되면서 이탈리아 노동운동의 부분적 재통일로 이어졌다.[4]

'뜨거운 가을' 이후에 작업장 수준에서 사용자의 재량권을 크게 제한하는 다양한 혁신들이 단체교섭에 도입되었다. 예를 들어, 생산직 노동자와 사무직 노동자의 직무등급 체계가 통합되었고['단일임금기준(inquadramento unico)'], 지역별 임금 차등제[이른바 '임금구역(gabbie salariali)'][5]가 철폐되었다. 또한 숙련 수준에 상관없이 모든 노동자들에게 동일한 임금인상이 적용되었고, 보건·안전 분야의 개선이 이루어졌으며, 작업 속도 및 작업 지속기간이 단축되었다. 1970년에 제정된 새로운 노동 법규인 '노동자헌장(Workers' Statute)'은,

---

3 CGIL(Confederazione Generale Italiana di Lavoro)은 이탈리아의 최대 노총으로 1944년에 정파를 통합한 통일노조로 출범했으나 1950년 조직적 분열을 겪었다. 이후 CGIL은 공산·사회주의계 노총으로 이탈리아공산당(PCI)의 영향을 크게 받았다. 2012년 기준 조합원은 약 570만 명이다. CISL(Confederazione Italiana Sindacati Lavoratori)은 가톨릭계의 노조 총연맹으로 1950년 CGIL에서 분리되어 결성되었다. 전후 이탈리아의 지배정당이었던 기민당(DC)과 연계되어 있었다. 2012년 기준 약 440만 명의 조합원을 두었다. UIL(Unione Italiana del Lavoro)은 사민·공화주의계 노총으로 1950년 CGIL의 분열 과정에서 설립되었다. 2012년 기준 조합원은 약 220만 명이다. ―옮긴이 주

4 '통합연맹'은 전후 단일노총으로 출발했던 CGIL의 분열 이후 최초로 시도된 3대 총연맹 간의 통합 시도를 대표하는 일종의 총연맹들의 협의체였다. 통합연맹의 필요성은 1960년대 이후 등장했고, '뜨거운 가을'을 주도했던 현장의 금속 노동자들을 중심으로 우선 시도되어 조직 통합 이전의 행동의 통일 단계로 진입했다. 본문에서도 나오듯이, '통합연맹'은 1980년대 초까지 강력한 힘을 발휘했으나, 각 총연맹의 내부 이견 때문에 통합을 위한 초기단계를 넘지 못하다가 1980년대 중반에 최종적으로 중단되었다. ―옮긴이 주

5 gabbie salariali는 전후 이탈리아에서 지역별로 차등적인 생계비에 기초해 임금수준을 결정하는 독특한 제도였다. 1954년에 전국을 14개의 지역으로 나누어 생계비 차이에 따라 상이한 임금이 적용되었고, 1961년부터는 7개 지역으로 나누었다. 이 제도는 1972년에 공식적으로 폐지되었다. ―옮긴이 주

그림 7.1 임금상승률과 물가상승률

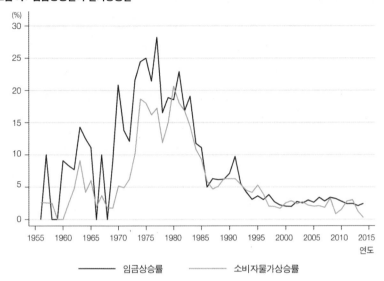

주: 임금상승률=제조업 시간당 임금의 연간 변동률, 물가상승률=소비자물가지수의 연간 변동률.
자료: OECD.

그림 7.2 유럽연합 15개국의 노동비용과 비교한 실질실효환율

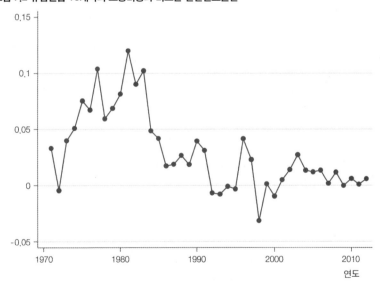

자료: AMECO Database.

노동자들을 생산 단위 및 직무등급에 재배치하는 사용자 권한을 제한했고(13조), 15명 이상 규모의 사업체에서 해고 결정은 '정당한 사유'에 의거해야 한다고 규정했으며(18조), 만약 그렇지 않은 해고의 경우에 사용자는 해고된 노동자를 복직시키도록 했다.

이러한 진전은 다른 나라들과 비교해 경쟁력의 하락을 초래했다. 특히 임금 및 물가상승률이 걱정되는 점이었다(그림 7.1을 보라). 이탈리아의 실질실효환율(주요 무역 상대국과 비교한 비용 경쟁력의 척도)은 1970년대 내내 상승했다(그림 7.2를 보라). 거시경제 여건의 악화에 직면하여, 모든 행위자들, 특히 3대 노총은 전략을 재고하지 않을 수 없었다. 전략의 재고 과정은 중대한 정치변동에 따라 촉진되었다. 1947년 이후 최초로 이탈리아공산당(PCI)은 이른바 '국민 연대' 정부들[6]에서 원내 다수당 지위에 근접해갔다(Ginsborg, 1990: 351~58; Vacca, 1987).

이탈리아의 노동운동, 특히 최대 노총인 CGIL은 이탈리아공산당의 (간접적인) 정부 참여를 근본적으로 중차대한 사태로 바라봤다. 왜냐하면 이탈리아공산당은 노동자들의 자발적인 임금인상 억제가 노동계급에 유리한 구조적 경제개혁으로 보상받게 될 것이라고 장담했기 때문이었다(Lama, 1978: 16을 보라).

노조들은 경영의 관점에서 경제 구조조정을 촉진하길 원하지 않았다. 그

---

6 '국민 연대' 정부들('national solidarity' governments)은 1976년 8월부터 1979년 1월 사이에 두 차례의 기독교민주당(DC) 단독정부를 지칭하는 용어다. 1976년 6월 총선에서 기독교민주당은 37.7%로 득표율 1위를 기록했고, 이탈리아공산당은 34.4%로 2위를 차지했으나, 나머지 정당들은 득표율이 크게 낮아졌다. '국민 연대' 정부의 시기에 이탈리아공산당은 집권에 조금씩 근접해갔고, 의회 안에서 기독교민주당 정부에 찬성투표를 하지만 각료직은 받지 않는 상태를 유지했다. 당시 이탈리아공산당의 지도자 베를링구에르(E. Berlinguer)는 유로코뮤니즘을 주창하며 '역사적 타협' 노선을 통해 기독교민주당과의 동맹(이른바 '국민 연대')을 추구했으며 그 동맹이 결국 이탈리아 사회의 심층적인 구조변혁(이른바 '사회주의로 가는 이탈리아만의 길')을 위한 도약대로 간주했다. —옮긴이 주

들은 1960년대 중반의 경기침체에 대한 기억이 생생했다. 1962~1963년에 협약임금이 급상승한 직후에 곧바로 임금인상 억제가 있었으나, 매출이익은 회복되었지만 성장과 고용이 회복되기 위한 조건을 창출하지 못했었다. 이는 이탈리아의 기업들이 국내 투자보다 자본 수출을 더 선호했기 때문이었다.[7] 이탈리아 노동운동은 1960년대 중반의 이런 사태를 시장의 보이지 않는 손에 경제 구조조정을 맡길 수 없고 정치적·사회적 조종이 필요한 증거로 해석했다. 당시 경제정책의 통설에 따라(Shonfield, 1965), 노조들은 국민경제의 지리적·부문적 불균형을 교정할 새로운 경제계획 정책을 요구했다. 노조는 이 새로운 정책이 남부의 산업화 계획, 침체된 기업들의 산업적 복구를 위한 부문별 계획, 석유 수입 의존도를 줄일 신에너지정책, 그리고 이탈리아 농업의 대규모 현대화를 포함해야 한다고 주장했다. 이런 정책 개혁이 추진된다면, 노조 총연맹들은 일정한 임금인상 억제와 약간의 인력 재배치를 받아들일 준비가 되어 있었다. 이런 계획들은 이른바 'EUR 정책'[8]이 1978년 2월의 CGIL 전국회의에서 통과되고 다른 노조들도 이를 채택하면서 공식화되었다(Golden, 1988; Lange and Vannicelli, 1982).

EUR 정책은 노조가 임금인상 요구를 자제하고 보다 책임감 있는 행위자가 될 필요성에 대한 활발한 논쟁을 불러왔다. 그러나 그 구체적 성과는 미약했다(Locke, 1995: 77~88을 보라). 더욱이 대부분의 결과는 EUR 정책의 공식 채택보다 앞서 나타났다. 1977년 1월에 3대 노총(CGIL, CISL, UIL)과 콘핀두스트리아는 전국 협약에 서명하여, 7일의 유급휴일을 정규 노동일로 전환하고, 결근

---

7 이에 대해서는 Salvati(1984: 93)를 보라. 1960년대 초중반 동안 명목임금의 하락에도 불구하고, 투자는 가파르게 감소하여 1963년에 GDP의 27.7%에서 1966년에 GDP의 21.7%로 급감했고, 그 후에는 예전 수준을 결코 회복하지 못했다(EC, 1997: Table 29, 19를 보라).

8 EUR은 이탈리아 로마 중심부의 남쪽에 위치한 주거 및 상업지구이다. 1978년 2월에 개최된 CGIL 전국회의가 이곳에서 열렸고, 여기서 채택된 CGIL의 새로운 경제정책을 'EUR 정책'이라고 부른다. ─옮긴이 주

에 대한 통제를 도입하며, 유연한 교대근무제와 내부 배치전환을 촉진하기로 합의했다. 아마도 가장 중요한 것은 그 협약에 전국적인 임금물가연동제(sca-la mobile)에 대한 약간의 개혁이 포함되었다는 점이었다. 그 협약에 따라 임금 중에 연공급 요소는 이제부터 임금물가연동제의 적용에서 제외되었다. 그러나 대체로 1977년의 합의는 각자의 의향에 따른 공동 선언에 불과한 것으로 드러났다(Cella and Treu, 1989: 179). 그 협약에 따라 물가인상에 연동되지 않기로 한 연공급은 육체노동자 평균임금의 1%에 불과할 정도로 작은 부분이었다(CERISS, 1980: 표 20, 52쪽).[9]

충격이 제한적이었음에도 불구하고, EUR 정책은 노동운동 내에서 광범위한 반대에 직면했다. 이탈리아에서 가장 강력하고 전투적인 산업노동자인 금속 노동자들은 이에 반대하며 결집했다(Golden, 1988). (EUR 정책이 공식적으로 채택되기도 전인) 1977년 12월 2일에, 금속 노동자들은 대략 20만 명이 참여한 전국 파업을 조직했다. 이 파업은 (의회에서 기권을 통해 정부를 지지하고 노동조합의 행동 자제를 적극적으로 압박한) 이탈리아공산당에게 분명한 정치적 신호, 즉 노동계급의 전위부대가 '국민 연대' 전략을 환영하지 않는다는 신호를 보낸 것이었다. 금속 노동자들의 반대는 이탈리아공산당 내부에서 전략적 변화가 일어나는 데 중요하게 작용했다. 금속 노동자들의 비판에 영향을 받아서 이탈리아공산당은 '역사적 타협' 전략을 수정하길 시작했고, 1979년 초반 몇 달 동안 '국민 연대' 정부에서 모두 철수했다.

1970년대 후반에 이탈리아의 단체교섭 구조는 제도화의 수준이 낮았고, 노동시장 조건에 따라 변동하는 행위자들의 교섭력에 많이 의존하고 있었다(Cella, 1989; Cella and Treu, 1989). 교섭이 이루어지는 가장 중요한 영역은 산업 수준이었다. 산업 수준에서 생산성이 낮은 남부를 포함한 모든 노동자들

---

9 이 수치는 1977년 밀라노 현(縣)의 금속산업 육체노동자의 경우에 해당한다. 연공급은 사무직 노동자에게는 이보다 중요하여 임금의 약 10%를 차지한다.

에 적용되는 통일적인 임금 및 노동조건이 결정되었다. 하지만 노조의 힘이 강력한 기업들, 다시 말해 북부의 대규모 제조업체들에서, 기업별 교섭을 통해 산업별 기준을 상회하는 임금인상과 보다 유리한 노동조건이 설정되었다. 그리고 다음번 산업별 교섭에서 이러한 기업별 교섭의 성과가 일반화되는 경향이 있었고, 이를 통해 요구의 인플레이션이 발생했다. 1980년대에 이탈리아의 코포라티즘 교섭의 실험들은 전투적 임금인상 투쟁을 누그러뜨리고 교섭 구조의 예측 가능성을 높이고자 했다.

2. 이탈리아 코포라티즘의 파란만장한 궤적

1979년의 2차 석유 파동 이후, 이탈리아의 경제정책 논쟁은 구조개혁과 경제계획보다는 인플레이션을 통제하는 데에 초점을 두게 되었다(Carrieri and Donolo, 1986: 119~144; Ferri, 1982를 보라). 친노동 인사들도 포함된 많은 경제학자와 여론 주도자들은 다른 정책보다 인플레이션을 물리치는 게 우선되어야 한다고 주장했다(Napoleoni, 1982: 7을 보라). 이탈리아에서 인플레이션이 워낙 만성화되어 있었고 그것이 계속될 것이라는 기대가 큰 상황에서, 인플레이션을 잡겠다는 것은 본질적으로 전국적인 임금물가연동제를 개혁하겠다는 말에 다름 아니었다.

정부는 1983년 1월에 이탈리아 전후 역사에서 최초의 소득정책 협약을 실현하기 위해 진력을 다해야 했다. 단지 교섭 테이블 양쪽만이 아니라 노조 진영 내부에도 입장의 차이가 있었다. 정부는 노사 모두에게 관대한 보상을 제공함으로써 어떻게든 타협점을 찾고자 했다. 노조는 (처분가능소득을 안정시키기 위한) 브래킷 크리프(bracket creep)[10]의 폐지를 얻었고, 사용자들은 사회보장 기여금에 대한 보조금을 얻어내었다. 이로 인해 이 소득정책 협약은 이탈리아 국가 재정에 매우 큰 부담을 주는 것으로 드러났다. 이것에 필요한 공공

재원의 비용이 이탈리아의 1983년도 GDP의 3%에 근접하게 추산되었다 (Carrieri and Donolo, 1986: 133). 그럼에도 불구하고, 그것은 이탈리아 노사관계의 역사적 전환점으로 일컬어졌다(Treu, 1984). 이 협약에서 노조는 물가연동을 통한 임금인상분 중 15%의 삭감을 수용했다. 또한 그 협약은 산업별 단체교섭의 임금인상 상한선을 설정했다(이는 인플레이션을 1983년에 13%, 1984년에 10%의 목표 수준으로 하락시키기 위한 조치였다). 또한 향후 18개월 동안 공장별 임금교섭을 일시 중단시켰다. 마지막으로, 그 협약은 동일한 교섭 사안은 상이한 교섭 수준에서 두 번 이상 협상될 수 없다는 원칙을 정했는데, 이로써 임금교섭 시스템의 안정성과 예측 가능성을 높였다(Altieri, Bellina and Carrieri, 1984; Ferri, 1984).

1983년과 1984년 사이에 삼자협약의 결과로 인플레이션이 하락했다고 추측되지만(그림 7.1을 보라), 여전히 10%를 훌쩍 넘는 수준이었다. 1984년에 새로운 정부는 전년도의 협약을 단순히 연장하기보다 실질적으로 더 강화하기로 결정했다. 하지만 새로운 협상 내용에 대해 3대 노총은 다른 견해를 갖고 있었다. CGIL은 노조가 "과거의 희생을 이제 현찰로 돌려받을" 때라고 주장했다(Militello, 1984: 10). 이와 달리 다른 두 노총(CISL과 UIL)은 임금물가연동제의 개혁을 포함하여 이번에도 새로운 양보를 고려할 의사가 있었다.

결국 정부와 CISL 및 UIL은 경제학자 에치오 타란텔리(E. Tarantelli)가 작성한 개혁 제안에 수렴해갔다. 그는 이 제안에 자신의 생명을 건 셈이 되었는데, 1년 후에 (좌익 테러리스트 그룹인) '붉은 여단'이 그를 암살했다. 그의 솔직 담백한 개혁안은 임금물가연동제를 인플레이션 기대를 재생산하는 제도에서 인플레이션을 억제하는 장치로 전환시키고자 한 것이었다. 타란텔리에 따르면, 이탈리아의 인플레이션은 실업 증가 없이도 감소될 수 있었다. 이것이 가

---

10 물가상승으로 인한 명목소득 증가로 발생하는 의도치 않은 증세를 말한다. —옮긴이 주

능하기 위해서는, 임금물가연동제가 이제 더 이상 임금의 구매력 감소분을 회복시키기 위해 사후적으로 사용되지 않고, 반대로 명목임금 인상과 이에 따른 미래의 인플레이션 모두를 사전에 미리 결정하는 데 사용되어야 한다는 것이다. 이러한 개혁안이 의미하는 바는, 사전적 결정으로 인해 일정한 기간 동안(처음에는 1년으로, 이후에는 6개월로 계산되었다) 명목임금이 삭감될 것이지만, 이 삭감은 실질임금에는 변동이 없도록 그 기간이 끝날 때에 더 낮은 인플레이션으로 보상된다는 것이다(Tarantelli, 1986a). 최종 결과는 명목임금의 삭감, 즉 인플레이션의 하락이지, 실질임금이 삭감되지는 않을 것이라는 말이다.

CISL과 UIL은 이 사전 결정 방안을 받아들였지만, CGIL 내부는 분열되었다. 내부의 사회당계 정파는 그 제안을 수용했으나 그보다 규모가 더 큰 공산당계 정파는 거부했다. 콘핀두스트리아도 서명에 합의했다. 그 협약에 예외 없는 일반적 효력을 부과하고 CGIL(그리고 이탈리아공산당)의 반대를 우회하기 위해서 정부는 협약의 핵심 부분을 행정부 명령에 포함했다. 이 명령과 함께, 물가에 연동되어 임금을 산정하는 (2만 7000리라에 해당하는) 네 개의 기준점이 삭제되었다(Faustini, 1986: 411을 보라).

CGIL은 일부 조합원들로부터 큰 압박을 받게 되었다. 노조의 분열 이전에도, 북부 이탈리아의 일부 공장평의회(factory council)는 1984년의 협약이 가시화되자 이에 반대하는 동원을 시작했다. 이들 공장평의회는 총연맹들이 분권화된 단체교섭과 노사갈등을 희생시키면서 과도하게 집중화된 협상에 전략적인 역점을 기울인다며 반발했다.

1984년의 '합의 실패'와, 정부 및 정부와 제휴한 노조들의 승리로 귀결된 1985년의 국민투표는 이탈리아 노사관계에 장기적인 영향을 미쳤다.[11] '통합

---

11 이탈리아공산당은 1984년의 임금물가연동제 개혁을 반대하며 국민투표를 통해 그 개혁을 좌초시킨다는 전략을 추진했다. 이 전략에 CGIL 내의 공산당계 다수파도 행동을 함께했으나,

연맹'이 출범한 지 12년 만에, 3대 노총 간 행동의 통일은 끝났다. 3대 노총(특히 CGIL과 CISL) 간의 관계는 극도로 악화되었고, 전국 교섭은 예전에 수행했던 중요한 역할을 하지 못하게 되었다. 1980년대가 끝날 때까지 중대한 전국 협약은 성사되지 않았다.[12] 그러나 현장 단위의 노조들은 비공식적으로 경영진이나 지방정부와 협조 관계를 지속했다. 이런 협조적 관계는 산업지구들에서만이 아니라, 과거에 대립적 노사관계를 보였던 대규모 제조업체들에서도 발전했다(Barca and Magnani, 1989; Locke, 1995; Regini and Sabel, 1989; Trigilia, 1986).

1990년대 초반에 정부와 사회적 파트너들은 거시경제 상황의 악화로 다시 한 번 골치 아픈 임금물가연동제 사안을 다루게 되었다. (일정하게) 고정된 명목환율[리라화는 유럽통화제도(European Monetary System)에 묶였다]과 이탈리아와 다른 주요 경쟁국들 사이에 발생하는 인플레이션의 격차 때문에, 이탈리아의 실질실효환율은 1985년 이후부터 계속 평가절상된 상태였다(Modigliani, Baldassari and Castiglionesi, 1996: 35; 앞의 그림 7.2도 보라). 이는 수출 감소와 수입 증가를 야기하여 국제수지 문제를 초래했다. 또한 이것은 리라화의 평가절하가 임박했다는 기대를 커지게 했다. 이런 기대는 처음에는 이탈리아중앙은행의 고이자율 정책을 통해 누그러졌다. 그러나 1992년 9월에 금융 투기의 파도가 (영국의 파운드화와 함께) 리라화를 덮쳤고 결국 이탈리아는 유럽통화제도에서 탈퇴했다(Vaciago, 1993).

1985년 6월의 국민투표에서 임금물가연동제 유지안은 찬성 33.9%, 반대 42.1%로 부결되었다. 이 국민투표에서의 패배 이후 이탈리아 노동운동은 오랜 침체를 겪었다. ―옮긴이 주

12 1985년 12월 18일에, 3대 노총과 정부는 임금물가연동제를 개혁하는 새로운 협약에 서명했다. 새로운 임금연동제는 두 부분으로 구분되어, 한 부분(58만 리라)은 완전히 물가에 연동되었고, 다른 부분(임금총액과 이 고정 부분 간의 차액에 해당함)은 25%만 연동되었다. 처음에 이 개혁은 공공부문 노조가 협상한 것이었다. 콘핀두스트리아의 암묵적 승인과 더불어, 그것은 이후 민간부문으로도 확대되었다. 이 개혁에 대한 보다 자세한 내용은 Patriarca(1986)를 보라.

이 사태가 일어나기 전에, 정부는 사회적 파트너들을 몰아붙여 1992년 7월 31일에 임금물가연동제를 폐지하는 협약에 서명하게 만들었다. 이 협약은 이탈리아가 앞으로 인플레이션율의 통제를 더 잘할 수 있을 것이라는 신호를 국제금융시장에 보내기 위한 목적이었다. 또한 그 협약에는 기업별 임금협상 및 공공부문 단체교섭을 1년간 중지하고, 1992년의 나머지 기간 동안 공업부문의 임금과 봉급, 지방세 및 공공요금을 동결하는 내용이 포함되었다.

당연하게도 1992년 7월 협약은 이탈리아 노동운동, 특히 CGIL 내에서 광범위한 불만을 야기했다. 거의 20년 동안 임금물가연동제는 노조 권력의 상징일 뿐만 아니라 이탈리아의 평등주의 이상의 상징이기도 했었다(Locke and Thelen, 1995). 이탈리아의 노총들은 1984년과 거의 비슷하게 분열되었다. 1984년에 그러했듯이, CISL과 UIL, 그리고 CGIL 내의 사회당계 정파는 그 협약에 찬성했다. 그러나 CGIL 내의 중요한 소수파는 그 협약에 반대했을 뿐만 아니라, 정부와의 '양보 교섭'에 노조가 참여한다는 것은 불가능하다는 점을 이론화하기도 했다(Trentin, 1994: 166). 결국 줄리아노 아마토(J. Amato) 총리는, 노조들이 그 협약에 서명하길 거부한다면 사임하겠다고 밝혔다. 엄청난 정치·경제적 혼란기에 정치적 불안정과 다시 시작된 노조 분열의 책임을 떠안고 싶지 않았기에, CGIL 위원장이었던 브루노 트렌틴(B. Trentin)은 그 협약에 서명했고 동시에 위원장직에서 사퇴했다(이후 그는 사퇴 결정을 철회했다).

국가 위기의 분위기나 트렌틴의 사퇴가 기층 노동자들의 항의의 새로운 물결이 출현하는 것을 막아내지는 못했다. 협약이 체결된 7월 31일이라는 시점 — 그날은 대다수 공장에서 여름휴가가 시작되기 바로 전날이었다 — 은 평조합원들의 반발을 미연에 방지하기 위해서 극적인 사태 전환을 노리고 선택된 날이라고 인식되었다. 9월 들어 북부의 여러 공장들과 공개 집회에서 폭발적인 항의가 분출했다.

동원은 1993년 봄까지 이어졌다. 그동안에 CGIL, CISL, UIL은 정부 및 콘핀두스트리아와 전국 수준에서 협상을 계속했다. 협상에서 논쟁의 핵심은 교섭 구조였다. 콘핀두스트리아는 임금 및 봉급이 단일한 교섭 수준에서 결정되어야지 다층적 수준에서 결정되어서는 안 된다고 주장했다. 사용자단체는 산업 수준을 선호했다. 그러나 협상이 진행되는 동안에 콘핀두스트리아는 전국 수준의 단체교섭을 모두 없애버리고 임금결정을 기업별로 하도록 밀어붙이겠다고 위협하기도 했다. 이런 교섭의 분권화는 다른 나라들에서 조직된 사용자들이 성취하고자 한 것이었다(Katz, 1993; Katz and Darbishire, 2000; Locke, 1992; Locke, Kochan and Piore, 1995). 노조들은 임금교섭이 산업과 기업 수준 모두에서[또는 중소기업의 경우 지구(地區)별로] 이루어지길 원했다.

협상은 지연되었다. 그중에서도 아마토 정부의 붕괴와 전(前) 이탈리아중앙은행 총재 아첼리오 참피(A. Ciampi)가 총리로 취임한 초당파적인 '전문가' 정부의 새로운 구성 때문에, 협상은 오래 계속되었다. 결국 협상 당사자들은 1993년 7월에 합의에 도달했다. 합의문의 노사관계에 관한 부분에서 물가임금연동제의 폐지가 확정되었고, 정부의 연간 예산안에 명시된 대로 정부의 거시경제 목표에 임금인상을 연계시킬 목적의 노사정 삼자협의를 (매년 5월과 9월에) 갖기로 했다. 그 협약은 또한 전국적인 산업별 협약의 구조와 주기를 수정했다. 채용 및 해고 절차, 직무등급 그리고 승진 경로를 다루는 전국 협약은 매 4년마다 갱신하고, 엄격히 임금에 관련된 조항들은 매 2년마다 재협상하기로 했다.

또한 임금교섭은 산업 및 기업(또는 지구) 수준 모두에서 이루어지는 것으로 결정했다. 후자의 주기는 4년으로 정했다. 기업별(및 지구별) 교섭은 전국 협약에 의해 사전에 규제되지 않은 사안들에 대해서만 이루어질 수 있었다. 더욱이 기업별 교섭에 따른 임금인상은 생산성 향상이나 성과 개선을 통해서 인상의 재원을 마련하기로 했다. 사업장의 임금인상을 이윤공유제 및 성과배분제와 밀접히 연계시킴으로써, 1993년 7월의 협정은 사업장의 임금부상(wage drift)[13]과 연결된 인플레이션의 잠재적 가능성을 줄이려 한 것이었다. 또한 보상의 유연성을 확대시킬 유인을 만들기 위해서, 노조와의 협상으로 성과연계형 변동급여제(contingent pay scheme)를 도입할 경우 사회보장세의 일부에 보조금이 지급되었다.

이후 몇 년 동안 노조 총연맹들은 코포라티즘 협의에 관련된 새로운 사건들에 관여하게 되었다. 1995년에 노조와 정부는 이탈리아 연금제도의 개혁을 협상했다. 그 개혁은 장기간의 과도기를 설정했는데, 이 과도기에는 개혁 이전의 규칙과 이후의 규칙을 혼합하여 제도를 운영하기로 했다. 과도기가 끝나서 개혁안이 완전히 작동한다면, 연금의 수급조건과 급여자격이 근본적으로 변화될 예정이었다. 왜냐하면 연금 급여는 예전에 그랬던 것처럼 과거 소득의 함수(확정급여형)로 결정되지 않고, 누적된 사회보장 기여금에 따라서 결정될 것이었다(확정기여형). 또한 이른바 '장기재직자연금(seniority pension)'(즉, 노동자의 연공에 기초해 최저 퇴직연령 이전에 지급되는 연금)은 점진적으로 폐지하기로 했다(Aprile, 1996; Aprile, Fassina and Pace, 1996; Castellino, 1996; Cazzola, 1995). 단기적으로, 연금 개혁을 통해 장기재직자연금의 지출 삭감이 이루어졌다. 물론 여러 경제학자들에 따르면, 이 비용 절감도 반드시 해야 할 수준에 비하면 그렇게 큰 것은 아니었다.

노사정 간의 1996년의 '노동을 위한 협약(Pact for Labor)'은 유연하고 한시적인 노동 형태를 규제하는 규칙을 완화했다. 특히 이 협약은 이탈리아에 파견노동 제도를 도입했고, 공공 행정당국이 갖고 있던 인력 중개 및 알선에 대한 독점권을 폐지했으며, 관료적 절차를 단순화하고 세제 혜택을 줌으로써 시간제 및 기간제 노동의 사용을 촉진했다. 1996년의 협약은 사용자들이 비정규 고용을 보다 쉽게 활용할 수 있도록 했지만, 일련의 제한 규정을 계속 유지시켰다. 예를 들면, 파견노동 활용의 상한선을 단체교섭으로 설정해야

---

13 임금부상(賃金浮上)이란 기업 수준에서 최종적으로 확정된 임금인상률이 중앙 또는 산업별 임금교섭을 통해 합의된 임금인상률을 상회하는 현상을 지칭한다. 예컨대 산업별 교섭에서 합의한 임금인상률이 3%인데 노동자들이 실제로 받은 임금이 5% 인상되었다면, 기업별(사업장별) 교섭을 통해 2%의 임금부상이 발생한 셈이다. ─옮긴이 주

하는 요건이 도입되었다. 1998년의 노사정 협약은 이 상한선을 무기계약 고용의 8%로 설정했다.

1998년의 이른바 '크리스마스 협약'은 1993년에 만들어진 단체교섭 구조를 확정했고, 정부가 모든 사회정책 사안들에 관해 사회적 파트너들과 협의하고 심지어 의사결정의 권한을 사회적 파트너들에게 양도한다는 교섭상의 의무 조항을 도입했다. 1990년대의 다양한 중앙 협약들은, 이탈리아의 경제 당국이 유럽통화동맹(EMU)의 두 번째 단계를 충족하기 위해 필요한 재정긴축 조치에 필수적인 대중적 합의를 이끌어내도록 하는 데 도움을 주었다(Modigliani, Baldassai and Castiglionesi, 1996; Salvati, 2000). 이를 통해 이탈리아 정부는 유럽연합의 '안정 및 성장에 관한 협약(Stability and Growth Pact)'[14]에서 정한 GDP의 3%의 상한선 밑으로 재정적자를 줄일 수 있었다.

1990년대 말이 되면, 새롭게 출현한 코포라티즘 시스템이 제도화되는 방향으로 잘 작동하는 것처럼 보였고, 이탈리아 헌법에 이에 대한 언급을 포함시키자는 말까지 나왔다(Carrieri, 1997). 또한 3대 노총은 단일 조직으로의 통합에 매우 가까워진 것으로 보였다. 그러나 이 기회는 물거품이 되었다. 특히 CGIL과 CISL은 노조 민주주의(CISL은 노동자 총투표의 광범위한 사용에 반대했지만, CGIL은 이에 찬성했다) 또는 단체교섭의 분권화(CISL은 CGIL에 비해 교섭 분권화에 훨씬 더 개방적이었다)와 같은 핵심 사안들에 대해 상이한 견해를 보였다. 이러한 차이로 인해 몇몇 협약들에 CGIL은 서명하지 않고 CISL과 UIL만 서명하는 사례가 나타나기도 했다.[15]

---

14 '안정 및 성장에 관한 협약'은 1996년 12월 유럽연합 정상회담에서 합의된 것으로 유로화 출범 이후 유럽통화동맹의 안정을 목표로 한다. 이 협약은 1992년의 마스트리히트 조약의 재정 적자 및 국가채무 한도(각각 GDP 대비 3%와 60%)를 강제하기 위해 회원국의 경제·재정정책에 대한 감독과 조정을 강화했다. ―옮긴이 주

15 예를 들어, 이 같은 사례로는 2001년의 금속산업의 협약과 2000년 초반에 제안된 '밀라노를 위한 협약(Pact for Milan)'이 있는데, 모두 CISL과 UIL만 협약에 서명했다. 이것은 시 당국이

이어서 콘핀두스트리아는 삼자 협상에 점점 더 실망했고, 2001년 총선 전야에 중도우파 연합과 전략적 동맹을 맺었다. 신정부의 노동 정책은 노동시장의 규제완화를 강조했고, 사회적 협의를 긴급한 구조개혁을 가로막는 공허한 의례라고 비판했으며, 일자리 보호로부터 취업능력(employability)의 제고로 이동할 필요성을 강조했다(Biagi et al., 2002). 2002년에 또 하나의 삼자 협약이 체결되었다. 그러나 이번에는 노조 진영이 분열되었다. 이 삼자 협약은 고용 창출을 획기적으로 도모하려는 야심찬 목표와 함께 고용보호 법제와 경제적 충격을 완충하는 제도의 포괄적 개혁을 목표로 하며 시작되었다. 그러나 결국에 가서는 그 협약의 범위는 축소되었고 제안된 합의문은 개별적 해고의 엄격한 규제(노동자헌장 18조)를 완화하는 대신에 감세 약속을 교환하는 것으로 귀결되었다. CGIL은 이 협약에 서명하길 거부했고 노동자들에게 반대를 위한 동원에 나서도록 호소했다. 이 호소는 대중적인 주목을 받았고 정책 개혁은 교착 상태에 빠졌다. 정부는 결국 다른 두 노총과 협상했었던 새로운 해고 규정을 도입하지 못했다.

코포라티즘의 정책 결정은 2007년에 되풀이되었다. 이번에도 연금 개혁이 이슈였다. 1995년의 연금 개혁이 이탈리아 연금제도의 미래 구조를 근본적으로 변경했지만, 구체제하에서 연금 수급권을 얻은 노동자들에게 영향을 미치는 과도기에는 효력이 제한적이었다. 연금 지출의 단기적 상승을 피하기 위해, 2004년에 중도우파 정부는 장기재직자연금의 최저 수급연령을 일방적으로 높였었다. 그러나 정부는 자신의 지지 기반과 관련된 정치적 문제를 회피하기 위해 그 개혁 조치의 시행을 2008년으로 연기했다. 2006년 총선을 통해 집권한 새로운 중도좌파 정부는 이 일방적 개혁을 폐지했고 장기재직자연금 수급연령의 점진적 상향에 대해서 노조들과 협상했다. 연립정부 내의 좌

고용 창출을 하는 대신에 기간제 고용의 보다 유연한 활용을 허용하는 지역 단위의 사회적 협의였다.

파 정당들은 이 협약에 반대했고 이탈리아 노동자들에게 그것을 거부할 것을 호소했다. 과거 1993년과 1995년에 그랬던 것처럼, 그 협약에 서명한 3대 노총은 노동자들에게 연금 개혁에 관한 정보를 제공하는 대중적인 캠페인을 조직했고, 이후 구속력을 지닌 노동자 총투표로 이어졌다. 노동자들은 압도적인 비율로 그 협약을 승인했으며, 이는 노조와 정부 모두의 신뢰성을 높이는 데 도움이 되었다(Baccaro, 2014a).

2008년에 중도우파 연합이 다시 집권했다. 3대 총연맹들 간의 전략적 차이가 다시 떠올랐고 노조들은 또다시 분열했다. 이번에 문제의 핵심은 1993년 협약의 갱신과 단체교섭 구조의 개혁이었다. 이것은 1998년을 비롯해 예전에도 협상 테이블에 계속 올라왔던 사안이었지만, 협상 당사자들 모두가 동의할 수 있는 해법을 찾지 못해 단 한 번도 합의를 이루지 못했던 주제였다. 2009년 1월의 협약은 두 개의 수준(산업 및 기업)으로 단체교섭을 접합한다는 1993년 협약을 재차 확인하며, 일부 소폭의 변화를 주었다(다음 절을 보라). 모든 주요 사용자단체들과 CISL 및 UIL은 협약에 서명했으나, CGIL은 서명하지 않았다. CGIL의 거부는 그 협약이 임금 및 봉급의 구매력을 적절하게 보호하지 못한다는 점 때문이었다.

시간이 흐르면서 협상을 통한 합의 또는 일방적인 정부 개입의 연쇄적 전개 양상은 예측 가능한 패턴을 따르기 시작했다. 중도좌파 연합이 집권하면, 3대 노총 모두가 최종 합의에 대한 책임을 공유했다. 이에 반해 중도우파 연합이 정부를 장악하면, CISL과 UIL(또한 다른 노조 총연맹들)은 협약에 서명했으나 CGIL은 서명을 거부했다. CGIL, 특히 그 안의 금속노조(FIOM)[16]가 자신들이 신뢰하지 않는 정부와 중앙집권적 협약에 대해 협상하는 것은 점점 더

---

16 CGIL 내의 금속노조(Federazione Impiegati Operai Metallurgici)는 1901년에 설립되었고 이탈리아에서 제일 오래된 산업별 노조이다. 현재 조합원 규모는 대략 30만 명 이상으로 알려져 있다. —옮긴이 주

어려운 일이 되었다.

3. 단체교섭의 진화

1993년의 삼자협약의 성과 중 하나는 단체교섭을 두 개의 수준으로 제도화한 것이었다.[17] 이탈리아의 단체교섭 시스템은 전통적으로 산업별 교섭이 중심이었다(Cella and Treu, 2009). 산업별 교섭은 대개 기업별 교섭과 공생 관계에 있었다. '뜨거운 가을' 이후에 (대기업에서의) 기업별 교섭은 단체교섭에서 혁신이 나타나는 통로가 되었고, 산업별 협약이 그것을 일반화하고 확산시켰다(Cella and Treu, 2009). 1980년대에 단체교섭 분권화를 향한 추세가 나타났는데, 이탈리아도 다른 모든 선진국들과 마찬가지로 분권화를 겪었으며(Katz, 1993; Katz and Darbishire, 2000), 산업별 협약은 그 중요성을 일부 잃어버렸다(Locke, 1992). 그러나 1993년의 삼자 협약과 함께, 산업별 협약의 중심적 위상이 복원되었다(Regalia and Regini, 1998).

임금과 관련하여 1993년 협약은 교섭 수준에 따라 명확한 분업을 도입했다. 산업별 협상은 정부가 결정하는 기대 인플레이션율과 산업 수준에서 분포된 임금인상을 긴밀히 연계시킴으로써 인플레이션 기대를 억제하는 기능을 했다. 또한 산업별 협상을 통해 예상 인플레이션과 실질 인플레이션 간의 양(+)의 차이는 사후적으로 보상되도록 했다(교역조건의 변화에 따라 조정된다). 새롭게 설계된 교섭 구조에 따르면, 생산성 상승은 산업 수준에서 재분배되지 않고, 오로지 기업 또는 지구 수준에서만 재분배되었다. 이런 특수한 교섭 구조로 말미암아 실질임금 인상이 생산성 상승보다 잠재적으로 낮아지게 되

---

17 이 절은 Baccaro and Pulignano(2011)에 의존한다.

었다. 기업별 교섭의 포괄 범위가 극적으로 확장되어 대부분의 노동자들에게 적용되는 경우가 아니라면, 생산성 상승은 재분배되지 않을 것이었다. 이런 상황을 방지하기 위해서 2006년부터 금속산업의 단체협약은 기업별 협약이 적용되지 않는 노동자들에게 지급되는 추가적인 (소액의) 임금 항목을 새롭게 포함하기로 했다.

1993년에 도입된 단체교섭 구조는 상이한 이해관계와 관점들 사이에서 미묘한 균형점을 어렵게 찾은 것이었다(Mascini, 2000). 이로 인하여 반복된 노력에도 불구하고, 그것을 개혁한다는 것은 힘든 일이 되었다. 사용자들은 원칙적으로 두 수준에서의 단체교섭을 반대했고, 그 대신에 교섭 수준의 단일화를 주장했다. 처음에 그들은 산업별 교섭을 선호했지만(앞선 논의를 보라), 시간이 지나면서 기업별 교섭을 선호하게 되었다. 노조들은 산업별 교섭과 기업별 교섭의 상호 보완성을 강력하게 옹호했고 두 가지 다 필요하다고 주장했다. 그러나 상황이 어려워지자, 대체로 CISL과 UIL은 분권화된 수준에 무게가 더 많이 실리는 제도적 해법을 기꺼이 실험할 의향을 보였지만, CGIL은 산업별 교섭의 강력한 옹호자로 행동했다.

산업별 교섭의 적절한 역할이 무엇인지에 대한 의견 차이는 단지 여러 단체들 사이의 대립에 국한되지 않았고, 특정 산업의 전통과 특수성도 반영된 것이었다. 예를 들면, 2006년 5월의 화학산업 단체협약은 기업별 교섭에 더 큰 자율성을 주었고, 심지어는 경영난을 겪는 기업들을 위해 산업별 협약 적용의 예외를 인정하는 조항을 도입하기도 했다. 이와 매우 다른 사례는 2008년 1월에 체결된 금속산업 단체협약인데, 여러모로 그것은 노사관계를 산업 수준으로 재집중화했다. 중요한 혁신은 2004년 3월에 장인적 수공업에 기초한 회사들에서 이루어졌다. 이들 회사에서는 예상 인플레이션과 실질 인플레이션 간의 차이에 대한 보상을 전국적인 교섭 수준에서 지역별 교섭 수준으로 이동시켰다. 이것은 산업별 협약의 중요성이 줄어든 것이었다.

수년간의 토론과 협상이 결실을 맺지 못하고 실패한 이후, 2009년 1월에 이탈리아의 단체교섭 구조의 개혁을 명확한 목표로 내세운 전국 협약이 시작되었다. 그것은 역사적 사건으로 일컬어졌지만, 기존 시스템을 근본적으로 변경한 게 아니라, 1993년 협약에서 도입된 교섭의 이중구조를 재확인한 것이었다. 2009년의 전국 협약은 산업별 협약의 유효 기간을 2년에서 3년으로 늘렸고, 산업 수준의 임금인상을 더 이상 이탈리아의 예상 인플레이션이 아니라 유럽연합의 인플레이션 지수와 연동시켰다. 또한 분권화된 교섭은 오로지 산업별 협약에 의해 명시적으로 위임된 사안에 대해서만 이루어져야 하며, 다른 수준에서 이미 협상된 주제들에 관여해서는 안 된다는 점을 재차 확인했다. 그리고 그 협약은 정부가 특별한 세제 혜택을 도입해서 분권화된 교섭의 확산을 장려할 필요가 있다고 확인했다. CGIL은 이 협약에 서명하길 거부했는데, 이 협약으로 인해 개방조항의 원리, 즉 하위 수준의 협약이 전국 수준에서 명문화된 협약 조항들의 적용에서 예외로 인정될 가능성을 도입한다는 이유 때문이었다.

2010년 9월에 피아트(Fiat)사의 주장에 따라(아래를 보라), 2009년 협약이 일부 개정되며 명시적인 선택적 이탈(opt-out) 조항이 포함되었다. 그것은 기업의 위기상황에서 그 충격을 줄이기 위해 상위 협약의 적용에서 예외로 인정되는 기업별 협약을 허용해주는 것이었다. 당연하게도 CGIL의 금속노조는 그 계획을 강력히 비판했지만, 다른 노동조합들은 그 조항이 기업의 위기상황에서 고용을 유지하는 데 도움이 된다고 생각했다(Sanz, 2011).

베를루스코니(S. Berlusconi) 정부는 이러한 예외인정의 가능성을 2011년에 큰 폭으로 확대했다. 정부는 긴급조치로(법률 148/2011의 8조) 노동조합 대표의 다수가 서명한 기업별·지구별 협약[이른바 '근접 협약(proximity agreement)']이 산업별 협약뿐만 아니라 심지어 법률 조항의 적용에서 예외로 인정될 수 있도록 했다(Garilli, 2012). 정부의 이런 일방적 개입은, CGIL을 포함해 모든 노총들이 콘핀두스트리아와 2011년 6월에 기업 수준에서 개방조항의 폭넓은 허용을 보장하는 전국 협약을 체결했음에도 불구하고 결행된 것이었다. 2011

년 협약으로 기업의 위기상황에서 노동시간 및 작업 조직과 같은 다양한 협약 사항들에 관하여 기업별 협약은 산업별 협약 조항들로부터 예외를 인정받을 수 있게 허용되었다.

이런 상황은 이탈리아에서 단체교섭을 기업 수준으로 이동시키는 분권화된 협약의 역할을 확대하기 위한 최근의 개혁 시도로부터 출현했을 수 있다. 그러나 이 주장을 입증할 증거는 거의 없다. 다른 많은 분야에서처럼, 1993년의 노사정 삼자 협정문은 이탈리아에서 기업별 교섭의 역할을 확립하는 데 결정적으로 중요했다. 그것은 이탈리아 역사상 최초로 분권화된 교섭을 규제하는 일련의 규칙을 도입했다. 그것들은 법률적 규칙이라기보다는 계약적 규칙이었고, 따라서 제도화는 기대보다 약했다. 그러나 분권화된 교섭이 노사 간의 자발적 인정과 세력균형에 의존했었던 예전의 상황과 비교해볼 때, 1993년의 협약은 중요한 일보 전진이었다. 게다가 그것은 전국 수준에서 협상하는 노조와 기업 단위 노동자 대표 기구(노조통합대표, RSU)[18] 간의 제도적 연계를 확립했다(Baccaro, 1999). 마지막으로, 1993년 협정은 생산성 재분배의 역할을 기업별 교섭에 부여했다.

과연 기업별 교섭이 얼마나 확산되었는지 확정적으로 답하기에는 증거가 충분치 않다. 일부 연구들이 있지만, 특정 업종이나 지역에 기초한 것이고, 특정 규모(예를 들어, 최소한 50명 이상)의 기업에 제한되거나 종단 자료는 부족

---

18 노조통합대표(Rappresentanze Sindacali Unitrarie: RSU)는 1993년 7월의 삼자협약으로 도입된 사업장 단위의 노동자 대표 기구다. 이탈리아의 사업장 또는 기업 단위의 노동자 대표 기구로는 내부위원회(Commissioni Interne), 노조 지부(RSA), 공장평의회(Consigli di Fabbrica) 등이 있었는데, RSU는 과거의 이들 대표 기구들에 비해 대표성과 민주성의 측면에서 진일보한 것으로 평가된다. 그 기구는 비조합원을 포함한 종업원 전체를 대표하고, 종업원들의 직접 선거를 통해 평의원을 선출하며, 사업장 단위의 단체교섭권과 단체행동권을 제도적으로 보장받는다. RSU는 15명 이상의 종업원을 가진 기업에 설립되며 선출직 평의원은 사용자를 상대로 정보제공 및 교섭, 노조 사무실 운영, 노동자 총회 소집 및 기타 전임노조 활동에 관한 권한을 갖는다. —옮긴이 주

하며, 그 결과들은 대부분 비교 가능하지 않다. 이러한 제약에도 불구하고, 기업별 교섭이 확대된 것으로 보이지는 않는다. 이탈리아 통계청이 수행한 1995~1996년의 조사는 10명 이상 규모의 민간부문 기업들이 표본이었는데, 표본 기업들 중 단지 10%, 민간부문 노동자 중 39%만 기업별 교섭이 포괄한다고 추산했다(ISTAT, 2002). 로시와 세스티토는 다양한 자료원에 기초해서 1995~1997의 기업별 교섭이 1988~1989년보다는 덜 확산되었고 1985~1986년과는 비슷하게 확산되었다고 결론지었다(Rossi and Sestito, 2000). 추정컨대 1993년 협정의 결과로 기업별 교섭이 1996년에 정점에 이르렀지만, 협약 적용률을 예전 수준으로 회복시킬 만큼 충분하지는 않았던 것이다. 전반적으로 시간에 따른 추세는 감소세였다. 기업별 협상의 경향은 기업 규모(Bordogna, 1997, 1999도 보라)와 기업 내 노조 조직률과 강한 양(+)의 상관관계를 가졌다. 따라서 분권화된 교섭의 감소는 기업의 평균 규모의 감소 및 노조 조직률의 하락 모두에서 기인하는 것으로 보인다. 또한 이 분석은 기업별 협상에 의한 임금인상의 상대적 중요성이 커지지 않았다는 점을 보여주었다. 오히려 경영자에 의해 일방적으로 결정되는 임금인상이 더 중요해졌다.

분권화된 교섭 추세에 대한 보다 최근의 분석은 위에서 말한 결론을 재차 확인해준다. 즉, 100명 이상 규모의 민간 기업으로 구성된 표본에서, 교섭 성향이 1998년과 2006년 사이에 감소했다. 기업의 규모가 작으면 작을수록 그 감소폭은 더 커졌다(CNEL, 2007). 따라서 1993년의 기업별 협상의 제도화는 기업별 교섭이 더 많이 확산되는 효과를 미치지 않은 것으로 보인다. 아마도 두 개의 상반된 힘이 작용했을 것이다. 한편으로, 1993년의 협정은 노조에게 예전에는 가능하지 않았던 '접근권'을 제공했다. 하지만 다른 한편으로, 노조 조직률의 하락으로 인하여 노조들은 점점 이 접근권에 근거한 활동을 펼칠 수 없게 되었다.

이런 맥락에서 이탈리아의 민간부문 최대 사용자인 피아트사의 단체교섭 전략의 변화를 언급하는 게 의미가 있다. 1980년대 초에 이 기업은 노동조합에 대한 공세를 감행했었다(Collidà and Negrelli, 1986; Locke, 1995: 4장; Romiti, 1988). 경영진은 널리 알려진 1980년의 파업에서 승리했고 공장에서 경영전권을 간신히 회복했다(Golden, 1997). 피아트사의 주도권 회복은 세력균형이 노조에 불리하게 변했음을 알려준 분명한 신호였지만, 피아트사는 이탈리아 노사관계에서 예외 사례에 더 가까웠다. 일반적으로 다른 대기업들, 특히 국영기업(Cella and Treu, 1989; Negrelli, 1991; Regini and Sable, 1989)과 '제3 이탈리아'[19]의 산업지구(Bagnasco, 1977; Trigilia, 1986)에서는 협조적 노사관계가 유지되고 있었다.

2000년대 후반에 피아트사는 또다시 이탈리아 사용자 진영의 전위로서 행동했다. 피아트사는 다른 자동차 생산업체들과 비교해 경쟁력을 되찾기 위해서는 산업별 협약이 부과한 제약에서 벗어나야 한다고 확신했고, 2010년에 회사 경영진은 이탈리아의 2개 공장[포미글리아노(Pomigliano)와 미라피오리(Mirafiori)]에서 사업장 협약을 체결했다. 노조가 양보하지 않으면 해외공장으로 생산을 이전하겠다는 경영진의 위협 속에서 협상이 진행되었다. 사업장 협약의 내용은 금속산업 단체협약의 조항들과 충돌하는 것이었다. 이로 인해 피아트사는 콘핀두스트리아에서 탈퇴하는 동시에 산업별 협약에서도 이탈하여 자신만의 분리된 기업별 협약을 도입하게 되었다. 이것의 주된 목표는, 경영진이 보기에 경쟁력 회복을 위해 필수적으로 요구되는 양보 교섭에 좀처럼 합의하려고 하지 않는, (금속산업에서 가장 대표적인 노조였던) CGIL 소속 금속 노조와는 이제 협상을 하지 않겠다는 것이었다.

노동자헌장(1995년 국민투표에 의해 개정된 1970년의 법률 제300호)에 따르면, 해당 사업장에 적용되는 단체교섭에 서명한 노동조합만이 사업장 대표 기구

---

19 '제3 이탈리아(Third Italy)'는 이탈리아의 중부와 북동부 지역의 산업지구를 가리키는 용어이다. 북부의 토리노, 밀라노, 제노바 등 대규모 대량생산 제조업체가 입지한 지역을 '제1 이탈리아'로, 남부의 농업지역을 '제2 이탈리아'로 부른다. '제3 이탈리아' 산업지구는 소규모 기업들과 수공업 생산의 클러스터가 발달된 지역이다. ─옮긴이 주

를 설치할 수 있다. 따라서 사용자단체에서 이탈하고 기존의 모든 단체교섭을 종료시킴으로써, 피아트사는 단체교섭과 사업장 대표 기구 모두에서 CGIL의 금속노조를 배제할 수 있을 것이라 판단했다. 지금까지 노동법원은 이런 배제가 이탈리아 노동법에 따르면 부당노동행위라고 판결해왔다. 그럼에도 불구하고, 피아트사의 새로운 계획은 이탈리아의 기존 단체교섭 구조와 노조 대표 제도에 중대한 위협으로 인식되었다. 그리하여 2011년 6월에 콘핀두스트리아와 CGIL·CISL·UIL은 전국 협약을 체결하여 산업별 교섭에의 참여와 유효한 기업별 교섭의 체결을 위한 (노조 대표 제도에 기초한) 새로운 기준을 도입했다. 이 협약이 의미하는 바는, 단체교섭 분권화 및 노조 불인정에 관한 피아트사의 급진적 입장에 콘핀두스트리아는 함께하지 않는다는 신호를 보낸 것이었다. 이 협약으로 CGIL과 CISL·UIL 간의 긴장 상태는 일정하게 낮아졌다. 하지만 오랫동안 계속된 그들 간의 차이는 지속되고 있다.

4. 고용보호 법제의 개혁

2000년대에 노동시장 규제를 완화하기 위한 일련의 입법 시도들이 활발하게 전개되었다. 그것은 두 가지 형태를 띠었다. 하나가 1996년의 사회협약 및 관련 법률로 이미 달성한 수준 이상으로 노동시장 계약을 자유화하는 것이라면, 다른 하나는 노동자헌장 18조를 개정하려는 시도였다. 노동자헌장 18조는 15명 이상 규모의 사업체에서 일하는 노동자의 경우에, (심각한 규율 위반행위와 같은) 정당한 사유나 (주관적인 또는 객관적인) 정당한 이유(징계 또는 경제적이유)가 없는 부당해고로 재판에서 인정되면, 해당 노동자는 사용자로부터 (약 15개월분의 임금총액에 상당하는 금액의) 금전적 보상을 받거나 원직복직 중 하나를 선택할 수 있게 규정했다.

이탈리아 경제는 소기업들이 많다는 특징을 지닌다. 이탈리아 통계청에 따르면, (농업을 제외한) 이탈리아 기업의 3% 미만만이 15명 이상의 노동자를 고용하고 있다. 그러나 15명 이상 규모의 기업들이 이탈리아 노동자의 65%를 고용한다.[20] 15명 미만 규모의 사업체 노동자들에게 노동자헌장 18조의 해고 보호 조항은 적용되지 않았다. 그들은 부당해고 판결을 받더라도 원직복직의 권리는 없었고, 다만 2.5개월에서 6개월 사이의 임금액이 금전적 보상으로 주어질 뿐이었다(Baccaro and Simoni, 2004).

학술적 분석에 따르면, 노동자헌장 18조는 소기업들이 15명이라는 문턱을 넘어 성장할 확률을 낮추는 데에 통계적으로 유의미하지만 양적으로 작은 효과를 미쳤다(Garibaldi, Pacelli and Borgarello, 2004; ISTAT, 2001; Schivardi and Torrini, 2004). 하지만 그것의 상징적 차원은 이런 직접적인 경제적 영향을 훨씬 넘어서는 것이다. 노동조합에게, 특히 CGIL에게 18조의 폐지는 세력균형의 극적인 역전을 의미했다. 왜냐하면 노동조합의 관점에서 18조는 자의적 해고로부터 보호 받을 수 있는 노동자의 기본권을 보증하는 것이었고, 따라서 실질적인 발언권을 포함한 모든 개별적·집단적 권리를 실현할 수 있게 하는 조항이었기 때문이었다. 이탈리아의 사용자들은 18조를 커다란 전략적 중요성을 가진 일종의 교두보로 인식했고, 그것을 폐지함으로써 이탈리아 노동시장의 자유화를 위한 투쟁에서 승리를 추가할 수 있을 것이라고 여겼다. 처음에는 중도우파 정부의 입장에서, 나중에는 중도좌파 정부도 마찬가지로, 18조를 폐지한다는 것은 노동조합이 반대하는 인기 없는 개혁 조치도 강행할 수 있다는 분명한 신호를 보낸다는 뜻이었다. 정치적 스펙트럼상에서 (온건) 좌파와 우파 성향의 많은 지식인들은, 18조가 이탈리아 기업들의 성장을 가로막고, 이탈리아 노동시장에서 보호 받는 내부자와 보호 받지 못하는 외부

---

20 피에트로 이치노(Pietro Ichino)가 제시한 자료, "불안정성의 원인에 대한 논쟁 속에서 ISTAT (통계청) 자료를 읽는다"(Una lettura erratia dei dati ISTAT nel dibattito sulle cause del precariato)(http://www.pietroichino.it/?p=17248, 2013년 6월 20일에 접속).

자 간의 이중화를 야기한 원인이라고 지목했다. 더 나아가, 사법 절차에 따르는 높은 비용과 오랜 시간은 외국인직접투자를 막는 요인으로 간주되었다 (AAVV, 2002; Boeri and Galasso, 2007; Ichino, 1996; Ichino, 2011; Simoni, 2012; Treu, 2001).

2000년에 자유지상주의 성향의 군소정당인 급진당(Radical Party)이 18조의 폐지를 위한 국민투표를 조직함으로써 그 조항에 대한 전면 공격의 개시를 주도했다. 그러나 국민투표는 법적 유효성에 필요한 유권자의 50% 찬성에 이르지 못했다.

2001년 중도우파 정부의 선거 승리 이후에, 18조는 새 정부의 노동시장 개혁 전략의 일부로서 정치적 논쟁의 중심에 복귀했다(Biagi et al., 2002). 중도우파 정부는 포괄적인 정책 방안을 제안했는데, 그것은 유연한 고용계약 형태를 한층 더 자유화하고, '협의(concertation)'에서 '사회적 대화(social dialog)'로 이동함으로써, 정책 결정과정에서 노동조합의 영향력을 축소하는 목표를 갖고 있었다. 여기서 사회적 대화가 뜻하는 바는, 정부가 사회적 파트너들에게 정보를 제공하고 그들과 협의는 하겠지만 결정은 정부가 자율적으로 한다는 것이었다.

노동자헌장 18조와 관련하여, 정부는 신규 채용으로 종업원 15명의 기준선을 넘어서는 기업들에게 시범적으로 3년 동안 법률 적용을 유예하자고 제안했다. 즉, 신규 입사자들에게는 노동자헌장 18조의 완전한 보장이 한정된 기간 동안 적용되지 않고, 그들이 해고될 경우에 금전적 보상에 대한 권리만 가질 뿐 원직복직의 권리는 없게 한다는 것이었다. 정부는 이 조치를 일반화하기 전에 그것이 실업에 미치는 영향을 검토하고자 했다. 그러나 노조들, 특히 CGIL은 이 제안에 반대하여 동원을 조직했고 이 제안이 담긴 2002년의 '이탈리아를 위한 협약(Pact for Italy)'에 서명하지 않았다. 2003년 3월에 300만 명의 노동자들이 노동자헌장 18조를 지켜내겠다며 로마를 행진했다. 그 결과 18조의 개혁은 무산되었다. 그러나 2003년의 이른바 '비아기 법(Biagi Law)' —

그림 7.3 비정규 노동 형태

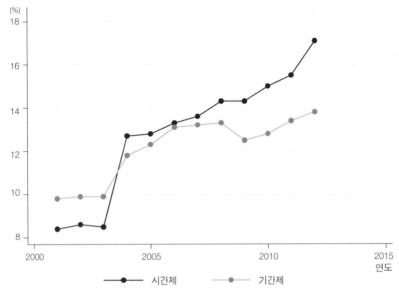

자료: Eurostat.

이 명칭은 정부의 제안을 정교하게 만드는 데 기여한 노동부 장관의 자문위원의 이름을 딴 것으로, 그는 이로 인해 2003년 3월 '붉은 여단'에 의해 피살되었다 — 을 통해 정부는 유연한 고용계약에 대한 규제를 한층 더 완화했다. 1997년과 2003년의 비정규 고용계약의 자유화로 말미암아 이러한 노동 형태의 비율이 극적으로 증가했다(그림 7.3을 보라).

또한 2003년에 노동자헌장 18조가 이번에는 반대 진영의 정치적 계획의 목표가 되었다. 금속노조가 포함된 일군의 급진 정치세력들이 15명 미만의 기업들에 고용된 노동자들을 포함해 모든 노동자에게 18조를 확대 적용하자는 국민투표 운동을 벌였다. 이 주장은 18조가 노동자의 기본권이기 때문에 그 적용의 확대는 논리적으로 당연하고, 그렇기 때문에 모든 노동자들은 그 혜택을 누려야 한다는 것이었다. 이 국민투표도 투표자의 과반수(1000만 명 이상)가 적용 확대에 찬성했지만, 법률적 유효성에 필요한 정족수에는 미달하여 실패했다(Baccaro and Simoni, 2004).

2012년에 노동자헌장 18조의 개혁 문제가 국제 금융시장의 신뢰를 되찾기 위한 몬티(M. Monti) 정부의 노력 속에서 중요한 쟁점으로 대두되었다(Sacchi, 2012). 몬티 정부는 중도좌파·중도파·중도우파의 세 세력 간의 대연정이 지지하는 기술관료적 행정부였다. 이 정부는 국제 정책결정 엘리트들, 특히 가장 중요하게는 유럽중앙은행과 유럽연합 집행위원회에게 이탈리아가 국제 금융시장의 신뢰를 높이기 위해 '구조개혁'(노동시장 및 생산물시장의 규제완화) 및 재정 구조조정 프로그램을 실행할 태세가 되어 있다고 확신시키기 위하여 집권한 것이었다. 몬티 정부의 정책 스타일은 사회적 파트너들과의 협의를 피하고 개혁 조치를 일방적으로 통과시키는 능력을 강조하는 것이었다. 이런 개혁들이 경제의 효율성을 높이고 이탈리아 노동시장의 '내부자'와 '외부자'의 규모를 재조정하는 데 필요한 것으로 제시되었다.

몬티 정부는 퇴직 연령을 높이고, 장기재직자연금을 없애며, 1990년대의 개혁 이전에 노동시장에 진입했던 퇴직자의 연금 수급액 산정에 있어 자본화한 기여금에 비례하는 방식을 적용하는, 매우 가혹한 연금 개혁을 가까스로 통과시켰다. 그러나 노동자헌장 18조에 관한 한, 정부는 원내 다수당 내부의 반대 때문에 원래의 제안 — 경제적 이유로 해고된 노동자의 원직복직의 가능성을 아예 없애버리겠다는 제안 — 을 수정해야 했고, 사법적 재량의 원칙을 다시 도입할 수밖에 없었다. 이 개혁 조치로 인하여 경제적 이유에 의한 해고[21] 결정에 대해 법원이 그것을 부당해고로 판정하면, 판사가 금전적 보상과 원직복직 중에 하나를 선택할 수 있게 되었다.

외부 충격에 의한 극단적인 긴급사태(국가재정 위기)의 상황에 처한 기술관

---

21 여기서 '경제적 이유'에 의한 해고는 이탈리아 노동법에서 '객관적인 정당한 이유(giustificato motivo oggettivo)'에 의한 해고에 해당한다. 그것은 생산방식, 노동조직의 편성 및 그 규칙이나 기능에 관한 이유에 의한 해고로서, 한국의 정리해고 개념과 유사하다. —옮긴이 주

료적 정부조차도 노동자헌장 18조를 단호하게 개혁할 수 없을 것처럼 보였다. 하지만 정부의 20년 동안의 시도가 마침내 2015년 봄에 결실을 맺었다. 콘핀두스트리아의 강력한 지지와 모든 노동조합들의 반대 속에서, 중도좌파 렌치(M. Renzi) 정부는 경제적 이유로 인한 해고의 부당성이 인정되는 경우에 원직복직을 선택할 수 있었던 가능성을 없애버렸다. 이 새로운 기준은 (2015년 봄 이후의) 신규 고용계약에 적용될 것이었다. 반면에 기존의 고용계약은 예전대로 18조에 의해 여전히 보호된다. 따라서 새로운 고용보호 체제가 머지않아 이탈리아의 전체 노동자를 포괄할 것이다. 이 개혁은 보호의 중심을 일자리에서 노동자 및 그들의 취업능력으로 변경하는 것을 목표로 한 야심적인 노동시장 개혁 프로그램의 일부였다. 그러나 이전에 배제되었던 노동자 집단에게 실업보험이 확장되고 적극적 노동시장 정책을 강화하는 조치들이 시행되었지만, 북유럽 방식의 유연안정성(flexicurity)을 이탈리아에 제도화하려는 시도가 현재까지는 지장을 받고 있다. 왜냐하면 재정적자를 억제할 필요에 따라 공적 자금의 사용이 제한되고 있기 때문이다.

5. 소결

이 장의 서두에서 주장한 바처럼, 만약 누군가가 1970년대 말과 그로부터 35년 이후의 두 시점에서 이탈리아의 노사관계에 대한 스냅 사진을 찍는다면, 두 시점 간의 연속성보다는 차이에서 깊은 인상을 받을 공산이 더 클 것이다. 1970년대 후반에 노조들은 작업장과 사회 전반에 걸쳐 강력한 힘을 발휘했다. 단체교섭은 (중·대규모 제조공장들의 경우) 기업 수준과 산업 수준 모두에서 이루어졌고, 산업별 협약은 가장 선진적인 기업별 협약의 혁신들을 일반화하는 데 활용되었다. 또한 코포라티즘 교섭은 드문 일이었고 노조가 양보한 모든 것들은 엄격히 그것들에 대한 보상과 매번 교환되었다. 반면에

2010년대 초반에 노조는 많이 약해졌다. 산업별 교섭은 공격을 받고 있었고, 기업별 교섭의 역할은 상위 수준의 규제 조항에서 예외로 인정될 수 있도록 재배열되었다. 그리고 코포라티즘의 정책 결정은, 그 이전 시기에 임금 억제를 제도화한 것에 덧붙여 노동시장을 자유화하고 연금 제도를 개혁하기 위해 널리 활용되고 난 이후에는 인정사정없이 버려졌다.

또한 사용자 재량권의 여러 차원을 비교해도 시간에 따른 극적인 차이가 나타난다. 1970년대 후반에 작업 조직에서 사용자의 재량권은 법률 조항과 (적어도 대기업에서는) '뜨거운 가을' 이후 노조가 쌓아올린 엄청난 힘과 동원 능력에 의해 제한되었다. 임금 유연성에서 사용자의 재량권은, 저임금 노동자에 유리하게 재분배하는 물가임금연동제와 임금 평등주의에 대한 노조의 헌신적 활동에 의해 제한 받았다. 사용자들은 특별한 상황에서만 건너뛸 수 있는 관료제적 일람표를 보면서 신입사원을 선발해야 했다. 해고에 대한 사용자의 재량권은 부당해고의 경우에 원직복직 조치가 부과되는 노동자헌장 18조에 의해 제약되었다.

그런데 2010년 초반으로 오면, 이미 물가임금연동제는 폐지되었고, 숙련 범주별 임금격차의 축소는 더 이상 노조가 추구하는 목표가 아니게 되었다. 자신이 원하는 사람을 재량에 따라 채용할 사용자의 권한은 기본적으로 제한 받지 않았다. 사용자들은 그 규모가 증가하는 비정규 노동자를 마음대로 해고할 수 있었다. 종업원 15명 이상 사업체의 무기계약 노동자들에 대한 노동자헌장 18조의 보호 조항은 2015년의 신규 입사자들부터 없어지게 되었다. 노조의 힘이 쇠퇴하고 실업이 증가하며 노동 불안정성이 증대하는 시대에, 일자리 안정이야말로 가장 우선시되는 사항이 되었다. 2010년 포미글리아노 공장과 미라피오리 공장의 피아트사 단체협약에서 잘 나타났듯이, 노동자들과 노조는 이러한 지극히 중요한 목표를 위해서라면 자신들의 노동조건 악화도 기꺼이 수용하려고 했다.

활기찬 주변과 그 기능이 온전치 않은 핵심을 가진 나라로 알려진 것과는 다르게, 이탈리아에서 대부분의 변화는 기묘하게도 하향식으로 추진되었다. 코포라티즘 정책 결정은 점진적 전환의 과정을 겪었다. 그것은 노조의 사회적 힘을 노동시장에서 정치 영역으로 확장하는 수단에서 출발했지만, 결국 노조의 양보를 얻어내고 일반화하는 메커니즘으로 전환된 것이다. 사용자들도 자유화의 과정에서 적극적이었지만(1980년과 2010년 피아트사의 두 번의 공세를 보라), 핵심적인 행위자는 정부였다. 때로는 정부가 조직된 사용자들의 공개적 지지를 받기도 했다.

이탈리아의 정책 결정 당국은 보다 '성숙한' 중북부 유럽 국가들에 널리 퍼져 있던 네오코포라티즘 시스템(neocorporatist system)의 국내적 변종을 만들려는 시도를 하면서 1970년대 후반의 위기에 대응했다(Bruno and Sachs, 1985; Flanagan, Soskice and Ulman, 1983; Tarantelli, 1986b). 그러나 네오코포라티즘 협의의 초기 단계는 단명했고 어떤 극적인 변화도 만들어내지 못했다. 노동조합들은 인플레이션 억제에 협조할 의사가 있었지만, 그 대가로 '구조개혁'을 기대했다. 노조의 입장에서 구조개혁은 경제계획, 투자 및 노동시장 정책에서 정부의 역할 강화 그리고 북부와 남부 사이의 지역 불균형의 교정을 의미했다.

1980년대 후반기는 분권화된 노사관계의 특징을 보였고 OECD 회원국의 평균보다 높은 성장을 동반했다. 그러나 그 둘 사이에는 어떠한 인과적 관련성도 없었다. 고도성장은 오히려 재정적자와 국가부채의 증가와 연관된 경기부양에서 기인했다. 이 부채주도 성장모델이 지속 불가능하다는 점이 1992년에 분명해졌다. 당시 유럽통화제도 위기의 여파로 이탈리아 정책 결정 당국은 인플레이션 억제와 재정 구조조정을 목표로 한 일련의 긴축조치를 급하게 도입할 수밖에 없었다. 이 시기에 이탈리아는 다면적인 정치·경제적 위기에 직면했다. 임금, 교섭 구조, 연금에 관한 전국 협약들이 이 긴급 상황을 다루기 위한 수단으로 활용되었고, 다른 한편으로는 그 협약들이 인기 없는 정책 조치들에 대한 대중적 반발을 무마해주었다.

1992년에 물가임금연동제가 폐지된 이후에 체결된 1993년 협약으로 인하여, 이제 임금몫의 감소를 향한 제도적 조건이 마련되었다. 그 협약으로 생산성 상승은 2차적인 기업별 교섭을 통해서만 재분배될 뿐, 산업별 교섭을 통한 전국 수준에서는 더 이상 재분배되지 않게 되었다. 그런데 2차적인 기업별 교섭은 오직 소수의 이탈리아 기업들과 노동자들을 포괄했기 때문에, 생산성 상승의 재분배는 일어나지 않았던 것이다. 1990년대 후반기에도 코포라티즘 협약이 활용되면서 주변부의 고용계약이 자유화되었다. 다시 말해 무기계약 형태가 아닌 비정규 노동자의 채용과 해고를 더 용이하게 만드는 데 코포라티즘 협약이 쓰인 것이다.

　1990년대와 2000년대에 이탈리아의 여러 정책결정 당국은 그들의 정치적 소속과는 상관없이, 경제의 유연성을 높이고 '뜨거운 가을'의 여파로 도입되었던 경직성을 해체하기 위하여 본질적으로 동일한 노동시장 정책들을 (차별성이 거의 없이) 추진했다. 경쟁력을 갖추기 위해서는 이탈리아 기업들이 채용과 해고, 노동자의 내부적 배치에서 더 많은 재량권을 가져야 하고, 산업별 협약으로부터 예외인정의 권리를 더 크게 누릴 수 있어야 한다는 게 그들이 공유한 전제였다. 이런 정책 프로그램이 노동조합의 저항에 직면한 것은 당연한 일이었다. 물론 모든 노조들이 반발한 것은 아니었다. 노조 총연맹들 사이에 전략적 차이가 있었고, 그들 중 일부는 원칙적으로 유연화에 반대하지 않았고 다만 그것이 협상되어야 한다고 요구했다. 자유화 프로그램은, 노조들이 자신들에게 제안된 협약의 조건을 수용할 때에는 전국 협약을 통해 협상의 방식으로 추진되었고, 반대로 노조들이 그 조건을 수용하지 않을 때에는 정부의 일방적 개혁으로 진행되었다.

　개혁이 협상을 통해 추진된 경우에, 노조들은 그들의 핵심 구성원을 방어하기 위해 치열하게 싸웠다. 예를 들면, 연금 개혁의 영향에서 나이 많은 노동자들을 제외시키는 장기간의 과도기 규정을 도입하거나 비정규 노동만을 자유화하는 방식으로 고용보호 법제를 개혁했다. 이로 인해 최종적으로는 정책 변화가 외부자들에게 압도적으로 영향을 미쳤고 노동시장 분절이 심화되는 결과가 초래되었다. 그러나 최근 들어 국가부채 위기로 인한 긴급 상황에 대한 인식이 널리 퍼지면서, 무기계약 노동자들을 대상으로 하는 고용보호 법제를 개혁하자는 요구가 나타났다.

2010년대 초반의 국가부채 위기와 함께 정부와 사회적 파트너들의 관계에 있어 정부의 일방주의로 특징지을 수 있는 새로운 국면이 시작되었다. 2011년 말 사퇴에 앞서, 베를루스코니 정부는 모든 입법상의 변화 중에서 가장 파괴적인 효과를 미칠 수 있는 것을 내놓았다. 그것은 바로 사업장 노조의 다수가 서명한 경우 산업별 협약과 법률 조항 모두로부터 예외를 인정 받는 2차적인 기업별 협약이 가능케 한 것이다. 몬티 정부와 렌치 정부와 같은 후임 정부들에게, 노동조합의 반대를 무릅쓰고 개혁을 통과시킬 수 있다는 것이 정부의 우수성을 증명하는 표시가 되었다.

이탈리아 노사관계는 의심할 여지없이 자유화의 궤적을 보여주었다. 그러나 다른 국가들과는 다르게, 교섭 시스템의 공식적인 분권화는 거의 나타나지 않았다. 반대로 단체교섭 구조는 많은 측면에서 재집중화되었고, 이에 비해 기업별 교섭의 포괄성이 확대되었다는 증거는 거의 없다. 기업별 교섭의 포괄성이 제한되었기 때문에, 1990년대에 실질임금이 생산성 상승보다 더 느리게 상승했다. 2000년대에 개혁 조치로 인하여 분권화된 교섭을 통해 상위 수준의 단체협약, 더 나아가 법률의 적용에서 예외를 인정 받을 수 있게 되었다. 이탈리아의 사례는 제도 형태의 변화만으로는 자유화의 과정을 완전히 포착할 수 없고, 형식적인 제도 분석은 제도가 기능하는 방식에 대한 탐구로, 그리고 그 제도 안에서 움직이고 그 제도를 통해 작동하는 행위자들 간의 세력균형에 대한 검토로 보완되어야 한다는 점을 분명히 보여준다.

8장

스웨덴
코포라티즘의 전환과 노사관계의 재편성

　전후 대부분의 시기 동안 스웨덴의 노사관계는 계급관계의 개별적 규제에서 집단적 규제까지의 스펙트럼 상에서 한쪽 끝에 확고히 자리했다. 강력한 노동의 힘, 거의 완전한 단체협약 적용률, 그리고 기업과 노동의 정상 조직들(peak organizations) 간의 집중화된 단체교섭이 그 특징을 이루었다. 1980년대 초반까지 스웨덴은 안정적이고 성공적인 코포라티즘 교섭을 대표하는 최고의 모범 사례 중 하나였다. 이처럼 스웨덴은 정치적 교환에 참여하고자 하는 사회민주주의 정당과 노동운동이 만들어낼 수 있는 다양한 정치적·산업적 성과의 전범으로 오랫동안 간주되었다.

　그러나 1980년대 중반부터 1990년대 중반에 이르는 시기에 스웨덴 모델의 영광은 희미해졌고, 거의 붕괴 직전까지 간 것처럼 보였다. 아래에서 살펴볼 여러 이유들로 인하여, 매년 개최되었던 정상 수준 중앙교섭은 무너졌고, 스웨덴 사용자들은 주요 코포라티즘 기구들에서 철수했으며, 1990년과 1993년 사이에 국가는 전례 없는 수준으로 노사관계의 규제에 강력히 개입하지 않을 수 없었다. 하지만 어찌된 일인지 집단적 규제는 이 위기 속에서 살아남았고,

사용자·노조·국가 행위자들은 여러 측면에서 매우 익숙한 노사관계 시스템, 즉 조율된 다업종 교섭(multisectoral coordinated bargaining), 사용자와 노조에 의한 자율 규제, 높은 단체협약 적용률, 그리고 낮은 파업 수준을 특징으로 하는 시스템을 재건해냈다.

이처럼 스웨덴은 이 책의 주장에 비추어 볼 때 아마도 다섯 나라들 중에서 평가하기에 가장 까다로운 사례로 보인다. 적어도 겉보기에 스웨덴은 노사관계의 자유화에 대체로 반하는 사례 같다. 스웨덴 노사관계의 최근의 전개 양상을 경로의존과 점진적 제도 변화의 렌즈를 통해 설명하거나, 자유화와 세계화의 압력하에서도 자본주의의 민족적 모델이 지속적인 회복력을 가진다는 점을 강조하는 비교정치경제학의 접근 방식으로 설명하는 게 간단하면서도 어쩌면 그럴듯해 보일지도 모른다. 이러한 방식의 서술은 스웨덴의 주요 계급 행위자들이 위기를 관리하기 위해 익숙한 제도와 관행의 수단들에 의지했고 이를 통해 과거의 방식을 다시 고안해낸 것으로 이야기를 풀어간다.

하지만 이 장에서 우리는 스웨덴 노사관계의 최근의 진화에 대한 대안적 해석을 제출하려고 한다. 이 대안적 해석은 스웨덴에서 계급관계의 규제 방식이 근본적으로 변했다는 점을 시사한다. 또한 우리의 해석은 스웨덴의 여러 제도들이 여전히 다른 국가들과 구별되지만, 노사관계 관행 속에서 제도의 궤적이 다른 산업화된 국가들과 수렴하고 있다는 것을 확인시켜줄 것이다. 이처럼 이 장에서는 1990년대 초반 이후로 모든 정치경제 영역에서 이루어진 스웨덴에서의 자유화가 제한적이거나 점진적이며 국가와 사용자가 마지못해 떠안은 게 아니라, 광범위하고 변형적이며 국가와 사용자가 적극적으로 수용한 것이라고 설명할 것이다(Andersson 2015). 비교의 시각에서 보면, 출발 지점은 확실히 다른 나라들에 비해 낮은 수준이었지만, 스웨덴에서 자유화는 속도가 빨랐고 광범위했다. 5개 영역에서 21개 OECD 회원국들의 자유화 정책을 조사한 종합적인 연구에 따르면, 스웨덴은 국가 개입의 측면에서 1985년의 1위의 위치에서 2002년에 8위로 떨어졌고(Höpner et al., 2014:

21), 1990년과 2002년의 기간에 일련의 자유화 지표들을 종합해 볼 때 가장 높은 자유화 수준을 기록한 국가였다(Höpner et al., 2014: 27).[1]

사실 스웨덴 노사관계는 지난 15년 동안 변형되었다. 부분적으로 그것은 새로운 제도의 창출을 통해서 이루어진 것이기도 했지만, 그보다는 계급 행위자들 및 국가의 이해관계와 행동의 변화 그리고 기존 노사관계 제도의 관행과 기능의 변화를 통해서 이루어진 것이었다. 즉, 스웨덴의 단체교섭 제도는 분권화된 임금결정과 높은 수준의 개별화 및 노동시장 유연성을 허용하고 심지어는 그것들을 조장하게 되면서, 제도 전환이 뚜렷하게 나타났다. 이러한 변화는 전후 노사관계 체제 내부의 압력 누적, 경제 환경의 변동, 사용자 측의 행동주의와 급진적 태도, 보다 혁신적이고 개입주의적인 국가, 그리고 새로운 교섭 관행의 실험을 기꺼이 받아들인 곤경에 처한 노동운동 등 여러 요인들이 함께 작용한 결과로 발생한 것이었다.

1. 스웨덴 노사관계의 살트셰바덴[2] 시대

주요 사용자단체인 SAF(스웨덴사용자연합)[3]와 생산직 노조 총연맹인 LO(스

---

1 이 연구는 우리보다 자유화를 협소하게 정의하여, 그것을 기본적으로 국가 차원의 규제완화와 불간섭으로 제한했다. 이처럼 이 연구는 사용자 재량권을 확대하는 데 영향을 미치는 집단적 규제의 변화로부터 기인하는 자유화의 정도를 과소평가했다.

2 살트셰바덴(Saltsjöbaden)은 스웨덴의 수도 스톡홀름에서 남동쪽으로 약 20여 km 떨어져 있는 호숫가의 작은 휴양지이다. 스웨덴 노사관계는 1938년에 이곳에서 체결된 노사 간의 협약(이른바 '살트셰바덴 협약')에 의해 그 기초가 닦였다. 당시 협약의 핵심 내용은 노사분쟁의 해결방식에 관한 것이었지만, 그것이 가진 상징적 의미는 매우 컸다. 즉, 노사분쟁이 이제 국가의 개입 없이 노사 양측의 자율적 협의를 통해 해결하는 관행이 정착되었고, 이런 의미에서 '살트셰바덴 정신'이라 불리는 태도가 노사 쌍방에 뿌리내렸다. ─옮긴이 주

3 SAF(Svensk Arbetsgivareföreiningen)는 1902년 설립된 스웨덴의 대표적인 사용자단체로 주로 민간부문의 사용자들을 포괄하는 조직이다. SAF는 2001년 스웨덴산업연맹(Sveriges

웨덴노동조합총연맹)[4]가 노사공동의 운영기구를 통해 산업평화를 유지하고 노조가 사업장 내에서 경영전권을 존중하는 대신에 사용자는 노조를 인정한다는 데에 합의한 1938년 이래로, 스웨덴 모델의 중요한 구성요소들은 50년간 유지되었다. 그러나 그 모델의 핵심은 그 50년의 절반 동안만, 즉 1950년대 후반기부터 1980년대 초까지만 유지되었다(Murhem, 2003; Pontusson, 1992; Steinmo, 2010; Stephens, 1979). 스웨덴 모델은 다음 두 가지 원리에 기초한 집중화된 임금교섭을 그 중심에 두었다. 첫 번째는 수출 부문의 경쟁력을 보장하기 위한 고생산성 부문 노동자들의 임금인상 억제였다. 두 번째는 노동자들이 소속 기업이나 산업의 지불능력이 아니라, 그들이 수행하는 직무에 기초해 임금을 받는다는 의미의 임금연대(wage solidarism)였다. 중앙에서 결정되는 임금수준은 개별 기업의 수익성과 상관없이 경제 전반에 부과되었는데, 이는 큰 틀에서 산업정책으로도 작용했다. 전국적 임금협약은 단체협약이 유효한 동안에는 합법적인 파업을 금지하는 평화 의무 조항을 포함했다.

이것이 두 명의 LO 소속 경제학자의 이름을 딴 렌-마이드너(Rehn-Meidner) 교섭 모델이었다. 그것은 "상층의 임금인상은 억제시키고 하층에서 높은 임금인상을 추구함"으로써 임금격차를 압축시키는 효과를 낳았다(Alexopoulos and Cohen, 2003: 343). 실제로 금속·엔지니어링 산업 같은 고생산성 부문의 노동자들은 섬유산업 같은 저생산성 부문의 노동자들보다 낮은 수준의 실질임금 인상을 경험했다(Alexopoulos and Cohen, 2003: 346~347). 이것은 수출 부문의 임금인상을 억제하고 동시에 임금연대의 여력이 없는 저생산성 기업들로부터 노동의 방출을 촉진하여 수출 부문으로의 노동 공급 문제를 완화하기

Industriförbund)과 합병하여 스웨덴기업총연맹(Svenskt Näringsliv, SN)을 결성했다. 오늘날 이 조직은 49개의 업종별 회원단체와 6000개의 회원사로 구성되어 있다. ─옮긴이 주

4　LO(Landsorganisationen)는 주로 생산직(blue-collar) 노동자들을 포괄하는 스웨덴 최대의 전국 차원의 노조 총연맹이다. 1898년에 결성된 이래 사회민주당과 긴밀한 협력을 유지해왔다. 약 140만 명의 조합원을 두고 있다. ─옮긴이 주

위해 설계되었다. 이런 이유로 SAF를 지배했던 선도적인 수출 지향적 기업들은 이 정책을 강력히 지지했다(Swenson, 2002: 6장).

아주 간단하게 이것은 강력한 계급 조직들 간의 타협이었는데, 그것은 완전고용, 높은 사회임금, 상대적인 소득 평등이라는 사회민주주의의 목표를, 고도로 수출 의존적인 소규모 경제를 위한 임금인상 억제와 비교적 자유롭게 보장되는 경영전권과 맞바꾼 것이었다. 집중화된 임금교섭이 임금인상 억제와 임금연대를 보장했다면, 사회민주당이 1932년부터 1976년까지 (가끔은 연립정부 형태로) 연속적으로 집권했던 스웨덴의 국가는 대규모의 적극적 노동시장 정책, 관대한 복지국가, 재투자를 장려하는 조세 정책 등을 통해 완전고용과 사회임금에 기여했다(Pontusson, 1992: 3장). 따라서 노동법이 제한적인 역할을 하는 데 그치긴 했지만(아래를 보라), 국가는 스웨덴 모델에서 결정적인 지원자 역할을 했다. 적극적 노동시장 정책을 관리하고 최종적인 사용자로 역할을 했기에, 국가는 연대임금정책이 낮은 생산성과 수익성을 지닌 기업과 업종에서 실업이 만연되도록 하지는 않을 것이라고 노동자들에게 확신시킬 수 있었다.

노사관계 제도들은 이런 기본 원리들로 뒷받침되어 있었다. 이 제도적 배열의 중심에는 재정 자원과 파업 및 직장폐쇄에 대한 통제권을 포함해 가맹 조직들에 대한 공식·비공식의 실질적 권력을 지닌 중앙집권적인 포괄적 정상 조직들이 있었다. 노동조합은 기업 안팎에서 경쟁자가 없도록 보장해주는 단일한 노동자 대표 제도[5]와, 노조 조직이 실업보험을 운영함으로써 노조 가

---

5 스웨덴에서는 노조 지회(union club)가 사업장 안에서 노동자들을 대표한다. 유럽의 다른 나라들에 존재하는 사업장평의회(works council)처럼 공식적으로 노조와 구분되어 별도로 선출되는 노동자 대표 기구가 없다. 이런 점에서 스웨덴은 사업장 수준에서도 노동조합이 노동자들의 이해를 통일적으로 대표한다. LO의 경우 전국 단위 업종별 노조(national unions), 지역지부(regional branch), 그리고 사업장 단위 노조 지회(union club)의 조직 체계를 갖추고 있다. ―옮긴이 주

입을 촉진하는 겐트 제도에 의해 그 힘을 강화했다. 스웨덴 노조들은 총연맹 차원의 권력의 집중화와 사업장 조직의 분권화 모두에서 각각의 이점을 다 누렸다(Kjellberg, 2009). 또한 생산직 노동자 조직인 LO가 1970년대까지 노동운동 안에서 헤게모니를 갖고 있었지만, 사무직 총연맹인 TCO(사무직중앙노조)[6]와 전문직 총연맹인 Saco(스웨덴전문직중앙노조)[7]도 급속히 성장했다. 이렇게 직업별로 구분되어 노조가 조직됨으로써 총연맹 내부의 동질성이 보장되었고, 이는 적어도 처음에는 노조 조직률과 연대의식을 높이는 작용을 했던 것으로 보인다.

같은 시기의 영국과 마찬가지로, 물론 그 정도는 더 강했지만 스웨덴 모델은 집단적 자율 규제(collective self-regulation)를 강조했다. 정부는 사회적 파트너들이 노동시장을 규제하는 데 단체교섭을 사용하도록 적극적으로 보장했고 노동법의 활용은 제한적이었다. 스웨덴의 노동법에는 단체협약 효력 확장 제도나 법정최저임금제가 없고, 파업에 대한 법적 제한도 거의 없다(평화의무 조항과 필수서비스의 파업 제한은 입법이 아닌 교섭의 산물이었다). 또한 단체협약이 법적 기준으로부터 예외로 인정되는 요소를 포함할 수 있다는 뜻에서 노동법은 '반(半)강제적'이다(Nyström, 2004). 법률로 규정한 효력 확장 제도가 없기 때문에 단체협약의 적용을 강제하고 확대하기 위한 동조파업과 2차적 쟁의에 참여할 수 있는 노조의 능력이 특히 중요하다는 점을 언급할 필요가 있다.

---

6 TCO(Tjänstemännens Centralorganisation)는 사무직(white-collar) 노동자들을 중심으로 조직된 노조 총연맹이다. 1931년에 결성되었고 현재 18개의 민간 및 공공부문의 중하위 사무직·전문직 노조들이 가맹했고, 조합원 수는 약 130만 명에 이른다. 정치적으로는 특정 정당을 시시하지 않고 독립적인 위치를 고수한다. —옮긴이 주

7 Saco(Sveriges Akademikers Centralorganisation)는 1947년에 설립되었고 조직 대상이 주로 대졸(또는 대학원졸)의 전문직이다. 전문직, 관리직, 엔지니어, 고위 공무원 및 군인, 학생, 교사, 연구원 등 대졸 이상의 학력을 가진 노동자들이 가입한 22개의 회원 노조들의 중앙조직이다. 조합원 수는 약 70만 명이다. —옮긴이 주

이러한 핵심 요소들을 유지한 채, 스웨덴 노사관계는 1960년대 말과 1970년대에 중요한 변화를 겪었다. 그래서 일부 학자들은 이 시기를 "갈등 체제" 또는 "입법 체제"로 부르기도 했는데(Murhem, 2003: 21~22), 이 용어들은 당시 새롭게 출현하던 계급관계의 특징을 나타낸 것이었다. 일부 산업에서 임금 및 노동조건을 둘러싼 비공인 파업(wildcat strike)이 나타났고 공공부문 및 사무직 노동자들의 공식 파업이 발생하자, 선망의 대상이었던 스웨덴의 전후 산업평화의 기록은 처음으로 무너졌다(Stokke and Thörnqvist, 2001). 1970년대 동안 사회민주당 정부의 대응은 "좌파적 개혁주의"로 특징지을 수 있었는데 (Ryner, 2002), 그것은 자율 규제로부터 벗어나 이제 노동자들을 위한 기제로서 입법에 더 크게 의존하는 것이었다. 1974년 고용보호법(Employment Protection Act, 1982년에 확대됨)은 비정규 고용을 규제했고 해고가 어려운 무기계약 형태의 정규직 고용계약을 규범화했다(Murhem, 2013: 626). 1976년 공동결정법(Codetermination Act)은 과거 노사관계를 규제했던 모든 기존 법률을 대체하며 성문화되었고, 기업 내 전반적인 정보 제공과 협의의 새로운 권한을 만들어냈다. 스웨덴의 단일 노동자 대표 제도로 인하여 이 새로운 권리는 노조의 힘을 강화시켰다. 마지막으로, 1970년대에 스웨덴 사회민주당 내에서 (결국에는 실패했지만) 임노동자기금 계획이 토론되었고 1983년에 축소된 형태로 입법화되었다(Pontusson, 1992: 7장). 이런 여러 입법들은 자율 규제의 원칙에 도전했고, 살트셰바덴 체제의 구성요소였던 폭넓게 보장되던 경영전권을 제한했으며, 스웨덴 노동자들에게 중요한 노동시장 보호 정책을 제공했다.

이와 동시에 임금교섭의 특성이 변하고 있었다. 일정한 수준의 임금부상과 사업장 교섭은 항상 스웨덴 임금교섭의 특징이었다. 임금교섭이 변화 없이 고정되어 있던 적도 없었고, 위에서 묘사한 정상 수준 임금교섭처럼 확고한 형태로 집중화된 적도 없었다. 언제나 일정 정도의 임금부상이 나타났고, 그것은 기업 수준에서 경제적 압력을 관리하고 갈등을 완화하는 데 도움이 되었다(Swenson, 1989). 그런데 시간이 지나면서 임금부상이 점점 더 중요해졌다. 1970년대에 전체 임금상승분에서 임금부상이 차지하는 비율이 육체 노동자의 경우 연평균 40%를, 사무직 노동자의 경우 연간 20%를 차지했는데, 1980년대에는 둘 다 연간 50%로 그 비중이 높아졌다(Elvander and Holmlund, 1997: 13). 1960년대에 LO는 임금부상의 혜택을 받지 못하는 저임금 노동자들을 위한 사후적인 임금 보상을 요구하며 교섭했는데, 처음에 이것은 노사관계 시스템의 평등주의에 기여하는 것이었다. 이에 반응하며 1970년대에 사무직 노조들은 임금부상의 혜택을 받지 못하는 조합원들을 위해 임금의 추가 보상을 교섭했고, 다수의 사무직 노동자들이 '등 짚고 뛰어넘는' 방식의 임금인상(wage leapfrogging)[8]을 통해 개인별 성과상여금을 얻게 되었다. 그러자 또다시 LO가 사무직 노동자들이 얻은 추가적 보상액에 해당하는 또 다른 추가 보상을 교섭에서 요구하는 결과로 이어졌다. 그 영향을 받아서 또다시 사무직 노동자들의 교섭 카르텔인 민간사무직카르텔(PTK)[9]은 연공 증가에 따른 보상의 형태로 '임금인상분에 포함되지 않는 수당 증액'을 강력히 요구했다(Elvander and Homlund, 1997: 15). 이로 인하여 1980년대의 임금협약서에는 물가, 임금부상, 연공 등을 근거로 해서 추가 보상이 제공되는 다양한 형태의 연동제나 급여 보장 조항들이 담기게 되었다. 다시 말해 애초에 임금인상 억제를 위해 설계된 집중화된 임금교섭 시스템은, 이제 수출 부문의 필요에 의해 만들어진 임금 규준에서 벗어난 복잡한 임금 조항들을 그 시스템의 일부로 포함하게 된 것이었다.

원칙적으로 보면, 스웨덴의 노사관계 시스템에서 노동법의 역할이 제한적

---

8 시기적으로 먼저 타결된 특정 산업이나 기업의 임금교섭 결과가 일종의 비교준거가 되어서, 그 뒤에 임금교섭을 하는 다른 산업이나 기업에서 그 비교준거가 된 임금협상보다 더 많은 임금인상을 요구하여 얻어내는 방식으로 임금인상이 연쇄적으로 이루어지는 양태를 가리키는 용어이다. ─옮긴이 주

9 TCO와 Saco의 여러 사무직 노조들로 구성된 PTK(Privattjänstemannakartellen)는 1973년에 결성되어 SAF와 교섭을 시작했다. 이 교섭은 SAF-LO 간의 연례 교섭과 병행되었다.

이고 예외인정의 허용 수준이 높다는 사정은 사용자들에게 상당한 수준의 유연성을 제공하는 것이었다. 그러나 1970년대 말까지 전국 및 사업장 수준 모두에서 노동자 조직이 강력했기 때문에, 사용자의 재량권은 1장에서 논의한 세 가지 차원 모두에서 매우 제약 받고 있었다. 임금교섭은 집중화되어 있었고 개별 기업의 수익성보다는 수출 부문 대기업들이 설정한 패턴을 따랐다. 또한 사용자들은 그들의 지불능력이나 채용 수요와 상관없는 경직적인 추가적 임금 보상 조항들에 직면했다. 사업장 노조의 힘과 결합된 공동결정법 조항은 작업 조직에 관한 경영의 통제권에 제한을 가했고, 노동시장의 법적 규제는 기간제 고용을 제한했으며 해고를 어렵게 했다. 결국 노동의 집단적 힘과 정치적 힘이 결합되어 사용자의 재량권은 제한되었던 것이다.

2. 스웨덴 모델의 위기

스웨덴 노사관계 체제는 그 내부에 복합적인 긴장을 안고 있었다. 스웨덴 모델은 자본과 노동의 타협 그리고 각각의 계급 조직 내부에서의 타협에 의존하여 균형을 잡아야 하는 어려운 과제를 포함하고 있었다. 행위자들의 상대적 힘이나 이해관계의 작은 변화들이 그 모델의 구성요소들을 하나로 묶어주었던 정치·경제적 계산법을 허물어뜨릴 수 있었다. 스웨덴 경제가 1970년대 고정환율제의 붕괴와 석유 파동의 외생적인 경제 충격에 처음 직면하고, 그 후 유럽통합과 금융시장의 세계화로부터 비롯된 국제 경쟁의 압력이 새롭게 닥쳐오자, 이러한 균형 잡기는 그만큼 더 어려워졌다(Murhem, 2003; Ryner, 2002).

스웨덴 경제는 다른 선진 자본주의 국가들과 동일하게 폭넓은 구조 변동을 겪었다. 탈산업화가 진행되었고, 포드주의적인 내포적 축적체제는 그 힘을 잃어갔다. 그리고 국제 통합이 확대되었고 이와 함께 새로운 경쟁 압력이 가중되었다. 또한 임금결정, 작업 조직 및 노동시장 등에서 유연성 확대에 대한 강조가 두드러졌는데, 이 영역들 모두에서 1970년대 말까지는 사용자의 재량권이 상당히 약했다.

무역, 해외직접투자, 금융시장 자유화 그리고 가속화된 유럽통합 등을 통한 국제화는 스웨덴에 특히 중요한 영향을 미쳤다(Bergholm and Bieler, 2013). 살트셰바덴 시대에 이미 스웨덴은 고도로 수출 의존적이었고, 노사관계 제도는 임금인상 억제와 산업평화에 대한 강조와 더불어 외부 제약을 반영하고 있었다. 그럼에도 불구하고, 스웨덴 기업들은 국내시장의 확대를 계속 중시했다. 실제로 내포적 성장으로 조기에 이행했기 때문에 스웨덴은 1930년대의 불황에서 비교적 큰 어려움 없이 빠져나올 수 있었다(Edvinsson, 2010: 469).

1970년대 후반부터 무역 및 자본 이동에서 질적 변화가 나타났다. GDP 대비 수출 비율은 1980년 이후 25년 동안 거의 2배가 되어서 2006년에는 50%를 넘어섰다(Edvinsson, 2010: 468). 또한 1960년부터 1980년까지 계속 안정되어 있었던 GDP 대비 해외직접투자 비율은 1980년에 5.8%로부터 1999년에는 거의 40%로 상승했다(Edvinsson, 2010: 470). 해외직접투자의 유출은 스웨덴 경제의 오래된 특징이었지만, 1990년 이후에 해외직접투자의 유입이 폭증하여 2006년까지 1800%라는 엄청난 증가율을 보였는데, 이는 다른 OECD 회원국보다 훨씬 더 높은 증가율이었다(Jefferys, 2011: 296). 이와 더불어 기업들이 자금 조달을 위해 은행 융자에서 주식·채권시장으로 이동해감에 따라 1990년과 2005년 사이에 스웨덴 기업들의 시가 총액이 거의 3배나 증가했다(Peters, 2011: 78).

1985년 이후 유럽단일시장의 완성을 향한 초기 단계가 진행되면서 스웨덴의 수출 기업들에게는 자국을 벗어나 유럽연합 내로 생산을 이전할 유인이 생겼는데, 이는 그들의 이익과 스웨덴 국내경제의 이익 사이의 연계가 끊어진 것을 의미했다(Sheldon and Thornthwaite, 1999). 1995년 스웨덴의 유럽연합 가입과 특히 2004년 동유럽 저임금 국가들의 유럽연합 가입 이후에, 스웨덴으로의 해외 자본 및 노동의 이동 문제로 사회적 덤핑(social dumping)[10] 문제가 기존 노사관계 제도를 시험대에 올렸다. 법률에 의한 단체협약 효력 확장 제도나 최저임금제가 없다는 점 때문에, 임금비용을 둘러싼 경쟁을 없앨 수단으로 높은 단체교섭 적용률을 유지하는 게 특히 중요해졌다. 그런데, 다음 절에서 구체적으로 살펴보겠지만, 국내의 규제 제도보다 자본과 노동의 자유로운 이동을 우선시한 유럽사법재판소의 일련의 판결로 인하여 그러한 수단을 사용하는 게 점점 어려워졌다(Malmberg and Brunn, 2006).

새로운 국제 환경은 분명히 스웨덴 노사관계에 영향을 미쳤지만, 그것은 경로의존적 방식으로 그러했다. 왜냐하면 조직적으로 강력한 노동운동이 사용자들을 제약하면서도 동시에 조율되는 제도를 통한 임금인상 억제와 노동시장 유연성, 산업평화를 이루는 제도적 역량은 사용자들에게도 도움이 되었기 때문이다. 우리는 1990년대 후반 조율의 재출현을 추적하는 다음 절에서 이런 동학이 어떻게 작동했는지 살펴볼 것이다.

그럼에도 불구하고, 기존의 살트셰바덴 노사관계 체제에 대한 사용자들의 불만이 1980년 이래 그 체제의 변화를 야기한 주된 동력이었음은 분명하다. 이 책에서 다루는 사례들의 공통된 주제는 사용자들의 정치적 행동주의의 재출현과 노사관계 제도의 실험 및 혁신에 대한 그들의 관심 부활이다. 이것은 스웨덴 사례에서도 분명한 사실이다. 스웨덴 모델 내부에 있던 기존의 긴장에 더해, 1970년대에 구축된 노동 친화적인 새로운 제도들이 초래한 위협은 사용자들을 동원하고 급진화하는 효과를 미쳤다. 이에 따라 많은 사용자들은 이제 스웨덴 노사관계의 핵심 제도들에 적극적으로 도전하고자 했다. 사용자들이 누렸던 살트셰바덴 체제의 이점이 줄어들었던 것이다. 임금부상이 가속

---

10 사회적 덤핑이란 사용자들이 통상적인 생산·판매비용보다 값싼 노동을 사용하는 관행을 가리킨다. 이를 위해 이주노동자들을 고용하거나 저임금 지역으로 생산을 이동시키곤 한다. 이러한 관행이 널리 퍼지게 되면 각국 정부들은 투자 유치를 위해 자국의 노동기준이나 사회·조세정책 기준을 경쟁적으로 하향하는 결과를 초래한다. ―옮긴이 주

화되고 여러 형태의 임금 연동제가 확산되면서 그 체제는 더 이상 인플레이션을 억제하는 데 기여하지 못했다. 또한 파업이 증가하면서 이제 그 체제는 사회적 평화를 조성하지도 못했다. 그리고 공동결정제가 작업장 조직의 거의 모든 측면들로 교섭을 확장시켰기 때문에, 기존의 노사관계 체제는 더 이상 경영전권을 보호하지 못했다. 1970년대 후반기에는 "현대에 들어서 제조업 수익성의 가장 심각한 위기"가 나타났다(Edvinsson, 2010: 476). 이에 더해 임노동자기금안에 의해 자본의 사적 소유권이 잠재적으로 위협 당하면서, 기존 노사관계 체제에 대한 사용자들의 불만의 근원들이 뚜렷해지기 시작했다.

스웨덴 모델의 운영에 대한 사용자들의 전반적인 불만의 원인과 지점은 다양했다. 학자들도 사용자 행동주의를 설명하는 데 있어 경제적 필요와 정치적 기회주의 중에 무엇이 더 중요한지, 그리고 임금 경직성이나 노사갈등이 과연 사용자들의 가장 큰 우려 사항이었는지에 대해서 의견이 일치하지 않는다(Pontusson and Swenson, 1996; Sheldon and Thornthwaite, 1999; Thörnqvist, 1999). 당연하게도 상이한 업종과 규모의 기업들 간에는 이해관계가 달랐고 긴급한 해결과제가 무엇인지에 대한 입장도 달랐다. 실제로 SAF 내의 산업별 협회들 간에 내부적 차이가 벌어졌는데, 그것이 정상 수준 중앙교섭의 붕괴를 초래한 하나의 원인이 되었다. 무르헴(S. Murhem)은 노사관계의 급진적 혁신을 이끈 것은 대기업, 특히 그중에서도 제조업의 대기업들이었던 반면에, 중소기업들은 조율이 이득이라고 생각할 가능성이 많았다고 언급했다(2006년 10월 11일 웁살라에서 저자와의 개인적 의사소통). 그러나 강조점과 이해관계가 달랐다고는 하지만, 결국 스웨덴 모델에 대한 "전례 없는 이데올로기 공세"라는 결과가 나타났다(Thörnqvist, 1999: 80). 사용자들의 관점에서 보면, 스웨덴 모델로부터의 이탈을 초래한 것은 바로 1970년대에 나타난 노동운동과 그 정치적 동맹의 '입법적 폭력'이었다. 이로 인해 SAF는 스웨덴 모델의 주된 구성요소가 돌이킬 수 없을 정도로 파괴되었다는 판단을 내렸고, 정상 수준 중앙교섭을 끝내고 삼자협의 기구들로부터 철수하여 코포라티즘의 기반을 약화시키기 위해 행동에 나섰다. 이렇게 하여 1980년대에 사용자들은 스웨덴 모델을 재건하려고 한 게 아니라 그것의 핵심 요소들에 대한 도전을 시도했다.

코포라티즘에 대한 공격, 즉 노동시장의 규제에서 중심적 역할을 하는 여러 삼자협의 위원회들에 대한 공세는, 사용자들이 이들 위원회의 인질이 되었다고 판단한 SAF 내의 '행동주의자' 그룹이 주도했다(Johansson, 2005). 이 그룹은 1970년대 후반부터 삼자협의 위원회로부터 정치권으로 자원을 이동시키는 장기 전략을 추진하기 시작했는데, 그들은 정치권에서 로비 활동과 여론 형성을 도모하는 게 영향력 발휘를 위한 보다 유망한 방법이라고 판단했다. 1991년에 삼자협의 위원회들로부터의 공식 철수는, 사용자 측이 철수하면 삼자협의 위원회를 통한 모든 이익집단 대표 제도가 종료될 것이고 결국 스웨덴 모델의 '탈코포라티즘화'로 귀결될 것이라는 (정확한) 계산에 근거한 행동이었다. 이런 행동주의는 2001년 SAF가 SN(Svenskt Näringsliv, 스웨덴 기업총연맹)으로 전환한 이후에도 스웨덴의 최대 사용자단체의 특징으로 남아 있다. SN은 매우 분명하게 스스로를 사용자들의 단체라기보다는 기업가들의 단체라고 불렀다.

전후 스웨덴 모델의 핵심인 중앙 차원의 연대주의적 교섭에 대한 공세는 사용자들, 특히 엔지니어링 산업의 대기업들의 이해관계 변화에서 기원했다. 그들을 대표하는 엔지니어링사용자연맹(VF)[11]이 교섭 분권화를 주도했다. 이들 기업의 입장에서 보면, 정상 수준 중앙교섭이 더 이상 산업평화를 가져다

---

11 VF(Verkstadsföreningen)는 1896년에 설립된 스웨덴의 엔지니어링(주로 금속 및 기계공업) 산업의 대표적인 사용자단체로 금속노조의 산업별 교섭 상대방이다. VF는 SAF(현재는 SN)에 가입한 최대 규모의 회원조직으로, 현재 약 4000개의 회원사가 가입했는데, 이들은 스웨덴 수출의 약 3분의 1을 차지한다. 1990년대에 VF는 여타 제조업 협회와 통합하면서 VI(Föreningen Sveriges Verkstadsindustrier)로 명칭을 변경했다가, 2002년에 다시 현재의 엔지니어링산업협회(Teknikföretagen)로 개명했다. —옮긴이 주

주지 못했기 때문에, 중앙교섭에 따른 비용이 분명히 증가한 것이었다. 산업 및 기업 수준에서의 임금부상이 중앙교섭으로 설정된 임금 하한선과 결합하여 추가적인 임금비용을 발생시켰다. 결국 사용자들은 정상 수준 중앙교섭에서 이탈하고자 했고, "세 수준에서 교섭하기보다 두 수준에서 교섭하는 것"을 더 선호하게 되었다(Sheldon and Thornthwaite, 1999: 521). 그동안에, 직업 간 임금평준화, 임금부상의 보장, 여러 형태의 연동제 등을 수반하며 1960년대 후반과 1970년대 동안 형성된 임금구조는, 수출에 크게 의존하는 엔지니어링 산업의 필요에 부응하지도, 숙련 노동의 채용과 개인별 성과 보상이라는 임금의 미시경제학적 역할에 부응하지도 못하게 되었다(Pontusson and Swenson, 1996: 235~39). 따라서 "엔지니어링 산업의 사용자들에게 주어진 문제는 미시 수준에서 점점 심해지는 경영상의 경직성을 선택할 것인가, 아니면 거시 수준에서 고인플레이션을 선택할 것인가"였다(Pontusson and Swenson, 1996: 234~235). 이에 더해 수출 부문의 교섭과 공공부문의 교섭을 분리시켜서 공공부문의 영향을 차단함으로써 수출 부문을 '격리하고자' 하는 욕구도 있었다(Sheldon and Thornthwaite, 1999: 522).

그 이후 1980년대에 전국적인 정상 조직들 간의 집중화된 단체교섭 제도의 위기가 찾아왔다. 엔지니어링 산업은 1983년에 별도 협약을 체결했다. 1984년에는 아예 중앙 협약이 없었고, 엔지니어링 산업의 별도 협약은 1988년과 1989년에도 이루어졌다. 최종적으로 1990년에 SAF는 자체 교섭담당 부서를 폐지했고, 암묵적으로 새로운 분권화된 교섭 체제를 지지하면서 정상 수준 중앙교섭에서 철수했다. 그런데 당시에도 그러했고 오늘날까지도 분명하지 않은 것은, 과연 사용자들의 최종 목표가 업종(또는 다업종) 수준으로의 분권화인지, 아니면 기업 수준으로의 분권화인지 하는 점이다. 다시 말해서 일정하게 조율된 교섭이 사용자들의 최우선적인 선호인지, 아니면 강력한 노동운동이 별다른 제약 없이 파업을 벌일 수 있는 상황이 지속되는 한 조율된 교섭이 그들에게는 차선책에 불과한 것인지는 분명하지 않다. 이 질문은

2006년 부르주아 연립정부가 집권한 이후에 다시 나타날 것인데, 이에 대해서는 다음 절에서 논의할 것이다.

사용자들이 노사관계 체제 변화의 일차적 동인이었지만, 노동과 정치적 행위자들도 체제 변화에서 역할을 했다. 어쨌든 간에 교섭 당사자인 금속노조(Metall, 현재는 IF Metall)[12]가 정상 수준 중앙교섭에서 함께 이탈하려는 의사가 없었다면, 엔지니어링사용자연맹은 별도의 산업별 협약을 체결할 수 없었을 것이다. 높은 수익성을 거두는 엔지니어링 기업의 숙련직 육체노동자들은 분권화된 교섭이 이득이라고 생각할 수 있었다. 또한 그들은 사무직 노동자들과 공공부문의 '임금 기생충들'이 민간부문의 연대주의적 교섭과 임금부상에서 부당하게 이득을 보게끔 하는 임금 보장제에 분개하기도 했다(Pontusson and Swenson, 1996: 234). 이에 따른 숙련 노동자들의 사기 저하가 결근율의 상승으로 이어졌다. 또한 사용자들은 숙련 노동자들의 임금을 올려줄 수 없는 것에 대한 보상책으로 새로운 형태의 작업 조직을 시도했는데, 아마도 그 대표적 사례가 볼보(Volvo)사의 칼마르 공장[13]이었을 것이다(Alexopoulos and Cohen, 2003: 358).

또한 중앙교섭의 붕괴는 노동운동 내부에서 커져간 균열과, 가맹 조직들과 전체 노동운동에서 LO가 행사했던 헤게모니의 약화를 반영한 것이기도 했

---

12 스웨덴의 금속노조(Metall)는 1888년에 결성된 LO 소속의 대표적인 산업별 노조였다. 금속노조는 광공업노조(Industrifacket)와 통합하여 2006년에 제조업 전반을 조직 대상으로 하는 IF Metall을 출범시켰다. IF Metall은 금속, 기계공업, 화학, 의약품, 섬유, 광업, 철강, 의류 등 다양한 제조업 노동자들을 조직하며, 현재 약 31만 명의 조합원을 둔 LO 내 두 번째로 큰 노조이다. ―옮긴이 주

13 볼보사의 칼마르(Kalmar) 공장은 1974년에 완공되어 생산을 개시했는데, 당시에 매우 혁신적인 자동차 생산방식을 채택한 것으로 유명하다. 컨베이어벨트에 완전히 의존한 전통적인 포드주의 생산방식에서 벗어나, 팀 작업방식을 과감히 도입하고, 인체공학적인 작업환경을 조성하여 작업자들의 산업재해를 최소화하며, 작업자들이 주어진 생산 목표를 달성하는 한 자유롭게 노동과 휴식을 선택할 수 있었다. ―옮긴이 주

다. 1945년에 전체 조합원의 거의 80%가 LO에 가맹한 노조들에 소속되어 있었다. 1970년에는 여전히 3분의 2가 그러했다. 그러나 2009년에 그 수치는 47%로 줄었다. 1980년 이후로 전체 조합원의 약 3분의 1은 사무직 노총인 TCO 노조들에 속했고, Saco에 속한 조합원 비중도 증가해 2009년에 16%를 차지했다(Kjellberg, 2011a: 54). 게다가 개별 노조 총연맹의 동질성이 줄어들었는데, 이는 생산직과 사무직의 경계선이 흐려졌고 각각의 업종들 내에서 생산직과 사무직 노조들 사이에 협력이 발전하면서, 생산직 노조나 사무직 노조 내부의 연대가 과연 우선되어야 하는지 의문이 제기되었기 때문이었다(Mahon, 1999). 따라서 사용자들이 정상 수준 중앙교섭에서 이탈하려고 했을 때, 노조들은 중앙교섭을 방어하는 문제에서 분열되어 있었던 것이다. 결국 분권화는 불가피했다.

마지막으로, 스웨덴 국가의 역할에 대해서 짤막한 논의가 있어야 한다. 물론 국가의 역할은 다음 절에서 논의될 1990년대 초반의 경제위기와 노사관계의 재구성 시기에 보다 중요해졌다. 라이너(Ryner, 2002)는 1970년대에 스웨덴 모델이 직면한 위기의 특성을 수익성의 위기가 아니라 정당성의 위기로 보았는데, 이는 다소 과장된 것으로 스웨덴 경제는 앞서 본 것처럼 실제로 매우 심각한 문제에 직면해 있었다. 하지만 사회민주당이 1982년에 정권을 되찾았을 때, 사회민주당은 "보상적인 규율적 신자유주의"를 내면화하고 있었고(Ryner, 2002: 166), 산업정책 및 자본 이동 규제를 전반적으로 포기할 의사를 갖고 있었으며, 새로운 국제 환경에서 케인스주의 정책을 더 이상 효력이 없는 것으로 치부하고 있었다.[14] 이 때문에 사회민주당의 전통적인 정책 수단들은 신자유주의적인 정책 수단들로 대체되었는데, 이것들은 보다 개방적

---

14 당시 사회민주당의 재무부 장관이었던 셸-울로프 펠트(K. Feldt)는 자신의 회고록에서 1982년에 선출된 정부는 이윤 회복을 공약하며 선출된 첫 번째 사회민주당 정부였다고 주장했다(Bengtsson, 2013의 첫 번째 논문에서 인용했음).

이고 규제가 완화된 경제로 초래되는 희생을 보상해주기 위해 고안된, 사회적 보호 및 소득정책의 익숙한 요소들과 결합되었다. 이것은 공공서비스의 민영화, 유연성 그리고 성과연동형 급여제도를 강조하는 공공부문의 '신공공관리' 담론을 수반했다. 이 모든 것들은 공공부문 노사관계에 중요한 영향을 미쳤다(Thörnqvist, 2007).

3. 신자유주의 시대를 위한 조율의 재편성

1980년대 말에 스웨덴 노사관계 체제는 위기에 빠졌다. 물가는 치솟았고, 실업률은 전례 없이 높아졌으며, 파업은 늘어갔고, 교섭 테이블의 사용자 쪽 자리는 비어 있었다. 하지만 노사관계 체제가 붕괴하지는 않았고 위기에서 빠져나왔다. 1990년과 1993년 사이에 있었던 '안정화 조치(Stabilization Drive)'[15]는 그 위기에 대한 즉각적인 대응이었는데, 그 과정에서 새로운 노사관계 체제의 모양새가 나타났다(Elvander and Holmlund, 1997). 1990년대 초반은 노사관계 행위자들의 계산법과 전략이 바뀐 결정적 시기였고, 이때에 노사관계 제도가 재구성되었다(이에 대한 훌륭한 개관은 Thelen, 2014: 181~182를 보라).

새로운 노사관계 체제의 형성에서 스웨덴 국가의 역할은 결정적이었는데, 특히 그것은 국가가 '안정화 조치' 시기에 새로운 체제의 많은 요소들을 새롭게 시행했기 때문이었다. 알베리와 브룬이 언급했듯이, 조율된 교섭을 재구성하려는 사용자와 노조의 의향은 어느 정도는 "교수대로 끌려가며 일어난

---

15 1990년대 초반에 스웨덴 경제는 극심한 경제위기를 맞았다. 이에 따라 1990~1993년간 GDP는 6% 감소했고, 실업률은 3%에서 12%로 급증했다. 본문의 '안정화 조치'는 당시 경제위기에 대한 정부의 긴급 대응책을 지칭한다. ―옮긴이 주

개종"과도 같은 것이었다(Ahlberg and Brunn, 2005: 124). 그것은 사회적 파트너들이 아무것도 하지 못하는 상황에서 국가의 개입과 규제를 점점 더 기대했기 때문이었다. 1970년대에 국가는 입법의 측면에서 적극적으로 변했었지만, 여전히 전후 스웨덴 모델의 핵심이었던 집단적인 자율 규제의 원칙을 대체로 존중했었다. 하지만 경제위기에 직면하여 국가는 사뭇 다른 의미에서 적극적으로 변했는데, 살트셰바덴 체제로부터 벗어난 노사관계 제도와 관행을 만들어내려 했던 것이다. 국가는 일련의 새로운 교섭 관행을 시작하는 데 있어서 직접적인 역할을 떠맡았고, 이와 동시에 새로운 방식으로 노사가 교섭하도록 압력을 가하는 간접적인 역할도 했다. 1990년대 말에 비로소 새로운 노사관계 체제가 출현했다. "이 개혁 과정은 스웨덴 역사에서 노동시장에 대한 가장 포괄적이고 중앙집권적인 국가 개입에서 출발했다"(Elvander, 2002: 214).

경제위기에 대한 사회민주당 소수 정부의 최초의 대응이나 중앙교섭 및 코포라티즘 기구에서의 SAF의 이탈은 임금 동결과 파업 금지를 바라며 한 행동이었다. 이런 시도는 결국 좌절되었는데, 그것은 노동운동 내의 평조합원들의 반란에 부딪혔고 사회민주당도 이런 시도에 반대했기 때문이었다. 그래서 정부는 전직 고위 협상가들로 구성된 이른바 '렌베리 그룹(Rehnberg Group)'을 만들어 "사실상의 강제된 조정(mediation)"을 통해 1991~1993년 동안 적용될 임금 합의안을 도출해 시행했다(Elvander and Holmlund, 1997: 22). 1991년에 선출된 부르주아 연립정부도 이 방법을 계속 유지했다. 1993년에 노사 간 단체교섭이 이루어졌지만, 교섭은 국가의 조정관들에 의해 면밀히 감독되었고 렌베리 그룹이 제시한 임금 합의의 개요를 따랐다. 1993년의 협약은 업종별로 집중화된 교섭을 통해 임금인상분 총액(wage pool)[16]을 결정했으나 그

---

16 전국 또는 업종 수준의 임금협약에서 정해진 임금인상률에 따라 사업장 단위의 임금인상분 총액(wage pool)이 산정된다. 사업장 협약에서는 그것의 구체적인 배분 방식을 정하여 특정

것의 배분은 기업별 교섭에 대부분 맡겨졌고, 1960년대와 1970년대에 임금교섭에 조금씩 스며들어 임금 경직성을 초래했던 모든 종류의 임금 보장 및 임금연동 조항이 업종별 협약에서 제거되었다. 그리하여 '안정화 조치' 기간에 나타나서 1997년 이후에 완전한 형태로 모습을 갖춘 새로운 임금교섭에서는, 조율된 교섭의 재개를 위한 임금 규준을 만드는 데에 기술관료제적 기준을 사용했다. 또한 새로운 형태의 임금교섭에서는 갈등을 줄이고 임금 규준을 충실히 지키기 위하여 조정(mediation) 제도의 활용을 강화했고, 모든 임금보장 및 연동 조항을 단체교섭에서 완전히 제거했으며, 기업별 임금결정을 확대하는 요소들을 포함했다. 마지막의 두 요소들은 이후에 나타날 임금결정의 분권화와 개별화를 위한 무대를 마련한 것이었다.

그다음의 1995년도 교섭은 매우 큰 갈등이 표출되었다. 엔지니어링 산업의 사용자들은 임금교섭을 기업별로 완전히 분권화하자는 의견을 철회했지만, 그 대신에 엔지니어링 산업의 중앙교섭은 협상 기간에 노조에게 평화 의무 조항을 부과하는 것만을 규정하는 것으로 그 기능을 축소하고, 기업별 협약의 권한을 강화하여 고용보호법과 중앙교섭의 적용에서 예외로 인정 받을 수 있게 하자는 급진적인 교섭 안건을 들고 나왔다. 노조는 이에 반대하면서 조합원들에게 잔업 금지 명령을 내렸고 여러 건의 파업도 뒤따랐다. 우여곡절 끝에 타결된 협약은 중앙교섭에서 정한 임금인상분의 절반은 사업장별로 자율적으로 분배하도록 허용했지만, 기업별 협약의 예외인정을 확대하지는 않았다.

1990년부터 1995년까지의 경험은 다음 두 가지 의미에서 1997년 이후의 노사관계 체제의 재구성에서 결정적인 역할을 했다. 첫째, 위에서 보았듯이,

---

한 노동자 집단별로 또는 개별 노동자별로 차등을 둔다. 1980년대 말까지 업종별 협약에는 이러한 임금인상분 총액이 저임금 노동자 집단에게 더 많이 배분되어야 한다는 규정이 있었고, 이는 임금 평준화를 위한 수단으로 쓰였다. ─옮긴이 주

이후에 새로운 체제로 통합된 일련의 혁신적인 교섭 관행들이 출현했다. 둘째, 사용자와 노동조합들은 노사관계의 파국이 몰고 올지도 모를 심연을 보았고 결국에는 한걸음씩 뒤로 물러섰다. 노동조합은 '안정화 시기'의 경험에서 트라우마를 겪었지만,[17] 또한 1970년부터 1995년까지 제조업 노동자의 실질임금이 겨우 1% 상승했다는 사실을 보고 큰 충격을 받았다(Ibsen et al., 2011: 327). 이처럼 예전의 교섭 시스템이 임금 상승을 이끌어내는 데 실패했다면, 노조는 임금교섭의 변화를 보다 적극적으로 고려해야 했다. 이는 곧 더 많은 분권화를 의미하는 것이었다. 1995년도 교섭이 노동 측에 가져온 또 하나의 결과는 노조 총연맹들을 넘나드는 업종별 협력의 확대였는데, 이는 LO의 영향력을 약화시켰고 '직업 횡단적인(cross-collar)' 조율의 새로운 형태를 미리 보여준 것이었다(Mahon, 1999).

이 과정에서 사용자들은 갈등이 매우 강하게 표출될 것이라 예상했고, 그래서 자신들이 마련한 급진적인 개혁 프로그램 중에서 일부를 포기했다(Ahlberg and Brunn, 2005). 만약에 파업을 제한하는 규정이 있었다면 사용자들은 완전히 분권화된 교섭을 추진할 수 있었을 것이다. 파업 규제가 거의 없는 스웨덴 노동법이 개정되지 않은 상태에서, 사용자들에게 주어진 차선책은 그들이 1995년도 교섭에서 내놓은 요구, 즉 모든 임금교섭을 기업별로 진행하자는 요구 대신에, 업종별 협약에서 교섭 기간 도중의 평화 의무를 부과하는 것이었다. 노조로서는 이것은 재고할 가치가 없는 제안이었고, 그래서 사용자들은 약간의 교섭 분권화와 노동쟁의를 제한하는 제도의 도입을 연계하는, 조율된 업종별 교섭으로 물러설 수밖에 없었다. 결국 이렇게 된 이유는 조율된 교섭이라는 방식 이외의 다른 수단으로는 산업평화를 달성할 수 없었

---

17 트라우마(trauma)는 노조 활동가들이 선호해서 자주 사용하는 용어인데, 저자와 인터뷰한 잉에마르 예란손(I. Göransson, 2006년 10월 9일 스톡홀름)과 토뷔 외베리(T. Öberg, 2006년 10월 6일 스톡홀름)가 이 용어를 사용했다.

기 때문이었다(Sheldon and Thronthwaite, 1999). 그러나 기업 수준으로 단체교섭의 완전한 분권화는 사용자들의 "잠재된 소망"으로 남아 있었다(Ibsen et al., 2011: 336). 그것은 이후에도 주기적으로 재차 표출되었는데, 특히 2010~2012년 교섭에서 매우 강하게 나타났다.

새로운 노사관계 체제는 1997년과 2000년 사이에 수립되었다. 그것의 기본 토대는 민간 제조업의 조율된 교섭을 위해 8개의 노조와 12개의 사용자단체들 사이에 체결된 1997년의 '산업협약(Industrial Agreement)'[18]이었다. 뒤따라 중앙정부와 지방정부의 공공부문에서도 유사한 두 개의 협약이 체결되었다. 지방정부 협약은 '산업협약'이나 중앙정부 협약보다는 다소 빈약했지만, 국가 부문의 두 협약 모두 경쟁적인 수출 지향적 부문의 협약에서 정해진 임금 규준을 따르기로 했다. 이로써 스웨덴 전체 노동자의 60%인 약 220만 명의 노동자들이 이런 유형의 협약에 포괄되었고, 유일하게 민간서비스 업종만이 중요한 공백으로 남게 되었다(Elvander, 2002: 204). 2009년에 서비스업종의 4개 노조와 1개 사용자단체를 포괄하는 유사한 협약이 체결되면서, 전체적으로 스웨덴 노동자의 71%인 260만 명이 포괄되었다(Kullander and Häggerbrink, 2009). 새로운 시스템의 마지막 조각은 국가조정위원회(National Mediation Office)의 신설에 관한 2000년의 법률이었다. 이 기구는 기본적으로 산업별 협약의 일부 핵심 요소들을 이에 해당하는 자체적인 산업별 협약이 없는 경제 부분에 적용하는 역할을 했다. 그리하여 스웨덴 경제의 많은 부분이 이제 다시 조율된 교섭과 긴밀한 관련을 맺게 되었다.

최초의 1997년 '산업협약'이 새로운 노사관계 체제의 모델이기 때문에, 그것을 보다 자세하게 살펴볼 필요가 있다. 그것은 대략적으로 세 개의 요소로

---

18 '산업협약(Industrivtalet)'은 '산업 발전과 임금결정에 관한 협약'을 줄여 부르는 용어다. 이 협약은 LO, TCO, Saco의 3개 노조 총연맹 소속의 민간 제조업의 8개 노조들과 SAF에 가맹한 제조업의 12개 사용자단체들 간에 체결되었다. —옮긴이 주

구성되었다. 첫째, 그것은 그 협약에 서명한 단체가 속한 산업들에 조율된 다업종 교섭을 확립했다. 이것은 살트세바덴 체제의 특징이었던 정상 수준 교섭은 아니었지만, 그렇다고 단순한 산업별 교섭도 아니었다. 공식적으로는 개별 산업별로 교섭하지만, 여러 업종을 대표하는 사용자와 노조 카르텔들이 산업별 교섭 이전에 협약 유효기간과 임금인상 수준을 조율한다. 예를 들면, 노동 측의 조율은 직업 횡단적인 제조업노조회의(Unions in Manufacturing)[19]가 수행하는데, 그 핵심은 LO의 금속노조, TCO의 민간사무직노조(Unionen) 그리고 Saco의 스웨덴전문직엔지니어협회(Swedish Association of Graduate Engineers)로 구성된다.

둘째, '산업협약'은 교섭의 기초가 되는 임금 규준을 주로 기술관료제적 방식으로 만들어낸다. 경제학자들로 구성된 독립적인 '산업을 위한 경제 자문위원회(Economic Council for Industry)'에서 임금 규준의 근거가 되는 경제 현황에 대한 분석 보고서를 생산한다(여기에는 구체적인 수치가 특정되지는 않는다). 또한 '산업협약'은 다양한 사안에 대한 정책적 견해를 공유할 목적으로 설치되는 공동위원회들에 관한 내용이 포함된다. 셋째, '산업협약'은 임금 규준과 그것의 기초가 되는 경제 분석의 수용성을 높이기 위해 조정의 활용을 강화하는 내용을 포함한다. 노련한 협상가들로 구성된 '공정한 조정관 그룹(OpO-group)'[20]에 임명된 조정관들이 여러 곳의 교섭위원회에 들어가 중립적

---

19 제조업노조회의(Facken inom industrin: FI)는 3대 노총에서 각각 제조업의 생산직, 사무직, 전문직을 대표하는 노조들 간에 구성한 일종의 공동 교섭 및 협력을 위한 협의체이다. 1996년에 처음 시작되었고, 이듬해에 '산업협약'이 체결되었다. 2019년 현재 이 기구에는 제조업의 5개 노조들 — LO의 IF Metall(금속노조), GS(목재·그래픽노조), LIVS(식품노조), TCO의 Unionen(민간사무직노조), 그리고 Saco의 Sveriges Ingenjörer(스웨덴전문직엔지니어협회) — 이 참여하고 있다. 이 기구는 사용자단체와 직접적으로 단체협약을 체결하는 주체는 아니기 때문에 엄밀한 의미에서 교섭 카르텔은 아니다. —옮긴이 주

20 '공정한 조정관 그룹(OpO-group)'은 '산업협약'의 당사자로 참여하는 제조업의 노조들과 사용자단체들이 공동으로 구성한 중립적인 조정관들이다. 이 그룹은 스웨덴의 노조 총연맹과

인 의장직을 맡는다. 그들은 협약 유효기간이 끝나면 조정에 나설 수 있고, 쟁의행위가 가능한 날이 오기 전에 2주간의 냉각기간을 부과할 수 있다. 이에 덧붙여 '산업협약' 체제하에서 협약 유효기간은 이전보다 길어졌고(처음에는 3년이었다), 협약 갱신을 위한 교섭은 노사갈등을 미연에 방지하기 위해 더 일찍 시작된다. 그러나 조정관들의 역할은 단순히 타협점을 찾도록 돕는 데 그치지 않고, '산업협약'으로 포괄되는 모든 산업들에 공통된 임금 규준과 협약 유효기간을 확산시키는 역할을 한다(Ibsen, 2012: 23).

국가조정위원회 설립에 관한 2000년의 법률에 포함된 것이 바로 이 마지막 요소였다. '산업협약'과 같은 자발적 협약에 의해 포괄되는 업종들은 이 법의 적용을 받지 않았다. 국가조정위원회는 기존 협약이 종료되기 한 달 전까지 신규 협약이 체결되지 않았을 경우에 노사 당사자들의 동의 없이 조정관을 지명할 수 있다. 이들 조정관은 14일의 냉각기간을 시행할 수 있다. 파업권이 법률에 의해 거의 조금도 제한 받지 않는 스웨덴에서 이것은 중요한 변화였다. 하지만 중요한 혁신은 국가조정위원회가 "적절히 작동하는 임금결정의 과정"을 촉진할 권한을 부여 받은 것이다(Ahlberg and Brunn, 2005: 129). 국가조정위원회 설립에 관한 최초의 법률안에는 소득정책을 시행하는 역할이 그 기구에 명시적으로 부여되었다. 노조는 이것을 과도하다고 보아 철회시켰지만, '산업협약'에서 결정된 임금 규준을 여타 업종에서 교섭의 기초로 사용하기 위해 국가조정관 제도를 활용한다는 내용이 최종 법률에 포함되었다. 입센은 이를 "이중적 조정 시스템"으로 불렀는데(Ibsen, 2012: 23), 그 시스템에서는 제조업 내에서 '공정한 조정관 그룹'이 임금 규준을 활용하고, 그 이후에 국가조정관들이 나머지 경제 부문들도 제조업과 동일한 임금 규준을 채택하도록 촉진한다. 국가조정위원회가 다른 업종에 그 규준을 강제할 수는 없

사용자단체에서 전국 수준의 교섭위원으로 과거에 활동했거나, 각종 조정기구들의 고위직을 역임한 인물들로 구성된다. —옮긴이 주

지만, 현실에서 그들은 자신들의 조정 역할의 일환으로서 그 규준보다 높은 수준의 임금협약이 체결되도록 제안하지는 않는다. 즉, "임금비용 규준을 지켜 내는 게 국가조정위원회의 조정 기능의 일차적 목적이 된다"(Ibsen, 2012: 35).[21]

1997년 이후부터 자리를 잡게 된 이러한 노사관계의 '산업협약' 체제는 직업 횡단적인 다업종 조율의 시스템이었다. 이 시스템은 전체 경제에 걸쳐 있는 소수의 협약들로 노조와 사용자단체들을 포괄하여 질서를 잡았다. 이 체제를 선도하는 역할은 제조업의 몫이었는데, 수출 경쟁력을 고려하는 제조업의 임금 규준이 ('산업협약'을 통해) 광공업 내에서, 그리고 더 나아가 내수 중심의 민간·공공 서비스업종에 이르기까지 교섭의 기초로 작동하게 되었다. 그 체제는 노사갈등을 억제하고 임금 규준을 장려한다는 이중의 목표를 가지며, 조정관들에게 이를 위해 필수적으로 요구되는 역할을 맡겼고 그들의 권한을 강화했다. 이 협약들의 내용에 대해서는 다음 절에서 매우 자세하게 논의하겠지만, 대부분의 경우에 그것은 최소주의적인 기본협약(framework agreement)이었고, 어떤 경우에는 전혀 '숫자가 없는 협약'이었다. 이 기본협약들은 교섭의 일반적인 절차와 지침을 정하고 하위 수준 교섭에 평화 의무를 부과했지만, 그밖에는 사업장 교섭의 여지를 넓게 남겨두었고 대개는 기업 수준에서 개별화를 많이 허용했다.

'안정화 조치' 동안 도입된 기제와 관행에 기초하고 격렬해진 노사갈등에 대응하며 형성된 이러한 제도 집합은 깨지기 쉬운 균형을 만들어냈다. 그것은 한편으로, 조정(mediation)을 통해서 시행되긴 하지만, 임금인상 억제를 위하여 조율된 협약을 통한 교섭의 부분적 재집중화를 달성했다. 이러한 협약들이 없었더라면, 사용자들은 파업이 감소할 것이라는 합리적인 기대를 가질

---

21 이런 관행은 2012년 봄에 벌어진 교섭에서 주목을 받았다. 유통업 노조들이 저임금 여성 노동자들의 추가적인 임금인상을 위해 제조업에서 설정된 임금 규준보다 높은 인상을 요구했을 때, 국가조정위원회 조정관들의 지지를 받지 못했다. 이로 인해 노동 측은 국가조정위원회가 자신의 역할을 너무 협소하게 해석하고 있다고 비난했다(Jacobsson, 2012a).

수 없었을 것이다. 또한 수출 부문은 내수 부문의 영향에서 차단되었을 뿐만 아니라, 실제로 수출 부문이 내수 부문의 임금인상을 추동하기도 했다. 노동 측은 임금 평준화의 요소들을 기본협약에 포함시켜 협상할 기회를 얻었는데, 그것은 여성이 대부분인 저임금 노동자들을 위한 추가적 임금인상의 형식이 었다. 다른 한편으로, 기본협약이 최소주의적인 특성을 갖고 있었기에, 그것은 기업 수준에서 임금 유연성을 허용하는 것이었다. 이 점과 더불어 경제 전반에 걸쳐 임금부상을 제도화했던 자동인상(catch-up) 조항이 폐지됨으로써 사용자들은 1970년대와 1980년대에 비하여 임금결정에서 상당히 큰 재량을 누리게 되었다.

이런 노사관계 체제는 그 본질에 있어 두 가지 형태의 조율 사이에 어떤 긴장을 내포하고 있었다는 점을 언급할 필요가 있다. 하나는 공식적인 다업종 조율인데, 여기에는 둘 이상의 노총에 속한 노조들이 포함되었다. 그래서 '산업협약'에서는 직업 횡단적인 교섭 카르텔 안으로 3개 노총들에 각각 속한 여러 노조들이 참여했다. 다른 하나는 정상 조직, 특히 LO와 SN이 조직하는 비공식적 조율이었다. 이것은 두 정상 조직에 가맹한 노조나 사용자단체들이 당사자로 들어가는 교섭 전부를 대상으로 조율을 시도하는 것이었다. 사용자 측의 조율은 강력했는데, 이는 업종별 협약들이 제조업에서 정해진 임금 규준을 어기지 못하게 하는 데에 SN이 대체로 성공했기 때문이었다(2012년 10월 2일 룬드에서 셸베리와의 인터뷰; 2012년 10월 4일 스톡홀름에서 외베리와의 인터뷰).

조율은 사용자 측보다 노동 측에서 더 문제가 되었다. 임금연대, 더 정확히 말하면 저임금 노동자를 위한 보상이 목표인 한, 그러한 임금보충 조항(이른바 '보충기금')을 개별적인 산업별 협약에 도입하라고 가맹 노조들을 독려한 것은 바로 LO였다. 1997년 이후의 노사관계 체제에서는 앞서 말한 조율의 형태 중 첫 번째, 즉 공식적인 다업종 조율이 우선시되었고 총연맹 공동의 목표를 둘러싼 LO 내부의 긴장이 증폭되었다. 노조들은 각자의 총연맹과, 업종별 교섭에서의 (다른 노총에 속한) 파트너 노조들이라는, 일정 부분 이해관계가 다른

"두 명의 주인을 섬기는" 셈이었다(2006년 10월 9일 스톡홀름에서 예란손과의 인터뷰). 입센은 조율을 이루어내는 데 있어 노동 측 행위자들의 제도적 취약성을 언급하며 '산업협약' 패턴으로부터의 이탈 규모를 보여주었다(Ibsen, 2015: 47). 이 균열은 노동운동 내의 다른 긴장들, 즉 단체협약에 의해 고용보호의 개별화와 유연성이 얼마나 허용되어야 하는지에 대한 총연맹 간의 긴장에 더해졌고, 저임금 여성 노동자를 조직하는 노조들과 다른 노동자 집단을 조직하는 노조들 간에 발생하는 긴장에도 부가되었다.[22] 요약하자면, 전체 노동운동은 고사하고, 각각의 노조 총연맹 내부에서조차 공동의 이익을 찾아내는 일이 최근 들어 매우 어려워진 것이다. 더 나아가, 처음으로 LO는 2016년도 교섭을 조율하지 않았는데, 이는 LO 내에서 제조업 노조들이 공공부문 노조 및 내수 부문 서비스업종 노조들과 공동의 임금 규준에 합의하지 못했기 때문이었다(Wallin, 2016). 이러한 일은 '산업협약' 체제의 미래를 비관적으로 보는 일부 노조 전문가들의 입장을 해명해준다.[23]

이러한 노사관계 체제에서 1998년, 2001년, 2004년, 2007년, 2010년, 2011/2012년, 2013년, 2016년 등 총 여덟 번의 교섭이 이루어졌다. 각각의 교섭은 스웨덴 노동자의 압도적 다수인 약 330만 명을 포괄한다. 2010년도 교섭은 힘겹게 진행되어 협약 유효기간이 더 짧아졌고 더 분산되었는데, 그보다 앞선 시기에는 협약들이 대개 3년 간격으로 동기화되었다. 처음 네 번의 교섭은 노사 양측으로부터 대략 성공적이었다는 평가를 받았다(하지만 2007년도 교섭에서는 사용자 내부의 조율이 무너졌었다). 분쟁 해결 절차는 노사갈등을

---

22 저자는 2014년 3월 31일 럿거스대학교(Rutgers University)의 경영·노사관계스쿨에서 열린 스웨덴 모델에 관한 세미나에 참석하여 이러한 많은 차이들을 강조한 LO 대표단으로부터 큰 도움을 얻었다.

23 외베리는 나머지 85%의 희생을 대가로 (제조업에 종사하는) 15%의 노동자들의 이해관계에 맞춰 설계된 노사관계 시스템이 장기적으로 생존할 수 없다고 주장했다(2011년 8월 26일 스톡홀름에서 저자와의 인터뷰).

최소화하도록 작동했고, 협약을 통해 노동자들은 실질임금 인상을 얻어냈으며(Ibsen et al., 2011: 327), 임금인상은 유럽연합의 평균과 보조를 맞추는 수준으로 이루어졌다.

2008년 경제위기는 사태를 복잡하게 했고, 2010년도 교섭은 예전보다 길어졌으며 더 많은 갈등을 초래했다. 경제위기로 야기된 제조업의 일자리 감소로 노조들은 현대 스웨덴 역사상 최초로 개방조항을 수용했다. 특히 2009년에 금속노조는 '위기협약(crisis agreement)'에 동의했는데, 이것은 노동시간 단축과 임금 삭감을 통한 일자리 보호를 위하여 기업별 협약을 용인해주는 것이었다. 위기협약은 전후 연대주의와의 완전한 단절이라는 점을 언급할 필요가 있다. 살트셰바덴 시대에 노조들은 연대임금을 유지하기 위하여 기업을 희생시킬 각오를 했지만, 위기협약에서는 그 반대였다(2012년 10월 3일 웁살라에서 오토손과 저자와의 개인적 면담).

위기협약 이후의 교섭들은 그 협약의 일부로 도입된 변화들이 과연 얼마나 지속되어야 하는지에 관한 것으로도 볼 수 있다. 해고에서의 선임권 규정이나 파견업체의 역할 등의 사안들이 교섭 석상에서 노사 간에 쟁점이 된 문제였다(2015년 1월 20일 스톡홀름에서 세익켈레와 저자와의 개인적 면담). 2010년에 제조업 사용자들은 임금 동결과 위기협약의 영구화를 주장했다. 노조들은 경기회복을 예측하며 실질임금 인상과 저임금 노동자를 위한 추가 인상의 여지가 있다고 보았고, 정규직 노동자의 재고용을 대체한 파견노동자 사용을 이제 끝내길 바랐다. 그런데 노조 간의 이견 조율이 실패로 돌아갔다. LO는 유통업이 임금 규준을 결정하면 더 많은 임금인상의 기회가 생길 것이라 보았지만, 저임금·여성 노동자들을 위한 추가 보상의 중요성에 대해서 의견이 일치하지 않았다. 이로 인하여 보다 일반적인 협약이 체결되기도 전에 엔지니어링 산업의 사무직 노동자들이 먼저 협상을 타결해버렸다. 이에 뒤이어서 복수의 협약들이 협약 종료 시점이 제각각인 채로 체결되었으며, 두 개 업종에서는 파업이 발생했다. 엔지니어링 산업의 사용자들은 이에 대응하여 잠시

'산업협약'에서 이탈했고 "산업협약이 더 높은 임금인상을 바라는 보호 받는 내수 산업들의 요구를 위한 도구로 다시 제도화되었다"고 불만을 표출했다 (Kullander and Eklund, 2010: 1에서 재인용).

'산업협약'하의 조정관들이 새로운 권한을 부여 받고, 또 수출 부문이 임금 규준을 다시 결정하도록 노조들이 노력하기로 하면서, 사용자들이 '산업협약'에 복귀했다. 2011~2012년도 교섭에서, 제조업은 다시 맨 먼저 합의하여 임금 규준을 설정했다. 하지만 앞서 말한 긴장들은 쇠퇴하는 제조업을 우선시하는 시스템에 내재적인 것이었고, 더욱 심각해질 가능성이 많았다. 그로 인해 제조업의 임금 선도 역할은 사무직 노조들과 저임금 노동자의 다수를 대표하는 노조들의 도전을 받아왔다(Kjellberg, 2011a: 68~73).

스웨덴 노사관계는 노사 협약뿐만 아니라 국내 또는 국제 노동법의 변화에 의해서도 그 궤적의 모양새가 만들어졌다(Malmberg and Brunn, 2006). 앞서 언급했듯이, 법률에 의한 단체협약 효력 확장 제도나 최저임금제가 없다는 사정 때문에, 스웨덴의 노조들은 사용자단체의 회원이 아니거나 단체협약의 서명 당사자가 아닌 기업들을 상대로 단체협약의 효력이 확장되도록 압력을 행사할 수밖에 없었다. 이를 달성하기 위해서는 스웨덴의 노조들이 동조파업 및 2차 보이콧을 사용하는 게 허용되어야 했다. 이에 부합하게 역사적으로 스웨덴 노동법은 파업에 거의 제한을 두지 않아왔다. 그런데 스웨덴의 유럽 연합 가입과 특히 2004년 동유럽 저임금 국가들의 유럽연합 가입으로, 이제 외국 기업의 진출과 외국인 노동자의 입국이 손쉽게 되었으며, 이는 단체협약의 효력을 확장하는 데 있어서 파업이라는 무기의 중요성을 더 부각시켰다. 린드베리는 1990년대 중반 이후 파업 빈도는 감소했지만, 현재 대부분의 파업이 건설업이나 운수업처럼 저임금 경쟁에 특히 취약한 소수의 핵심 업종들에 집중되어 나타난다고 언급했다(Lindberg, 2011). 또한 파업 형태가 변하여, 비공인 파업은 줄고 사용자들에게 기존 협약을 따르도록 압력을 행사하기 위한 2차 보이콧은 더 많아졌다(Lindberg, 2011: 13~14). 스웨덴 노동법원에 따르면, 이와 관련된 사건들, 특히 외국에서 들어온 파견노동자의 사용과 관련된 사건들이 늘어났다(Bengtsson, 2013: 4부).

바로 이러한 맥락에서 유럽사법재판소의 최근 판결이 스웨덴 노사관계에 들이닥쳤다. 유럽사법재판소는 일련의 판결, 가장 뚜렷하게는 라발(Laval) 소송[24]에서 임시 파견 외국인 노동자들을 사용하는 기업을 상대로 한 파업권 행사는 협약의 핵심 요소에 관한 것으로 한정되어야 한다고 판결했다(Woolfson, Thörnqvist and Sommers, 2010). 즉, 이 판결은 노조가 법률에 의해 의무화된 수준 이상의 임금을 요구하며 파업할 수 없다는 것인데, 이것은 일반적으로 법률에 의해 노동조건을 규제하지 않는 스웨덴 같은 국가에서는 문제가 된다. 이 판결에 따라서 스웨덴 정부는 노조의 2차 보이콧을 제한하는 법률을 2009년에 제정했다.

2006년에 사회민주당은 집권에 실패했고 중도·우파정당들의 연립정부가 들어섰으며, 이 연립정부는 2010년에 재집권하여 2014년 9월에 사회민주당 소수정부가 들어서기 전까지 정권을 잡고 있었다. 주요 사용자단체는 노조가 적은 비용으로 쉽게 동조파업 및 2차 보이콧을 벌일 수 있게 하는 노동법 상의 '불균형'을 강조하며, 2006년에 새롭게 집권한 중도·우파 연립정부를 상대로 파업을 제한하는 법률을 제정하라고 요구했다(Svenskt Näringsliv, 2006). 정부는 (위에서 언급한 유럽사법재판소의 판결에 대한 입법적 대응을 제외하고는) 사회적 파트너들의 합의가 없는 상태에서 이 분야에 대한 입법을 거부했다. 이는

---

24 2004년 라트비아 건설회사 라발(Laval)이 스톡홀름 근교의 학교 재건축 하도급을 받았고 라트비아에서 35명의 파견노동자들을 스웨덴으로 데려와 일을 시켰다. 이에 대해 스웨덴 건설노조는 라발을 상대로 단체교섭을 요구하여 협상에 들어갔지만 합의에 실패했다. 스웨덴 건설노조는 스웨덴에서 일하는 라트비아 노동자들에게도 단체협약을 통해 스웨덴 건설노동자들이 보장받는 임금수준이 적용되어야 한다고 주장하며 건설 현장을 봉쇄했다. 이에 대해 라발은 건설노조의 파업권이 기업 활동의 자유를 방해한다며 스웨덴 노동법원과 유럽사법재판소에 제소했다. 최종적으로 유럽사법재판소는 2007년 12월 건설노조가 유럽연합법을 위반했기 때문에, 라발에게 배상할 것을 선고했다. —옮긴이 주

스웨덴의 오랜 자율 규제의 전통을 따른 것이었다. 야심차게 '살트세바덴 II' 협약을 목표로 한 노사 간의 대화가 진행되었지만 2007년에 실패했다. 노동 측은 교섭 분권화를 한층 더 진척시키자는 데 동의할 준비가 되어있었지만, SN의 요구대로 파업에 제한을 가하거나 고용보호를 완화하는 데에 동의하지 않았다(Henriksson and Kullander, 2011: 2).

그러나 부르주아 연립정부의 집권 이후에 중요한 노사관계 입법이 있었다. 가장 즉각적인 조치는 실업기금의 급여 수급권을 노조 조합원 자격과 연결시켰던 겐트 제도의 변화였다. 실업보험료가 급격히 인상되고 조합비와 실업보험에 대한 세제 혜택이 폐지되자, 25만 명의 노동자들이 노조에서 탈퇴하여 조합원 수가 극적으로 감소했다. 그 결과 2006년과 2008년 사이에 노조 조직률이 77%에서 71%로 하락했다(Kjellberg, 2011b: 67). 또한 이런 변화는 노조 조합원과 실업기금 가입자 간의 연결이 장기적으로 약해져 온 추세를 가속화했고, 실업기금에 포괄되지 않는 노동자의 비율이 상당히 높아지는 사태를 불러왔다. 2005년에 전체 노동자의 16%가 실업기금에 포괄되지 않았는데, 그 수치가 2008년 말에 30%로 치솟았다(Kjellberg, 2011b: 87). 실업급여를 한층 더 보험에 기반한 것으로 만들고 장기 실업자를 위한 혜택을 단계적으로 폐지하기 위한 추가적인 법률 개정이 2007년과 2008년에 일어났다. 이로 인해 실업급여를 받는 실업자의 비율이 극적으로 감소했다. 그 비율은 2006년에 70%에서 2012년에 36%로 하락했다(Murhem, 2013: 632). 이런 변화들은 스웨덴 노동시장에 저임금 압박을 한층 더 가중시키는 것이었다.

노사관계의 최근의 전개 양상을 다룬 이 절에서 마지막으로 중요하게 언급할 것은 지난 20년 동안 꾸준히 진행된 고용보호의 완화이다(Emmenegger, 2015: 111; Rönnmar, 2010). 앞서 우리는 1974년의 고용보호법에 기초하여 이를 확장한 1982년의 고용보호법이 노동자를 해고할 수 있는 사용자의 권한을 엄격히 제한하고 기간제 고용계약의 사용을 어렵게 했다는 점을 지적했다. 1996년에 새로운 종류의 기간제 계약이 도입되었다. 또한 업종별 협약에 의한 예외인정을 이미 허용하던 고용보호법이 개정되어, 사업장 협약에서 합의할 경우에도 그 법률 적용의 예외로 인정하게 되었다. 이는 기업 수준에서 사용자에게 더 많은 유연성을 준 것이었다. 그 후 2007년의 주요한 법률 변화에 따라서 기간제 계약의 허용 사유 규정을 대체하여, 구체적 사유를 필요로 하지 않는 새로운 '일반적 기간제 계약'이 도입되었다. 노동법의 이러한 변화로 인하여, 비록 기간제 계약을 연속적으로 사용할 기회는 제한하려고 했지만, 전반적으로는 "기간제 계약을 정상화하는" 효과가 나타났다.

4. 스웨덴 노사관계의 분권화와 탈집단화

집중화된 연대주의적 교섭의 살트셰바덴 체제가 1980년대에 위기에 빠졌다. 그 체제의 위기는 다른 무엇보다 정상 수준 중앙교섭 및 삼자협의 위원회들로부터의 사용자의 철수와 1990년대 초반의 '안정화 조치' 동안 국가가 보여준 적극적 행동에서 가장 뚜렷하게 드러났다. 그 이후에 새로운 모습의 조율된 다업종 교섭 시스템이 출현했다. 그 과정은 바로 앞 절에서 본 바와 같다. '산업협약' 체제를 공식 제도에 초점을 두고 평가한다면, 우리는 그것에서 제도적 연속성과 혁신의 요소 모두를 확인할 수 있을 것이다. (임시변통적인 특성이 강하지만) 조율된 교섭으로의 복귀, 임금결정에서 수출 부문의 주도적 역할, 자율 규제에의 지속적인 의존 등에서 연속성이 발견된다. 혁신은 임금 규준의 설정에 있어 기술관료제적 기준의 사용에서, 그리고 조정(mediation)에 더 큰 역할을 부여한 단체교섭의 새로운 규칙에서 나타났다. 제도적 연속성의 렌즈를 통해 이러한 사태 전개를 해석하는 것은 어려운 일이 아닐 것이다. 이와 함께 그러한 해석은 노사관계 체제의 주변부에서 일어난 점진적 변화도 시야에 담을 것이다. 결국 이에 따르자면, 1990년대 후반 이후에 전후 스웨덴의 계급 타협의 핵심이었던 조율된 교섭이 부활한 것이었다.

그러나 이것은 형식의 연속성과 기능의 연속성을 혼동한 것이다. 이런 해석은 지난 10여 년의 스웨덴 노사관계에서 진정으로 중요한 혁신과 단체교섭의 성격 및 기능에서의 질적 변화 — 이를 통해 "스웨덴은 임금결정 시스템의 중대 변화를 경험했다"(Granqvist and Regnér, 2008: 501) — 를 보지 못한 것이다. 이것은 임금교섭의 분권화, 유연화, 개별화를 수반했다. 오늘날 조율된 교섭이 초점을 두는 협약은 최소주의적인 기본협약일 뿐이다. 그 협약에서는 교섭의 절차를 정하고, 때로는 일정하게 제한적인 임금 목표를 설정하기도 하지만 기업 수준에 폭넓은 재량을 허용한다. 즉, "임금결정의 통제된 분권화"가 이루어져 온 것이었다(Ibsen et al., 2011: 326). 교섭 제도 자체에 관심을 기울이는 것은, 이 제도들이 사업장 수준에서 변이를 허용하기 위한 메커니즘으로 기능하게 된 방식을 시야에서 놓치는 것이다. 다른 말로 하면, 1970년대 이후 무언가 극적인 변화가 스웨덴의 노사관계 제도 내부에서 일어났고, 그 과정에서 강력한 자유화 경향이 계급관계를 변형했으며, 기업 수준에서 사용자 재량권의 여지를 확대했다.[25]

　단체교섭의 분권화에 대한 비교 연구들은 그것의 다차원성에 주목했고 분권화가 여러 나라들에서 상이한 형태를 취했다고 언급했다(Karlson and Lindberg 2010). 스웨덴의 경우에 그것은 중앙교섭의 쇠퇴, 사업장 교섭 범위의 대폭 확대, 그리고 특히 사무전문직 노동자들의 경우에 임금결정의 차별화 및 개별화 수준의 증가 등으로 나타났다. 물론 전후 스웨덴의 노사관계에도 일정하게 사업장 교섭의 여지가 언제나 분명히 있었고, 그래서 1960년대 후반부터 임금부상이 매우 중요한 문제로 대두되었었다. 그러나 1990년대 이전에 임금부상은 어떤 제한선 내에서만 발생했고 그 혜택을 볼 수 없는 노

25　기업 수준에서 일어난 변화의 정확한 규모를 확인하는 데에서 한 가지 문제는, 영국과 프랑스에서 정기적으로 이루어지는 것과 같은 체계적인 사업체 노사관계 조사가 스웨덴에는 없다는 사실이다. 분명히 사례 연구들은 있지만, 연구자들에게 기업은 아직 일종의 블랙박스로 남아 있다.

동자 집단을 위한 일련의 보장 조치를 동반했다. 더 나아가, 일정하게 분권화된 임금교섭이 가능했지만 그것은 전체 노동자들을 대표한 '집단적' 교섭이었지, 개별화된 교섭이 아니었다. 알베리와 브룬이 언급하듯이(Ahlberg and Brunn, 2005: 130), 1980년대의 전형적인 협약들은 모든 노동자 범주별로 각각의 최저임금 조항들을 가지고 있어서, 임금인상의 최저선이 보장되었고 사업장의 임금인상분 총액을 어떻게 배분할지에 관한 명확한 규정이 정해져 있었다.

1990년대에 시작되어 1997년 이후 '산업협약' 형태의 교섭 관행 속에 성문화되면서, 업종별 중앙협약은 더 빈약해졌고 최소주의적인 것이 되었다. 그것은 대개 사업장 교섭을 위한 원칙과 절차를 정했다. '숫자 없는 협약'은 모든 노동자들에게 일반적으로 적용되는 임금인상률이 명시되지 않고 단순히 교섭 권한을 기업 수준으로 넘겨주는 업종별 협약을 지칭한다. 최초의 '숫자 없는 협약'은 1990년대 초반에 Saco의 사무직 노조들이 체결했고, 그 후에 넓게 확산되었다(Nyström, 2004: 21). 이 협약들은 기업 수준으로의 분권화뿐만 아니라, 전체 임금인상분 총액을 배분하는 데 있어 집단적 요소의 비중을 줄임으로써, 특정한 기업의 노동자들 내부에서 개별화를 허용했다(Granqvist and Regnér, 2008).

새로운 노사관계 체제하에서 업종별 중앙협약에는 임금인상의 최저선이 보장되는 층이 훨씬 적거나 아예 없고, 대개는 사업장 협약이 체결되지 못할 경우를 대비하기 위한, 임금인상에 대한 일정한 보장 제도가 있을 뿐이다. 또한 이 체제에서는 사업장의 임금인상분 총액이 기업별 교섭에 맡겨져 배분되는데, 이런 중앙협약에는 저임금 노동자들에게 돌아가는 인상분을 미리 규정해 놓는 것과 같은, 그것의 배분을 위한 일반적 원칙이 딸려 있다(Ibsen et al., 2011: 327).

공공부문과 전문직 노동자들이 이러한 협약의 가장 극단적인 형태를 갖고 있는데, 최저임금이나 임금인상의 최저선 보장 조항이 거의 없거나 심지어 아예 없고, 전체 임금인상분 총액이 사업장 교섭을 통해 결정되고 배분되도록 정해진다. 이런 일이 가장 많이 진행된 Saco 소속 노조들에 속한 전문직 노동자들에 관한 연구에 따르면, 60%의 노동자들은 임금인상 보장 조항이 전혀 없는 협약의 적용을 받았고, 21%는 사업장 협약이 체결되지 않는 경우를 대비한 임금인상 보장 제도를 갖춘 협약에 포괄되었다. 그 밖의 노동자들에게 적용된 업종별 협약은 임금인상 보장이 명문화되었지만 임금인상분 총액의 배분은 사업장 교섭에서 결정되도록 했다(Granqvist and Regnér, 2008). 게다가 높은 수준의 개별화도 존재하는데, 이는 임금이 사업장 노조의 감독하에 사용자와 개별 노동자 간의 임금심의(pay review) 절차에 의해 결정되거나, 혹은 노조가 아무런 역할을 하지 않은 채 양자 간의 개별적 협상에 의해서만 결정되는 것이다. 이로 인하여 "임금이 실질적으로 현장 관리자 수준으로 내려가서 결정되는" 결과가 초래된다(Granqvist and Regnér, 2008: 517).

물론 사무직 노동자와 공공부문에서 개별화가 가장 많이 진행되었지만, 그것은 제조업의 생산직 노동자들에게도 점차 중요해진다. 예를 들어, 금속 노동자를 포괄하는 2012년의 중앙협약은 사업장 수준의 임금인상분 총액 중에 거의 절반을 개별화된 임금결정에 따라 배분하도록 규정했다(Kjellberg, 2012: 1). 금속노조 조합원의 80% 이상은 기업별 임금 체계의 적용을 받는데, 이것은 일반적으로 직무 특성과 작업 방식에 따라 결정되는 임금액 중에서 20% 이상의 비중을 차지한다(Kjellberg, 2012: 2~3).

국가조정위원회가 설립된 2000년 이전에는 교섭 분권화의 정도를 보여주는 일관된 전국적인 시계열 자료가 존재하지 않았다.[26] 하지만 그 이후에 가용한 자료는 "임금결정이 사업장 수준으로 더 이동하고 … 사업장의 노사 당사자들로 결정 권한의 위임이 더욱 강조된다"는 것을 확증해준다(National Mediation Office, 2011: 5). 이런 경향은 그 자료에서 알 수 있는 가장 최근인

---

26 스웨덴의 대표적인 사용자단체는 1990년대의 자료를 일부 갖고 있지만, 그것은 2000년 이후 국가조정위원회가 수집한 자료와 비교하여 사용할 수 없다(Svenskt Näringsliv, 2012).

2013년의 주요 교섭[27]에서도 확인된다(National Mediation Office, 2014: 143, 표 8.8).[28] 중앙정부와 지방정부의 모든 노동자들은 그들에게 일반적으로 적용되는 임금인상률이 존재하지 않는 협약에 포괄되었고, 모든 임금은 기관별로 결정된다. 민간부문 노동자의 64%가 이런 일반적 임금인상률이 아예 없는 업종별 협약의 적용을 받았고, 노동자의 85%는 기업별 교섭에 의해 임금수준이나 그 인상분이 일정 정도 결정되는 방식을 적용 받았다. 따라서 경제 전체를 통틀어 보면, 단지 10명 중 1명의 노동자들만이 자신의 임금인상 총액이 업종별 협약에서 정해지는데 비해서, 4명 중 3명 이상의 노동자들은 (업종별 협약에서는) 어떤 종류의 일반적 임금인상률도 적용 받지 않는다. 또한 2013년도의 교섭에서 '숫자 없는 협약', 즉 어떤 종류의 임금인상 보장도 없이 모든 임금인상이 온전히 사업장 교섭을 통해 결정되는 협약이 상당한 증가했다는 점을 언급할 필요가 있다. 2012년에 노동자의 약 11%가 임금인상의 최저선 보장이 없는 단체협약에 포괄되었는데, 그 비율이 2013년에는 20%로 증가했고, 국가조정위원회의 추산에 따르면 2015년에 그 비율은 30%가 될 것이었다. 그 대부분은 공공부문에 속한다(Kullander and Talme, 2014).

임금교섭의 분권화와 개별화가 순전히 노동조합운동에 강요된 것으로만 볼 수는 없다. 기업이든 노동이든 시장 지배력이 있는 경제 행위자들은 자유화를 선호하기 마련이다. 물론 임금결정 시스템에 관한 논쟁은 노동 측을 더 괴롭혔지만 말이다. 일부 노조들, 특히 공공부문 노조들은 생산성 상승이 조

---

27 일부 협약은 매년 체결되지만, 대다수의 주요 교섭들은 2년 또는 3년에 한 번씩 이루어진다.

28 스웨덴 임금교섭의 분권화가 낳은 한 가지 결과는 업종별 협약에 포함된 임금결정 모델들의 확산이었다. 그것은 일반적인 임금인상률만을 포함한 것에서부터 모든 것을 사업장 교섭으로 넘기는 것까지 다양하다. 그 중간에 임금결정을 사업장 교섭에 넘기지만, 사업장 교섭이 실패할 경우를 위한 임금 보장 또는 대비 조항을 마련한 협약들이 있다. 나는 국가조정위원회 자료를 해석하는 데 비오른 린드그렌(B. Lindgren)과 셰르스틴 알베리와의 개인적 의사소통에서 도움을 받았다.

합원들에게 더 높은 임금으로 이어질 것이라고 믿었고, 나아가 임금교섭의 개별화에 찬성했다. 지방자치단체노동조합(Kommunal)[29]은 이미 1993년에 개별화를 강조하는 새로운 임금결정 시스템을 채택했는데, 그 이유로 조합원들이 더 높은 임금을 바라며 그것을 달성할 기회가 있다는 점을 들었다. 하지만 조합원들이 그 정책을 지지한다는 증거는 부족하며(Lapidus, 2015: 11~13) 심지어 노조 지도부에서도 그 정책에 대한 불안감이 커지고 있다(Öberg, 2014).

이와 같이 1990년대 후반 이후 스웨덴에서 조율된 다업종 교섭이 재출현한 것은, 과거의 관행으로의 복귀나 단체교섭의 재집중화로 해석될 수도 있는 것이지만, 사실은 기업 수준으로의 근본적인 교섭 분권화 및 개별화를 수반하며 진행되어온 것이었다. 업종별 중앙협약은 교섭을 위한 원칙과 절차를 제공하고, 때로는 사업장의 임금인상분 총액을 결정하며, 흔히 임금인상의 최저선을 보장한다. 하지만 이제 기업별 협상에 의해 실질임금이 정해진다. 이것이 초래한 결과 중 하나는, 사업장 교섭의 역할이 아주 많이 커졌음에도 불구하고, 임금부상이 1990년대 후반 이래로 무시할 만큼 미미한 수준이 되었다는 점이다. 왜냐하면 이제는 업종별 협약이 실제로 임금을 결정하지 않기 때문이다(Anxo and Niklasson, 2006: 365, 그림 7).

새롭게 분권화된 단체교섭의 영향력은 그것이 도입된 제도적 매트릭스와 노사관계 행위자들의 힘에 의존한다. 스웨덴 노사관계의 몇 가지 장기적 특성들은 오늘날에 새로운 적합성을 가지게 되었다. 노동법의 기본틀과 노조의 조직력은 특히 중요하다. 스웨덴의 단체교섭은 평화 의무의 조건 속에서 이루어지는데, 이는 협약이 유효한 기간에 발생하는 파업과 직장폐쇄는 불법임을 뜻한다. ('산업협약' 형태의) 업종별 협약은 중앙협약의 서명 이후에 진행되

---

29 1910년에 설립된 지방자치단체노동조합(Kommunal)은 현재 스웨덴에서 최대의 단일노조이자 LO의 최대 가맹조직으로 50만 명 이상의 조합원이 가입해 있다. 주로 지방자치단체에 고용된 노인 및 아동 돌봄 서비스, 학교 조리실, 소방서 및 다양한 사회서비스 노동자들을 조직 대상으로 한다. 조합원의 80% 이상이 여성 노동자들이다. —옮긴이 주

는 기업별 교섭에까지 평화 의무를 연장한다. 따라서 사업장 노조들은 기업 경영진과의 교섭 과정에서 파업을 벌일 수 없고, 또 당연히 파업을 벌이겠다는 위협도 가할 수 없다.[30] 더욱이 자율 규제에 대한 신념이 강하기 때문에 스웨덴의 노동법은 '반(半)강제적'이라고 할 수 있다. 즉, 기업별 협약을 포함한 단체협약에 법률 조항보다 유리하지 않은 조항이 담기는 것을 허용한다. 앞 절에서 언급했듯이, 최근 들어 법률 적용에서 제외되는 범위가 확대되었다. 그러므로 교섭이 이루어지는 한 스웨덴 노동법은 높은 수준의 유연성과 별 탈 없이 공존할 수 있는데, 이는 기업별 교섭의 역할을 확대하고 기업 간에 임금 및 노동조건의 차이가 더 벌어지도록 할 수 있다.

이 책이 내세우는 권력자원 접근에 따르자면, 계급 간 세력균형의 양상이 결국 분권화를 통해 사용자의 재량권이 얼마나 확대될지 결정할 가능성이 높다. 분권화된 교섭의 결과는 대개 기업 내에서 영향력을 발휘하는 조직된 노동의 역량에 달려 있을 것이다. 어떠한 비교 기준에 따르더라도 스웨덴 노동조합의 힘은 여전히 강하다. 전반적으로 노조 조직률이 현재 70%이고, 장기간에 걸쳐 노조들은 (총연맹과 산업의) 중앙 단위의 힘과 (사업장의) 분권적 단위의 힘이 결합되어 있다는 특징을 지녀왔다(Kjellberg, 2009). 따라서 노조가 특히 강한 업종들에서 보다 최소주의적인 중앙협약이 체결된 사실이 그리 놀랄 일은 아니다.

그렇긴 하지만, 몇 가지 우려할 만한 조짐이 보이고 노동운동의 힘의 궤적은 의문의 여지없이 하락의 방향으로 향하고 있다. 전체적인 노조 조직률이 장기간에 걸쳐 하락해왔는데, 1993년에 85%로 최고점을 기록한 이후 2014년에 70% 바로 아래까지 떨어졌다(Kjellberg, 2015: 부록 3, 표 A). 이 조직률 하락은 노동력과 산업 구성의 변화에 영향을 받은 것이고 노동자들이 노조를 더

---

30 소피아 무르헴(S. Murhem)은 (2014년 2월 13일의 개인적 의사소통을 통해) 고도로 분권화된 교섭 여건하에서 공공부문 노조들의 파업권이 제한되는 부정적 영향에 주목해야 한다고 말했다.

비판적으로 바라보게 된 것을 반영하는 것이지만(Kjellberg, 2011b: 69~72), 대부분의 노조들이 조직화에 적극적으로 투자하지 않은 데에서도 영향을 받았다(2006년 10월 6일 스톡홀름에서 저자와 외베리와의 인터뷰). 이에 더해 조직률의 장기적 하락을 초래한 또 하나의 요인은 2007년에 시행된 겐트 제도의 변화였다. 1993년과 2006년 사이에 조직률이 계속 하락했지만, 2007년 이후의 하락률은 역사적으로 유일무이한 것이었다. 2012년에야 노조 조합원 규모는 하락을 멈추고 안정되기 시작했다. 지난 10년 동안에, 민간부문 노조 조직률은 거의 10%포인트 떨어진 데에 비해, SN의 민간부문 사용자 회원 수는 5%포인트 올라갔다. 그런데 같은 기간에 민간부문의 단체협약 적용률은 대체로 안정적으로 유지되었는데, 90%에서 87%로 떨어졌을 뿐이다(Jacobsson, 2012b). 이런 사실은 단체교섭 적용률이 높은 수준으로 유지되도록 하는 게 노동조합 조직이 아니라 이제는 사용자단체가 되었음을 보여준다.

모든 층에서 노조 조직률이 하락했지만, 미래를 위해 가장 우려되는 것은 청년 노동자들(16~24세)의 조직률 하락의 규모이다. 청년 노동자들의 조직률은 1993년과 2014년 사이에 34%포인트 하락하여 35%의 조직률을 나타냈는데, 이는 전체 노동자 조직률의 절반에 불과하다(Kjellberg, 2015: 부록 3, 표 D). 공공부문의 조직률은 높은 수준을 유지했지만, 민간부문 조직률은 64%로 떨어졌다(Kjellberg, 2015: 부록 3, 표 B). 특히 도소매업과 음식숙박업의 조직률이 상당히 낮다.

분권화의 영향과 관련하여 특히 중요한 것은 기업 내에서 실제 교섭을 하는 사업장 노조 지회(union club)의 포괄성과 활력이다. 스웨덴에서 노동의 헤게모니가 발휘된 시기에는 노동조합 힘의 중앙집중성과 분권성이 결합된 특징을 보였다. 1998년과 2006년 사이에 전체적으로 사업장 단위의 노조 대표자들[31]의 수가 3분의 1 정도 감소했다(Kjellberg, 2011a: 77). LO에서는 조합원 대비 노조 대표자의 비율이 안정적으로 유지되었지만, TCO와 Saco에 가맹한 사무직·전문직 노조들에서는 그 비율이 상당히 낮아졌다(Kjellberg, 2011a:

77). 또한 개별 노조들의 조사에 의하면, 노조 집회에 조합원 참여가 줄었고 조직력이 약해졌다. 2002/2003년에 사무기술직노동조합(SIF)[32]의 조합원 중 40%만이 자기 사업장에 교섭력을 갖춘 노조 지회나 노조 대표자가 존재한다고 보고했다. 이 수치는 1990년과 비교해 절반으로 줄어든 수치였다. 그리고 2001년에 지방자치단체노동조합 사업장의 3분의 1에는 노조 대표자가 없었다(2006년 10월 스톡홀름에서 저자와 셸베리와의 개인적 의사소통).

노동조합의 쇠퇴는 집단적 자율 규제라는 스웨덴 모델의 미래에 광범위한 영향을 미친다. 만약에 조합원이 계속 감소한다면, 국가가 단체협약의 적용을 받지 않는 노동자들을 위해 법률에 의한 단체협약 효력 확장 제도, 국가 수준의 최저임금제 및 기타 조치들을 통해 법률적 보호조치를 도입할 수밖에 없을 정도로 노조의 포괄성이 낮아지는 시점이 다가올 것이다. 유럽연합 지침의 중요성이 점점 커지는 것이나, 유럽사법재판소의 최근 결정들로 스웨덴 노조들이 단체협약의 적용을 확장하기 위해 파업을 사용하기가 더 어려워진 사태는, 이와 동일한 방향을 가리키고 있다. 왜냐하면 스웨덴은 유럽 차원의 사회적 권리를 모든 노동자들이 누릴 수 있도록 보장할 의무가 있는데, 만약 단체교섭이 그것을 보장할 수 없다고 한다면 입법으로 그것을 대신해야 하기 때문이다(2006년 10월 스톡홀름에서 말름베리(J. Malmberg)와의 개인적 의사소통]. 그 시점에 자율 규제와 국가 개입 사이의 균형이 변화할 가능성이 높다.[33]

---

31 스웨덴에서 사업장 단위의 노조 대표자(union representative)는 조합원들에 의해 선출되며 노조 지회의 임원이 된다. 사업장의 규모에 따라 노조 대표자들의 수는 가변적이고, 흔히 생산직, 사무직, 전문직 노동자들을 대표하는 노조 대표자들이 존재한다. 이들은 일상적으로는 사용자와의 관계에 관해 조합원들에게 정보와 조언을 주며 사업장 교섭에 직접 참여한다. ― 옮긴이 주

32 1920년에 설립된 사무기술직노동조합(SIF)은 TCO에 가맹한 사무직 또는 기술직 노동자들의 조직으로, 제조업, 건설업, 정보통신업 등 민간부문 기업들을 조직대상으로 했다. 2008년에 노조통합을 거쳐서 스웨덴에서 최대 규모(조합원 약 66만 명)의 단일노조인 민간사무직노조 (Unionen)가 되었다. ―옮긴이 주

분권화와 개별화로 임금과 노동조건에서 편차가 확대되는 것은 전후 스웨덴 노사관계의 이념적 기반을 형성하는 데 핵심이었던 연대주의를 무너뜨린다. 그래서 LO의 조율이 매우 어려워진 것도 놀랄 일은 아니다. 전문직 노동자들에 대한 그란크비스트와 렝네르의 연구는 개별화된 임금결정으로 인하여 조합원들 사이에 임금격차가 상당히 벌어졌음을 보여준다(Granqvist and Régner, 2008: 501). 또한 이러한 흐름 속에서 생산직 노동자와 사무직 노동자의 임금 차이가 최근에 확대되었고, 1993년과 2008년 사이에 민간부문에서 사무직 노동자들의 임금이 그 기간 중 4년을 제외한 모든 해에 걸쳐 생산직 노동자들의 임금보다 더 많이 인상되었다(Oliver, 2011: 556). 이것은 '산업협약'이 적용되는 업종들에서도 사실로 나타나는데, 이는 조율과 임금 평준화의 연결이 끊어졌음을 보여준다.

LO 전체적으로, 또 여성이 집중된 업종들의 저임금 노동자를 조직한 노조들에서, 임금 평준화가 아직까지는 중요한 우선순위로 남아 있는 것은 틀림없는 사실이다. LO는 교섭 과정에서 저임금·여성 노동자들에게 추가적인 임금인상을 제공하기 위한 특별보충제도에 관한 협약을 요구해왔다. 물론 LO 내에서도 이 제도를 어떻게 정의하고 실행할지에 대해서 합의를 못했지만 말이다(Kullander and Björklund, 2011). 이런 시도를 둘러싸고 노동운동 내부에서 이의가 제기되었고 혼란스러운 결과를 낳았다. 2015년 말 성별 임금격차 축소 방안에 대한 LO의 조율 실패는 LO가 임금 평준화 기능을 수행할 능력을 더 이상 갖고 있지 않음을 나타내는 것일 수 있다(National Mediation Office, 2016). 사용자들도 2008년 경제위기가 시작되기 이전에 저임금 노동자를 위한 특별보충제도에 동의할 의사가 꽤 있었다. 그러나 어떤 경우든지 간에, 그

---

33 실제로 2013년에 운수노조 위원장은 단체협약의 법률적 강제와 효력 확장을 위한 방안을 제안했는데, 이는 노동조합이, 특히 라발(Laval) 판결을 고려할 경우, 전체 산업을 포괄하는 협약을 강제하기가 점점 더 어려워지는 것에 대한 대응의 일환이었다.

것이 시행되더라도[34] 이렇게 작은 규모의 임금액이 갖는 평등주의적 효과는, 임금교섭의 분권화 및 개별화가 초래하는 비평등주의적 결과에 압도당할 것이 명약관화하다. 올리버는 전체 노동운동의 힘보다 더 중요한 요인으로 스웨덴 노조들의 특수한 조직구조, 즉 생산직 총연맹과 사무직 총연맹의 분리와 이에 따른 일반적인 임금체계의 부재가 임금 불평등의 심화를 촉진했다고 언급했다(Oliver, 2008, 2011). 사무직·전문직 노동자들의 임금결정은 근속과 성과를 강조하는 개별화된 논리를 따르는 데 비하여, 생산직 노동자들은 집단적인 형태의 임금인상을 경험할 가능성이 더 높다. 그리고 임금 평준화 원칙이 업종 수준에서 합의되더라도, 오늘날 대부분의 임금교섭이 일어나는 사업장 수준으로 가서는 그 원칙이 도전받고 약화될 가능성이 높다(Oliver, 2008: 1560). 역설적으로, 1950년대와 1960년대에 평등주의적 성과를 낳는 데 보탬이 되었던 노동조합의 조직 형태가 오늘날에는 노조 간 경쟁을 심화시키고 연대와 평등주의를 약화시키는 방식으로 진화했다.

1970년대 말에 사용자의 재량권은 전반적으로 제약 받았다. 공동결정법은 작업 조직의 대부분을 노동조합과 협상할 것을 요구했다(공동결정법이 있는 다른 많은 국가들의 경우에는 힘이 더 약하고 기업 중심적인 사업장평의회와 협상했던 것과 비교된다). 강력한 노동조합과 고용보호 법제가 결합되어 비정규 고용의 활용이 억제되었고, 정규직 고용계약은 규범이 되었으며 해고에는 정당한 사유가 요구되었다.

전후 스웨덴 노사관계 시스템의 핵심은 집중화된 정상 수준 임금교섭이었

---

34 저자들이 이 책을 집필한 이후인 2017년에 와서, LO는 저임금 노동자의 추가적인 임금인상을 위해 '저임금 특례조치(low-wage initiative)'를 단체협약 핵심요구안으로 제출했고, LO 소속 노조들은 사용자단체들과 합의를 이루었다. 협약에 포함된 저임금 특례조치는 2016년 여성 생산직 노동자 월평균 임금의 중위값인 2.4만 크로나를 분기점으로 설정하여, 2.4만 크로나 미만의 노동자들에게 월 임금 2.4만 크로나 노동자들에게 주어지는 임금인상분을 추가적으로 지급하도록 했다. —옮긴이 주

다. 그것은 기업의 지불능력 대신에 직무 특성에 기초해 임금을 결정했고, 임금 평준화를 산업 구조조정을 위한 메커니즘으로 활용했다. 또한 1960년대와 1970년대 동안에는 자동인상 및 임금연동 조항들이 단체협약의 흔한 요소가 되면서, 집중화된 정상 수준 임금교섭은 임금결정을 점점 경직되게 했다. 법률은 제한된 범위에서만 유연성에 대한 장애물로 작용했다. 스웨덴의 노동법은 반(牛)강제적이어서, 단체협약에 의한 예외인정을 허용했다. 따라서 사용자의 재량권을 제한하는 데 기여한 것은 바로 집중화된 교섭 제도와 결합된 노동운동의 힘이었다고 볼 수 있다.

30년 사이에 달라진 것은 노동법의 변화가 주된 것이 아니었다. 고용보호 법제는 비정규 고용을 보다 쉽게 사용하기 위해서, 그리고 기업별 교섭에 예외인정의 기회를 허용하기 위해서 수차례 개정되었다. 그리고 노조가 사용자에게 단체협약을 준수하도록 압력을 가하기 위하여 외국인 노동자의 사용에 반대하여 파업을 벌일 권한이 제한되었다. 그러나 적어도 원칙적으로는, 스웨덴의 시스템은 항상 "협상을 통한 유연성"을 보장했다(Anxo and Niklasson, 2006: 32). 사용자 재량권 확대의 진정한 원천은 바로 노동조합의 힘과 단체교섭 제도의 변화이다. 그래서 스웨덴의 노조들은 다양한 유연성 사안에 대해 기꺼이 협상하려고 해왔다(Nyström, 2004: 30~33). 예를 들면, 노조들은 정규직 노동자들의 임금과 비슷한 수준인 한에서 임시직 사용을 허용하는 포괄적인 협약에 서명했다. 1990년에 스웨덴의 전체 노동자 중 10%가 기간제 계약으로 일했다. 그런데 2008년에는 16.1%로 나타났다. 이 수치는 유럽연합 평균보다 2%포인트 높은 것이었다(Rönnmar, 2010: 55).

가장 중요한 것은 임금교섭의 분권화와 개별화였다. 1990년대 초반에 자동적인 임금연동제와 자동인상 조항들은 임금협약에서 제거되었고, 오늘날 임금교섭의 주된 장소는 압도적으로 기업이다. 예전에 그 장소는 전국 또는 업종 수준이었다. 업종별 협약은 이제 최소주의적 기본협약의 역할을 하는데, 그것은 쟁의행위를 제한하고 임금인상을 억제하는 데 기여하며, 기업 내에서 높은 수준의 임금 유연성을 허용하도록 해준다. 사무직과 전문직 노동자들의 경우에 임금결정은 고도로 개별화되어 있는데, 현장 관리자들이 개별적 성과 기준에 근거해 임금을 정하도록 허용한다. 물론 이것이 경영자의 일방적 재량은 아니다. 사업장 노조들은 임금결정을 감시하고 감독한다. 그러나 기업으로의 분권화와 개별화의 과정은 임금결정의 영역에서 사용자가 활용할 수 있는 유연성이 매우 크게 확대되었다는 사실을 나타내는 것이다.

5. 소결

스웨덴은 2008년에 시작된 금융 및 경제위기로부터 대체로 별 탈 없이 헤쳐 나왔다. 그리고 경제위기가 전반적인 정치경제의 궤적이나, 신자유주의적 관념과 담론의 역할을 실제로 변화시켰다는 증거는 거의 없다(Schnyder and Jackson, 2013). 1990년대 초반부터 금융산업과 복지국가, 거시경제 정책에 대한 전반적인 신자유주의적 개혁이 도입되어 이 장에서 설명한 노사관계 영역에 대한 개혁과 함께 실시되었다. 교육과 젠더 평등에서의 전통적인 강점과 더불어, 이런 개혁들이 선진 자본주의 국가들 중에서 스웨덴을 "다시 한 번 모범 사례"로 만들었다고 제시할 만한 근거도 있다(Pontusson, 2011).

신자유주의적 수렴을 논증하는 데 있어 스웨덴이 곤란한 사례라는 점을 우리는 분명히 그 누구보다 잘 알고 있다. 21세기의 첫 번째 10년이 지난 이 시점에 그 누구도 스웨덴의 노사관계를 영국이나 또 다른 전형적인 자유시장경제의 노사관계로 오인하지는 않을 것이다. 스웨덴의 노동자 10명 중 거의 9명은 단체협약의 적용을 받고 있고, 노조 조직률은 비교적 높으며, 협상은 여전히 계급관계를 관리하는 지배적 메커니즘으로 남아 있다. 또한 사용자단체들이 파업권을 제한하고 모든 교섭을 기업으로 완전히 분권화시키기 위한 급진적인 제안을 내놓았지만, 우파 정부들은 노사관계 제도를 해체하려고 하지 않았다.

그러나 오늘날의 스웨덴 노사관계 체제를 1950, 1960, 1970년대의 노사관계 체제와 같다고 말할 수는 없다. 위에서 자세히 설명했듯이, 그것은 분권화, 개별화, 탈집단화의 친숙한 과정과 함께 사용자의 재량권이 확대되는 결과를 초래하며 분명히 자유화의 궤적을 따라 변형되어왔다. 스웨덴의 노동조합들은 스칸디나비아 바깥의 노조들 대다수가 부러워할 만한 힘을 실제로 갖고 있다. 하지만 분권화는 노동의 집단적 힘을 약화시켰고 연대주의의 물질적 기반과 그 이데올로기적 힘을 훼손했다. 전후의 연대임금 교섭 모델은 개별 기업의 수익성이나 사업장 노조 지회의 힘에 상관없이, 동일노동 동일임금의 원칙에 기반한 것이었다. 이제 그 원칙은, 노동자들과 사업장 노조들이 그들의 특수한 사용자의 필요를 고려하고 유연하게 대응하도록 하는 분권화된 논리로 대체되었다. 전직 LO 협상가가 말했듯이, 이것은 "일자리를 지키기 위해 바쳐야 하는 공납물"이었고, 그에 따라 스웨덴의 노동자들은 높은 수준의 노동시간 유연성에 동의했고 일자리를 지키기 위해 임시직 사용을 용인했다(2012년 10월 4일 스톡홀름에서 예란손과 저자와의 인터뷰).

협상 과정에서 노조가 파업을 벌일 수 없고, 작업장에서 노련한 노조 대표자가 없어지며, 기업 수준에서 예외인정을 허용하고, 노조 조합원이 (특히 다음 세대의 노동자들에서) 감소하고 있는 상황에서, 과연 교섭을 분권화한다는 게 무엇을 의미하는지 질문하는 것은 타당한 일이다. 개별화된 임금결정 제도의 확산을 함께 고려할 때, 이것은 많은 곳에서 노조의 역할이 실제 협상을 하는 게 아니라 사업장 협약의 실행을 '감시하는' 것임을 말해준다(Ahlberg and Brunn, 2015: 131).

지난 15년 동안 스웨덴에 도입된 노사관계 체제는 두 가지의 주된 요소를 결합한 것이다. 첫째, 주로 사용자단체와 국가의 조정기구가 주도한 업종별 조율은 수출 부문의 경쟁력 유지를 위한 엄격한 임금 규준이 경제 전반에 시행되도록 작동한다. 조율된 교섭은 임금인상을 억제하는 기능을 하고 이를 내수 부문에 전이되도록 한다. OECD에 가입한 13개 회원국들을 비교한 연구에 따르면, 놀랍게도 강력한 노동운동이 존재하는 스웨덴이 1980년 이후 25년 동안 임금몫이 가장 많이 하락한 국가로 나타났다(Peters, 2011: 92).[35] 둘째, 교섭의 분권화와 개별화는 연대주의를 대체했고, 노동자 및 기업 간 임금 차이를 더 커지게 했으며 노동의 배치와 작업 조직에 있어서 사용자에게 더 많은 유연성을 허용했다. 이 과정은 공공부문과 사무직 노동자들에게 훨씬 큰 영향을 미쳤지만, 제조업의 생산직 노동자들에게도 일어나고 있다.

대개 제도 변화는 기존 제도의 완전한 파괴와 새로운 제도의 구성을 통하여 일어나지 않았다. 정상 수준 교섭과 삼자 코포라티즘의 주요 기구들은 1980년대 말 사용자들의 전면적인 공격을 받았고 대개 사라졌다.[36] 또한 오랫동안 스웨덴 노사관계의 일부로 존재했던 조정(mediation) 제도가 이전보다 훨씬 중요한 역할을 차지하게 된 것처럼, 제도들의 위계에서도 일정한 변화가 있었다. 그러나 조율된 교섭의 기능이 분권화와 개별화를 통해서 임금결정에 유연성을 허용하는 제도로 변형된 것처럼, 보통 제도 변화는 전환을 통해 일어났다.

조율된 분권화 — 이를 통해 기본협약 안으로 분권화된 교섭이 확고하게 포함된다 — 는 조정시장경제에서 그리고/또는 자유화 조치의 실행을 위해 조직 노동의 동의가 요구되는 국가들에서, 노사관계 자유화를 위한 메커니즘으로 쓰이곤 했다(Traxler, 1995). 스웨덴도 예외가 아니었고, 다른 곳과 마찬가지로 스웨덴에서 조율된 분권화는 임금 유연성, 임금 안정화 그리고 임금 평준화의 목표들 사이의 상충관계를 수반했다(Ibsen, 2012). 이 장에서 우리는, 실질적

---

35 1980년 이후의 순부가가치 중 노동의 몫이 하락한 추가적인 증거는 벵손(Bengtsson, 2013, paper 1)을 보라.

36 삼자협의 기구들이 없는 가운데에서도, 노조와 사용자단체의 정상 조직들은 노동시장 유연성과 같은 임금 이외 사안들에 대해서 여전히 정기적으로 협상한다.

인 분권화가 정말로 일어났고, 더 나아가 분권화의 형태, 즉 '산업협약' 체제가 임금 평준화를 희생하고 임금 유연성과 임금 안정화를 우선시하는 경향이 있었음을 입증했다.

실렌은 오늘날의 스칸디나비아 정치경제가 자유화의 특수한 궤적, 즉 보다 평등주의적인 형태의 자본주의를 산출하거나 그것을 가능하게 하는 "배태된 유연화(embedded flexibilization)"의 전형적 사례라고 주장했다(Thelen, 2012: 146).[37] 확실히 스웨덴은 대부분의 선진 자본주의 국가들과 비교하여 불평등이 덜하고 빈곤율이 낮다. 그러나 스웨덴은 지난 20년 동안 불평등이 급속하게 증가한 국가로 주목받는다. 1985년에 스웨덴은 90 대 10 및 80 대 20의 소득비율이 OECD에서 가장 작은 국가였지만, 1985년에서 2002년 사이에 소득 불평등도의 증가율이 다섯 번째로 높았다(Oliver, 2008: 1563~1564). 1980년대 초반부터 2000년대 후반까지, 하위 10분위의 가구소득은 OECD 평균보다 더 느리게 상승했지만(연평균 0.4% 대 1.3%), 상위 10분위의 가구소득은 더 빠르게 상승했다(연평균 2.4% 대 1.9%)(OECD, 2011: 23, 표 1). 시장소득의 불평등은 1980년대 중반부터 1990년대 중반까지 가장 급격한 증가세를 보이다가 이후 안정세를 보였다(OECD, 2011: 270, 표 7.3).[38]

그러나 우리의 목적에 비추어 중요한 것은 노사관계 제도가 더 이상 예전에 그러했던 것처럼 평등주의적 속성을 갖지 않는다는 점이다. 이와 더불어 (시장소득의 불평등을 상쇄해주는) 조세와 이전소득의 '불평등의 완충' 효과가 1990년대 중반 이후 감소했는데, 이는 주로 조세 제도의 변화 때문이었다(OECD, 2011: 271). 그럼에도 불구하고, 스웨덴은 여전히 노동시장 내부에서

---

37 실렌은 덴마크와 스웨덴의 경험을 구분하는 보다 정교한 설명을 제시하며, 스웨덴 정치경제의 평등주의적 전망에 대해서 덴마크와 비교하여 비관적인 견해를 내놓았다(Thelen, 2014: 5장).

38 저자들은 스웨덴의 불평등 증가의 시기와 자료 출처를 이해하는 데 요나스 폰투손과의 의사소통에서 큰 도움을 얻었다.

시장 영역 및 사용자 재량권의 확대와 더불어, 노동시장 외부에서 사회적 보호와 물질적 보상이 공존하는 '유연안전성(flexicurity)'의 전형적 국가라고 볼 수 있다. 바카로와 폰투손은 스웨덴이 강력한 공공부문을 통한 소비주도 성장과 수출 부문의 임금인상 억제를 통한 수출주도 성장이 결합된, 특수한 성장모델을 발전시켰다고 말했다(Baccaro and Pontusson, 2015: 28). 이것이 바로 이 장에서 서술한 제도 변형에 의존한 성장모델이다. 적어도 1990년대 이후에 스웨덴 노사관계는 의심할 여지없이 자유화를 향한 궤적을 따라 움직였고, 그 무게 중심이 집중화에서 분권화로, 경직성에서 유연성으로 이동했다.

9장

행위자, 제도, 경로
서유럽 노사관계의 자유화

5개국은 분명히 제도의 형태와 제도의 진화 경로에서 뚜렷한 다양성을 보여주지만, 국가별 특수성의 배후에는 공통의 방향성이 있는 것으로 보인다. 이 장은 5개국의 사례들에서 나타난 제도 변화의 메커니즘에 관련된 증거와 함께 노동, 기업 및 국가의 역할을 분석한다.

1. 제도 변화의 경로

앞선 5개의 장에서 살펴봤듯이, 5개 국가들에서 공통적으로 제도 변화의 신자유주의적 궤적이 나타났고 노사관계 제도의 실질적인 자유화가 일어났다. 이것은 임금결정, 작업 조직, 채용 및 해고의 세 영역에 걸쳐 사용자 재량권이 확대되는 결과를 낳았다. 그러나 공통점(예를 들면, 노조 조직률의 하락)도 있지만, 각국은 자유화를 향해 조금씩 다르게 움직였다. 이러한 차이는 국가들마다 사용자 재량권 확대의 장애물이 어느 정도 달랐다는 사정을 반영하는 것이다. 즉, 자유화의 장애물이 주로 법률이나 국가 규제에서 비롯되었는지, 아니면 노조와 사용자단체의 집단적 규제에서 비롯되었는지에 따라 국가 간에 차이가 나타났다. 후자의 경우에 집단적 규제력이 전국 수준의 중앙조직에서 비롯된 것인지, 아니면 작업장에 배태된 힘에서 출현한 것인지에 따라 또다시 차이가 발생했다. 그리고 사용자들에 부과된 경직성과 제약의 다양한 원천들에 직면한 가운데, 정부를 구성한 정당들의 성향, 사회갈등과 노사갈등에 대한 우려, 그리고 무엇보다 계급 행위자들이 행사하는 권력자원 등의 요인들 모두가, 대안적인 변화의 방법을 찾지 않고 차라리 노사관계 시스템에 전면 공세를 펼치길 원하는 이들의 의지에 영향을 주었다.

우리가 자세히 검토한 국가별 사례에는 넓게 보아 제도 변화에 대한 세 가지 접근법을 확인할 수 있다. 첫째는 규제완화(deregulation)인데, 이는 과거에 집단적 규제를 뒷받침하며 사용자의 재량권을 제한했던 법률을 바꾸는 것이다. 대처리즘 시기 영국에서는 노동자나 노조에 어떠한 보상도 주지 않고 규제완화가 이루어졌다. 신노동당 집권기에는, 집단적 규제의 해체가 노동자들에 대한 제한적인 법적 보호 조항들로 일부 벌충되었다. 이탈리아에서는 정상 수준 교섭이 규제완화에 대한 암묵적 동의를 얻기 위한 메커니즘으로 활용되었고, 프랑스에서 규제완화를 정당화하는 데 활용된 것은 사업장 교섭의 확대였다. 이러한 접근법은 단지 노동시장의 규제완화에만 관련된 게 아니라, 노조나 단체교섭 그리고 노동자들의 단체행동 참여권에 대한 법률적 지원의 폐지와도 관련되었다. 예를 들면, 스웨덴에서 겐트 제도가 약화되었고, 영국과 프랑스에서 노조에게 주던 보조금과 사업장 수준의 여러 지원책들이 축소되었다.

우리가 다룬 사례들에서 꽤 널리 사용된 두 번째 접근법은 예외인정(derogation)이었다. 이는 기존 제도를 공식적으로 폐지하거나 대체할 필요 없이 노사관계의 자유화를 허용하는 방법이다. 예외인정은 대개 제도에 대한 전면 공격에 비해 수용 가능성이 높고, 비상조치라는 이유로 또는 면밀하게 통제된 조건하에서의 제도 변화라는 이유로 그 도입을 정당화할 수 있었다. 독일에서 유연성 추구와 연계된 개방조항의 출현은 노동법 적용의 예외를 인정함으로써 이루어졌고, 프랑스에서는 사업장 단위의 사회적 대화를 통해 예외인정이 이루어졌다. 또한 스웨덴의 경우에, 업종별 협약과 결국에는 기업별 협약을 통해 비정규 고용에 대한 법적 제한으로부터 예외가 인정되었다. 이런 일들은 노사관계 제도의 공식적인 재구성 없이도 사용자의 재량권을 확대한 실례들이다. 그리고 이 모든 일들은 애초에는 매우 제한된 조건이나 한정된 시기에만 적용되는 관행으로서 나타났지만, 그 후 빠르게 노사관계 지형의 영속적 특성으로 굳어졌다.

세 번째 접근법은 제도 전환(conversion)으로, 우리의 사례들 중에 일부 국가에서 두드러졌다. 그것은 공식 제도의 연속성이 제도의 기능 변화를 가리면서 사용자 재량권이 확대된 것이다. 이에 해당하는 적절한 예로 독일의 사업장평의회와 프랑스의 기업위원회가 수행한 역할을 꼽을 수 있다. 이 기구들은 과거에 집단적 규제에서 노동조합의 지배적 역할을 지원하는 부차적 제도였지만, 노조가 약화되고 노동법이 변화하는 상황에서 점차 전체적인 노사관계 시스템으로부터 기업을 분리시키고 노동자들의 이해를 사용자의 이해에 보다 긴밀하게 묶어두는 데 기여했고, 사실상의 기업별 노조주의를 촉진하게 되었다. 이와 비슷하게, 한때 연대주의를 달성하는 메커니즘이자 노동자에게 임금인상을 가져다주는 제도였던 정상 수준의 사회적 협의는, 스웨덴에서 교섭 분권화를 촉진했고, 이탈리아에서 긴축과 규제완화를 정당화하고 기업 내에 단단하게 자리 잡고 있던 노동자 권력을 무너뜨리도록 부추기는 역할을 했다. 즉, 두 사례에서 모두 정상 수준 중앙교섭은 사용자의 재량권을 확대하고 자유화의 장애물을 극복하는 메커니즘이 되어버렸다.

이제 제도 변화의 여러 메커니즘들이 우리의 국가별 사례에서 어떻게 나타났는지 살펴보도록 하겠다. 프랑스에서 자유화의 주된 장애물은 노동시장을 법률적으로 규제하고 단체교섭을 법률로써 뒷받침하던 국가였다. 격렬한 노동자 시위에도 불구하고, 프랑스에서 노동의 힘은 여전히 약하게 제도화되어 있었다. 사업장 구조조정이 평조합원들이 보기에 일말의 정당성이라도 갖추며 이루어지도록 하는 게 핵심 문제였다. 새로운 형태의 작업 조직을 만드는 일에는 그들의 적극적인 협조가 필수적이었다. 제도 변화의 실제 메커니즘은 기업으로 교섭 분권화를 촉진하는 것이었는데, 이는 유연성 확대를 협상을 통한 변화와 맞바꾸고 기업 내에 법적 의무조항을 신설함으로써 이루어졌다. 프랑스의 노동조합들이 사업장 수준에서는 고질적으로 취약한 상태였기 때문에, 국가는 아무것도 없는 상태에서 새로운 집단 행위자를 창출하기 위해 개입했다. 이 새로운 행위자들이 작업장 변화에 대해 협상하고 그 과정에 정당성을 부여할 것이라고 기대되었다. 동시에 국가는 법률 및 단체협약 규칙들의 예외인정 가능성을 넓혔고, 이를 통해 사업장 수준의 다양한 규제 제도를 잡다하게 늘렸다. 시간이 지나고 노조가 지속적으로 약화되면서, 노사관계 시스템의 미시코포라티즘 요소들(기업위원회와 종업원 총투표)이 더 중요해졌다. 프랑스 국가는 노사관계의 자유화를 달성하기 위한 메커니즘으로 기업 수준에서의 예외인정과 국가 수준에서의 사회적 협의를 활용했다. 다른 4개국과 비교해보면, 프랑스의 제도 변화는 기업 내부에 전반적으로 새로운 노사관계 제도들의 구축을 수반했다.

이와 반대로 영국에서 자유화의 제일 큰 장애물은 국가가 아니었다. 오히려 그것은 1890년대에 자리를 잡은 이후 1950년대 후반부터 기업 수준으로 점점 분권화되었던 집단적 규제 시스템이었다. 노동법은 노동시장을 직접 규제하는 데 있어서 상대적으로 작은 역할을 했다. 노사관계 자유화의 메커니즘은 집단적 규제 제도와 그것을 강제하는 수단을 적극적으로 해체하는 것이었다. 무엇보다 이것은 탈집단화(즉, 노동조합 자체의 약화)와 노사관계의 개별화를 수반했다. 1980년대의 보수당 정부는 노동법 개혁, 긴축적인 거시경제 정책, 구조조정과 공공서비스 민영화를 결합함으로써 노사관계 시스템을 자유화하고 규제완화를 추진했다. 5개국 중에서 영국은 노사관계 제도 자체가 완전히 재구성된 가장 분명한 사례이다. 영국에서는 기존의 집단적 규제 시스템이 아주 빠르게 파괴되었고 전반적으로 개별화된 노사관계 시스템에 의해 대체되었다. 그 이후 집권한 노동당 정부는 보수당 정부의 입법 및 정책의 기본틀을 근원적으로 변경하지 않았고, 단지 입법을 통해 노동자들이 직장에서 누리는 개인의 권리를 강화함으로써 미세하게 조정했을 뿐이다. 직장에서의 개인의 권리를 중요하게 다루는 유럽연합이 이 과정에 영향을 미쳤다. 법정 노조승인 조항의 도입을 제외하면, 집단적 권리를 강화하려는 시도는 아무것도 없었다. 그런데 노조 결성의 권리조차 긍정적 자유와 부정적 자유 사이의 타협(후자는 노동조합에 가입하지 않을 자유를 함축한다)이라는 자유주의의 용어로 해석되었고, 그 권리는 (미국의 사례와 유사하게) 사업장 투표에서 과반수 획득 여부에 달려 있게 되었다.

독일에서 노사관계 자유화의 장애물은 부분적으로는 고용보호 법제와 같은 법률이었지만, 주된 장애물로 작용한 것은 산업별 협약이 그 핵심을 차지하는 집단적 규제 시스템이었다. 이 시스템은 기능적 유연성을 제공했지만, 수량적 유연성은 허용하지 않고 임금 경직성을 초래하는 것이었다. 제도 변화의 메커니즘은 (영국과 프랑스의 경험에서 특징적이었던) 전면적 공세나 새로운 제도의 구축이 아니었다. 독일에서 그것은 침식, 규제완화, 전환 그리고 산업별 교섭에서 기업이 선택적으로 이탈할 수 있는 비상구의 창출이었다. 모든 지표들은 집단적 규제 시스템이 심하게 침식되었음을 보여준다. 단체협약 적용률은 하락했고 노조 조합원은 감소했다. 전통적으로 독일 모델의 방어벽이었던 사용자단체들도 하락세였지만 노조보다는 사정이 조금 나을 수 있었는데, 이는 회원사들이 산업별 교섭에 의해 설정된 임금률을 따르지 않고도 회원자격을 유지할 수 있게 사용자단체가 허용했기 때문이었다. 게다가 수많은 합법적 또는 위법적 관행을 통해 단체교섭은 기업 수준으로 더 분권화되었고 기업들은 단체교섭 조항으로부터 선택적 이탈을 할 수 있게 되었다. 사업장평의회의 기능은 전환되어서 산업별 교섭 시스템을 뒷받침하기보다 그것을 약화시키는 기능을 했다. 국가도 2000년대 중반 하르츠 개혁으로 일방적인 노동시장 규제완화를 추진하는 역할을 했다. 독일은 기본적으로 탈산업화, 표류, 이중화 가운데 어느 하나를 경험한 게 아니다. 다시 말하면, 전통적인 독일 노사관계 제도들이 제조업 핵심부에서는 살아남았지만 서비스 업종에서는 사라졌다거나 아예 그 업종에서는 애당초 나타나지 않았다는 식으로 평가될 수는 없다. 오히려 산업별 교섭 시스템은 제조업 핵심부에서 허점이 가득하고 내용이 텅 빈 채 점점 더 엉망이 되어가고 있었고, 경제의 나머지 부문에서는 그 형태조차 존재하지 않는 상태가 되었다고 보는 게 맞다.

단체교섭의 재집중화를 경험하여 언뜻 보기에 자유화 경향을 거스르는 것처럼 보였던 이탈리아와 스웨덴에서도, 새로운 형태의 집중화된 제도들은 과거와 비교해 다른 특성을 보였고, 더 중요하게는 매우 상이하게 기능했다. 이탈리아의 정부와 사용자들은 '뜨거운 가을' 이후에 만들어지고 부분적으로 작업장의 노동계급의 힘에 의해 유지되는 노동시장 경직성에 직면했다. 피아트 사는 예외였지만, 사업장 노조와 대결해서 이러한 경직성에 도전하려고 시도한 기업은 거의 없었다. 이로 인하여 자유화는 하향식 경로를 따랐는데, 이는 현장 노동자들의 힘을 무력화하는 방식으로 시스템 전반적인 제도 변화를 꾀하기 위해 국가 수준의 정상 교섭을 활용하는 것이었다. 1980년대에는 임금 경직성을 줄이는 데 초점이 맞추어졌다. 1990년대에 출현한 집중화된 형태의 교섭은 정부의 개혁 드라이브를 지원하는 일종의 비상상황의 코포라티즘(emergency corporatism)이었다. 이를 통해 대개 시장 순응적이고 인기 없는 거시경제정책, 사회정책 및 노동시장 개혁들이 실행되었다. 이러한 위로부터의 변화는 애초에 단체교섭의 이중 체계를 기업과 산업 수준에 더욱 확장하는 것을 목표로 했지만, 사업장 수준으로의 교섭 확장은 노동조합이 이를 해내기에는 너무 약했기 때문에 실현되지 못했다. 그리하여 역설적이게도, 집중화된 교섭이 이탈리아에서 노사관계 자유화의 메커니즘이 되어버렸다. 사회적 협의는 원래 1970년대에 노동자와 노동조합이 쟁취해낸 도구로 기능했던 것에서 그 용도가 변경되었다. 2000년대 무렵, 특히 2008년의 경제위기 이후에 비정규 노동의 사용에 대한 규제완화, 교섭의 분권화, 예외인정의 확대 등이 사회적 협의의 중요 사안으로 등장했다. 경제위기의 충격 속에서 양보적 코포라티즘마저 포기되었고 분권화가 그것을 대체하게 되었다.

1980년대 중반 무렵 스웨덴에서 노사관계 자유화의 장애물은, 구속적인 노동시장 규제 그리고 임금결정 및 작업 조직에서 사용자의 재량권을 심대하게 제한하는 집단적 규제 모두에 존재했다. 그러한 집단적 규제 시스템은 국가 및 사업장 수준 모두에서 강력한 힘을 지닌 노동조합운동과 파업권에 거의 아무런 제한도 부과하지 않은 노동법을 그 기반으로 했다. 스웨덴에서 제도 변화는 1990년대 후반 단체교섭 시스템의 재집중화, 노사갈등을 조정(mediation)하는 새로운 제도의 구축, 그리고 노동시장 규제를 일부 완화하는 입법 등을 통해 일어났다. 그러나 조율된 다업종 교섭의 부활은 예전의 연대임금 교섭을 의도한 것도 아니었고, 또 그런 결과를 낳지도 않았다. 오히려 새로운 조율된 교섭의 특징은 중앙에 최소한도의 역할을, 즉 임금인상의 상한선을 설정하고 사업장 교섭에 평화 의무를 부과하는 역할을 남긴 것이었다. 이 과정에서 새로운 교섭 체제는 '스웨덴 모델'의 전성기와 비교해 더 분권화되고 심지어는 개별화된 교섭을 허용했다. 점점 더 사업장의 상황에 따라 임금이 결정된다는 점에서, 이것은 연대주의와는 완전히 정반대였다.

우리는 선진 자본주의 노사관계 시스템의 전개 양상의 본질이, 그 제도 형태가 상이함에도 불구하고, 명백히 신자유주의적 성격을 지닌다고 주장했다. 그것은 노조의 전반적인 약화 또는 노조를 대체하는 다른 집단적 행위자들의 출현, 협약 적용 범위의 축소, 규제에 관련된 문제들의 기업 수준으로의 이전, 시장 상황의 이질성에 조응하는 교섭 조항들의 이질성 증가 등을 수반했고, 이 모든 것들은 사용자의 재량권 확대라는 효과를 낳았다. 영국, 프랑스, 독일의 사례에서 노사관계는 주로 제도의 공식적인 또는 사실상의 규제완화 과정을 통해 자유화되었다(예외인정은 사실상의 규제완화를 산출했다). 이탈리아와 스웨덴에서 노사관계는 제도의 규제완화보다는 제도 전환의 과정을 통해 자유화가 진행되었다. 이 두 나라에서는 집중화된 또는 조율된 교섭 제도가 신자유주의적 정책 지향을 실현하고 기업 수준에서 더 많은 유연성을 가능케 하도록 재편되었다.

2. 사용자와 노동조합

1970년대 말 이후부터 서유럽 전역에서 주요 계급 행위자들 간에 힘과 영향력의 균형에 뚜렷한 변화가 생겼다. 즉, 힘이 약화되고 분열된 노동조합은 다시 힘을 얻으며 급진화된 사용자를 대면했다. 노동자들은 사용자를 제재하기 위해서만이 아니라 우선적으로 노동의 이해관계를 정의하기 위해서 집단행동과 집단적 조직이 필요하다. 따라서 집단적 조직은 항상 자본보다는 노동에게 더 중요한 것이다(Offe, 1985: 7장). 이에 비해 사용자들에게 집단적 조직이 가져다주는 이득은 이차적이고, 이해관계는 시장을 통해 그들에게 피드백이 되며, 채용하지 않거나 투자하지 않는 단순한 행동만으로도 노동자들을 제재하기에 충분하다. 결국 사용자들은 그들의 정상 수준 조직이나 업종별 단체를 해산하고 교섭 테이블을 비우는 것만으로도 교섭의 분권화를 촉진할 수 있는 것이다. 이로 인하여, 5개국 모두에서 그러했듯이, 전반적인 탈집단화 과정은 사용자들보다는 노동자들의 권력 행사에 더 치명적인 효과를 미친다.

그렇긴 하지만, 과거로부터 물려받은 노사관계 제도에 도전하려는 사용자단체들의 의지가 더 강해지고 그들이 더 정치화되는 일반적인 경향도 나타났다. 최근에 슈트렉이 상기시켰듯이(Streeck, 2014: 18), 사회과학자들은 노동을 정치적·전략적 또는 경제적 행위자로 재빠르게 인식해서 1970년대 이래로 노조의 전략이나 '정치적 교환' 그리고 정당-노조 간 연계에 대해 다채롭게 연구했다. 하지만 (위에서 지적했듯이) 특히 기업의 권력 행사에서 집단적 조직이 덜 결정적이었기 때문에, 사회과학자들이 사용자들을 이와 유사한 존재로 인식하는 일이 지체되었다. 우리가 다룬 거의 모든 국가들에서, 자유화가 한층 진전되는 방향으로 국가의 노사관계 시스템을 실질적으로 변화시키고자 하는, 자신감에 넘치고 보다 정치적으로 행동하는 사용자 계급이 이 책에서 다루는 시기 동안 출현했다. 프랑스와 스웨덴의 경우에 이러한 변동은 기업가단체의 개명과 이미지 쇄신에서 상징적으로 드러났다. 이 단체들은 사용자들을 대표해 단체교섭의 대리인 역할을 하는 주된 기능에서 벗어나, 기업가정신을 고취하고 국가를 상대로 로비하는 역할을 강조하는 단체로 변신했다. 그러나 조직의 공식적인 변화가 없었던 곳에서도, 사용자단체들은 보다 명시적으로 신자유주의 담론을 채택했고, 오랫동안 유지되어온 노사관계의 요소들을 재론하고 그에 반대하려는 의지를 매우 강하게 내보였으며, 노조와의 협상을 통해 그들이 원하는 바를 얻을 수 없을 때에는 자유화를 향한 국가의 지원을 구했다.

1장에서 언급했듯이, '자본주의의 다양성' 접근은 이것을 예상하지 못했다. 그 예상대로라면 합리적인 사용자들은 비교우위를 제공하는 제도를 지키려고 할 것이기 때문에, 자유시장경제와 조정시장경제의 사용자들은 다르게 행동하고, 노사관계 제도에 대한 전면 공격보다는 기껏해야 점진적인 제도 변화가 기대되었다. 이 책의 초반부에서 우리가 주장했듯이, 이러한 기대를 의심할 만한 이유가 존재한다. 첫째로, 성장모델의 변화가 사용자의 이해관계를 변화시켰다(특히 그것은 집단적 규제 제도에 대한 사용자들의 지지와 투자를 감소시켰다). 둘째로, 그러한 기대는 사용자들의 일반적 이해관계와 행동을 잘못 해석했다(Kinderman, 2014). 에메네거가 주장하듯이, "자본주의의 다양성 이론과는 반대로, 고용보장에 관련된 규제는 자본과 노동 간의 세력균형의 향배를 근원적으로 좌우한다"(Emmenegger, 2015: 90). 또한 서유럽의 고용보장 규제에 대한 그의 자세한 역사적 연구에 따르면, 주로 사용자와 노조 양측이 동원 가능한 권력자원에 따라 그 규제가 얼마나 구속력이 있는지가 결정된다

(Emmenegger, 2014). 우리는 이와 동일한 권력자원의 관점에서 노조 권력이나 국가에 의한 제약이 없다고 가정하면, 사용자들이 일반적으로 노사관계 제도의 자유화(이것은 기업 수준에서 사용자 재량권의 확대로 조작적으로 정의된다)를 추구할 것으로 예상한다. 따라서 노동과 자본 간의 상대적 세력균형이 자유화의 속도, 규모, 범위를 결정할 공산이 큰 것이다.

우리가 보았던 국가별 사례 연구의 증거들은 사용자들의 일차적 선호가 일반적으로 노사관계 제도의 자유화라는 주장과 일치한다. 즉, 규제완화, 분권화와 개별화, 기존 제도의 전환은 사용자의 재량권을 확대하는 방식으로 기능했다. 그것은 사용자들의 "잠재된 소망"이었는데(Ibsen et al., 2011: 336), 정치적 기회구조와 노동자 조직의 저항 능력이 변하자 그 소망이 표면으로 떠올랐다. 이 점에서 영국과 스웨덴은 대조적이다. 영국에서 주요 사용자단체는 처음에는 노동조합과의 갈등을 무릅쓰며 행동하길 주저했고 노사관계 영역에서 매우 급진적인 대처 정부의 시도에 공개적인 우려를 표명했다. 그러나 노사관계를 재편하는 사용자들의 능력을 지속적으로 보호하기 위해 정부가 개입할 의사를 분명히 하고, 노조가 힘이 약해서 저항에 나서길 망설이는 게 드러나면서, 영국산업연맹(CBI)과 사용자들은 집단적 규제의 주변화가 초래하는 상황 변화에 재빨리 편승했다. 스웨덴의 경우에, 사용자들은 기업 수준으로의 분권화와 노동시장 규제완화를 더 선호했지만, 그들은 부르주아 연립정부마저 파업권을 제한할 의사가 없고 노동운동의 힘이 여전히 강력한 상황에 직면했다. 그러자 사용자들은 비교적 점진적인 규제완화에 만족했고, 임금 상한선을 설정하고 실제 임금결정의 광범위한 분권화를 야기한 다업종 협약의 '산업협약' 시스템을 받아들였다.

지난 30년 동안 노사관계의 전체 모습에서 변화가 나타난 핵심적 부분은 당연히도 노동운동의 약화이다. 2장의 양적 자료는, 비록 그 속도와 출발 지점이 다르지만, 서유럽의 노조 조직률이 거의 보편적으로 하락했다는 점을 보여주었다. 폰투손은 적어도 세 번의 노조 쇠퇴의 물결을 확인했는데, 각각의 물결은 상이한 국가 그룹과 연관되었다(Pontusson, 2013: 800). 조직률 하락은 조합원 수의 감소를 넘어서 노조의 조직적·정치적·경제적 힘과 같은 노동의 주요 권력자원 모두를 시험대에 오르게 했다. 노동운동은 조직적 해체와 분열로 고통을 받았고 미몽에서 깨어나며 시련을 겪었다. 어쨌든 유럽에서 노조의 힘이 여전히 가장 강력한 스웨덴에서 '트라우마를 겪은' 노동조합이라는 표현이 사용되는 것은 서유럽 전역의 상황을 타당하게 묘사한 것으로 일반화할 수 있다.

노동조합의 쇠퇴에 대한 문헌은 매우 많고, 일정한 간격을 두고 여러 차례 이루어진 비교연구의 성과들이 노조 쇠퇴의 규모와 노조의 효과적인 대응 노력을 국가별로 기록했다(대표적인 연구로 Ferner and Hyman, 1992; Frege and Kelly, 2004; Gumbrell-McCormick and Hyman, 2013; Martin and Ross, 1999를 보라). 연달아 출간된 이 책들을 보면, 노조의 효과적인 전략적 대응에 할애된 분량은 점차 줄어들었고 구체적인 성과를 기록한 부분도 적어졌다. 우리가 다룬 5개국 사례들은 국가별 노동조합운동들이 예외 없이 기존의 노사관계 제도를 방어하는 데 힘을 쏟으며 가까스로 버텨내고 있지만 대개 실패하고 있다는 사실을 보여준다. 영국과 스웨덴처럼 전통적으로 자발주의적 관점을 지닌 노동운동들도 조직적으로 약해지자 국가에 보호를 요청하지 않을 수 없게 되었지만, 사회민주주의 성향의 중도좌파 정부들의 태도는 집단적 규제를 적극적으로 지지하려는 것에서 점점 멀어져 갔다. 독일, 이탈리아, 프랑스에서 드러난 것은 중도좌파 정부들조차 노동시장의 규제를 완화하고 예외인정과 분권화된 교섭을 촉진할 의지를 갖고 있었다는 점이었다.

또한 노동운동은 내부 분열로 인하여 노사관계 제도의 자유화 공세를 세차게 벌인 사용자와 국가에 대응할 능력이 취약해졌다. 부분적으로 이러한 내부 분열은, 스웨덴의 경우에 사무직 노총의 영향력 증대와 LO의 발언력과 조율 역할의 감소처럼, 조직된 노동자들의 이질성 증가를 반영하는 것이다. 또 부분적으로는 독일과 영국 노조들의 분열에서 보듯이 수출 부문과 내수 부문 노동자의 이해관계의 상이성을 반영하는 것이기도 하다. 또한 그것은 일정하게는 이탈리아와 프랑스의 노조들이 집단적으로 행동하지 못하고 사용자와 국가의 분할지배 전략을 허용하는, 노동운동의 이데올로기 분열의 유산 때문이기도 하다. 그 이유가 무엇이든지 간에, 지난 30년 동안 각국의 노동조합들은 그들이 건설하는 데 기여했던 기존의 노사관계 시스템에 휘몰아친 엄청난 도전에 직면하여 시련을 겪었다.

프랑스에서 사용자들의 급진화와 정치화는 부분적으로 오루법과 오브리법의 위협을 인식하면서 추동되었다. 전국사용자위원회(CNPF)가 프랑스기업운동(MEDEF)으로 자체 전환하면서 이 단체는 신자유주의 담론을 채택하게 되었다. 2000년대 초반부터 시작된 MEDEF의 '노사관계의 재건' 계획은 전통적으로 국가 통제적 노사관계에서 벗어나 자율적인 노사관계를 추구하겠다는 선언이자 이를 위한 정책 의제였다. 그것은 기존의 노사관계에서 이탈하여 사용자가 민간부문에서 조합원을 거의 갖지 못한 노조들과 예외인정을 허용하는 협약을 맺으려는 목표를 추구했다. 비노조 노동자 대표 기구들과의 (국가에 의해 승인되는) 기업별 협약에 더 많이 의존하게 된 것은 사용자들의 일방성에 더 힘을 실어준 것이었다. 그러나 노조가 참여하는 전국 교섭에서도, 노조의 분열로 말미암아 정부와 MEDEF는 대개 협약 체결을 보증하기에 충분한 수의 서명을 노총들로부터 받아낼 수 있었다. 프랑스 제2 노총(CFDT)의 '개혁만능주의'는, 대표성을 갖춘 소규모의 다른 두 노총들의 전통적인 개혁주의 노선과 합해지며, 노사관계·노동시장·사회복지 개혁에 대한 일련의 전국 협약을 가능하게 했고 그 협약들은 이후 입법화되었다.

1970년대 영국의 사용자들에 대한 여러 조사연구를 보면, 사용자들은 분권화된 기업 수준의 노사공동 규제에 상당히 만족하고 있었고 노사갈등의 발생을 두려워하고 있었다. 어쨌든 도노번 위원회의 진단은 비공인 파업을 제한하고 작업장의 통제권을 회복하기 위한 메커니즘으로 노조와의 공식적인 교섭 제도를 강화할 것을 고려했었다. 그러나 1980년대에 들어와 보수당의 수많은 노사관계 개혁 패키지가 연달아 시행되어 안착하면서, 사용자들은 노동자들과의 관계를 재형성하는 데 점차 자신감을 갖게 되었다. 정기적인 사업체 노사관계 조사들에 따르면, 사용자들이 가장 선호하는 것은 법적·집단적 규제의 제약 없이 사용자의 통제하에 종업원들과 직접 소통하는 것이었다. 1990년대부터 CBI는 프랑스의 MEDEF와 비슷하게 급진화되었고, 파업과 유럽연합 지침의 적용을 추가적으로 제한하라고 요구했으며, 노사관계의 개별화를 자신들이 선호하는 변화의 궤적으로 강조했다.

그러는 동안 영국의 노동조합은, 자신들의 힘이 자발주의 이데올로기의 강력함보다는 거의 100년 동안 집단적 규제를 지원한 공공정책에 훨씬 더 많이 의존하고 있었다는 점을 깨달았다. 노동조합은 완강한 국가를 대면했고, 노동운동의 취약한 총연맹 구조, 전국 노조들의 분권적 특성, 그리고 전략·전술을 둘러싼 분열(1984~1985년 광부파업에 대한 대응에서 가장 분명하게 나타났다) 등의 이유로 집단적으로 행동할 수 없었다. 그렇기 때문에 노동조합은 그들에 대한 맹공에 저항할 능력이 없다는 게 드러났다.

독일은 여러모로 정치경제에 대한 자본주의의 다양성 접근에서 조정시장경제의 전형을 보여주는 '증거물 제1호' 같은 나라였다. 5장에서 제시된 증거들은 자본주의의 다양성 이론의 예상과는 달리 서비스산업과 함께 제조업 핵심부에서도 노사관계의 자유화가 매우 많이 이루어졌음을 보여주었다. 또한 독일의 경험은 사용자들이 기존의 정치경제 제도를 수호할 것이라는 기대에 의구심을 던진다. 물론 사용자들이 질적인 사안에 관한 교섭을 더 많이 강조하게 된 1980년대의 변화를 주도한 것은 아니었지만, 효과적으로 교섭의 구성요소들을 기업 수준으로 분권화시켰기 때문에 그들은 그 변화를 환영했다. 1990년대 중반 무렵에 사용자단체들은, 부분적으로 새롭게 통일된 동독 지역의 사태 전개에 대응하기 위하여, 산업별 협약 내에서 개별 기업들에 더 큰 유연성을 부여하는 쪽으로 움직였다. 무엇보다 중요한 것은, 독일의 금속산업 사용자단체 — 다변화된 품질 생산이 창출한 제도적 비교우위를 뒷받침하는 제도들을 지켜낼 것이라고 자본주의의 다양성 이론가들이 예상한 바로 그 기업들을 대표하는 단체이다 — 가 '새로운 사회적 시장 계획'을 통해 노동시장 규제완화를 향한 정치적 홍보 캠페인을 야심차게 시작했고(Kinderman, 2014), 그 시도가 하르츠 개혁으로 결실을 맺었다는 점이다.

이탈리아도 독일의 경험과 일부 유사점이 있다. 콘핀두스트리아는 2000년대 들어 그들에게 우호적인 정부가 노동시장 규제를 일방적으로 완화할 가능성이 있다고 보고, 교섭을 통한 노사관계 개혁 시도를 포기할 의사를 드러냈다. 하지만 우리가 검토한 시기의 대부분 동안에 사용자의 목표는 작업장에 단단하게 자리 잡은 노동자 권력을 무력화하는 것이었고, 이를 위한 방법이 바로 정상 수준 교섭이었다. 이탈리아 사용자들이 분권화된 기업별 교섭을 선호한다는 점이 주기적으로 나타났지만, 임금 경직성과 다층적인 교섭 수준을 무너뜨리고 높은 비임금 노동비용을 삭감하는 일은 톱-다운 방식을 통해 가장 잘 달성되었다. 그러나 사회적 협의를 통한 자유화의 성공의 열쇠는 바로 노조 총연맹들의 분열이었다. '통합연맹'이 1984년에 붕괴한 이후로 노총들이 단결한 적은 거의 없었다. 사용자와 정부는 자유화의 진전을 위해서 대개는 3대 노총 중에 2개 노총의 지지를 얻어낼 수 있었다.

스웨덴은 사용자들이 전후 노사관계 모델을 버리고 새로운 모델을 만든 가장 분명한 사례이다. 1980년대 초반 엔지니어링 산업의 대기업들은 최초로 독자적인 산업별 협약을 요구했고, 스웨덴사용자연합(SAF)은 1990년에 코포라티즘 기구에서 철수했으며, 이후 스웨덴기업총연맹(SN)으로 이름을 바꾸며 보다 정치화되었고 급진적인 역할을 했다. 결국 사용자들이 이끌었고 노조들이 뒤따른 것이다. 그러나 이탈리아와 마찬가지로, 스웨덴의 사용자들은 주기적으로 기업 수준으로의 완전한 교섭 분권화를 요구했지만, 그러한 사용자들의 선호는 쟁의행위에 돌입할 수 있는 노동조합운동의 역량에 부딪혀 억제되었다. 그로 인해 나타난 것이 '산업협약' 교섭 체제였는데, 이 체제는 임금 상한선과 평화 의무를 규정한 기본협약 내에서 높은 수준의 사실상의 분권화를 허용했다. 스웨덴에서도 노조 내부의 분열과 노조 간의 분열이 중요하게 작용했다. 이로 인해 제조업 노조들은 사용자에 대한 공동 대응을 조율하려는 LO의 시도에서 이탈했고, LO, TCO, Saco는 매우 상이한 임금 전략을 발전시켰다. 그중에서도 TCO와 Saco는 분권화되고 개별화된 임금결정을 선도했다. 최근 들어서 노조 총연맹들이 수행했던 조율이 대개는 사용자들이 수행하는 조율로 대체되었고, 노총의 경계를 넘나들며 구성된 느슨한 형태의 노조 간 조직들이 과거 노총에서 담당하던 조율을 대신하게 되었다.

3. 국가의 역할

우리의 사례들을 보면, 노사관계 제도의 자유화는 자생적인 시장 과정으로부터 출현하지도 않았고, 또한 계급 행위자들끼리의 교섭의 산물로만 볼 수도 없다는 증거가 아주 많았다. 앞 절에서 자세히 봤듯이, 최근에 나타난 사용자의 급진주의와 노동조합의 조직력 감소는 확실히 자유화가 추진될 수 있는 여건을 조성한 것이었다. 그런데 국가가 이러한 제도 변화의 산파였다는 점이 놀라운 일이다. 이것은 신자유주의 시대의 역설일 수 있다. 하지만 신자유주의가 궁극적으로 국가의 후퇴와 사회적 관계의 규제에 있어 시장의 배타적 사용을 옹호한다고 하더라도, 신자유주의가 요구하는 변화가 실제 일어나기 위해서는 적극적인 국가 개입이 요청된다(Levy, 2006).

전후 30년 동안 서유럽에서 고용관계에 대한 국가 개입과 법률적 규제 등의 수준과 형태에는 분명히 국가별 차이가 있었다(Gourevitch et al., 1984; Lange et al., 1982). 경제 번영과 완전고용, 노동계급 동원이라는 조건하에서, 대부분의 국가들은 단체행동 및 단체교섭에 관한 노조의 법적 기본권을 보호해주었고, 그렇지 않더라도 노조와 사용자의 집단적 자율 규제를 공공정책상의 선(善)으로 장려했다. 이런 의미에서 국가는 대부분의 경우에 계급관계의 적극적 규제로부터 물러나 있었다. 그러나 노동운동이 상대적으로 힘이 약하고 제도화가 취약한 일부 소수의 사례에서는 국가에게 보다 개입주의적인 역할을 해달라며 요청하는 경우도 있었다. 이에 덧붙여, 집단적 자율 규제의 중요한 예외 중 하나는 다양한 소득정책들이었다. 특히 1960년대 후반과 1970년대에 스태그플레이션 때문에 정치적 성향에 상관없이 모든 정부들은 자발적 또는 법률적 임금 규제를 시도할 수밖에 없었다(Flanagan, Soskice and Ulman, 1983).

전후 30년 동안의 국가 간 차이에도 불구하고, 그 이후의 30년 동안 국가 개입과 법률적 규제가 다시 한 번 고용관계의 핵심적 특징이 되었다는 점은 분명한 사실이다(Rubery, 2011). 그 이전 시기와 비교해볼 때, 약간의 차이는 있지만, 우리가 다룬 모든 사례들에서 1980년대 초반부터 국가가 계급관계의 규제에서 보다 적극적인 역할을 했다. 최소한 계급관계의 영역에서 신자유주의는 국가의 후퇴와 순수한 시장 규제에 의한 국가의 대체를 의미하지 않는다. 오래전에 폴라니는 시장 사회를 만드는 과정에서, 노동을 주요 사례 중 하나로 포함하는 '허구적 상품'의 창출에 대한 저항을 넘어서기 위해서는 국가의 적극적인 역할이 필요하다고 주장했다(Polanyi, 1944). 이와 비슷하게 갬블은 대처리즘에 관한 그의 고전적 연구에서 현대의 신우파 정당들에게서 "자유로운 경제와 강한 국가" 사이의 친화성이 존재한다고 말했다(Gambel, 1988). 갬블과 폴라니가 보기에, 상품화로부터의 사회의 자기 보호가 자연스러운 것이기에, 신자유주의 프로젝트는 강한 국가를 요청하기 마련이다. 갬블을 인용하자면, 그것은 "자유로운 경제를 결박했던 사회민주주의와 복지주의의 끈을 풀기 위한 것이다"(Gamble, 1988: 32). 독일의 질서자유주의(ordoliberalism) 전통도, 물론 상품화에 대한 저항 때문이라기보다 강력한 경제적 이해가 경쟁과 경제적 자유를 저해하지 못하도록 할 필요성 때문이지만, 시장경제를 규제하는 국가의 강력하고 지속적인 역할을 기대한다(Bonefeld, 2012).

국가가 포스트 포드주의적 유연성을 위해 노동시장의 재구조화를 가속적으로 추진하면서, 1980년대 중반 이래 선진 자본주의 정치경제의 신자유주의적 변형 — 여러 국가들에서 그 변형의 시기·속도·규모는 항상 상이하다 — 은 국가가 고용관계에 더 많이 개입하도록 촉진했다. 어느 나라에서든 국가가 노사관계 영역에 한층 더 개입했지만, 그 방식은 다양했다. 그런데 지난 30년 동안 국가 개입의 형태와 관련해 놀라운 것은 일국 내 정당들 간의 차이보다 국가들 간의 차이가 더 중요하다는 점이다. 말하자면, 국가가 보다 개입주의적으로 변한 방식의 차이는 이데올로기적 성향보다는, 국내적인 제도적 유산에 대한 대응이 상이했고 자유화의 장애물이 국가별로 달랐다는 사정이 반영되는 경향이 있었다. 물론 분명히 정파적 차이는 있다. 노사관계에 대한 대처 정부와 블레어 정부의 접근은 개별적인 고용보호에 대한 관심에서 차이가 있었다. 마찬가지로, 프랑스의 사회당 정부는 드골주의 정당들보다 노동자를 위한 법적 보호를 위해서 더 많이 노력했다. 이탈리아의 중도우파 연립정부는 중도좌파 연립정부보다 노동시장 규제의 일방적 완화에 관여할 공산이 조금 더 컸다. 이탈리아의 중도좌파 연립정부는 동일한 목표를 추구했지만 사회적 협의를 통해 달성하길 선호했던 것이다.

그러나 접근 방식의 차이로부터 물러나서 보면, 유사한 국가적 노사관계 프로젝트들이 이데올로기 구분을 가로질러 공유되었고 오랫동안 꽤 지속적으로 추진되었다는 사실이 주목된다. 프랑스에서는 사회당 정부와 드골주의 정부가 함께 노동시장 규제완화를 위한 방법으로 기업 내부의 분권화된 교섭을 조장했다. 스웨덴의 경우에 사회민주당 정부와 부르주아 연립정부 둘 다보다 신축적인 새로운 교섭 관행을 촉진하기 위해 정부의 조정(mediation)을 활용하여 외부에서 임금 규준을 설정하는 전략을 따랐다. 이탈리아에서 정권을 잡은 모든 정당들은 노사관계 제도를 자유화하고, 노동시장 규제를 완화하며, 긴축을 정당화하는 방법으로 정상 수준의 사회적 협의라는 프로젝트를 공유하고 있었다. 독일의 경우에 짧은 기간의 대연정의 복귀를 포함해 최근의 연립정부들은 점진적인 노동시장 자유화를 추구했다. 심지어 영국에서도 보수당 정부와 신노동당 정부의 공통된 정책 요소는 전반적인 노동시장 규제 완화에 대한 헌신과 집단적 노사관계 제도를 거부하는 신념이었다.

서유럽 전역에 걸쳐 신자유주의적 방향으로의 고용관계 제도의 재구조화는 개입주의적 국가 없이는 일어날 수 없었다. 물론 노사관계에서 국가가 수행한 더 폭넓고 깊숙한 역할과 관련해 국가별로 특수한 사정도 있지만, 다음의 포괄적인 세 가지 원천이 중요하다. 첫째, 국가는 새로운 제도의 구축 및 '착근'과 관련해 민간의 노사관계 행위자들이 갖지 못한 일련의 독특한 역량을 갖고 있다. 폴라니가 예측했듯이, 제도의 자유화에 대한 저항을 넘어서기 위해서 대개는 국가가 보다 개입주의적으로 되어야 한다. 경제 상황이 변하고 계급 간 세력균형이 변동하는 가운데 기존의 고용관계 제도가 압박을 받게 되면서, 국가는 그 제도를 재구성하는 과정에 몰두하게 된다. 국가의 행동 없이 실제의 제도 변화는 어려운 일이다. 민간의 노사관계 행위자들은 자신감이 없고 분열되어 있거나, 단기적 이익을 중시할 수 있다. 또한 그들은 기존 제도에 비용을 매몰시켰거나 일반적으로 기존 제도에 도전할 의지가 없기도 하다. 그들이 의지를 갖는다고 해도, 변화가 일어나기 위해서는 노동법의 변화 같은 국가의 행동이 요구될 수 있다. 또한 기존의 고용관계 제도에 도전하려는 시도는 커다란 노사갈등을 야기할 가능성이 큰데, 이는 체제의 붕괴를 방지하거나 정당성을 관리하는 일에 국가를 끌어들이기 마련이다(Kelly, 1998; Shorter and Tilly, 1974). 그러므로 우리는 경제적·사회적 위기로부터 위기를 관리할 목적의 새로운 제도 집합으로 이동하는 데 있어서 국가의 역할이 가장 중요하다고 판단할 수 있다.

국가라는 행위자는 일련의 고유한 공적 역량 덕분에 고용관계 제도의 구축에서 중심적 역할을 한다(Howell, 2005; 2장). 국가는 제도 변화를 강제하고 체계화하며, 위기에 대한 권위 있는 해석을 설파하고, 사용자와 노조의 집단행동 문제를 해결하며, 새로운 노동자 대표의 형식에 합법성을 부여함으로써 노동자 대표권의 개념 자체를 다시 정의하고, 민간의 노사관계 행위자들 간의 동맹을 바라면서 그것을 만들어낸다. 그리고 국가가 소유한 명시적인 강제력을 잊지 않는 게 중요하다. 국가는 협약의 보증자로 행동함으로써 계급 타협의 산파 역할을 하고, 입법을 통해 이탈을 방지하며, 노동의 연합적 힘을 부추기고 합의를 촉진하기 위해 부수적인 보상을 제공할 수 있다. 국가는 흔히 성공적인 규제 실험을 선별해 이를 제도화하고 경제 전반으로 확대하기에 가장 좋은 위치를 점하고 있다(Jessop, 2002: 1장). 다시 말하면, 합법적 권위를 통해 국가만이 수많은 산발적인 실험들을 대신해서 하나의 시스템을 만들어 낼 수 있는 것이다.

노사관계 제도의 자유화의 장애물을 극복하기 위한 국가 개입의 실례들은 앞서 우리가 다룬 5개국의 사례에 아주 많고 해당 장에서 자세히 설명했다. 대처 정부는 2차 파업과 동조파업을 제한했고, 노동자들과의 관계를 재구조화하는 데 있어 국가가 사용자들을 지원한다는 점을 분명히 했다. 공공부문 노사관계가 직접적으로 재구조화되었고 공공부문 전반이 민영화되었다. 유노조 기업들은 그에 따른 비용을 떠안을 수밖에 없었다. 프랑스에서 노사관계 개혁은 다른 무엇보다 국가 프로젝트였다. 특히 중요한 것은 새로운 노동 행위자들의 창출과 합법화였다. 독일에서 하르츠법들은 직접적인 입법을 통해 노동시장과 사회보험의 자유화를 추진한 것이었다. 스웨덴에서는 새로운 제도와 관행을 스스로 만들어낼 능력이 없는 강력한 집단적 노사관계 행위자들의 집단행동 문제를 국가가 해결했다. 국가는 노동과 자본의 타협 및 합의의 잠재적 윤곽을 예상하고, 1990년대 초반의 결정적 시점에 노사관계 제도의 재구성을 촉진하기 위하여 위기를 전략적으로 활용했다. 이것은 일련의 새로운 교섭 방식을 처음 시도하는 직접적인 역할과 더불어, 새로운 방식으로 교섭하도록 사용자와 노조에 압력을 가하는 간접적인 역할 모두와 관련되었다.

노사관계에의 국가 개입 확대의 두 번째 원천은, 국가의 제도 형성 역할과 관련되지만 분석적으로 구분되는 것으로, 노동운동의 힘과 영향력이 감소하는 상황에서 집단적 규제를 법률적 규제로 대체하는 것과 연관된다. 집단적 자율 규제를 존중하려는 국가와 노사관계 행위자들의 의지가 쇠퇴하면서, 고용관계에 대한 직접적인 법률적 규제가 확대되었고 심화되었다. 노동법이 사용자와 노동조합 측의 집단적 규제를 대체한 것이었다. 이것은 노동이 쇠퇴하는 시대에 유연성과 안정성 사이에서 줄타기를 하려는, 대개는 중도좌파 정부들이 벌였던 시도를 반영한다. 물론 이러한 실천이 오로지 중도좌파 정부들만의 시도는 아니지만, 그것은 서유럽 사회민주주의의 변형과 밀접하게 연결되어 있다(Anderson and Camiller, 1994; Cronin, Ross and Shoch, 2011).

전후 장기간의 경제 호황기의 사회민주주의 정부들은 노조가 힘이 있을 때에는 고용관계를 집단적 규제에 맡겼다. 하지만 유럽의 중도좌파 정당들의 '현대화'는 노동운동이 약해진 시대에 이루어졌다. 이로 인하여 사회민주주의 정부들은 노조에 더 이상 의존할 수 없을 때 어떻게 새로운 경제적 위험과 불안정성을 관리하고 노동자를 보호할 것인가 하는 딜레마를 안게 되었다. 동시에 많은 중도좌파 정당들은 보다 시장 친화적인 정당이 되었고 포스트 포드주의의 세계에서 노동시장의 유연성 확대를 촉진할 채비를 했다. 이것은 그 딜레마를 훨씬 더 날카롭게 했는데, 정언명령처럼 보이는 유연성과 노동자 보호 사이에서 균형을 잡아야 했기 때문이었다.

이 딜레마에 대한 정책적 대응이 노동과 고용관계를 조직하는 '제3의 길'이라고 볼 수 있다. 왜냐하면 특히 1997년과 2010년 사이의 영국의 신노동당 집권기가 이에 해당하는 매우 좋은 사례이기 때문이다(4장과 Crouch, 2001을 보라). 그것은 노동시장에서의 최소한의 권리라는 형태로 법적인 노동자 보호를 수반했지만(예를 들면, 최저임금, 약간의 고용보호, 비정규 노동자의 권리, 기업 내 협의권 등), 이런 보호조치들은 노동시장 유연성 확대와 양립 가능하도록 신중히 판단되었다. 이런 접근 방식은 공공정책상의 선으로서 "발언권(voice)"도 강조했다(Freeman and Medoff, 1984: 1장). 그리하여 신노동당은 노조의 발언 기능을 장려했고 무노조 기업에서 협의권을 확대했지만, 대처 정부 때 제거되었던 단체행동권의 회복과 관련해서는 아무것도 하지 않았다. 이것은 국가가 직장에서의 개인의 권리를 규정하고 강제하는 것을 중심에 두지만 집단적 대표나 단체교섭에는 주변적 역할만을 부여하는 노사관계 모델이다.

이런 접근 방식은 영국에 국한되지 않고 더 많은 곳에 적용될 수 있다. 이것은 집단적 조율을 위한 제도적 조건이 없어서 국가가 대신 개입해야 하는, 조율능력이 약한 정치경제에서 집권하게 된 중도좌파 정부들 특유의 정책적 적응이라고 볼 수 있다(Howell, 2004). 지난 30년 동안 프랑스의 경험에서도 이러한 접근법은 중요했다. 왜냐하면 프랑스 정부는 고용관계의 집단적 규제를 강화하려고 하지 않았거나 그것에 실패했고, 그 대신에 (종종 사회적 대화의 실패에 대한 대비책으로 마련된) 개별적 권리 조항으로써 노동시장을 규제하려고 했기 때문이다. 또한 취약한 비노조 노동자 대표 제도를 통해 표출되는 발언권을 강조하는 것도 프랑스의 노사관계 개혁 시도에서 중심적이었다.

여기서 미국이라는 특수한 준거에 기반한 주장과의 유사성을 언급할 필요가 있다. 피오르와 새포드는 집단적 규제가 약화되자 그것이 "시장에 의해서가 아니라, 사업장의 규칙이 법률과 사법부의 견해, 그리고 행정명령에 의해 부과되는 고용 권리의 체제(employment rights regime)"에 의해 대체되었다고 주장한다(Piore and Safford, 2006: 299). 사업장과 노동시장, 계급관계의 규제에서 시장이 정말로 더 많은 역할을 하게 되었다는 게 우리의 주장이라면, 피오르와 새포드는 노동자로서 누려야 할 집단적 권리가, 비경제적 정체성(인종과 젠더)이나 특별한 취약성의 가정(예를 들어 불안정 고용에 종사하는 자들)에 기초한 특수한 노동자 집단들에게 적용되는 단편적인 권리들로 대체되어 왔다고 올바르게 강조했다. 그로 인해서 집단적 규제가 무너지면서 노사관계에서 법률적 규제와 국가 기관의 역할이 확대되는 결과가 초래되었다.

이와 동일한 접근이 초국가 수준에서도 분명하게 나타난다. 다음 절에서 논의될 것처럼, 마스트리흐트 조약(Maastricht Treaty)은 유럽연합 단일시장과 경제통화동맹(Economic and Monetary Union)의 기업 친화성에 대응하며, 사회조항이라는 제목하에 '사회적 덤핑'에 대한 일정한 보호조항을 마련했다. 그런데 놀라운 것은 이 전략이 '제3의 길' 노선의 정당들이 선택한 전략과 유사하다는 점이다. 그것은 노동조합의 집단적 힘을 강화해 노동자를 보호하려는 노력 대신에, 유럽사법재판소와 국내의 사법부를 통해 강제할 수 있는 개별적 권리 조항들을 우선시한다. 다른 말로 하면, 국가 차원과 초국가 차원에서 노동운동의 힘을 강화하는 것보다 (유럽연합과 같은) 초국가적 준(準)국가를 대표하는 법률적 규제가 더 선호되었다.

서유럽의 고용관계 시스템에서 국가가 보다 개입주의적으로 되도록 한 세번째 원천은 1980년대 후반 이후 코포라티즘의 부활이었다. 그러나 이때의 코포라티즘은 포드주의 시대의 전통적인 사회민주주의적 경제와 사회적 시장경제와 연관된 코포라티즘과는 다른 목적을 지녔고, 대체로 그때와 다른 국가들에서 나타난 상이한 유형의 제도였다. 보다 최근의 사회적 협의의 공통점은 국가가 정상 수준 교섭을 활용해서 신자유주의적 거시경제정책과 사회정책에 대한 노동운동의 암묵적 동의를 얻어내려고 한다는 점이다. 그 목표는 근본적으로 긴축을 정당화하는 것이었다. 신자유주의적 거시경제정책과 사회정책을 실행하려 한 국가는 대체로 노동운동의 협력 속에서 그러한 정책을 실행하고 정당화하려고 했다. 1980년대 후반과 1990년대에 국가 수준의 사회적 협의가 확산되었는데, 노동조합은 긴축조치를 보증해달라는 요구를 받으며 초대되었다. 논평자들은 "린(lean) 코포라티즘"(Traxler, 2004), "경쟁적 코포라티즘"(Rhodes, 2001)과 같이 코포라티즘이라는 용어에 수식어를 추가함으로써 이러한 새로운 현실을 포착했다.

국제적인 경제통합이 가속화되는 상황에서 국가 경쟁력이 쇠퇴하고, 경제통화동맹의 수렴 기준을 충족하기 위하여 유럽의 많은 나라들이 의무적으로 재정적자와 인플레이션을 떨어뜨려야 하는 상황에서 그러한 사회협약들이 나타났다. 이것은 사회적 협의가 부활한 시점(1980년대 후반부터 2000년대 초반까지의 시기에 모여 있다)과 사회협약에 의지했던 국가들의 범위(전적으로는 아니지만 특히 남유럽 국가들에 집중된다)를 설명해준다(Baccaro, 2003). 우리의 사례들 중에서는 이탈리아가 '사회적 협의를 통한 자유화'의 전형으로 부각된다. 물론 2000년대 프랑스에서도 이러한 요소가 있는데, 사회당 정부와 드골주의 정부는 노동시장과 노사관계 개혁을 국가적 우선순위에 놓고 그 목표를 달성하기 위해 정상 수준 교섭을 위한 모임을 소집했고, 결국에는 구속력 있는 입법으로 이어진 협약들을 도출해냈다.

　이러한 협약에 포함된 다양한 요소들은 국가마다 다른데, 이는 자유화의 장애물이 국가별로 특수했기 때문이었다. 임금을 삭감하거나 안정시키기 위한 임금 억제, 임금 연동제를 제한하거나 노동시장 규제를 완화하기 위한 제도 개혁, 정부지출 증가율을 둔화시키고 재정적자를 줄이기 위한 사회정책 개혁 등 국가마다 그 우선순위에는 차이가 있었다. 하지만 그것들의 공통점은 노동조합에게 대부분 양보를 요구하는 것이고, 노동자들이 얻는 것은 매우 한정된 채 "나쁜 것 중에서 가장 나은" 결과를 받으라고 노동자들에게 제안한다는 점이다(Gumbrell-McCormick and Hyman, 2013: 103). 노동조합들은 분열되어 있었거나, 사태가 더 악화될까 두려웠거나, 아니면 조직적으로 피해를 입지 않고 빠져나오려 했기 때문에, 그러한 제안에 함께했다.

4. 유럽 차원

　우리는 5개국의 노사관계 제도의 궤적을 만든 현대 정치경제의 또 하나의 측면에 잠시 주목하고자 한다. 그것은 바로 유럽통합의 영향이다. 여기서는 유럽통합이 노사관계에 미친 영향을 종합적으로 논의하지는 않는다(Martin and Ross, 2004; Ulman, Eichengreen and Dickens, 1993). 이 책의 국가별 사례 부분들에서 우리는 유럽 차원의 사태 전개가 어떻게, 그리고 어느 정도로 국가별 노사관계 제도에 영향을 주었는지 논의했다. 여기서는 유럽통합이 유럽의 정치경제들이 자유화의 궤적으로 수렴해가도록 어떻게 기여했는지에 집중해서 간략히 살펴보겠다.

유럽통합이 가속화된 시기는 1980년대 후반부로 거슬러 올라가는데, 당시에 들로르가 유럽연합 집행위원장이 되어 유럽단일시장과 단일유럽의정서 (Single European Act)의 완결을 과제로 채택했다. 이 시기부터는 우리의 연구가 다룬 시기와 대부분 겹친다. 잘못된 출발과 프로젝트의 실패, 180도 방향전환과 내부적 위기 등의 모든 어려움에도 불구하고, 지난 30년 동안 유럽통합의 과정은 유럽 노사관계 시스템의 변형에 외부환경으로 작용한 광범위한 신자유주의 프로젝트와 자유화의 영향력을 강화하고 제도화하도록 작동했다. 유럽통합은 자유화가 수용되는 데 도움을 주는 명확한 정치적 서사를 보태준 셈이었다. 앞 절의 폴라니의 주장과 마찬가지로, 유럽 대륙 전역에 걸쳐 시장 자유화의 장애물을 제거하는 일은, 유럽단일시장과 경제통화동맹을 추진하던 각국 정부와 유럽연합 기구들의 일치된 행동을 통해서 강력히 촉진되었다.

연방제(federalism)의 경제적 영향에 관한 하이에크의 고전적 논의(Hayek, 1939)를 기초로 하여, 슈트렉은 "연방은 불가피하게 자유화를 수반한다"고 주장했다(Streeck, 2014: 100). 왜냐하면 그것은 공동의 규제 행위를 가로막는 이해관계의 이질성이라는 문제를 더 악화시키기 때문이다. 이와 유사한 입장에서 샤르프(Sharpf, 2010)는 유럽통합이 이루어지는 정치적-법률적 메커니즘에 비대칭성이 있다고 강하게 주장했다. 그는 유럽통합의 과정이 "유럽연합 회원국들의 사회경제 체제에 자유화와 규제완화의 충격을 가했다"고 말했다(Sharpf, 2010: 211). 유럽연합의 입법은 노동운동의 힘과 정부의 정치적 성향이 서로 다른 회원국들 간에 높은 수준의 합의를 요구하는 데 비해서, 유럽사법재판소는 그런 정치적 합의 없이도 행동할 수 있다. 유럽사법재판소는 집단적이고 국민적인 사회적 연대의 시스템보다 시장 교환에 참여하고 이탈할 수 있는 개인의 권리를 우선시하는 경향을 갖고 있었다. 결국 비대칭성은 다음과 같이 나타난다. "사법적 판결이 갖는 자유화 효과는 유럽연합의 입법으로 체계화되고 아마도 급진화될 수 있을 것이다. 그러나 조약에 기초해서 자유를 해석하는 유럽사법재판소의 판결이 갖는 헌정적 지위를 감안하면, 자유화의 범위를 제한하기 위해서 입법을 활용하려는 정치적 시도는 손쉽게 가로막힌다"(Scharpf, 2010: 227).[1] 이로 인하여 유럽사법재판소에서 기인하는 자유화 효과는 자유시장경제의 제도와 관행에는 거의 영향을 주지 않지만, 조정시장경제와 사회적 시장경제에 미치는 효과는 매우 커진다. 이러한 점은 공통의 궤적이 형성되도록 도와준다.

유럽통합이 국가별 노사관계 시스템과 제도에 미치는 영향이 불균등했기 때문에, 어떤 곳은 다른 곳보다 더 큰 영향을 받았다. 넓게 보면, 그것은 일찍부터 노동시장의 규제를 완화했고 노사관계 제도를 자유화했던 국가에는 최소한의 영향을 미쳤던 데에 비하여(이 점에서 영국이 모범적 사례일 것이다), 경제통화동맹 가입을 준비하는 과정에서 정치경제 체제를 매우 힘들게 재구성한 국가들에게 가장 크게 영향을 미쳤다(5개국 중에 이탈리아가 이에 가장 부합한다). 일반적으로 보면, 노사관계 제도 자체에 직접적인 영향을 주는 유럽연합의 사회적 지침이나 유럽사법재판소 판결보다는, 유럽연합이 장려하거나 요구한 거시경제정책의 효과가 노사관계에는 더 중요하게 작용했다. 물론 스웨덴의 라발 판결처럼 확실히 국내 노사관계 시스템에 중요한 영향을 미친 사례들도 있었다.

유럽 프로젝트는 수많은 방식으로 국내 노사관계 제도에 영향을 끼쳤다. 앞에서 언급했듯이, 가장 중요한 것은 가장 간접적인 것이기도 했다. 그것은 유럽통화동맹(EMU)에 가입하기로 한 나라들에 미친 경제통화동맹의 영향이

---

1   이런 비대칭성을 보여주는 실제 사례로, 해외파견 노동자 문제와 관련하여 단체행동권의 사용에 관한 유럽연합 지침이 제안되고 그에 대해 논쟁이 일어났던 사건을 참조할 수 있다(Broughton, 2012).

었다(5개국 중 영국과 스웨덴은 유럽통화동맹에 포함되지 않는다). 유럽통화동맹은 국가 통화의 상실을 수반했고, 통화정책의 관할권이 유럽중앙은행으로 이전되었다(그것은 독일연방은행보다 훨씬 더 독립적으로 설계되었다). 또한 그것은 자본 이동에 대한 모든 장벽을 제거했고, 인플레이션율과 공공부문 부채에 관련된 수렴 기준을 달성토록 했다. 이와 관련된 해결 과제가 가장 많은 국가들에서 사회협약이 긴축정책을 가능케 하고 정당화해야 하는 큰 부담을 떠안았다. 이탈리아의 사회협약은 이와 다른 기능을 수행했고 유럽통화동맹 출범에 앞서 이루어졌지만, 1990년대에 유럽통화동맹 가입을 준비해야 하는 긴급성 속에서 사회협약이 활성화되었고 보다 중요해졌다. 이탈리아에서 1992년의 유럽통화제도 위기는 임금물가연동제 폐지 합의를 뒷받침해 주었고, 1990년대 중반의 중앙 협약들은 유로화 가입에 필요한 재정긴축을 시행하는 데 도움을 주었다. 더 나아가, 조율된 임금결정 메커니즘을 가진 나라들이 임금을 거시경제정책상의 변수가 되도록 더 잘 조정할 수 있었기에, 유럽통화동맹은 그 나라들의 국내적 임금결정 시스템에 영향을 미쳤고, 또 지금도 계속 영향을 미치고 있다(Dumka, 2014).

그러나 더 일반적으로 보면, 지난 30년 동안 유럽통합은 물가 안정에 대한 강력한 헌신을 제도화했고, 수요관리 정책의 사용을 제약했으며, 평가절하를 정책 수단에서 제거했다. 또한 그것은 자유로운 자본 이동의 장벽을 없앴으며, 경쟁을 왜곡하는 것으로 알려진 산업정책을 불법화했고, 공기업과 공공조달 시장을 경쟁에 개방하는 방식으로 진행되었다. 이러한 정책들은 대체로 노동에 우호적이지 않은 환경을 조성했다. 노동시장을 완전고용 상태로 만들거나 노동자들에게 보호를 제공하기 위해서 친노동 정부들이 예전에 사용했었던 다양한 정책 수단들이 이제 불가능해지거나 실현될 수 없도록 하는 거시경제 환경이 조성된 것이었다. 보다 유연한 노동시장을 만드는 정책과 적극적 노동시장 정책(이 정책은 노동자들을 시장에 맞추어 조정하지, 그 반대로 하지 않는다)에 대한 관심이 그토록 광범위하게 수용된 것은 놀라운 일이 아니다.

보다 전통적인 다른 정책 수단들은 이제 쓸모가 없어졌다.

이런 새로운 환경이 초래한 최종 결과가 최근에 발생하여 지금도 계속되는 위기에서 분명하게 나타났다. 그 위기는 2008년부터 시작되어 적어도 세 개의 구별되는 단계를 지나며 그 형태가 바뀌고 있다(Scharpf, 2013). 유로존 위기에 대한 문헌은 매우 많고, 이 책의 주제도 아니다(이에 대해서는 Blythe, 2013: 3장; Streeck and Schäfer, 2013을 보라). 이러한 거시경제 환경에서 대침체(Great Recession)의 유럽적 형태를 관리한 결과로 초래된 것은 유로존 전역에 걸친 고실업이었다. 그런데 특히 남유럽 경제들은 외적 평가절하 대신에 엄청난 내적 평가절하[2]에 돌입하도록 강제 받았고, 재정적자 감축의 일환으로 공공부문 고용과 여러 사회정책 예산을 무자비하게 삭감 당해야 했다. 이런 맥락에서, 유럽통합의 "사회적 차원은 완전히 잊혔다"(Verdun, 2013: 33).

분명히 그 정도는 달랐지만, 우리가 다룬 사례들을 보면 경제위기의 결과로 노사관계 제도의 자유화가 더 한층 진행되었다는 것을 알 수 있다(유럽 각국에 대한 조사에서 나타난 추가적인 증거들은 Degryse, Jepsen and Pochet, 2013; Heyes and Lewis, 2014; Marginson and Welz, 2014를 보라). 마긴슨은 두 개의 국가 그룹으로 나누어 그 두 그룹의 경험을 유용하게 구별했다(Marginson, 2015). 첫 번째 그룹은 대륙 유럽 및 스칸디나비아 국가들로 구성되는데, 여기서 경제위기는 교섭의 분권화를 더 진전시켰고 교섭 수준 간의 탈구 현상을 더욱 심화시켰지만, 그 과정은 대체로 협상을 통해 이루어졌다. 두 번째 그룹은 대부분 남유럽 국가들로 구성된다. 이들 국가들에서는 첫 번째 집단에 상응하는 유사한 과정이 유럽연합 기구들에 의한 구조조정 프로그램의 일부로서 외부에서 부과되었다.

---

2 내적 평가절하(internal devaluation)는 환율의 평가절하를 의미하는 외적 평가절하(external devaluation)에 의존하지 않고, 국내의 임금비용 삭감과 긴축 등으로 가격 경쟁력을 회복하려는 정책을 가리킨다. —옮긴이 주

유로존 위기가 초래한 또 하나의 결과로 유럽연합의 디플레이션 구조가 강화되었고, 2011년과 2012년의 재정협약(fiscal compact)[3] 이후 도입된 일련의 조치들을 통해 국가재정에 대한 새로운 수준의 감독이 시행되었다. 재정협약은 지금까지의 국가와 유럽연합 간의 권한의 균형을 뒤집는 "일종의 헌정적 혁명에 해당하는 것"이었다(Scharpf, 2013: 136). 2010년 이후에 실행된 새로운 경제 거버넌스 구조는 기업과 노동자 조직에 아무런 공식적인 역할도 부여하지 않았다는 점을 언급해야 한다(Verdun, 2013). 그것은 국내적인 로비로부터 자유로웠지만, 국가의 정책결정은 점점 위로부터 제약 받았다. 많은 남유럽 국가들에서 실행된 부채 구조조정과 구제금융 프로그램은 특히 조율된 단체교섭을 표적으로 삼았다. "2011년과 2012년 시기의 계획은 유럽이사회(European Council)와 유럽연합 집행위원회가 임금 변동과 임금결정 메커니즘에 전례 없이 개입하도록 했다"(Marginson, 2015: 108). 이로 인하여 "교섭 수준 간의 접합이 이미 취약하던 나라에서는, 강요된 일련의 변화로 다수 사용자 교섭 제도에서 기업 수준이 분리되었고, 아주 최근에는 기업별 협약의 우선성이 굳어졌다"(Marginson, 2015: 106). 이것은 위로부터 추진된 노사관계 자유화였다.

유럽통합의 규제완화 및 자유화의 논리에 추가되는 것은 노동과 자본의 자유이동의 영향이었고, 특히 노사관계에 중요하게 작용한 것은 국내 노사관계의 관행보다 자유이동을 명시적으로 우선시한 유럽사법재판소의 일련의 판결이었다. 그중에서도 라발 판결은 사회적 덤핑을 통제하려는 국가의 규제활동에 한도를 부과했다. 구체적으로 스웨덴의 라발 소송에서 불법화된 것은

---

3 재정협약(fiscal compact)은 '경제통화동맹 내 안정·조정·거버넌스 조약(Treaty on Stability, Coordination and Governance in the EMU)' 또는 '재정안정성조약(Fiscal Stability Treaty)' 중에서 재정과 관련된 장(Title III)을 가리키는 특수한 용어이다. 이 협약은 영국과 체코를 제외한 유럽연합 회원국들이 2012년에 서명하여 2013년부터 발효되었다. 이에 따르면 유럽연합 회원국 정부들은 2013년부터 연간 재정적자를 GDP의 3% 이내로 낮추고, 공공부채를 GDP의 60% 이하로 줄여야 한다. 3년 이내에 이를 달성하지 못하면 자동적으로 추가 긴축에 들어가도록 되어 있다. ―옮긴이 주

바로 임금 및 노동조건에 대한 국민적 기준을 강제할 메커니즘으로서의 파업이었다. 스웨덴의 노사관계 제도는 대체로 유럽화에 따른 처음 두 번의 도전에 직면해서는 그것들을 무사히 헤쳐 나갔다. 구체적으로 말하면, 스웨덴 기업들이 스웨덴 밖으로 이동하는 것이 이득이라고 판단했음에도 불구하고, 스웨덴은 1987년 이후 단일시장에 들어가지 않았고 1995년에 스웨덴이 유럽연합에 가입한 이후에야 그 안에 들어갔다. 이러한 과정에서 스웨덴의 노사관계 제도는 별다른 손상을 입지 않았다. 정말로 스웨덴의 노사관계 제도는 스웨덴 기업들이 경쟁력과 유연성을 잘 유지할 수 있도록 설계되어 있었던 것이었다. 그러나 2004년에 저임금과 저규제의 동유럽 국가들의 유럽연합 가입으로 촉발된 도전은 훨씬 더 심각했다. 이를 통해 화물기사와 건설 노동자처럼 이동성이 높은 저임금 노동자들과의 경쟁에 취약한 업종들이 영향을 받았다.

유럽사법재판소의 판결이 내려진 상황에서 사회적 덤핑에 대응하려고 할 때, 임금과 노동조건에 대한 최저기준을 강제하는 데 있어서 노동법의 역할은 제한적이고 대신에 집단적 규제에 강하게 의존하는 노사관계 시스템의 경우에는 특수한 문제가 발생한다. 즉, 그로 인해 노동조합이 어떠한 행동도 취하기 어려워지고, 최저기준이 훼손되거나, 혹은 국가가 보다 개입주의적인 역할을 하도록 요구받게 되는 것이다. 그렇기 때문에 스웨덴 노동운동 내부에서 정부가 단체협약의 효력을 확장하고 강제하는 방안을 고려해야 한다는 목소리가 일부 나오는 것은 당연한 일이다. 지난 15년 동안에 영국과 독일이 사상 처음으로 법정최저임금제를 도입했는데, 이것은 집단적 규제로 노동자를 보호할 수 있다는 자신감이 이제 없어졌기 때문이었다.

1993년의 마스트리히트 조약의 일부로 처음 도입된 유럽통합 프로젝트의 이른바 '사회조항'은 분명히 단일시장 계획에 구현된 사회적 덤핑의 규제완화 논리와 그 위험성에 대한 대응으로 이해할 수 있다. 사회조항은 사회적 덤핑의 위험성을 더 크게 한 2004년 동유럽 국가들로의 유럽연합 확대 이전에 도입되었지만, 2004년 이전에도 유럽의 기업들이 유럽연합 내에서 쉽게 이동할 수 있었고, 이는 기존의 국내 노동기준에 대한 위험으로 분명히 작용했다. 그 뒤에 사회조항은 강화되었고 리스본 조약(Lisbon Treaty)의 4장으로 통합되었다.

분명히 우리는 여기서 지난 20년 동안 부상한 노사관계의 유럽적 차원을 검토하지는 않는다(Gumbrell-McCormick and Hyman, 2013: 7장). 우리의 초점은 국내 노사관계 제도의 자유화이다. 그렇지만, 이 장의 초반부에 언급했듯이, 유럽 차원에서 사회조항의 발전은 넓게 보아 '제3의 길' 노선과 유사했다. 즉, 그것은 집단적 권리나 집단적 규제에 힘을 싣기보다는, 국가기구와 법원에 의해 강제되는 최저 수준의 권리 및 노동기준의 창출을 강조했다. 파업권을 포함한 노동조합의 권리와 임금 사안은 사회조항에서 명확하게 배제되었다. 사업장평의회 같은 기업 단위 노동자 대표 제도의 협의권은 일정하게 제한된 형태로 사회조항에 나타났지만(집단적 힘보다는 발언권의 중요성을 강조했다), 노조의 힘을 강화하는 것은 거의 없었다. 사회조항의 도입 이후 현재까지 거의 20년 동안 일련의 지침들이 통과되었는데, 그것들은 시간제·임시직·파견노동 등의 고용 형태나 여성·이주자·장애인 등의 노동자 유형에 기초해 노동시장에서 특별히 취약하다고 간주되는 특수한 노동자 범주들에 대한 보호를 제공하는 지침이었다.

유럽 차원의 사회적 보호가 사회적 덤핑의 위험성에 대해서 최저 수준의 권리라는 보호막을 만드는 데 집중했기 때문에, 그것은 노동시장 규제가 약했던 국가들에 가장 큰 영향을 미쳤다. 그러나 여기서도 정부는 사회적 지침을 신축적으로 시행할 수 있는 재량을 많이 가졌다. 영국이 이 점에서 전형적 사례에 해당한다. 존 메이저(J. Major)의 보수당 정부는 1993년에 사회조항으로부터의 선택적 이탈권을 얻어냈다. 토니 블레어의 신노동당 정부는 선택적 이탈권을 종식시켰지만, 노동시간 지침과 정보제공 및 협의 지침과 같은 사회적 지침을 기존 노사관계의 관행과 제도의 혼란을 최소화하면서 시행할 수 있었다. 그리고 유럽연합 기본권 헌장이 포함된 리스본 조약의 협상 과정에서, (폴란드와 함께) 영국은 조약에 들어 있는 경제적·사회적 권리는 유럽사법재판소의 심판 대상이 될 수 없음을 명시한 선택적 이탈에 관한 부속문서를 협상해서 합의를 이루어 냄으로써 국내 노동법의 우선권을 확실히 했다.

5. 1970년대부터 현재까지 사용자 재량권의 변화

이 절에서 우리는 1970년대 후반부터 현재까지 5개국의 사례에서 임금결정, 인사관리 및 작업 조직, 채용 및 해고의 세 영역에서 나타난 사용자 재량권의 변화를 요약한다. 모든 나라에서 1970년대 후반에 이 세 영역 중에 하나 또는 그 이상에서 사용자 재량권에 대한 실질적 제한이 존재했었다. 그런데 오늘날에는 우리가 다룬 5개국 모두에서 세 영역 전반에 걸쳐 사용자의 재량권이 확대되었다. 자유화의 초점은 국가마다 달랐는데, 이것은 자유화의 시작점이 달랐고 그 시점에 제약의 원인이 국가별로 차이가 났기 때문이다. 그러나 사용자 재량권 확대의 궤적은 항상 동일했다.

영국의 경우 1960년대와 1970년대에 노사관계와 노동시장의 규제에서 노동법이 큰 역할을 하게 되었지만, 1970년대 말에 사용자의 유연성을 제한하는 데 제일 크게 기여했던 것은 바로 노동조합의 분권화된 작업장 권력이었다. 이 시점에 영국 노동자들의 약 85%가 일정한 집단적 임금결정 제도에 포괄되어 있었고, 기업 안에는 현장위원과 관리자의 공동 규제(이것은 도노번 위원회가 옹호한 모델이었다)가 민간부문과 공공부문에 깊게 뿌리내리고 있었다. 그래서 노동법이 채용과 해고를 아주 조금 규제하는 정도에 그쳤지만, 사용자들은 임금과 작업 조직에 관해 협상에 나설 수밖에 없었고, 그 문제는 기업 내부의 비공식 협상에 좌우되었다. 요약하자면, 사용자 재량권은 심대하게 제약 받고 있었다.

오늘날에는 대부분의 공동 규제의 족쇄들이 부서졌고, 1979년에 이미 제한적이었던 노동시장에 대한 법적 규제는 신노동당 집권기에 조금 강화되었지만, 지금은 훨씬 더 약해졌다. 노동조합의 힘이 무너지고 단체협약 적용률이 하락하자 대다수 기업들에서 사용자가 임금과 노동조건을 일방적으로 결정하게 되었다. 오직 30%의 기업들만 어떤 형식으로든 단체교섭이 이루어지고, 민간부문의 경우 그 비율이 15%를 겨우 넘는다. 1970년대에 맨 앞에서 공동 규제를 이끌던 현장위원들의 수는 점점 줄어들어 대부분의 기업에서 사라졌다. 단체교섭이 유지되는 곳조차도 그것이 임금협상에 한정되어 있기에, 작업 조직의 재량권은 거의 다 사용자들이 갖는다. 유럽연합 지침들은 노동자에게 제한적 수준의 개별적 권리를 부여했지만, 채용 및 해고에 관한 제한은 부당해고에 대한 보호조치의 약화를 동반했다. 영국은 5개국 중에서 고용보호가 가장 약한 국가이다. 세 영역 전반에 걸쳐 사용자 재량권은 확대되었고 법률과 교섭에 의한 사용자 재량권의 제약은 한정적이다.

프랑스의 경우에 1968년 5월과 6월의 대중파업 이후 10년 동안 노동시장과 노사관계에 대한 정부 규제는 상당히 확대되었다. 이것은 드골주의 우파와 포스트 드골주의 우파 모두가 또 다른 대중동원의 가능성을 없애고 싶었기 때문이었다. 규제는 주로 임금결정과 채용 및 해고의 권한과 관련된 사용자 재량권을 제약했다. 공공부문과 대기업의 경우에는 작업 조직의 공동 규제가 기업위원회와 여타의 기업 단위 기구들을 통해 작동하기도 했다. 최저임금제, 임금연동제, 법령에 의한 단체협약 효력 확장, 행정 당국에 의한 정리해고 허가제 등이 사용자들이 활용할 수 있는 유연성을 제한했다. 노동조합과의 집단적 규제도 일정한 역할을 했지만, 그것은 공공부문과 대기업에 국한되었는데, 이는 노조들이 전반적으로 1968년의 사건들을 그들의 핵심적 세력 범위를 넘어서 영향력을 확장하는 기회로 활용하지 못했기 때문이었다.

그로부터 35년이 지난 후에 노동시장에 대한 법률적 규제의 영역 대부분에서 직접적으로 규제가 완화되었거나, 기업별 협상에 맡겨지는 경우에는 예외 인정의 기회를 통해서 규제가 후퇴했다. 사용자들에게 유연성 활용을 확대해

주는 입법 패키지들이 지난 10년 동안에 거의 연례행사처럼 통과되었다. 좌파도 우파와 다를 바 없이 이 일에 의욕적으로 가담했다. 가장 큰 영향을 받은 것은 채용 및 해고, 비정규 노동자의 고용에 관련된 유연성이었다. 하지만 작업 조직의 유연성 확대는 노동시간 단축과 기업위원회의 역할 확대로 마련된 새로운 기회를 통해 촉진되었다. 개별화된 임금과 이윤공유제 또한 널리 퍼졌다. 요약하면, 사용자 재량권의 확대가 일부는 규제완화로, 또 일부는 기업 수준으로의 분권화를 통해 이루어졌다. 기업 수준으로의 분권화가 필연적으로 사용자 측에 더 많은 유연성을 주는 것은 아니다. 그러나 프랑스의 경우에 노동조합의 힘이 매우 약하다는 사정은, 사용자들이 취약한 기업 단위 노동자 대표를 상대하거나 임금 및 노동조건을 일방적으로 결정할 수 있다는 것을 의미했다.

1980년대 초반에 정점에 있었던 전후의 독일 모델은 다변화된 품질 생산을 장려하는 제도적 매트릭스의 한 부분으로서 사용자의 재량권에 중대한 제한을 신중하게 가하고 있었다. 경직성은 법률적 규제와 교섭에 의한 규제 모두에서 연원했다. 특히 높은 수준의 고용보호제도가 있는 채용 및 해고의 영역과, 산업별 교섭이 중심적인 역할을 하는 임금결정의 영역에서 경직성이 생겨났다. 작업 조직의 영역에서는 유연성이 컸는데, 이는 기업 수준에 의사결정 권한을 주는 공동결정제도 덕분이었다. 하지만 그와 관련된 모든 변화는 협상의 대상이었고, 이 시기에 노동조합은 공동결정 기구들을 지배했다.

오늘날 사용자 재량권은 세 영역 모두에서 확대되었다. 부분적으로 이것은 하르츠 개혁의 일환으로 진행된, 특히 비정규 고용의 활용과 관련된 정부의 제한적인 규제완화의 산물이었다. 또한 그것은 노조의 힘이 쇠퇴하고 단체협약 적용률이 하락하면서 일어난 단체교섭 모델의 변형에 의해 야기된 것이었다. 이로 인해 (제조업의 일부를 포함하여) 전체 경제 중 많은 영역이 단체교섭의 영향을 전혀 받지 않게 되었고, 단체교섭이 이루어지는 경우에도 개방조항 관행에 의해 사용자들은 기업 수준으로 임금결정을 분권화할 수 있었다. 작업 조직의 영역에서도 사용자의 재량권은 확대되었다. 이것은 기업들이 노조의 노동시간 단축 요구(이것은 기업별 교섭이 다루는 범위를 늘리는 의도하지 않은 결과를 낳았다)를 수용하고 만성적인 고실업에 대응하는 가운데, 노동시간 체제의 관리 측면에서 유연성 확대를 그 반대급부로 얻었기 때문이었다. 이에 더하여, 노동조합에 대하여 사업장평의회가 가졌던 예전의 종속적 지위가 역전되었다. 이에 따라 개별 사용자들이 일자리가 없어질 것이라고 위협하며 제기하는 유연성 요구에 대해서, 이제 노동조합은 산업별 교섭 정책을 내세우며 그 요구를 억제하기가 더 어려워졌다.

1980년대 초에 스웨덴의 사용자들은 스웨덴 모델이 근본적으로 결함이 있다고 판단하게 되었다. 그 주된 이유는 스웨덴 모델이 사용자의 재량권을 심각하게 제한하면서도 파업과 인플레이션을 유발하는 임금 합의로부터 더 이상 보호를 제공하지 않아서였다. 사용자 재량권에 대한 제한은 법률적 규제와 교섭에 의한 규제 모두로부터 연원했다. 법률적 규제로 중요한 것은 비정규 고용에 대한 엄격한 제한과 기업의 공동 규제를 실효적으로 보장한 공동결정법이었다. 교섭에 의한 규제는 기업의 필요와 상관없는 다양한 종류의 임금 연동제와 추가적 임금보상 조항들이 포함된, 점점 복잡해지고 비효율적인 임금협약의 형태를 띠었다. 세 가지 영역 모두에서, 전국 및 사업장 수준에서 발휘된 노동조합의 힘과 노동법이 결합하여 유연성을 추구하려는 사용자들을 꼼짝 못하게 포위하고 있었다.

렌-마이드너 모델에서의 사용자들의 이탈과 1990년대 초반의 경제위기와 정치위기로부터 출현한 노사관계 시스템은 이제 거의 20년이 지나면서 그다지 새로울 게 없어 보인다. 하지만 그것은 특히 임금결정과 채용 및 해고에 관련된 사용자 재량권의 확대를 통해 스웨덴 정치경제의 자유화에 기여했다. 1997년 이후부터 경제 전반에 걸쳐 시행된 조율된 다업종 임금협약은 수출 부문의 필요에 의해 설정된 임금인상 상한선과 산업평화 의무조항을 부과한다. 다른 한편으로, 이러한 임금협약은 임금결정의 분권화와 개별화를 확산시켰는데, 이 과정은 공공부문과 사무직 노동자에서 더 많이 진전되긴 했지만 보편적인 것이었다. 또한 기업 내부의 노조 조직이 일부 약화되면서 사용자 재량권의 확대로 이어졌다. 그동안에 노동법의 온건한 규제완화로 비정규 고용의 활용이 늘어났고, 이와 함께 노동조합도 사용자들에게 임시직 및 파견노동자의 활용에 있어 보다 많은 유연성을 주는 '위기' 협약을 기꺼이 체결하려고 하면서, 채용 및 해고의 분야에서도 사용자 재량권이 확대되었다. 분명히 노동조합과 함께하는 집단적 규제가 경제 전반에 여전히 규범으로 남아 있기에, 사용자의 일방적 행동은 제한적이다. 하지만 규제완화, 분권화, 개별화 모두가 확실히 사용자 재량권의 실질적 확대에 영향을 미쳤다.

이탈리아의 경우 '뜨거운 가을'의 영향으로 1970년대 말에 사용자의 재량권 행사는 여러 커다란 장애물에 부딪혔다. 그 장애물은 노동시장 규제의 형태로 국가로부터 연원하거나, 노동조합의 동원력과 조직력에서 나온 것이었다. 노동조합은 전국 수준에서 강력했고, 또한 몇몇 업종과 일부 지역에서는 최소한 기업 수준에서도 강력한 힘을 갖고 있었다. 그래서 채용과 해고의 권한은 노동자헌장 18조와 채용에 관한 관료제적인 일람표의 사용과 같은 법률적 규제에 의해 제약 받았다. 임금결정의 유연성은 임금물가연동제에 의해 제한되었다. 그 제도하에서 제조업 대기업들의 협약을 근거로 산업별 패턴교섭이 벌어졌고, 노조들은 임금연대에 헌신적이었다. 심지어 작업 조직의 영역에서도, (물론 경제의 특정 부문에 국한되었지만) 작업장에서의 노동의 힘이 사용자의 재량권에 제한을 가했다.

오늘날 상황은 뒤바뀌었다. 국가는 규제완화를 추진했고 노동조합의 힘은 쇠퇴해 세 영역 모두에서 사용자 재량권이 확대되었다. 임금물가연동제의 폐지와 노조 측의 임금연대 포기는 임금결정에서의 유연성 증대에 기여했다. 사업장 수준에서 노조의 힘 약화와 노동자헌장 18조 개정과 같은 노동법의 변화로 인해, 오늘날 사용자들은 채용과 해고에서 폭넓은 재량권을 갖는다. 특히 비정규 노동자들의 경우가 그러하지만, 아주 최근에는 정규직 노동자들에게도 해당되고 있다. 경제위기 이후 고실업과 위태로운 경제 상황에 직면하여, 전국 및 산업 수준의 노동조합들은 작업 조직에 관련된 사용자의 재량권을 제약하는 단체교섭의 규제 조항으로부터 예외를 인정해주었고, 기업 수준의 노조들은 고용안정을 대가로 노동조건의 악화를 수용했다.

6. 소결

노사관계 제도의 자유화는 우리가 다룬 사례들에서 보편적인 경향이었다. 제도 변화의 정밀한 메커니즘은 국가마다 달랐는데, 이는 출발지점과 자유화의 장애물, 그리고 계급 권력의 배치가 국가마다 달랐던 사정을 반영하는 것이었다. 어떤 나라에서는 규제완화가 자유화의 우선적 방식이었지만, 다른 나라에서는 예외인정이나 제도 전환이 더 중요했다. 하지만 놀라운 것은 모든 영역에 걸쳐 사용자의 재량권이 모든 국가들에서 확대되었다는 점이다. 그것은 집단적 규제와 법률적 규제의 후퇴를 통해 가장 분명하게 이루어졌고, 그것을 대체하여 분권화되거나 개별화된 교섭이 들어섰다. 때로는 그 과정에 기업 단위 노동자 대표 제도가 나타났고, 그중 일부는 바로 그 목적을 위해서 새롭게 만들어진 것이었다. 사업장 노조가 여전히 임금 및 노동조건을 교섭하는 곳조차도, 그 노조들은 전국 수준의 노조 조직과 상급 단위 교섭에서 분리되어 있는 곳이 많다. 집단적 규제에 관한 전국 수준의 제도가 유지되는 곳에서는, 기업 수준의 행위자들이 전국협약이나 산업별 협약으로부터 선택적 이탈을 폭넓게 할 수 있거나, 노동법령 적용의 예외가 널리 인정되었다. 일부 사례에서는 전국 수준의 제도가 사업장 교섭을 장려하고 긴축을 촉진하기 위해 고쳐지기도 했다.

서유럽 전체를 보면, 노동조합 조직률과 사용자단체의 형태에 여전히 큰 차이가 존재한다. 그리고 경제와 정치에 대한 스웨덴 노조의 영향력과 영국 노조의 영향력을 혼동할 사람은 없을 것이다. 그러나 모든 곳에서 노동자를 대표하는 조직들은 30년 전보다 약해졌고, 어떤 사례는 극적으로 약해지기도 했다. 또한 노조들은 이제 무엇을 얻을 것인가 대신에 무엇을 양보할 것인가에 관하여 교섭한다. 우리가 이 책에서 다룬 국가들 중에서 최근에 노동자들의 압력에서 비롯된 중요한 사회적 진보가 과연 있었는지 발견하기가 어려울 정도다. 반면에 사용자단체들은 더 많이 정치화되었고, 이전보다 더 자신만만해졌으며, 신자유주의의 정식화에 더 몰입하고 있고, 기존 노사관계 제도에 도전할 의지를 더 불태웠다. 이런 과제를 달성하는 데에 그들은 (중도좌파 정부를 포함해) 정부와 점점 더 함께해왔다. 국가는 노동시장에 대한 직접적 규제로부터 후퇴할 때조차도, 노사관계에 대해서 보다 개입주의적인 태도를 드러냈다. 이 모든 일들이 디플레이션을 유발하고 규제완화를 촉진하는 경제적 논리를 제도화한 유럽통합 프로젝트가 다시 활성화되는 상황 속에서 벌어졌다. 이와 동시에 노동에 대해서는 가혹한 거시경제 환경이 조성되었고, 그나마 남아 있는 국내적인 정치적 영향력을 행사할 기회마저 차단되었다.

10장

노사관계의 자유화에서 자본주의 성장의 불안정성으로

이 책은 이제 마지막 장에 이르렀는데, 희망컨대 우리가 전달하려고 한 핵심 메시지가 무엇인지 분명해졌을 것이다. 그것은 다음과 같이 요약된다. 노사관계 제도는 자유화의 과정을 겪었으며, 이 과정은 다른 무엇보다도 모든 영역에서 사용자 재량권의 확대로 자신의 모습을 드러낸다. 그리고 이것은 제도의 형태보다는 그 기능에서 더 쉽게 인식될 수 있다. 마지막 요점은 국가별 노사관계 시스템의 어떤 형식적 특성, 즉 교섭 시스템의 집중화나 분권화의 정도 같은 형식적 특성에 초점을 맞춘 분석 — 정치경제 및 노사관계 분야의 비교 분석에서 가장 흔하게 나타난다 — 으로는 우리가 아는 모든 나라들에서 일어나는, 동질이형(同質異形)적인 공통된 신자유주의적 표류를 과소평가하기 쉽다는 점을 시사한다.[1]

---

1   이 장은 우리 중 한 명과 요나스 폰투손의 공동 작업에서 가져왔다(Baccaro and Pontusson, 2016). 하지만 폰투손은 이 장의 내용에 책임을 지지 않으며, 따라서 이 장에 있을 수도 있는 오류에 대해서도 책임이 없음을 밝힌다.

이 장에서 우리는 지금까지의 논의와는 다르지만 보완적인 과제를 준비했다. 우리는 이 책에서 분석한 역사적 과정이 노사관계, 노동운동 및 노동권에 관심을 갖는 학자들에게게만 관련되는 게 아니라, 자본주의의 진화와 그 현재 형태에 만연한 불안정성을 적절하게 이해하는 데 결정적이라는 점을 입증할 수 있길 바란다. 1장의 끝에서 암시한 주제로 되돌아가면, 우리는 지난 30여 년간 일어난 노사관계의 자유화가, 지금까지 자본주의가 만들어낸 것 중에 아마도 (성장의 측면에서) 가장 성과가 좋고 (소득분배의 측면에서) 가장 형평적인 성장모델이었던 포드주의/임금주도 모델의 제도적 기반을 약화시켰다고 주장할 것이다. 그리고 이로 말미암아 '장기침체(secular stagnation)'와 고도의 불평등이 동시에 존재하는 시대의 막이 올랐다(Summers, 2014; Piketty, 2013). 더 나아가, 우리는 포드주의/임금주도 성장모델을 대체한 것이 내재적으로 매우 불안정하고 위기에 시달리는 성장모델이라고 주장할 것이다. 왜냐하면 포드주의 성장모델과는 다르게 그것은 총수요가 총공급과 함께 증가하도록 적절히 작용하는 제도적 메커니즘이 결여되어 있기 때문이다.

이러한 주장을 입증하기 위해서 우리는 이단 경제학 내의 조절이론과 포스트 칼레츠키학파(post-Kaleckian) 문헌들에 자유롭게 의지할 것이다(Baccaro and Pontusson, 2016). 우리는 이들 문헌에 나오는 학술 용어나 특정한 주장이 틀림없는 사실이라고 주장하지는 않는다. 우리가 보기에 그들은, 대체로 수렴하지만, 상이한 용어와 분석 방법을 채택하고 있다. 이러한 차이점은 우리의 관심사가 아니다. 마지막 장에서 우리가 강조하고자 하는 것은 미묘한 차이를 가진 채 신자유주의적 수렴이 발생했다는 주장이다. 우리가 말하는 신자유주의적 수렴은 제도 형태에서 유지되는 차이점뿐만 아니라(바라건대 이것은 우리가 국가별 사례를 다룬 부분에서 규명했다), 국가별로 상이한 축적체제들의 출현과도 양립할 수 있다. 따라서 우리가 자유화를 마치 '모든 소를 검은색으로 보이게 하는 캄캄한 밤[2]처럼 다루었다고 비난받을 수 있다고는 생각하지 않는다.

또한 이 장에서 우리는 노사관계 자유화에 대한 우리의 주장에서 무엇이 원인인가에 대한 질문에 답을 제공할 것이다. 비록 인과관계가 복잡하고, 우리가 뒤에서 주장하듯이, 일방향의 인과성보다는 '공진화(coevolution)'가 더 적합해 보이기는 한다. 하지만 우리는 노사관계 제도가 포드주의 성장모델의 본질적 구성요소이자, 간단히 말해 자본주의의 안정성의 열쇠였다고 주장한다. 그러나 포드주의 모델은 국제경제의 변동(무역 자유화와 자본계정 자유화)과 내부적 모순(임금 인플레이션과 탈산업화)이 결합되면서 1970년대의 어느 시점부터 붕괴하기 시작했다. 결국 포드주의의 위기는 국가 정책의 변화를 통해 노사관계 제도의 자유화를 가능케 한 계급 간 세력균형의 변동을 촉진했고, 노동자의 저항 역량을 감소시켰으며, 가능한 한 최대한의 재량권 확보라는, 자신이 가장 원하는 바를 추진하는 자본의 능력을 제고하는 데 도움이 되었다. 노사관계의 자유화로 인해 포드주의적 성장의 기반은 더욱 약화되었고 예전의 임금주도 성장모델로 복귀하는 길은 폐쇄되었으나, 어떤 경우에는 새로운 포스트 포드주의 성장모델들의 출현을 위한 조건을 창출하기도 했다. 그 새로운 모델들은 다음과 같은 공통된 특징을 갖는다. 노사관계는 자본주의를 조절하는 제도 형태들의 구성에서 더 이상 가장 중요한 게 아니게 되었고, 노동시장은 전후 어느 때보다 경쟁적 조절에 훨씬 가까워졌다. 그리고 그로부터 초래된 성장모델은, 총수요가 총공급과 함께 증가하도록 보장해주는 제도적 메커니즘이 결여되어 있기 때문에 매우 불균형적이었다.

이 장의 구성은 다음과 같다. 첫째, 출발점으로 조절학파(Regulation School)

---

2 '모든 소를 검은색으로 보이게 하는 캄캄한 밤'이라는 말은 중동부 유럽의 유대인들의 속담에서 기원한 표현으로, 1806년에 철학자 헤겔(G. W. F. Hegel)이 셸링(F. W. J. Schelling)의 '절대자' 개념을 비판하면서 사용하며 유명해졌다. 셸링은 절대자를 절대적 동일성 혹은 무차별성이라고 표현했지만, 헤겔은 이것을 '모든 소를 검은색으로 보이게 하는 캄캄한 밤'과 같다는 비유를 사용해 신랄하게 비판했다. 본문의 문맥에서 이 표현은 저자들이 주장하는 신자유주의적 수렴 또는 노사관계의 자유화가 '차이를 배제한 동일성'으로 오인되어서는 안 된다는 의미에서 사용되었다.

의 문헌을 활용하여 우리는 포드주의/임금주도 모델의 안정성과 지속성을 유지하는 데에서 노사관계 제도가 한때 수행했던 결정적 역할을 논의한다.[3] 둘째, 우리는 이단 경제학 내의 포스트 칼레츠키학파 문헌들에 의지하여 다른 성장모델들의 주요 특징을 분석한다. 우리는 이 접근이, 이 책에서 우리가 비판해왔던 비교정치경제학 분야의 지배적 흐름에 중요한 함의를 갖는다고 생각한다. 따라서 그것은 심도 있는 설명이 제공될 필요가 있다. 셋째, 우리는 포드주의의 위기 이후 출현한 성장모델들의 특징과 그 내재적 불안정성을 분석한다. 특히 우리는 수출주도 성장과 부채주도 성장에 초점을 맞춘다. 최종적으로 우리는 이 책에서 집중적으로 살펴본 5개국의 성장의 윤곽을 검토하면서 이 장을 끝맺는다.

1. 포드주의에 대한 조절학파의 분석[4]

이 책에서 다룬 정치경제의 유형에 관하여 프랑스의 조절학파가 갖는 매력 중의 하나는 그것이 자본주의를 자연적 질서로서가 아니라 역사적으로 특수한 제도로 개념화한다는 점이다. 자본주의는 시장경제와 동일하지 않다. 시장경제에서는 수요와 공급의 조정이 자유롭게 형성되는 가격 시스템에 의해 보장된다. 그러나 자본주의 경제는 그 이상이다. 그곳에는 재화와 서비스가 교환되는 시장만 있는 게 아니라, 한 계급이 다른 계급에게 자신의 노동을 판매하여 종속적 관계에 위치하는 경제 단위(기업)도 존재한다.

조절학파는 자본주의가 인간의 선천적인 교환 성향에서 자생적으로 출현

3　이 장의 후반부에 논의되듯이, 임금주도 성장모델과 포드주의 성장모델은 대체로 중첩된다. 그래서 우리는 이 두 용어를 자주 호환하여 사용한다.

4　이 절의 내용은 Boyer(2015)를 자유롭게 활용한 것이다.

한 게 아니고, 역사적으로 특수한 제도에 의해 만들어지고 조절되는 것이라고 주장한다. 제도는 임금 형성의 과정, 가격 형성의 과정, 화폐 공급과 그 가격(이자율), 경제에서 국가의 역할 그리고 국제경제로의 결합 양식 등을 구체화한다. 마르크스를 따르면, 제도는 생산력과 생산의 사회적 관계를 조절하고, 거시경제학의 용어를 사용하면, 그것은 경제의 공급 잠재력과 유효수요 간의 긴장의 가능성을 조절하는 것이다(Marx, 1970[1859]; Keynes, 2007[1936]). 회고적인 관점에서 보면 제도들 간의 정합성과 상호 보완성을 확인하는 게 가능하지만, 그것은 오로지 사후적으로만 설명될 수 있는 것이다. 현실에서는 배후에 숨어 있는 완전한 설계자 같은 것은 없다. 주어진 제도적 틀이 내적 구성과 기능성을 갖도록 보장해주는 무언가도 없다. 제도는 내생적 동학과 외생적 충격 모두에 반응하며 변화한다.

자본주의의 제도들은 모두 같은 수준에 있지 않다. 시대별로 구분되는 자본주의의 배치는 제도들의 특정한 위계로 특징지어진다. 노사관계를 조절하는 제도는 '포드주의'로 불리는 자본주의의 특정한 배치에서 핵심 역할을 한다. 포드주의는 그 이전의 (양차대전 사이를 지배한) 조절양식의 진화와 교체를 통해 2차 세계대전 이후에 출현했다. 포드주의 이전의 조절양식에서는, 자본주의 기업들이 대량생산으로 상당한 규모의 생산성 상승을 일으킬 기술적 가능성이 있었지만, 불충분한 총수요가 경제의 생산 잠재력을 제약했다. 불충분한 총수요는 양차대전 사이의 자본가와 노동자 간의 세력균형 때문이었다. 이 시기에 임금은 경쟁적인 노동시장에서 형성되었고 일반적으로 낮은 수준이었으며 경기변동과 실업에 대단히 민감했다. 그 결과로 임금에서의 소비는 여전히 제한적이었고 이윤에서의 소비는 규모의 경제를 만들어내기에 불충분했다. 이는 축적이 그 잠재력보다 아래에 머문 원인이 되었다. 생산성 향상이 있었던 경우에도, 그것은 대부분 이윤으로 전유되었다. 이윤은 임금에 비하여 소비 성향이 낮았고(지금도 여전히 낮다), 저축 성향, 즉 재화나 서비스가 아니라 (현금을 포함한) 금융자산을 취득하기 위해 소득을 지출하는 성향이 더 높았다. 결국 이것은 그 잠재성에 비해 수요를 위축시켰고 수익 추구와 금융 투기를 자극했다. 마르크스의 용어를 쓰자면, 경제의 기술적 잠재력과 임금 및 이윤 간의 분배를 결정하는 사회적 세력균형 간의 '모순'이 있었던 것이다. 나중에 논의될 것처럼, 양차대전 사이의 조절양식과 오늘날의 조절양식은 약간의 유사성이 있다.

포드주의 시대로 이끈 결정적인 혁신은 단체교섭의 제도화와 이와 함께 진행된 노동조합의 힘의 증대였다. 단체교섭은 임금 형성의 과정을 변형했다. 이제 임금은 신축적이지 않았고 노동시장의 조건에 민감하지도 않게 되었으며, 오히려 하방 경직성을 가졌고 노동생산성에 연동되었다. 이 시기에 선진 자본주의 국가들은 노조와 사용자 간의 '역사적 타협'의 출현을 목격했다. 이를 통해 노조는 소유 관계를 변혁하려는 시도를 포기하며 자본주의 질서를 승인했고, 사용자는 노조의 합법성을 인정했으며 기술 진보의 열매를 노동자들과 공유하는 데 동의했다(Korpi, 1983). 분명히 역사적 타협은 여러 국가들에서 상이한 시점에 발생했고, 어떤 나라에서는 다른 나라에 비해 더 견고했다. 예를 들면, 이탈리아는 1970년대 중반에 가서야 이런 종류의 타협에 도달했고 내부적으로 항상 논란이 제기되었다(7장을 보라). 그럼에도 불구하고, 실질임금을 노동생산성에 연동함으로써 이전 시기의 조절양식에 빠져 있던 고리가 채워졌다. 즉, 대량소비가 대량생산의 짝으로 등장했다.

이 책의 국가별 사례들에 대한 서술은 포드주의적 타협에 이미 균열이 발생하기 시작했던 시점(1970년대 후반)부터 시작되었다. 그러나 자본주의에 대한 포드주의적 노사관계 제도의 체계적 중요성에 대해 명확히 하는 게 중요하다. 포드주의적 노사관계 제도는 양차대전 사이에 성장을 저해했던 수요 측면의 제약을 제거했다. 그로 인해 2차 세계대전 이후 '영광의 30년' 동안 급격한 성장이 이루어졌다(Armstrong, Glyn and Harrison, 1991). 이 책에서 반복적으로 주장했듯이, 포드주의의 생존력을 보장한 것은 단체교섭의 존재 자체가 아니라, 이 역사적 시기에 단체교섭 제도를 둘러싼 사회적 세력균형이었다. 이를 통해 노동조합은 단체교섭이 생산성 향상을 실질임금으로 전환하는 일종의 제도적 수로가 되도록 할 수 있었다. 단체교섭에 더하여, 다른 제도적 혁신들이 충분한 유효수요를 만드는 데 도움을 주었는데, 특히 실업보험과 경기대응적 예산정책과 같은 충격 흡수장치가 도입되었다.

임금결정 영역에서의 변화는 다른 제도 영역의 변화를 불러왔다. 임금이 경쟁에서 빠져나오기 시작하자, 가격도 비경쟁적인 방식으로 설정되어야 했다. 완전경쟁은 이론적인 추상물이 되었다. 규모의 경제가 가능해지고 전체 기업들 사이에 이질성이 커지자마자, 어떤 기업들은 규모가 커지고, 다른 기업들은 파산하며, 시장은 경쟁시장에서 과점시장으로 변한다. 경쟁시장은 명확한 국가 개입이 경쟁 질서를 강제할 경우에만 존재한다(Foucault, 2004를 보라). 포드주의 시대에 시장은 주로 과점적이었고 가격은 비용에 대한 마크업(mark-up)[5]으로 설정되었다. 앞 장에서 주장했듯이, 생산물시장의 자유화는 유럽단일시장 프로젝트에 의해 상당한 지원을 받았다.

통화정책과 환율정책은 임금 및 가격 형성 체제의 변화에 순응해야 했다. 금본위제는 통화량을 국제수지에 연계했기 때문에, 불균형의 경우에 임금과 가격을 조정하도록 강제했다. 한 나라가 경상수지 적자라면 그 나라는 금을 잃게 되고, 그러면 통화량을 줄여 고통스러운 임금 및 가격 디플레이션 과정을 거쳐 경제의 균형을 회복한다. 그러나 이런 통화제도는 임금이 경직적이어서 조정이 불가능한 체제와는 양립할 수 없다. 그것은 보다 완화적인 통화제도와 보다 신축적인 환율 체제로 바뀌어야 한다.

조절이론 문헌에서 조명한 포드주의 성장모델과 주류 신고전학파 성장모델을 비교하는 것은 흥미로운 일이다. 신고전학파의 솔로-스완(Solow-Swan) 모형은 완전경쟁 시장을 가정해서 개별 생산요소는 한계생산성에 따라 보수

---

5 이것은 제품 원가에다 일정한 비율이나 폭의 이윤을 붙여서 기업이 판매가격을 매기는 가격 설정 방식이다. 당연히 독과점 기업은 마크업을 통해 추가적인 이윤을 얻기 쉽다. —옮긴이 주

를 받는다고 가정한다(Carlin and Soskice, 2006을 보라). 다른 말로 하면, 신고전학파 성장모델은 위에서 제시한 역사적 과정, 즉 생산성 향상을 실질임금으로 전환하는 제도의 출현과 동떨어진 가정을 하는 것이다. 이런 비교를 통해 조절이론의 접근, 또는 일반적으로 포스트 케인스학파 접근의 결정적 특징 중 하나를 끌어낼 수 있다. 즉, 거시경제의 파라미터는 '자연 상수'가 아니라, 사회 집단들이 그들의 이익을 위해 효과적으로 동원할 수 있는 능력에 따라 변화하는 사회적 관계의 요약이다.

그것의 매력적인 특징에도 불구하고, 포드주의 모델에 문제가 없지 않았다. 첫 번째의 주요한 취약성은 적절한 수준으로 이윤율을 보장하는 것이 어려웠다는 점이었다. 물론 실질임금이 수요를 자극했지만, 너무 높은 임금과 산출 단위당 너무 낮은 이윤은 자본가들의 투자 동기를 감소시켰다. 스웨덴 사회민주당은 1970년대의 '자본 파업'의 문제를, 최종적으로는 성공하지 못한 임노동자기금 실험으로 다루고자 했다. 이것은 노동자들의 집단적 투자를 제도화함으로써 불안정하게 흔들리던 민간투자를 보완하려고 한 것이었다(Pontusson, 1992).

두 번째 취약성은 명목임금 및 인플레이션과 관련된다. 물론 이단 경제학 문헌들은 일반적으로 수요증가가 가격 상승을 유발하는 게 아니라 수량 확대를 통해 조정되는 것과 같이(Lavoie, 2009), 경제에는 유휴생산능력이 있다고 가정한다. 하지만 이것은 분명히 이상화된 것이다. 현실에서 포드주의 모델은 고질적인 인플레이션 문제가 있었다. 그 문제의 일부는, 임금이 비신축적이기 때문에 통화정책이 시장 순응적이어야 한다는 점이었다. 게다가 노동조합이 높은 명목임금 인상을 강하게 요구하고 경제가 이미 완전고용 상태였던 때에, 일부의 경제 부문에서라도 그러한 임금인상 압박이 거세지면 고인플레이션이 나타났다. 고인플레이션의 문제는 1970년대에 일반화된 특징이었는데, 그것은 노동조합의 전투적인 임금인상 요구와 큰 폭의 유가 인상이 동시에 발생한 데서 비롯되었다(Armstrong, Glyn and Harrison, 1991). 이 문제는 여러 국가들에서 상이하게 다루어졌는데, 이런 차이점은 국가별 임금 형성 시스템의 독특한 제도적 특성에 좌우되어 나타난 것이었고, 그 정책의 성과도 상이했다(Flanagan, Soskice and Ulman, 1983; Tarantelli, 1986a). 인플레이션 억제는 일반적으로 소득정책의 제도화와 연관된다(Bruno and Sachs, 1985). 그러나 임금 억제는 프랑스, 이탈리아, 영국처럼 상대적으로 분권화된 교섭 시스템보다, 독일이나 스웨덴처럼 상대적으로 집중화되거나 조율된 교섭 시스템에서 더 잘 이루어졌다(Cameron, 1984; Soskice, 1990). 영국에서 인플레이션은 결국에는 통화주의로의 전환을 통해 해결되었다(Tarantelli, 1986a). 인플레이션 문제를 다루는 데 있어서 포드주의적 노사관계 시스템이 보인 무능력이 그것이 쇠퇴한 하나의 원인이 되었다(Glyn, 2006).

석유 파동과 같이 포드주의 모델의 부식과 소멸을 불러온 요인 중의 일부는 외생적인 것으로 간주될 수 있다면, 다른 과정들은 분명히 내생적인 것이었다. 예를 들어보자. 포드주의적 기업은 시장 확대를 통해 생산성 향상의 과실을 거둬들였다. 국내시장이 포화되었을 때, 가장 효율적인 기업들은 해외 수요에 다가가려는 시도를 하는 것은 자연스러운 일이었다. 물론 무역 자유화는 초기 단계에서 한동안은 포드주의 모델의 재생산을 도와주었겠지만, 결국에는 그것을 불안정하게 만들었다. 무역 자유화는 임금 경쟁을 조절의 전체 구도 속으로 다시 끌어들였다. 포드주의적 폐쇄경제에서 임금인상 억제는 성장에 부정적인 결과를 낳지만, 개방경제에서 무역 상대국과 관련한 임금인상 억제는 국내 제품이 경쟁국의 제품보다 값싸지도록 만들며, 결국 총수요의 구성요소 중에서 순수출을 증가시킨다(관련된 논의는 아래를 보라).

포드주의 모델의 내생적 쇠퇴의 또 다른 원천은 탈산업화였다. 보몰의 선구적인 연구는 탈산업화가 부문 간 생산성 상승의 격차를 어떻게 내포하는지 설명했다(Baumal, 1967). 제조업의 생산성이 빠르게 상승하고, 서비스산업의 생산성은 그보다 느리게 상승하는 것은 제법 근거가 있는 이야기이다. 왜냐하면 서비스산업에서는 포드주의적 생산성 상승, 규모의 경제, 자본심화[6]의 메커니즘이 큰 역할을 하지 못할 가능성이 높기 때문이다. 이로 인하여, [일물 일가의 법칙(law of one price)이 전체 부문들에 걸쳐 유사한 수준의 임금을 보장한다 고 가정한다면] 생산성이 높은 부문에서 고용이 상대적으로 감소하고, 생산성 이 낮은 부문에서 고용이 상대적으로 증가하는 경향이 존재한다. 그러므로 포드주의 모델의 핵심인 제조업의 성공은 그 자체로 쇠퇴의 씨앗을 심었던 것이다.

요약하자면, 포드주의 모델은 2차 세계대전 이후 '영광의 30년' 동안 급속 한 성장과 고임금, 고도로 제도화된 노사관계 시스템을 창출했다. 그 시대는 제한적인 무역 개방과 자본 이동의 통제를 그 특징으로 했다. 그러나 내생적 인 발전(예를 들면, 탈산업화와 인플레이션 유발 경향)과 특히 자본 이동의 자유화 와 무역 개방 등 국제경제의 변동에 의해, 그리고 이에 더해 사용자와 국가의 공세적인 전략에 직면해서 포드주의 모델의 장기적인 생존력은 제한되었다. 이러한 변동은 포드주의 모델의 기본적인 거시경제적 관계성의 일부를 변화 시켰다. 임금이 (가격, 화폐, 이윤, 정부지출 같은) 다른 모든 변수들이 그것에 맞 게 조정되어야 하는 경직적 변수가 아니라, 오히려 시스템 내의 다른 변수들 이 입은 충격에 반응하여 (대개는 하향적으로) 조정되어야 하는 변수가 되었다. 이 책에서 검토한 노사관계의 자유화는 이러한 배경에서 이해되어야 한다.

2. 성장모델에 대한 포스트 칼레츠키학파의 분석

이 절에서 우리는 앞의 분석을 자본주의에 대한 포스트 칼레츠키학파의 관 점을 검토하여 보완할 것이다. 포스트 칼레츠키학파의 전통과 조절학파의 전

---

6   자본심화(capital deepening)는 노동자 1인당 자본 비율이 높아지는 상황을 의미하며, 흔히
    자본집약도의 증가로 지칭되기도 한다. —옮긴이 주

통은 많이 겹친다. 예를 들어, 로베르 부아예는 양쪽의 연구 모두에 기여했다(Bowles and Boyer, 1995를 보라). 그러나 포스트 칼레츠키학파 경제학은 분배의 변화와 그것이 자본주의 성장에 미치는 결과를 더 강조한다.

정치와 분배에 대한 강조는 폴란드의 경제학자 미하우 칼레츠키(Michal Kalecki)의 트레이드마크였다.[7] 그의 유명한 논문에서 칼레츠키는 완전고용을 경제적인 문제로만 보지 않고, 더 중요하게는 정치적 고려사항으로 보았다(Kalecki, 1943). 완전고용에 대한 칼레츠키의 경제학적 분석은 본질적으로 케인스의 그것과 동일하다(물론 그는 그것을 케인스와는 독립적으로 발전시켰다). 케인스와 마찬가지로, 그는 적정 수준의 유효수요의 필요성을 강조했다. 그러나 케인스와 다르게, 그는 완전고용이 자본의 **구조적 권력**, 즉 명시적인 강제적 개입이 없이도 집단적 결정과 정책을 만들어낼 수 있는 자본의 능력을 저하시킬 것이고(Culpepper, 2015), 그래서 자본가들은 완전고용을 맹렬하게 반대할 것이라고 생각했다. 칼레츠키의 분석적 관점에서는 자본가들은 이윤 극대화보다 일차적으로 작업장 통제의 극대화에 의해 동기 부여되는 존재로 간주된다. 일정한 학문적 곡해를 곁들여 말하자면, 이른바 노동시장의 '효율성 임금' 모형을 예견하며(예를 들면, Shapiro and Stiglitz, 1984), 칼레츠키는 완전고용이 자본가의 공구상자에서 '해고의 공포'라는 도구를 빼앗는 것이고, 완전고용이 이루어지면 감독자가 노동자들에게 동기를 부여하고 그들을 통제하기가 더 어려워질 것이라는 유명한 주장을 펼쳤다. 칼레츠키에 따르면, 금리생활자 계급 또한 완전고용 체제에 반대할 것인데, 왜냐하면 그들은 완전고용이 초래하는 인플레이션을 두려워하고 완전고용 체제하에서 금융자산의 실질가치를 걱정할 것이기 때문이다.

칼레츠키에게 자본주의 성장은 '임금주도적'이었다. '임금주도적'이 의미하

---

7 누티(Nuti, 2004)는 분배에 대한 강조가 칼레츠키가 케인스와 차별화되는 핵심 지점이라고 확인시켜준다(Sawyer, 1985도 보라).

는 바는, (대부분의 국가에서) 다른 무엇보다도 실질임금이 총수요의 결정요인으로 중요한 반면에, 최소화할 생산비용으로서의 실질임금의 역할은 부차적인 문제이고, 심지어는 그것이 자본주의 경제에서 조정 실패의 원천 중 하나라는 것이다. 여기서 조정 실패의 원천이라는 말은, 개별 기업이 상대 임금의 하락으로부터 이익을 볼 수는 있겠지만, 전체 기업들은 임금 하락이 일반화되면 고통받기 쉽다는 의미이다. 칼레츠키에 따르면, 케인스가 제시한 정부의 적자지출에 더해서, 완전고용을 보장하는 효과적인 방식은 부자에서 빈자로 소득을 재분배하는 것이었다(Kalecki, 1944). 하지만 그는 이러한 재분배가 자본가들의 극심한 반대에 부딪힐 가능성이 크다고 인정했다.

포스트 칼레츠키학파의 연구들은 칼레츠키에 기초해서 분배가 성장에 미치는 영향에 관한 보다 일반적인 모델을 만들었다. 그중에서 임금주도 성장은 하나의 특수한 사례이다. 특히 바두리와 마글린은 어떤 조건하에서는 임금이 아니라 이윤이 성장을 자극할 수 있다고 보았다(Bhaduri and Marglin, 1990). 따라서 임금주도와 이윤주도라는 두 개의 이념형적인 성장모델이 존재한다. 많은 포스트 칼레츠키학파의 연구들은 어떤 조건에서 어느 모델이 우세할 가능성이 높은지 이해하려고 시도했고, 수많은 나라들과 여러 시간대에 걸쳐 어떤 종류의 성장모델이 우세한지에 대해 계량경제학적으로 추정하는 노력을 기울였다.

노동생산성을 상수로 놓으면, 실질임금 한 단위(1%)의 추가적 증가는 임금몫 한 단위의 추가적 증가에 상응한다. 그래서 임금몫은 이 모델에서 외생변수로 간주된다. 실질임금 인상은 총수요의 여러 구성요소들, 즉 소비, 투자, 정부지출, 순수출(수출-수입)에 영향을 미치는데, 경제의 구조적 특성에 따라 그 영향은 차별적이다. 실질임금 인상이 총수요에 미치는 최종 영향이 양(+)의 값을 가지면 임금주도 모델로, 반대로 음(-)의 값을 가지면 이윤주도 모델로 판단한다.

저축 성향(반대로 말하면, 소비 성향)은 소득과 양(음)의 관계를 갖고 변한다.

소득에서 차지하는 비율로 보면, 고소득층의 개인과 가계는 저소득층과 비교해서 저축을 더 많이 하고 소비는 더 적게 한다. 이것을 다른 방식으로 표현하면, 고소득층의 개인과 가계는 재화와 서비스를 취득하는 것보다 (현금을 포함한) 금융자산을 취득하는 데에 자신의 소득에서 더 많은 부분을 사용한다. 즉, 그들은 저축을 더 많이 하고 소비는 더 적게 하는 것이다. 이윤 소득의 소비 성향이 임금 소득의 소비 성향보다 낮다는 계량경제학적 증거는 많다 (Hartwig, 2014와 Stockhammer, 2015a의 참고문헌을 보라). 예를 들면, 2007년에 독일에서 소득 4분위별 평균 저축률을 보면, 1분위(최상위 25%)의 평균 저축률은 15.8%였고, 2분위는 9%였으며, 3분위는 8%였고, 4분위는 4.1%였다 (Stein, 2009; Stockhammer, 2015a: 943에서 재인용). 이윤의 소비 성향이 낮다는 것이 의미하는 바는, 임금몫의 감소와 이에 대응하는 이윤몫의 증가는 총소비를 감소시키고, 만약 총소비가 총수요의 구성요소 중 큰 부분을 차지한다면(이는 국가 규모가 클 경우에 사실일 가능성이 높다), 결국 전체 GDP를 감소시킨다는 것이다.

만약에 추가적인 임금인상이 소비에 미치는 영향이 (적어도 소비에 미치는 자산효과가 고려될 때까지는) 확실하게 양의 관계일 가능성이 크다면, 이와 동일한 논리가 투자에 대해서는 성립할 수 없다. 한편으로, 투자는 기대 이윤(특히 투자로부터의 기대 이윤율과 자본의 대안적인 사용으로부터의 기대 수익률 간의 차이)에 민감할 가능성이 높다. 다른 한편, 투자는 수요증가에 따라 늘어날 수 있다. 이것은 투자의 '가속도 효과'로 알려져 있다. 이는 수요증가가 기업의 생산능력 확장을 부추긴다는 것을 뜻한다. 만약에 투자가 수익성에 대단히 민감하지만 수요에는 그렇게 민감하지 않다면, 투자 함수는 이윤주도적일 것이다. 이와 반대로, 가속도 효과가 우세하다면, 투자는 임금주도적일 것이다.

포스트 칼레츠키학파 거시경제학은 성장체제에서 정부지출의 역할에 대해서는 별로 말하지 않는다(반면에 아래에서 논의되듯이, 정부 정책의 역할에 대해서는 상당히 많은 이야기를 한다). 사실 정부지출은 이 장이 참고하는 모든 문헌들 속에서는 외생적 요인으로 간주된다. 그러나 정부지출이 소득분배의 변화에 따른 영향을 강화하거나 상쇄할 수 있다는 점을 언급하는 게 중요한 것 같다. 예를 들면, 재분배 효과가 있는 조세와 소득이전은, 높은 저축 성향을 가진 계층으로부터 높은 소비 성향을 가진 계층으로 소득을 이전시킴으로써 임금주도적 수요 체제를 강화하는 데 기여할 것이다. 이것은 케인스주의 이론이 제시한, 일시적인 수요 부족을 보충하기 위한 순정부지출의 잘 알려진 능력에 추가되는 것이다.

국제무역 개방이 제한되고 자본 이동이 불완전한 폐쇄경제에서, 임금주도 모델이 번창할 가능성이 높다. 폐쇄경제에서는 실질임금 상승이 국내소비의 확대에 미치는 효과가 수입에 의해 약해지지 않는다. 게다가 브레턴우즈 체제처럼 자본 이동을 제한하는 국제경제 체제에서, 자본은 기대 이윤율이 낮더라도 국내에 투자하는 것 말고는 (합법적인) 다른 대안이 많지 않다. 앞 절에서 주장했듯이, 국제화의 제한과 자본 통제는 포드주의/임금주도 모델의 중요한 가능 조건이었다(Boyer, 2004). 하지만 경제가 개방되면서 이런 여건이 안 좋아졌다.

무엇보다 해외물가를 포함하여 다른 모든 게 동일하다면, 노동생산성이 불변일 때 실질임금 인상은 실질환율의 하락으로 이어질 것이고, 이어서 (명목환율이 반대 방향으로 즉각적으로 조정되지 않는다고 가정하면) 순수출이 감소할 것이다. 수입품 가격은 하락하고 수출품 가격은 상승하게 된다. 이러한 변화는 무역개방이 계속 제한되어 있는 한 그리 큰 중요성을 갖지 않는다. 하지만 무역개방도가 어떤 임계점을 넘고(국가마다 다양하겠지만) 특히 수출이 실질환율로 반영되는 가격 차이에 상대적으로 매우 민감한 경우에, 국제 개방은 성장 모델이 임금주도형에서 이윤주도형의 특정 유형, 즉 수출주도 성장모델로 변동하는 결과를 낳을 수 있다(Baccaro and Pontusson, 2016을 보라). 임금주도 성장모델에서는 성장을 저해하던 임금인상 억제가, 고도의 개방경제에서는 그것이 순수출에 미치는 효과로 인해 성장률을 증가시킬 수 있다. 순수출을 위해 중요한 것은 임금인상 그 자체가 아니라, 임금인상이 수출가격에 미치는 효과라는 점에 주의를 기울일 필요가 있다(Storm and Naastepad, 2015를 보라). 만약에 (노동생산성이 불변일 때) 임금인상이 이윤마진의 감소에 의해 조정된다면, 적어도 단기적으로는 수출에 대한 부정적 효과를 기대할 이유는 없다. 그러나 장기적으로 보면, 적어도 기업들이 수출에 관여할 유인이 감소할 가능성은 있다.

국내수요(소비+투자)와 전체수요(소비+투자+순수출)[8]를 구분하면 세 가지의 이념형적 각본이 도출된다. (1) 임금주도적 국내수요 및 임금주도적 전체수요 체제, (2) 임금주도적 국내수요와 이윤주도적 전체수요 체제, (3) 이윤주도적 국내수요와 이윤주도적 전체수요 체제 등이 그것이다. 이윤주도적 국내수요와 임금주도적 전체수요의 조합은 불가능하다(Lavoie and Stockhammer, 2012). 첫 번째 조합은 개방경제에서 포드주의/임금주도 체제가 실현된 것이다. 이 성장모델에서 임금인상의 자극은 아마도 순수출에 부정적 효과를 미칠 것이다. 그러나 전체수요 체제를 역전시키기에는 그 효과가 작다. 왜냐하면 경제 개방이 제한적이거나, 수입과 수출이 실질환율에 그렇게 많이 민감하지 않거나, 혹은 두 가지 모두이기 때문이다. 이는 포드주의 모델에서 임금과 이윤이 함께 증가했고 노동과 자본 간의 '역사적 타협'과 쌍방의 합리적 전략이 가능했던 사실을 강조한다(Przeworski and Wallerstein, 1982). 그러나 이처럼 모두가 득을 보는 타협은 자본주의의 일반적 특성이 아니라, 이러한 특정한 조절양식의 독특한 특성이라는 점을 강조하는 것 또한 중요하다.

이윤주도적 국내수요와 이윤주도적 전체수요의 조합은 '낙수경제(trickle-

---

8 여기서 전체수요(total demand)라는 용어는 쉽게 말하면, 국내수요와 해외수요를 합한 개념으로 쓰이고 있다. 다시 말하면, 폐쇄경제하에서는 국내수요(소비+투자)만 고려하면 되지만, 개방경제하에서는 여기에 해외의 수요(순수출)를 추가적으로 고려한다는 의미로 사용되었다(Lavoie and Stockhammer, 2012). 거시경제학의 기본 개념인 총수요(aggregate demand)와 혼동을 피하기 위해 불가피하게 '전체수요'로 번역했음을 밝힌다. —옮긴이 주

down economy)' 모델에 해당한다. 이 모델에서 생산성에 대비한 실질임금의 상승은 투자와 순수출에 부정적 영향을 미쳐 성장을 둔화시킨다. 저축 감소로 인한 단기적인 소비 증가는, 투자 감소와 경상수지 악화로 인한 것보다 더 큰 영향을 미친다. 이런 국내수요 체제를 상상해보면, 임금노동이 GDP의 구성요소 중에 작은 부분을 차지하고 대부분의 소비가 이윤에서 나오며, 동시에 자본축적 그리고/또는 순수출이 이윤에 매우 의존하면서 총수요의 큰 부분을 차지하는 경제를 떠올려볼 수 있다. 시장 자유화 이후의 중국 경제가 머릿속에 떠오를 것이다(Boyer, 2015).

셋 중에서 보기보다 가장 위험한 조합은 임금주도적 국내수요와 이윤주도적 전체수요의 조합이다. 왜냐하면 이것은 정책 결정자들로 하여금 순수출을 진작하기 위해 국내수요를 억제하는 정책 선택을 하도록 이끌 수 있기 때문이다. 아래의 인용은 이런 조합에 대해 바두리와 마글린이 언급한 것이다(Bhaduri and Marglin, 1990: 338).

무역이 우세해지면서 침체주의[임금주도] 체제(stagnationist regime)[9]의 논리가 무역의 상호의존도가 높은 세계에서는 점점 부적절해지는 경향이 있다. 침체주의의 논리에서 도출된 임금주도 성장의 중요성에 대한 좌파 사회민주주의의 강조는, 국제적인 가격 경쟁력을 높이기 위해 실질임금(그리고 인플레이션)을 억제하는 긴축적인 거시경제정책을 통해 수출 흑자를 추구하면서 포기될 수 있다. 게다가 성공적인 수출 실적 덕분에 낮은 실질임금 인상률을 넉넉히 상쇄할 정도로 높은 고용 수준

---

9 바두리와 마글린(Bhaduri and Marglin, 1990)은 임금주도 성장체제와 이윤주도 성장체제를 각각 '침체주의 견해(stagnationist view)'와 '활성주의 견해(exhilarationist view)'로 지칭했다. 침체주의는 자본집적에 따른 과점적 경쟁으로 이윤마진과 이윤몫의 증가가 소비를 위축시키고 투자 수요를 줄이며, 그 결과 재정지출 확대나 순수출의 증가 없이는 만성적 경기침체를 낳게 된다는 견해이다. 이에 비해 활성주의는 마크업 가격설정을 하는 과점 기업과 유휴설비의 존재라는 칼레츠키학파 거시모형의 기본 전제하에서도, 이윤몫의 증가가 투자를 증가시키거나 수출 경쟁력을 강화할 경우 경제가 활성화된다는 견해이다. ―옮긴이 주

이 유지되는 한, 노동과 자본의 협력은 계속해서 실현 가능한 것일지도 모른다. … 이 전략의 유일한 문제는 모든 국가들이 동시에 무역 흑자를 달성하는 게 불가능하다는 점이다. 그럼에도 불구하고, 전통적인 사회민주주의 이념은 이 불가능성의 미끼에 유혹된 채 어떠한 일관된 대안도 만들어내지 못한 채 사실상 해체되어 버렸다(강조는 저자들).

포스트 칼레츠키학파 거시경제학의 혁신적 특징 중 하나는 임금 상승, 노동 경직성 그리고 노동생산성 간의 관계를 개념화한 것이다(Storm and Naastepad, 2012a, 2012b). 첫째, 임금 상승은 총수요를 팽창시켜 노동생산성의 상승으로 이어지며 규모의 경제를 가능케 한다. 이것은 칼도/버둔 효과(Kaldor/Verdoorn effect)로 불린다. 둘째, 임금주도 투자체제에서 임금인상은 '가속도 효과'를 통해 신규 투자로 이어지고, 다시 신규 투자는 최신의 기술변화를 구현함으로써 생산성을 개선할 수 있다.[10] 셋째, 실질임금 상승은 요소 대체의 과정을 작동시키는데, 이를 통해 상대적으로 비용이 높아진 생산요소(노동)가 상대 수익이 동일해질 때까지 다른 생산요소(자본)로 대체된다. 결국 자본심화(노동 한 단위당 자본스톡의 증가)는 남아 있는 노동의 생산성을 증대시킨다. 이것은 마르크스/힉스 효과(Marx/Hicks effect)로 불린다. 요소 대체 그 자체는 기술적 실업을 낳는다는 점을 언급해야 한다. 사실 임금주도 모델의 고용 성과는 노동생산성과 총수요 사이의 경주의 결과에 좌우된다. 총수요가 노동생산성보다 빠르게 증가할 때에만 고용이 늘어난다. 마지막으로, 특히 '선물교환(gift exchange)'에 관한 연구가 강조하듯이(Akerlof, 1982), 엄격한 고용보호 규제는 노동자의 동기 부여와 헌신을 강화함으로써 노동생산성에 긍정적 영향을 미친다.

---

10 조절이론가들 또한 실질임금 상승이 규모의 효과 덕분에 노동생산성을 개선한다는 가설을 제시한다(Boyer, 2004, 2015를 보라).

생산성에 대한 이러한 견해는 주류 경제학자들과 매우 다르다. 그들은 일반적으로 생산요소의 보다 효율적인 배분을 가능케 하는 노동시장의 규제완화를 옹호한다. 이와 반대로 위의 관점은 (규제완화가 아니라) 노동시장의 규제가 생산요소의 효율적 배분을 가능하게 하며, (임금인상 억제가 아니라) 실질임금 인상이 생산성 상승에 이바지하는 것으로 본다. 하지만 이단 경제학자들도, 투자 동기가 감소하고 그에 따라 실현된 기술변화의 잠재력이 축소됨으로써 이윤주도 투자체제가 강고해지면, 실질임금 인상은 생산성을 하락시킬 수 있다고 말한다(Lavoie and Stockhammer, 2012).

공공정책은 성장모델의 근원적인 특성들을 지원할 수도 있고 그것과 모순될 수도 있다. 성장 친화적인 정책을 위해서는, 공공정책이 근원적인 성장모델과 양립할 수 있어야 한다. 즉, 임금주도 모델에는 임금 지향적 정책이, 이윤주도 모델에서는 이윤 지향적 정책이 필요하다. 만약에 공공정책의 분배 지향성이 성장모델과 반대라면(임금주도 모델에서 이윤 지향적 정책이 추진되는 경우, 또는 그 반대의 경우라면), 그 결과는 최소한 단기적으로는 경제 침체로 나타난다. 장기적인 시야에서, 특정한 정책이 일관되게 적용되면, 우리가 다음 절에서 논의하듯이, 성장모델의 변동을 초래할 수 있다.[11]

그렇다면 포스트 칼레츠키학파의 분석이 노사관계에 주는 함의는 무엇인가? 그것을 알 수 있는 가장 손쉬운 방법은 지금까지의 논의를 이끌어온 가정, 즉 임금몫이 외생적이라는 가정을 완화하는 것이다. 이 가정은 포스트 칼레츠키학파 연구와 일관성을 갖지만 분명히 단순화된 것이다. 현실에서 임금

---

11 아직 연구가 충분하지 않은 분야는 문턱 효과(threshold effect)와 성장모델의 내생적 이행이 과연 존재하는가 여부이다. 예를 들면, 임금주도 모델에서 임금몫의 상승이 성장에 언제나 긍정적인 효과를 미칠 것인가, 아니면 성장모델은 오직 특정한 파라미터 값에서만 임금주도형으로 남아 있고, 그 값을 넘어서게 되면 추가적인 임금몫의 상승은 이윤주도 모델로의 변화를 촉진하게 될 것인가? 노동친화적인 분배정책으로의 복귀는 비선형적이라는 가설과, 임금몫이 아주 높은 수준인 경우에 임금몫의 한 단위 증가와 연관된 성장률의 상승폭은 떨어지고 어쩌면 마이너스로 돌아선다는 가설은 그럴듯해 보인다.

몫은 정치의 함수이고, 특히 (칼레츠키 자신의 사고에 따르면) 작업장 정치의 함수이다(Kalecki, 1943). 이 책에서 주목한 추세들, 즉 노동조합과 다수 사용자 교섭의 쇠퇴, 그리고 노동시장을 자유화하고 노동자 보호정책을 축소하고자 하는 공공정책 등은 소득의 기능적 분배를 임금에서 이윤으로 이동시켰다. 만약 근원적인 성장모델이 이윤주도적이었다면, 이런 현상들은 자본주의 성장에 유익했을 것이다. 그러나 임금주도 성장모델에서 그 추세들의 즉각적인 효과는 생산성 상승에 따른 임금 인상을 저해하는 것이었다. 중기적으로 볼 때 이것은 경제의 성장 잠재력을 제한했다.

1970년대와 1980년대에 정점에 도달한 이후에 임금몫이 대부분의 선진국과 자료가 확보될 수 있는 많은 개발도상국에서 감소했다는 사실을 보여주는 증거는 꽤 많다(ILO, 2008; OECD, 2008). 임금몫 감소에 대한 주류적 설명은 그것이 기술적으로 결정된 것이고, 특히 정보통신기술 혁명에 따른 자본재의 상대가격 하락과 관련이 있다는 것이다(Karabarbounis and Neiman, 2014). 이러한 기술결정론과 대조적으로, 포스트 칼레츠키학파의 경제학자들(Stockhammer, 2013)과 사회학자들(Kristal, 2010)은 소득의 기능적 분배가 자본과 노동 간 교섭 과정의 산물이고, 임금몫의 일반적 하락에 대한 설명은 노동과 자본 간 세력균형을 달라지게 한 요인들 속에서 찾을 필요가 있다고 주장했다(Hein and Mundt, 2012도 보라). 여러 국가들에 대한 계량경제학적 분석을 통해, 슈토크하머(Stockhammer, 2014)는 자본 증가를 낳는 기술변화가 임금몫의 변화를 설명하는 데 제한적인 설명력을 갖는다는 점과, 핵심적인 설명변수는 국제적인 자본 이동과 무역 자유화의 증가라는 점을 발견했다. 임금몫의 교섭 모형과 일관되게, 그는 노조 조직률과 공공부문의 규모가 민간부문의 조정된(adjusted) 임금몫과 양의 관계로 연관된다는 점도 찾아냈다(여기서 '조정된'의 의미는 자영업자의 경우 임금노동자의 노동소득을 덧씌워 계산한다는 뜻이다). 전체적인 임금몫의 등락에 영향을 미치는 다른 요인들은 구성 효과와 관련된다. 즉, 제조업과 공공부문(정의상 비영리부문의 임금몫은 100%이다)이 축소되는 가운데, 임금몫이 상대적으로 낮은 (금융업과 같은) 산업이 팽창한 것이 영향을 미친다.

임금몫의 결정요인에 대한 크리스탈(Kristal, 2010)의 시계열 횡단 분석의 결과는 계급 정치의 역할과 노동과 자본의 세력균형의 변화를 훨씬 더 명확하게 보여준다.

> 국민소득에서 노동의 몫은 1960년대와 1970년대에 증가했다. 그것은 신규 조합원의 조직화, 파업의 분출, 그리고 복지국가의 공고화 때문이었다. 이런 요인들은 모두 국민소득보다 노동의 보수를 더 빠르게 증가시켰다. 노동의 몫은 1980년대 초반 이래로 감소했는데, 이는 노조 조직률과 파업의 감소, 국방비를 제외한 정부 지출의 정체, 그리고 교섭 분권화와 함께 진행되었다(Kristal, 2010: 758).

이에 더해서, 대부분의 선진국들, 특히 이 책에서 중점적으로 다룬 5개국은 임금주도 성장모델에 해당한다는 공통된 계량경제학적 증거들이 존재한다. 임금주도 성장의 공통된 패턴의 유일한 예외는 벨기에, 오스트리아, 아일랜드, 덴마크 등 소수의 소규모 개방경제들이다(Onaran and Obst, 2015와 여기서 인용된 문헌들, 그리고 Onaran and Galanis, 2014를 보라). 노동조합과 다수 사용자 단체교섭의 약화가 임금몫의 전반적인 하락을 야기했고, 대부분의 선진국들 특히 프랑스, 독일, 이탈리아, 스웨덴에서 임금몫의 추가적 상승이 성장을 촉진하지만, 이윤몫의 추가적 상승은 성장을 저해한다는 정형화된 사실을 조합하면, 우리는 노사관계의 자유화가 자본주의의 궤적에 왜 그렇게 지대한 영향을 미쳤는지 이해할 수 있다. 그것은 지금까지의 자본주의 중에서 가장 효율적이면서 가장 공평한 형태인 포드주의 성장모델의 생존력을 약화시켰고 경제 침체의 경향을 만들어냈다.

포드주의 모델은 모든 면에서 잘 작동한 임금주도 모델이었는데, 생산성에 맞춰 통제되는 실질임금의 인상이 임금 상승과 이윤 증가로 이어지고 전체 경제의 성장과 생산성을 자극했다. 단체교섭은 실질임금을 생산성 상승에 연동시켜서 총수요가 총공급과 보조를 맞추며 증가하도록 하는 데 핵심적 역할을 했다. 포드주의 모델은 유리한 국제경제의 조건이 더 이상 유지되지 못하면서 무너지기 시작했다. 무역개방이 확대되면서 임금 경쟁이 다시 게임 안으로 들어왔다. 또한 국내의 이윤율이 자본의 대안적 사용에 따른 국제적인 수익률과 일치하는 수준이 되어야 하기에, 자본 이동은 수익성에 대한 투자의 민감도를 증가시켰다. 물론 전통적인 회귀분석에서처럼 변량을 정확히 나누지는 못하지만, 지금까지의 논의는 노사관계의 자유화와 다른 노동시장 제도들의 자유화가, 생산성 상승이 총수요로 이전되는 경로를 약화시킴으로써 포드주의의 생존력이 훼손되는 데 영향을 미쳤음을 보여주었다.

또한 과거의 노사관계 제도는 고임금 노동자와 저임금 노동자 사이의 개인별 임금소득 분배의 불평등을 줄이는 데 기여했지만(Rueda and Pontusson, 2000; Wallerstein, 1999), 그 제도의 평등 강화 효과는 시간이 흐르며 줄어들었다는 점을 제시하는 탄탄한 증거가 있다(Baccaro 2011a; Becher and Pontusson, 2011). 고소득 임금생활자에 우호적인 방향으로의 분배 전환은 계층 간의 소비 및 저축 성향의 차이로 인해 총소비를 감소시키고 총저축을 증가시킬 가능성이 크다. 따라서 노사관계 자유화는 소득의 기능적 분배를 임금에서 이윤으로 이동시킬 뿐만 아니라 임금소득의 불평등한 분배도 확대함으로써, 포드주의적 성장을 약화시키는 데 기여했을 수 있는 것이다.

3. 포스트 포드주의적 성장의 불안정성

포드주의의 위기로 인하여 자본주의는 여러 면에서 양차대전 사이의 자본주의와 닮은 새로운 국면에 들어간 것으로 보인다. 그 시기와 마찬가지로, 오늘날의 새로운 국면에서 경제의 생산 가능성은 위축되었는데, 이는 생산성 상승이 적절한 총수요와 연결되는, 기반이 단단하고 안정된 제도적 메커니즘이 없기 때문이다. 포드주의 모델에서는 생산성에 연동된 임금교섭이 그 역할을 수행했었다.

논의를 더 해가기에 앞서, 지금까지의 분석과 오늘날 거시경제학계의 '장기침체'에 대한 견해의 유사점에 주목하는 게 좋을 듯하다. 래리 서머스(L. Summers)[12]는 최근에 선진 경제들이 자산 거품과 같은 인위적인 수요 진작책에 의존하지 않고서는 적절한 성장률을 달성하기가 점점 어려워지고, 그 과정에서 선진국의 금융 안정성이 위험해진다고 주장해 큰 주목을 끌었다. 그 주요 원인이 '균형상태의' 또는 '자연적인' 실질 이자율이 큰 폭으로 하락한 것이라고 그는 주장했다. 그는 현재의 실질 이자율이 마이너스라고 평가한다. 자연 이자율이 마이너스라고 보는 데는 몇 가지 근거가 있는데, 그것은 투자를 이끌어내기에 불충분한 수요나 저축의 과잉공급과 관련된다. 첫째, 새로운 첨단기술 벤처기업은 과거의 제조업 벤처기업보다 자본을 덜 필요로 한다. 이 점을 알고 싶다면, 이를테면 왓츠앱(WhatsApp)[13]과 제너럴 모터스(GM)의 필요 자본을 비교해보면 충분하다. 둘째, 일하는 나이가 연장되지 않고 기대수명이 늘어난다는 것은 은퇴 비용을 대기 위해 저축이 증가해야 한다는 것을 의미한다. 셋째, 자본재와 내구소비재의 상대가격이 하락하면서 같은 양의 설비투자라도 이제 자본이 더 적게 필요하다. 넷째, 소득분배의 변화로 평균적인 저축 성향이 상승했다(Summers, 2014; Weizsaecker, 2013도 보라). 이러한 견해는 이단 거시경제학자들이 예전부터 개진했던 것들이다.

통화정책은 마이너스 이자율의 조건에서 경제를 침체로부터 끌어올릴 수

---

12 래리 서머스는 하버드대학교 교수로, 1999년부터 2001년까지 클린턴 정부에서 미국 재무부 장관을, 오마바 정부 시절에 약 2년 동안 국가경제회의 위원장을 역임했다. —옮긴이 주
13 미국의 정보통신 벤처기업이 개발한 모바일 인스턴트 메신저로, 2014년 페이스북에 약 200억 달러에 인수되었다. 전 세계에 수십 억 명의 사용자를 두고 있다. —옮긴이 주

없게 되었다. 결국 서머스는 비전통적 조치가 필요하다고 말한다(Summers, 2014). 그가 선호하는 해결책은 확장적 재정정책, 특히 사회간접자본 투자로 경제 활성화를 도모하는 것이다. 그런데 장기침체의 원인을 열거한 목록에는 불평등이 포함되어 있지만, 이상하게도 서머스의 치유법에는 높은 저축 성향의 소득집단에서 낮은 저축 성향의 소득집단으로의 재분배가 담겨 있지 않고, 임금을 인상하거나 이윤과 지대를 제한하기 위해 노동조합과 단체교섭을 강화하는 해결책도 포함되어 있지 않다. 그렇지만 자본주의에 대한 이단적 분석과의 유사성은 부인할 수 없다. 즉, 서머스도 장기침체 문제의 근원에는 만성적인 수요부족을 낳고 금융투기를 촉진하는 저축의 과잉이 존재한다고 보는 것이다. "우리는 세의 법칙(Say's Law)과 완전히 정반대의 상황을 보고 있다. 세의 법칙은 공급이 스스로 수요를 창출한다는 명제였다. 이제 우리는 수요의 부족이 스스로 공급의 부족을 창출하는 것을 목격하고 있다"(Summers, 2014: 71).

포스트 포드주의적 자본주의 경제의 핵심 문제는, 노동시장이 경쟁 체제로 되돌아갔고, 임금이 더 이상 다른 변수들을 조정하는 '독립'변수가 아니라, '조정되는' 변수인 시대에 수요부족을 대신할 방법을 찾는 것이다. 그 방법으로 '수출주도' 성장과 '부채주도' 성장의 두 가지 이념형이 확인되었다 (Stockhammer, 2015a). 이 두 가지는 공히 전반적인 임금 상승 없이 수요부족의 문제를 해결하고자 한다. 전 세계의 '분노하는 사람들(indignants)'이 맹렬히 주장했듯이, 실질임금 상승분은 지난 35년간 최상위 1%에 대부분 축적된 반면에, 중위 임금은 정체되어왔다(국제적인 증거는 ILO, 2015를, 미국에 대한 증거는 Mishel, Gould and Bivens, 2015를 보라). 수출주도 성장모델은 해외의 무역 상대국들로부터, 그리고 부채주도 성장모델의 경우에는 현재의 소비와 미래의 소비 간의 교환관계(trade-off)를 변경함으로써, 다른 곳에서 수요를 '훔쳐' 오려고 한다.

부채주도 성장은 고도로 금융화된 경제를 내포한다. 하인과 문트에 따르면, 금융화는 "국내외 경제의 운영에 있어 금융적 동기, 금융시장, 금융 행위 자 그리고 금융기관의 역할이 늘어나는 것"으로 정의될 수 있다(Hein and Mundt, 2012: 1). 크리프너는 금융화를 확인하는 유용한 방법을 제안했다 (Krippner, 2015). 즉, 금융화는 금융산업의 고용 점유율이나 부가가치 점유율 을 보면 드러나지 않지만, 이윤이 어디에서 또 어떻게 창출되는지 묻게 되면 명확하게 보인다는 것이다. 이윤은 점점 금융산업과 비금융 기업의 금융 활 동에 의해 창출된다. 금융화는 이윤 극대화를 위하여 인건비를 포함한 비용 절감의 압력을 증가시킨다. 또한 그것은 배당과 자사주매입처럼 주가를 띄우 려는 법인기업들의 실천을 포함하는데, 이로 인해 주어진 이윤율 수준에서 내부자금을 투자할 수 있는 법인기업들의 여력은 줄어들게 된다(Hein and Mundt, 2012).

금융화와 함께 비금융 기업들도 금융에 능수능란하게 된다. 또한 상업은 행은 투자은행 업무를 취급하고 자기자본매매[14]에 참여하기 시작하며, 중산 층은 자신의 자산 포트폴리오를 관리하고 주가지수에 촉각을 곤두세우기 시 작한다. 금융화는 또한 정체성의 변형을 수반하는데, 임금생활자는 점점 자 신을 생산자가 아니라, (주택과 같은) 부동산 보유자나 (연기금 같은) 금융자산 보유자로 인식하게 된다(Lapavitsas, 2011). 중요한 것은 금융화가 진행되면서 소비가 경상소득만이 아니라 자산효과에 의존하게 된다는 점이다. 이것은 가 계가 보유한 (일반적으로 주택이나 연기금 같은) 자산 가치에 의해 소비 결정이 내려질 때 발생한다. 자산 가치는 주가에 연계되어 있고 이윤의 함수이기 때 문에, 투자만이 아니라 가계소비 또한 이윤에 반응하게 된다(Boyer, 2000).

부채주도 성장이라는 범주는 2007~2008년 위기 이전 10년 동안의 미국 경

---

14 자기자본매매(proprietary trading)는 금융기관이 예금이나 신탁자산 등 고객의 자본이 아닌 자기자본 또는 차입금을 수익을 얻을 목적으로 채권, 통화, 옵션, 파생상품 또는 그 밖의 금융 상품 등에 투자하는 것을 말한다. ―옮긴이 주

제에 가장 적합한 것으로 보인다. 하지만 그 바탕에 깔려 있는 논리는 영국과 다른 나라들에도 적용할 수 있다. 이와 관련된 서술은 이미 여러 번 이루어졌다(여기서 우리는 Stiglitz, 2000을 주로 참조한다). 가계는 주택자산의 평가액을 대출담보로 설정해 대출을 받아 소비에 융통한다(Mian and Sufi, 2011). 이로써 가계는 실질임금의 상승 없이도 소비를 늘릴 수 있다. 모기지(mortgage) 금융의 '대출 후 매각(originate-and-sell)' 사업 모델[15]의 확산과 함께, 모기지를 발행한 회사는 이제 그것에 내재한 리스크를 떠안지 않아도 된다. 모기지는 금융기관(일반적으로 투자은행)에 판매되고, 금융기관은 그것을 다른 형태로 바꿔 소매금융회사들에 판매한다. 이러한 관행에 따라 신용 기준이 완화되어서 리스크 관리 대상에 속한 가계도 쉽게 채무를 질 수 있게 된다. 금융 혁신은 '자산유동화증권(ABS)'과 이것에 기반한 파생상품을 창출했는데, 이러한 금융상품들은 리스크 분산을 통해 리스크 자체가 감소한다는 인상을 주지만, 실제로 리스크는 혼합되고 확산된 것이다. 최종적인 결과는 '자산 거품 위에 올라탄' 경제, 다시 말하면 한동안 잠재력보다 빠른 속도로 성장하지만 동시에 부채 규모의 증가와 금융투기를 낳는 경제이다. 결국 거품이 터지면, 은행들은 은행 상호 간의 대출과 실물경제에 대한 대출을 중단한다. 또한 가계가 부채를 줄이기 위해 급하게 저축을 늘리게 되면 '대차대조표 불황'[16]이 뒤따르

---

15 '대출 후 매각(originate-and-sell, originate-and-distribute)'은 금융회사가 신용대출 계약을 체결한 후 그 대출증서를 보유하지 않고 자산유동화를 통해 다른 금융회사들(이른바 '그림자금융')에 매각하는 사업 모델이다. 이와 반대로, '대출 후 보유(originate-and-hold)'는 신용대출 계약을 체결한 금융회사가 그 증서를 보유하면서 이자를 받는 사업 모델을 가리킨다. —옮긴이 주

16 대차대조표 불황(balance sheet recession)은 가계와 기업의 부채가 많아 정부가 경기부양책을 내놓아도 소비나 투자로 이어지지 못하는 현상을 말한다. 이는 자산가격의 하락으로 기업이나 가계의 부채 부담이 커졌을 경우 경제 주체는 차입금을 최우선적으로 상환하기 때문이다. 이 개념은 '잃어버린 10년'으로 불리는 1990년대 일본의 장기불황을 설명하는 경제학 이론에서 나온 것이다. —옮긴이 주

게 된다(Koo, 2011).

부채주도 경제는 '과잉' 소비로 인한 고질적인 경상수지 적자를 메우기 위해 국제 금융자본을 끌어들일 필요가 있다. 경상수지 적자인 국가에 기꺼이 대부해주려고 하는 국제적인 저축가들이 없다면, 이들 나라의 정부는 수입과 수출을 회복하기 위해 경제를 축소해야 할 것이다. 따라서 부채주도 경제는 월가(Wall Street)와 런던금융특구(City of London)와 같이 거대하고 매우 유동적인 국제금융 허브를 그 특징으로 갖고 있고, 그곳의 금융기관들은 국제적인 투자자들이 자신의 포트폴리오에 담기를 바라는 유가증권을 발행한다. 만약에 타국의 경상수지 적자에 자금을 제공하려는 구조적인 경상수지 흑자국, 즉 수출주도 경제가 없다면, 부채주도 성장은 가능하지 않을 것이다(Iversen and Soskice, 2012).

수출주도 성장은 포드주의 모델이 진화한 것이다. 무역 자유화의 초기 단계에서, 수출 지향적 기업들은 해외시장으로 진출하여 국내시장의 급속한 포화를 극복하려고 했다. 이를 통해 한동안 그 기업들은 규모가 유발하는 생산성 상승의 포드주의적 논리를 연장할 수 있었다. 하지만 수출주도 성장으로의 이행과 함께, 시스템의 균형 형성에 있어 임금이 수행하는 역할이 갈수록 역전되었다는 게 큰 차이점이다. 포드주의 모델에서와는 다르게 이제 실질임금 상승은 성장의 주된 동력이 아니게 되었다. 오히려 명목임금의 안정화가 대외 경쟁력과 순수출을 높이는 데 결정적이게 되었다. 그다음으로 임금 안정화가 경쟁력을 높일 가능성은 명목임금의 동학이 상대가격과 실질환율에 어느 정도나 영향을 미치는지에 달렸다. 수출이 가격 차이에 민감할수록, 수출주도 모델은 과거의 포드주의의 논리를 뒤집어 수출 증대에 박차를 가하기 위해 국내의 임금 상승을 더욱 억압한다(Baccaro and Pontusson, 2016). 독일을 다룬 6장에서 우리는 독일 경제가 수출주도 성장으로 이동했을 수도 있으며, 독일에서 자유화를 야기한 주요 동인이 비용 절감을 통해 국제 경쟁력을 강화하려는 수출 기업들의 시도였다고 주장했다.

중요한 점은 수출주도 성장의 논리가 구성의 오류로부터 영향 받는다는 점이다. 만약에 모든 나라가 순수출을 진작시키기 위해 똑같이 임금인상 억제전략을 채택한다면, 그 전략의 유익한 효과는 사라진다. 임금인상 억제가 일반화되면 각국의 대내외 수요가 축소되고, 그로 인해 모든 국가들은 더 가난해지는 것이다. 이 점은 특히 유로 지역과 밀접히 관련된다. 유로 지역은 전체적으로 볼 때 그다지 개방적이지 않기 때문에, 수출주도 성장에 과도하게 집중하게 되면 수요와 고용의 부진이 일반화될 수 있다(Onaran and Obst, 2015).

부채주도 성장과 수출주도 성장은 그 특성이 다르지만, 둘 다 근본적으로 불균형적이다. 왜냐하면 두 성장모델은 경제의 생산 잠재력에 보조를 맞추기에 충분할 정도로 유효수요가 증가하도록 보장하는 제도적 메커니즘이 결여되어 있기 때문이다. 노사관계는 이러한 조절양식의 제도적 구조에서 더 이상 중심적이지 않다. 부채주도 성장에서 노동자들은 노동계급의 일원보다는 개인 소비자와 소규모 금융투자자로서의 지위에 더 비중을 두면서 경제활동에 참여한다. 소비 결정은 자산효과를 통해 이윤 동기에 반응하게 된다. 그럼에도 불구하고, 부채주도 성장은 여전히 상당한 임금 상승과 결부될 수 있다. 사실 바카로와 폰투손은, 영국에서 소비를 부양하기 위해 가계부채가 증가했지만, 위기 이전 영국의 성장 패턴은 여전히 과거의 포드주의적 임금주도 성장 논리의 잔여물을 일부 갖고 있었다고 주장한다(Baccaro and Pontusson, 2016). 소비를 활성화시킴으로써, 가계부채는 (서비스업에 취업할 가능성이 큰) 저숙련 노동자의 일자리 전망을 개선시키는 역할도 하며, 그래서 그들의 임금을 간접적으로 끌어올리는 것으로 보인다.

수출주도 성장에서도 노사관계는 변화한다. 단체교섭은 임금 억제에 특화된다. 피상적으로 보는 바와는 달리, (정확히 생산성 상승에 뒤처지는 실질임금 상승으로 정의되는) 임금 억제는 비교적 최근의 현상이고, 최근까지의 주장들(Calmfors and Driffill, 1988; Cameron, 1984; Soskice, 1990)과는 다르게, 집중화되거나 조율된 단체교섭 시스템의 일반적 특징도 아니다. 경제사 분야의 최근 연구는, 임금 억제가 자본축적을 자극함으로써 유럽의 '영광의 30년'을 위한 기반을 다졌다는 배리 아이켄그린의 유력한 견해(Eichengreen, 1997을 보라)를 지지하지 않는다. 실제로 최근의 연구는 '영광의 30년' 동안 임금 억제가 있었다는 증거를 발견하지 못했다. 에리크 벵손은 1950, 1960, 1970년대에 스웨덴에서 임금 억제가 없었고, 임금 억제는 1980년대와 1990년대의 특징이며 스웨덴 노조의 권력자원 감소와 동시에 나타난 것임을 밝혔다(Bengtsson, 2015a). 독일에 대한 벵손의 분석도 이와 유사한 결론에 이른다. 즉, 독일에서 임금 억제가 실현된 것은 1990년대와 2000년대이지 그 이전에는 존재하지 않았다는 것이다(Bengtsson, 2015b). 이러한 발견과 더불어, 독일을 다룬 이 책의 6장에서 우리는 임금 억제가 특별히 공개적으로 표명된 곳이 서비스산업이고 제조업에서는 정도가 덜했음을 보여주었다. 독일의 수출주도 성장에서 가장 문제적인 지점은, 서비스산업의 임금 상승과 제조업 수출 부문의 가격 경쟁력 간에 뚜렷이 나타난 상충관계이다.

지금까지의 논의는 인과관계의 화살표가 노사관계의 자유화로부터 포드주의 성장의 위기를 거쳐 (근본적으로 불균형적인) 새로운 성장모델들의 출현으로 이어졌다. 그러나 인과성이 양방향적인 것도 가능하며, 대안적인 성장모델에 대한 추구로 인하여 노사관계 제도의 침식이 가속화되었을 수도 있다. 예를 들면, 1990년대 후반과 2000년대 초반에 거의 전적으로 수출이 독일의 성장 동력이었기 때문에, 정책 결정 당국이 노동시장의 자유화에 동의했던 것일 수도 있는 것이다. 아마도 일방향적인 인과성 대신에 노사관계 자유화와 성장모델의 '공진화'가 보다 적절할 것 같다. 우리는 여기서 그 인과성의 방향을 더 다룰 수는 없지만, 이 문제는 우리 자신을 포함하여 향후의 연구에서 다뤄져야만 할 주제이다.

4. 성장의 윤곽: 프랑스, 독일, 이탈리아, 스웨덴, 영국

이 마지막 절에서 우리는 이 책에서 다룬 5개국의 성장의 윤곽에서 보이는 주요 특징을 밝힐 것이다. 특히 우리는 임금과 부채가 경제성장에서 수행한 역할을 파악하고, 성장이 가계소비와 순수출 중 어느 것에 얼마나 더 의존했는지 검토한다. 그림 10.1은 1961년부터 2015년의 기간에서 10년을 한 단위로 묶어(2015년에 중단된 최근 시기는 예외이다) 독일, 프랑스, 이탈리아, 스웨덴, 영국의 GDP 증가율(불변가격 기준)의 평균을 보여준 것이다. 프랑스와 이탈리아의 성장 실적은 1960년대와 1970년대에 다른 나라들과 비교해 더 높았다. 그러나 그 이후의 성장세는 극적으로 감소했고, 특히 이탈리아의 경우에 2010년대의 첫 6년 동안은 마이너스를 기록했다. 프랑스·이탈리아와 마찬가지로 독일의 경제성장률은 1980년대의 전반부까지 계속 감소했고, 통일 직후 짧았던 호황기를 제외하면, 2000년대 중반까지 지속적으로 하락했다. 그 이

그림 10.1 GDP 증가율, 불변가격 기준

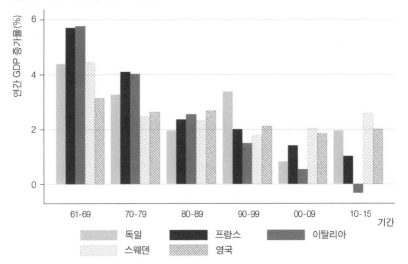

자료: AMECO.

후부터 반전이 일어났다. 다른 나라들은 빈약한 증가율을 보이는 가운데, 독일은 강력한 성장 실적을 내는 국가로 등장했다. 스웨덴은 1970년대까지는 프랑스와 이탈리아보다 낮은 증가율을 보였지만, 그 이후부터 (1990년대 초반의 경기침체에도 불구하고) 독일처럼 이 두 나라보다 우세했다. 1970년대 말에 쇠퇴하는 국가로 여겨지던 영국 또한 1980년대 후반기부터 유럽의 다른 대국들보다 빠른 성장세를 기록했고, 그 증가율은 스웨덴과 비슷한 수준이었다. 전반적으로 보면, 프랑스와 이탈리아는 포드주의 시대에는 최고의 성장을 기록했지만, 그 후부터 (특히 이탈리아가) 극적으로 하락했다. 독일은 2000년대에 반전을 만들어낸 것으로 보인다. 스웨덴과 영국은 1980년대부터 강력한 성장 실적을 보여주었다.

그림 10.2는 GDP의 다양한 구성요소들(민간소비, 정부소비, 고정자본 투자, 재고, 순수출)의 증가율을 (각각의 10년을 한 단위로 묶어) 계산하여 분해함으로써 성장의 원천을 조사한 것이다. 이때 해당 구성요소들은 GDP에서 차지하는 비중에 의해 가중치가 부여되었다(Baccaro and Pontusson, 2016을 보라). 이런 방법으로, 우리는 여러 시대에 걸쳐 5개국의 성장 동력을 확인하고자 한다. 그 결과를 보면 프랑스, 이탈리아, 영국의 경우에 성장은 일차적으로 민간소비가 견인한 것이었음을 알 수 있다. 자본축적도 1960년대의 프랑스에서 중요한 역할을 했다. 프랑스와 이탈리아는 1980년대부터 형편없는 성장 실적을 보였는데, 이는 GDP 구성요소 중 주로 소비의 감소에서 기인한 것으로 보인다. 이에 반해 같은 기간에 영국의 강건한 성장세는 꽤 빠르게 계속 팽창한 민간소비와 연관된 것으로 보인다. 프랑스, 이탈리아, 영국 중 어느 국가도 순수출이나 총수요의 다른 구성요소가 성장을 견인했던 적이 한 번도 없는 것 같다. 실제로 순수출의 기여도는 자주 마이너스를 기록했다. 유일한 예외는 2010년대의 이탈리아인데, 순수출은 양(+)의 기여도를 보였지만 다른 구성요소들은 부(-)의 기여도를 기록했다. 이탈리아의 최근의 이러한 변화는 유럽연합이 추진한 긴축정책으로 선회한 결과였는데, 이는 '내적 평가절하'를

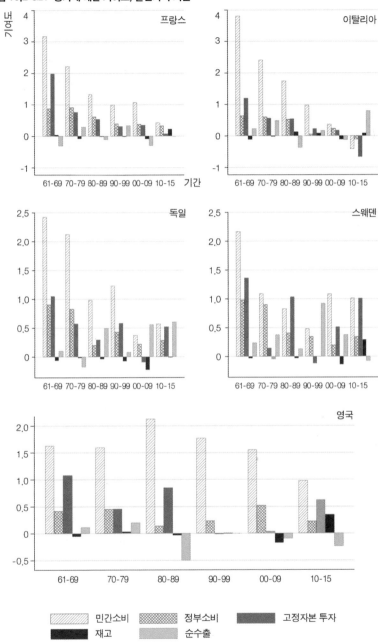

그림 10.2 GDP 증가에 대한 기여도, 불변가격 기준

범례(그래프):
- 민간소비
- 정부소비
- 고정자본 투자
- 재고
- 순수출

자료: AMECO.

통한 내수의 압축을 수반했던 것이다(Armingeon and Baccaro, 2012). 그러나 이탈리아의 수출 부문의 규모가 작고, (단일통화로 인하여) 독일과 같은 북유럽의 핵심 교역 대상국들과 비교해 실질환율이 과대평가된 것을 감안하면, 순수출로부터의 자극은 이탈리아의 최근 경제성장을 회복시키기에는 매우 불충분한 것이었다.

독일은 1980년대 초반까지 소비주도 성장이라는 이탈리아와 프랑스의 경로를 밟았다. 놀랍게도, 이 기간에 순수출의 성장 기여도는 무시해도 될 정도였거나 심지어는 마이너스였다. 독일이 항상 수출주도형 국가는 아니었던 것이다. 1980년대 초에 독일은 수출주도 성장에 매우 크게 의존하며 경기침체로부터 빠져나왔다. 1990년대 전반부에 통일에 따른 호황으로 소비주도 성장이 다시 시작되었지만, 1990년대 후반기부터 2008년 위기가 발생할 때까지 흥미로운 현상이 나타났다. 즉, 민간소비의 기여도가 감소하면서, 순수출의 기여도가 증가했던 것이다. 대략적으로 이 시기가 바로 독일의 노사관계 시스템이 최고로 자유화되었던 때였다. 독일을 다룬 6장에서 보여주었듯이, 노사관계의 자유화로 인하여 성장모델이 수출주도형의 방향으로 나아간 것인지도 모른다. 금융위기 이후에 독일의 성장모델은 어느 정도 균형을 되찾았는데, 2010~2015년에 민간소비, 투자, 순수출이 엇비슷하게 경제성장에 기여했다. 그런데 2015년에 경상수지 흑자가 GDP의 8%라는 기록적인 수치를 나타냈는데, 이런 재균형 상태가 현실적으로 과연 얼마나 지속될지는 불분명하다.

스웨덴의 경우 1970년대에 정부소비도 역할을 했지만, 다른 국가들과 마찬가지로 처음에는 주로 민간소비가 성장을 견인했다. 독일에서처럼, 1980년대 초반의 위기에 대한 스웨덴의 대응은 수출이 주도한 것이었다. 그러나 통일의 결과로 독일에서 내수 확대가 이루어진 1990년대 초반에, 스웨덴은 순수출에 의존해서 심각한 경제위기에서 빠져나왔다. 2007~2008년의 금융위기 이전의 15년 동안에 스웨덴의 성장은 민간소비와 순수출이 견인했다.

단, 순수출은 덜 중요했고 시간이 지나면서 감소했다. 보다 최근에 스웨덴의 성장모델은 보다 내부 지향적으로 변한 것으로 보인다. 순수출의 기여도는 마이너스가 되었고, 주로 민간소비와 투자가 성장을 추동하고 있다.

그림 10.3과 10.4는 민간소비의 재원이 어떻게 조달되는지 일부 해명하려는 시도이다. 부채주도 성장에 대한 앞선 논의에서 우리는 실질임금은 정체되었지만, 소비주도 경제에서 가계부채 수준은 급등했을 것이라는 가설을 제기했다. OECD 자료에 기초하여, 그림 10.3은 1995년과 2014년 사이에 (세후) 처분가능소득 중에서 총가계부채가 차지하는 비율을 표시한 것이다(자료의 가용성 때문에 시계열이 짧다). 영국의 가계부채 수준은 다른 국가들에 비해 더 높고, 위기 이전의 기간에 부채의 누적이 가속화되었다는 점을 알 수 있다. 그러나 스웨덴에서도 가계부채 수준이 거의 영국만큼 항상 높았으며, 위기 이후 기간에는 정말로 영국보다 더 높아졌다. 영국의 가계부채 수준은 2000년대의 후반부에 정점에 도달했고 그 이후에는 약간 하락했다. 비록 낮은 수준에서 출발했지만, 프랑스와 이탈리아의 가계부채 추세는 분명히 상승세였다. 하지만 그 추세는 위기 이후에 평평해진 것으로 보인다. 독일은 가계부채 증가의 규칙에서 유일한 예외이다. 독일의 가계부채는 2000년까지 늘어났으나 이후부터 감소했다.

그림 10.4는 실질임금을 나타낸 것으로, KLEMS 데이터베이스에서 (사용자의 사회보장 기여금을 포함한) 시간당 보수에 관한 비교 가능한 자료에 기초한 것으로, OECD의 소비자물가지수를 디플레이터(deflator)로 사용해 환산한 수치이다. 이 자료는 1970년에 시작하여 장기 추세를 파악할 수 있지만, 2007년까지만 가용하다. 기준 연도는 1990년이다. 1970~2007년에 걸쳐 실질임금이 가장 많이 상승한 국가는 역설적이게도 노동시장 규제가 가장 적은 영국이다. 1990~2007년 사이에 영국의 평균 임금은 실질가치로 51% 상승했다. 스웨덴의 경우 1970년대 후반까지 빠르게 상승했지만, 1980년대에 정체되었고, 다시 1990년대부터 상승하기 시작하여 1990년과 2007년 사이에 40% 증

그림 10.3 가계부채

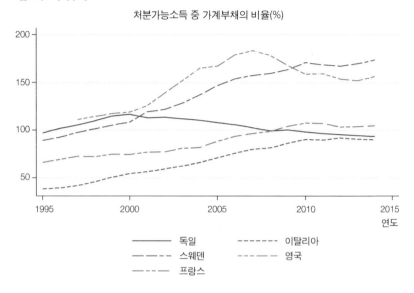

처분가능소득 중 가계부채의 비율(%)

——— 독일	------- 이탈리아
—·—·— 스웨덴	– – – 영국
—··— 프랑스	

그림 10.4 실질임금

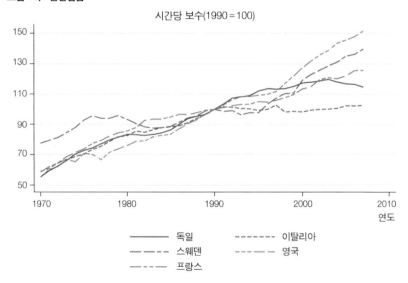

시간당 보수(1990 = 100)

——— 독일	------- 이탈리아
—·—·— 스웨덴	– – – 영국
—··— 프랑스	

가했다. 독일의 임금은 1990년까지 이탈리아, 프랑스, 영국과 거의 같은 속도로 상승했다. 1990년대의 전반부에 독일의 임금은 다른 나라에 비해 빠르게 상승했지만, 그 이후 속도가 느려지기 시작했다. 2000년대 초반부터 실제로 약간 하락했다(1990년부터 2007년 사이에 16% 상승했다). 프랑스의 임금은 1990년대까지 다른 유럽 대국들과 나란히 상승했고, 그 이후부터 독일과 이탈리아보다 임금 상승이 더 빨랐고(26%), 영국과 스웨덴보다는 느렸다. 이탈리아는 1990년까지 실질임금 상승이 다른 나라들과 비슷했다. 1990년부터 이탈리아의 임금은 정체되었다. 1990년과 2007년 사이에 고작 2.7% 상승했다.[17]

5개국 모두의 증거를 고려하면, 1960년대와 1970년대의 '포드주의' 시기에 성장은 주로 민간소비가 견인했고, 소비는 주로 실질임금에 의해 추동되었던 것으로 보인다(물론 이 시기의 가계부채 자료는 없지만). 이러한 사실은 그 시기에 이들 국가들이 임금주도 경제였다는 점과 일치한다. 그 이후부터 궤적이 분기되었다. 프랑스, 이탈리아, 영국에서는 지속적으로 소비가 성장을 강하게 주도했던 반면에, 독일과 스웨덴은 수출주도 성장으로 선회했다. 그 선회의 시점은 두 국가가 다른데, 독일은 1990년대 중반부터이고, 스웨덴은 1980년대와 1990년대에는 간헐적으로 수출주도 성장이 나타났지만, 2000년대와 2010년대에는 그렇지 않았다. 스웨덴은 경제 환경에 따라(예를 들어 1990년대 초반의 외부 충격에 대응할 필요에 따라) 소비주도 성장과 수출주도 성장 사이를 오락가락하고, 심지어는 흥미롭게도 두 가지를 결합할 능력을 갖고 있는 것처럼 보인다(Baccaro and Pontusson, 2016).

---

17 OECD의 생산성에 관한 자료를 보면, (노동시간당 실질 GDP로 측정하는) 생산성은 1990년까지 스웨덴과 영국에 비해 프랑스, 독일, 이탈리아에서 더 빠르게 상승했지만, 그 이후부터 반대 양상이 나타났다. 특히 1990년과 2014년 사이에 이탈리아의 생산성은 고작 17% 상승했다. 같은 기간에 다른 국가들의 생산성 상승률은 40%(프랑스), 43%(독일), 53%(스웨덴), 48%(영국)이었다. 수요가 더 많이 증가한 국가들에서 생산성이 더 빨리 증가한 것은 앞에서 논의한 '칼도-버둔 효과'가 사실임을 보여주는 것 같다.

민간소비의 재원이 어떻게 마련되는지와 관련해서, 위의 자료를 보면 임금 주도적 소비와 부채 주도적 소비의 이분법은 아마 과장된 것으로 보인다. 민간소비가 가장 많이 증가한 영국과 스웨덴에서는 실질임금과 가계부채가 함께 증가했다. 이탈리아의 느린 성장 수치는 불충분한 실질임금 상승이 원인인 것 같다. 물론 이탈리아의 부채 수준이 올라갔지만, 내수를 활성화화기에는 충분하지 않았던 것 같다. 이탈리아의 사례는, 포드주의적 성장에 대한 실현 가능한 대안을 찾지 못한 채, 경제가 장기적 침체의 시기로 진입하는 것도 충분히 가능하다는 점을 분명하게 보여준다. 프랑스의 경우, 실질임금은 이탈리아 말고도 독일과 비교해서도 더 빠르게 상승했지만, 성장은 계속 억제되어 있었다. 프랑스의 경제 당국이 내수를 실제보다 더 진작했어야 한다고 주장할 수도 있다(물론 이탈리아보다는 내수 진작이 더 있었다). 하지만 순수출의 기여도가 마이너스 아니면 고작 무시할 정도였던 데에서 알 수 있듯이, 내수를 진작하는 과정에서 경상수지의 제약은 프랑스의 경제 당국을 좌절시켰다. 명목환율의 비신축성, 즉 유로화 도입 이후에 평가절하가 불가능하다는 점 때문에 프랑스의 성장은 지장을 받은 것이다. 이와 동일한 주장이 이탈리아에도 적용된다. 독일의 경우, 수출이 급증한 때와 대략 같은 시기에 실질임금 추세가 평탄해지기 시작했다. 이런 사실은 (예를 들면, Flassbeck and Lapavitsas, 2015가 주장하듯이) 두 가지 추세 간의 관계, 즉 임금과 민간소비를 억압했기 때문에 독일이 한층 더 수출주도 성장모델로 변했다는 점을 시사해준다.

1990년대 이후 가장 좋은 성장 실적을 기록한 스웨덴과 영국 모두 유로화 외부에 있었다는 사실을 언급할 필요가 있다. 유로존 가입이 프랑스와 이탈리아의 성장을 부진하게 만들었다는 것은 의심의 여지가 없다. 유로 지역의 경제적 구조물은 이윤 지향적 정책 쪽으로 아주 많이 기울어져 있다(Stockhammer, 2015b). 유로존 경제위기에 대한 해결책으로서, 보수적 통화정책과 준칙에 입각한 재정정책, 어떠한 형태의 시장 교정적 정책보다 생산요소의 자유 이동 원칙의 우선성, 최근 들어 나타난 긴축정책과 구조개혁의 수용, 그리고 노동시장 자유화와 단체교섭의 분권화 등이 강조된다(Armingeon and Baccaro, 2012). 이러한 유로존의 경제적 구조물은 프랑스와 이탈리아와 같은 소비주도 경제에 부적합하다(Stockhammer, 2015b). 무엇보다도, 유로는 다른 지중해권 경제들과 더불어 이들 나라에 그들의 필요보다 너무 높은 수준의 실질환율을 떠안긴다(Scharpf, 2011). 마찬가지로 유로는 독일에 필요한 수준보다 낮은 수준의 실질환율을 제공함으로써 독일 경제(적어도 독일의 제조업)가 잘 돌아가게 해주었다. 최근의 독일의 수출 호황은 유로존 가입의 산물이라는 주장이 제기되었다(Thorckecke and Kato, 2012). 하지만 독일의 경우조차도 과연 국내 소비의 억압과 해외 수요에 기반한 성장모델이 정말 얼마나 지속될 수 있을지는 분명하지 않다.

우리는 이 장의 핵심 메시지를 반복하면서 결론을 맺고자 한다. 노사관계의 자유화는 포드주의적 임금주도 성장모델이 더 이상 생존할 수 없도록 했다. 그 성장모델에서는 실질임금 상승에 의한 국내 소비가 성장을 견인한다. 포드주의의 위기 이후에 나타난 경제성장의 윤곽은 다양한 모양새를 보이지만 모든 국가에서 불안정한 형태를 띠었다. 더욱이 그것은 글로벌 불균형의 누적에 기여한다. 신용에의 접근이 손쉽게 되고 이를 통해 만들어진 인위적인 소비 진작에 의지하는 성장은, 금융투기를 조장하고 결국 자산 거품으로 이어진다. 반대로, 수출주도 성장은 대개 대외수요를 획득하기 위해 내수를 억압하는 것에 기초해 있다. 이 전략은 다른 국가들이 그 전략을 채택하지 않을 경우에만 실현될 수 있는 것이다. 만약에 다른 나라들도 그 전략을 채택하면, 최종 결과는 디플레이션 악순환이 된다.

자유화 이전 시대의 이념형적인 노사관계 시스템이었던 포드주의적 노사관계 시스템은, 생산성 상승을 총수요로 안정적으로 전환시킴으로써 전후 자본주의의 제도적 위계에서 핵심적인 역할을 했다. 이 시스템은 더 이상 존재하지 않는다. 그것은 계급 간의 특정한 세력균형에 의존하고 있었다. 1970년대 말부터 그 세력균형이 노동에 불리하고 자본에 유리하게 변했다. 자유화를 통한 포드주의적 노사관계 시스템의 해체 과정이 이 책의 초점이었다. 그 시스템의 해체는 수많은 국가들에서 상이한 형태를 띠고 나타났지만, 모든 곳에서 경제적 불안정성이 증가했다. 자본주의의 미래는 결정적으로 총수요와 총공급을 다시 연결하는, 다시 말해 수요가 경제의 잠재적 생산 능력과 병행하여 확대될 수 있도록 하는 제도를 다시 만들어낼 수 있는지 여부에 달려 있다. 국가들 간에 수요 확대를 조정하는 새로운 형태의 국제주의가 자본주의 성장을 다시 불러올 수 있을 것인가(Lavoie and Stockhammer, 2013), 아니면 자본주의의 재착근(reembedding) ― 아마도 이것이 장기적으로 실행 가능한 유일한 방법인 듯하다 ― 을 위해 오늘날의 세계화 체제에 대한 근본적 재고와 민족적 경제 주권으로의 복귀가 필요할 것인가(Streeck, 2014) 하는 물음 중에서 어느 것이 맞을지는 앞으로 더 지켜봐야 한다.

옮긴이의 글

이 책은 루초 바카로와 크리스 하월이 함께 쓴 *Trajectories of Neoliberal Transformation: European Industrial Relations since the 1970s* (Cambridge University Press, 2017)를 우리말로 옮긴 것이다. 나는 몇 년 전에 최근의 유럽 노사관계와 노동운동의 흐름을 혼자 더듬던 중에 이 책을 발견하고 번역해 소개하기로 결심했다. 이 책을 번역하게 된 이유는 다음과 같다.

우선, 이 책은 1970년대 후반부터 2015년 무렵에 이르기까지 거의 40년 가까운 시기 전체를 다루고 있다. 우리에게 노동과 자본 간의 '역사적 타협'의 산물로 알려진 전후의 유럽 노사관계 질서가 흔들리고 각국별로 상이한 리듬으로 변화의 격랑에 휩싸이기 시작한 게 1970년대 말부터였다. 벌써 그로부터 40년의 세월이 흘렀다. 신자유주의가 본격화된 이 시기 동안 유럽 노사관계가 어떻게 전개되었고 무엇이 달라졌는지에 대해서 국내에 소개된 내용은 상대적으로 짧은 시기를 다루거나 몇몇의 특정 주제에 한정된 경우가 일반적이다. 이에 비추어 볼 때, 지난 30~40년의 궤적 전체를 통시적으로, 그것도 일관된 이론적 초점을 유지하며 서술하고 있다는 점에서 이 책의 첫 번째 가치를 찾을 수 있다.

이와 더불어, 이 책의 저자들은 서유럽 노사관계의 변화상을 국가별 다양성과 분화의 (재)확인이 아니라, 놀랍게도 공통성과 수렴의 렌즈로 들여다보고 있다. 비교노사관계 분야에서 우리가 상식처럼 알고 있던 '독일 모델'이나 '스웨덴 모델'과 같은 것은 이미 지나간 과거의 일이라고 저자들은 분명히 말한다. 오히려 2000년대 이후 국내외 학계를 풍미했던 '자본주의의 다양성' 이론에 근거한 비교노사관계 연구의 조류에 반대하며, 저자들은 유럽의 주요 5개국의 노사관계가 하나같이 자유화의 궤적을 그리며 공통된 하나의 방향, 즉 신자유주의의 방향으로 수렴하고 있다는 주장을 책 전체에 걸쳐 강력하게 펼친다. 이러한 주장은 신자유주의와 금융세계화의 압력 속에서도 '인간의 얼굴을 한' 자본주의 또는 신자유주의와는 다른 시스템을 (아직까지) 유지하고 있다는 인식이 지배적인 국내 학계에 비추어 볼 때 무척이나 대담하게 느껴진다. 하지만 저자들이 본문에서 예리하게 지적하듯이, 그러한 통념을 대표하는 '자본주의의 다양성' 이론이라는 게 벌써 20~30년 전인 1990년대의 현실 ― 그것도 취사선택된 현실 ― 을 배경으로 만들어졌고, 그동안 그 현실의 토대 자체, 특히 조정시장경제의 정치경제적 현실은 심대하게 변형되었다. 따라서 그 이론은 오늘날의 변화된 현실을 충분히 포착하지 못하도록 하는 인식론적 장애물로 작용한다는 점을 부인할 수 없어 보인다. 이런 측면에서 나는 이 책이 국내 노사관계 분야의 이론적 편향 또는 지체를 일정하게 교정해 줄 수 있기를 기대한다.

다음으로, 이 책은 한국의 노사관계 주체들과 연구자들이 각자 다른 목적으로 중요하게 참조하며 수입한 유럽 노사관계의 중요한 전범들을 원래의 사회적 맥락 속에서 위치시켜 비판적으로 되돌아보게 해준다. 산업별 교섭과 하르츠 개혁(독일), 코포라티즘의 붕괴와 조율된 교섭 전통의 부활(스웨덴), 현장노조들의 작업장 권력과 사회적 협의의 활성화(이탈리아), 기업 내 노동자 대표 제도의 확장(프랑스), 노사관계에서의 '제3의 길'(영국) 등 그동안 각기 다른 목적하에 국내에서 주목하던 것들이, 과연 애초의 정치경제적 맥락 속에서 어떤 기능을 했고 무슨 효과를 낳았으며 어떠한 상태에 놓여 있는지 이 책을 통해 비판적으로 이해할 수 있다. 노사관계 개혁의 시도든, 노동운동 혁신의 노력이든, 아니면 노동정치의 새로운 출발을 위한 모색이든 간에, 국내에서 유럽 노사관계는 비교의 준거로 흔히 활용되어왔다. 그런데 그 과정에서 일부는 이른바 '유럽형 제도'를 그 콘텍스트에서 분리시켜 단편적으로 소개하거나, 심지어 해석하는 주체들의 입장과 이해관계에 따라 같은 제도를 전혀 다르게 파악하는 일도 비일비재했다. 이러한 측면에서 이 책은 유럽 노사관계 변화의 풍부한 맥락을 보다 객관적으로 이해함으로써 우리의 노사관계와 그 학문적 담론을 성찰하는 데 일말의 도움이 될 수 있을 것이다.

마지막으로, 이론적인 차원에서 이 책은 노사관계에 대한 제도주의적 또는 체계이론적 이해를 벗어나, 계급 간 세력균형의 향배와 그 속에서 행동하는 노동·자본·국가 간의 힘의 충돌을 강조하는 권력자원론의 시각을 강조한다는 점에서 돋보인다. 저자들의 주장에 따르면, 유럽의 노사관계 자유화의 궤적은 1970년대 이래로 노동에 점점 불리해진 계급 간 세력균형의 산물에 다름 아니다. 더 나아가 저자들은 그러한 세력균형의 변동이 좁은 의미의 노사관계 영역에 국한된 분석만으로는 파악될 수 없고, 현대 자본주의의 역사적 진화에 따른 축적체제(또는 성장모델) 변동과의 영향관계 속에서 온전히 이해될 수 있다고 말한다. 저자들이 책의 마지막 장에서 시도한 것이 이에 해당한다. 저자들의 이러한 시도가 그 자체로 학문적으로 성숙되었거나 모든 이설을 잠재우는 보편적 타당성을 획득했다고 말하기는 아마도 어려울 것이다. 하지만 나는 번역을 하는 과정에서 이 책이 지적 자극이 되어 자본주의 동학에 대한 연구와 노사관계 연구의 통합을 위한 과감한 지적 시도들이 우리 곁에도 더 많아지기를 바랐다.

독자에 따라 유럽의 노사관계가 신자유주의의 방향으로 수렴하고 있다는 이 책의 결론이 너무 비관적이게 보일 수도 있을 것이다. 하지만, 본문에서 나오듯이, 심지어 스웨덴의 노동조합 활동가들도 오늘날 노동운동이 처한 곤경과 노동조합이 겪고 있는 트라우마를 저자들에게 털어놓고 있을 정도로, 유럽의 노동운동은 어두운 터널을 꽤 오래 통과하고 있는 중이다. 나는 그러한 현재 상황을 그 자체로 인식하는 것이 무척이나 중요한 일이라고 생각한다. 이 책의 비관적 진단이 사실이라면, 노사관계의 대안적 재편이나 노동운동의 새로운 순환은 과거의 '독일 모델'이나 '스웨덴 모델' 또는 '이탈리아의 경험'에 준거하거나 의존해서는 가망이 없을 것이다. 그것들은 이미 다른 현실로 변형되었고 되돌릴 수 없는 과거가 되었다. 그런 점에서 그 역사에서 교훈을 찾으며 새로운 운동의 순환을 준비해야 하는 과제는 유럽의 노동운동이든 한국의 노동운동이든 매한가지일 것이다. 이런 점에서, 두 지역은 멀리 떨어져 있지만, 동시대적이다.

번역을 하는 과정에서 많은 분들의 도움을 받았다. 이 땅에서 유럽 각국의 노사관계를 앞서 연구한 분들의 학문적 성과가 없었다면, 이 분야를 전문적으로 연구해본 적 없는 내가 번역을 무사히 끝마칠 수는 없었을 것이다. 번역 작업에 몰입하면서 그것이 단순히 저자와 번역자 간의 대화만이 아니라, 이 분야에서 오랫동안 연마해온 국내 연구자들과도 끊임없이 대화해야만 가능하다는 점을 몸소 느낄 수 있었다. 너무 많아 일일이 이름을 밝힐 수는 없지만, 알맞은 번역 용어를 찾아 헤매거나, 옮긴이 주를 달기 위해, 또는 맥락을 파악하려고 참고했던 수많은 논문·저역서·보고서를 만들어낸 연구자들에게 학문적 존경과 감사의 뜻을 밝히고 싶다. 또한 초역 원고를 읽고 퇴고의 과정을 도와준 허은 박사와, 낯선 경제학 용어 앞에서 망설이던 옮긴이에게 수시로 조언해준 신우진 교수에게도 감사하다는 말을 전하고 싶다. 그럼에도 어딘가 분명히 남아 있을 오류와 무지의 흔적은 오로지 옮긴이의 몫이지만 말이다. 끝으로 이 책의 출판을 흔쾌히 맡아준 한울엠플러스(주) 관계자 분들과 세심하게 편집을 해준 배소영 팀장에게도 머리 숙여 감사드린다.

2020년 9월
유형근

참고문헌

AAVV. 2002. *Non basta dire no.* Milan: Mondadori.

Acemoglu, Daron and James A. Robinson. 2006. *Economic Origins of Dictatorship and Democracy.* New York: Cambridge University Press.

Achur, James. 2011. Trade Union Membership 2010. URN 11/P77Congress: 1-43 (http://www.bis.gov.uk/assets/biscore/employment-matters/docs/t/11-p77-tradeunion-membership-2010.pdf).

Adam, Hermann. 1972. *Die Konzertierte Aktion in der Bundesrepublik.* Cologne: Bund-Verlag.

Advisory Conciliation and Arbitration Service. 2008. *Annual Report and Accounts: 2007-2008.* London, UK: Advisory Conciliation and Arbitration Service.

Ahlberg, Kerstin and Niklas Bruun. 2005. "Sweden: Transition through Collective Bargaining." *Bulletin of Comparative Labour Relations* (56): 117-43.

Akerlof, George A. 1982. "Labor Contracts as Partial Gift Exchange." *Quarterly Journal of Economics* 97(4): 543-69.

Alesina, Alberto and Silvia Ardagna. 1998. "Tales of Fiscal Adjustments." *Economic Policy* 27 (October): 489-545.

Alesina, Alberto and Roberto Perotti. 1997a. "The Welfare State and Competitiveness." *American Economic Review* 87(5): 921-39.

Alesina, Alberto and Roberto Perotti. 1997b. "Fiscal Adjustment in OECD Countries: Composition and Macroeconomic Effects." *International Monetary Fund Staff Papers* 44(2): 210-48.

Alexopoulos, Michelle and Jon Cohen. 2003. "Centralised Wage Bargaining and Structural Change in Sweden." *European Review of Economic History* 7(3): 331-66.

Altieri, Giovanna, C. Bellina and Mimmo Carrieri. 1984. *La vertenza sul costo del lavoro e le relazioni industrali.* Milan: Franco Angeli.

Amin, Ash, ed. 1994. *Post-Fordism: A Reader.* Oxford/Cambridge, MA: Blackwell.

Amoore, Louise. 2002. *Globalisation Contested: An International Political Economy of Work.*

Manchester: Manchester University Press.

Amossé, Thomas. 2006. "Le dialogue social en entreprise." *Première Synthèses Informations* (39.1): 1-8.

Amossé, Thomas, Catherine Bloch-London and Loup Wolff, eds. 2008. Les relations sociales en entreprise: Un portrait à partir des enquêtes relations professionnelles et négociations d'entreprise. Paris: É ditions la Découverte.

Amossé, Thomas and Maria-Teresa Pignoni. 2006. "La transformation du paysage syndical depuis 1945." *Donn´ees Sociales -La Société Française*: 405-12.

Anderson, Perry and Patrick Camiller. 1994. *Mapping the West European Left*. London/New York: Verso.

Andersson, Jenny. 2015. "Explaining Neoliberalism in Sweden: The Rise of the Welfare Industrial Complex." *Paper presented at the 22nd International Conference of Europeanists*, July 10, 2015, Paris.

Andolfatto, Dominique. 2004. *Les syndicats en France*. Paris: La Documentation Française.

Antonczyk, Dirk, Bernd Fitzenberger and Katrin Sommerfeld. 2010. "Rising Wage Inequality, the Decline of Collective Bargaining, and the Gender Wage Gap." *Labour Economics* 17(5): 835-47.

Anxo, Dominique and Harald Niklasson. 2006. "The Swedish Model in Turbulent Times: Decline or Renaissance?" *International Labour Review* 145(4): 339-71.

Aprile, Rocco. 1996. "La riforma del sistema pensionistico. Le critiche che non si merita." *L'Assistenza Sociale* 50(4): 163-87.

Aprile, Rocco, Stefano Fassina and Daniele Pace. 1996. "Pensione contributiva e pensione retributiva: Un'ipotesi di riforma." In *Pensioni e risanamento della finanza pubblica*, edited by F. P. S. Kostoris. Bologna: Il Mulino.

Armingeon, Klaus and Lucio Baccaro. 2012. "Political Economy of the Sovereign Debt Crisis: The Limits of Internal Devaluation." *Industrial Law Journal* 41(3): 254-75.

Armstrong, Philip, Andrew Glyn and John Harrison. 1991. *Capitalism since 1945*. Oxford: Blackwell. (필립 암스트롱·앤드류 글린·존 해리슨. 1993. 『1945년 이후의 자본주의』. 김수행 옮김. 동아출판사)

Artus, Ingrid. 2001. *Krise des Deutschen Tarifsystems: Die Erosion des Flächentarifvertrags in Ost und West*. Wiesbaden: Westdeutscher Verlag.

Askenazy, Philippe. 2013. "Working Time Regulation in France from 1996 to 2012." *Cambridge*

Journal of Economics 37(2): 323-47.

Askenazy, Philippe and Susan Emanuel. 2015. *The Blind Decades: Employment and Growth in France, 1974-2014*. Oakland, CA: University of California Press.

Assemblée Nationale. 2015. *Projet de Loi relative au dialogue social et à l'emploi. Number 577*. Paris: Assemblée Nationale.

Avdagic, Sabina, Martin Rhodes and Jelle Visser, eds. 2011. *Social Pacts in Europe: Emergence, Evolution and Institutionalization*. Oxford: Oxford University Press.

Baccaro, Lucio. 1999. "The Organizational Consequences of Democracy." Ph.D. thesis, *Sloan School of Management and Department of Political Science*, MIT, Cambridge, MA.

Baccaro, Lucio. 2003. "What Is Alive and What Is Dead in the Theory of Corporatism." *British Journal of Industrial Relations* 41(4): 683-706.

Baccaro, Lucio. 2011a. "Labor, Globalization, and Inequality: Are Trade Unions Still Redistributive?" *Research in the Sociology of Work* 22: 213-85.

Baccaro, Lucio. 2011b. "Corporatism Meets Neoliberalism: The Irish and Italian Cases in Comparative Perspective." Pp. 375-401 in *Research Handbook of Comparative Employment Relations*, edited by M. Barry and A. Wilkinson. Cheltenham, UK: Edward Elgar.

Baccaro, Lucio. 2014a. "Discursive Democracy and the Construction of Interests: Lessons from Italian Pension Reform." *Political Representation in the Global Age*, edited by P. Hall, W. Jacoby, J. Levy and S. Meunier. New York: Cambridge University Press.

Baccaro, Lucio. 2014b. "Similar Structures, Different Outcomes: Corporatism's Surprising Resilience and Transformation." *Review of Keynesian Economics* 2(2): 207-33.

Baccaro, Lucio and Chiara Benassi. 2017. "Throwing Out the Ballast: Growth Models and the Liberalization of German Industrial Relations." *Socio-Economic Review* 15(1): 85-115.

Baccaro, Lucio and Jonas Pontusson. 2015. "Rethinking Comparative Political Economy: Growth Models and Distributive Dynamics." Paper presented at the 22nd International Conference of Europeanists, Paris, France.

Baccaro, Lucio and Jonas Pontusson. 2016. "Rethinking Comparative Political Economy: The Growth Model Perspective." *Politics & Society* 44(2): 175-207.

Baccaro, Lucio and Valeria Pulignano. 2011. "Employment Relations in Italy." Pp. 138-68 in *International and Comparative Employment Relations, 5th edition*, edited by G. Bamber, R. Lansbury and N. Wailes. Crows Nest, Australia: Allen & Unwin.

Baccaro, Lucio and Marco Simoni. 2004. "The Referendum on Article 18 and Labour Market

Flexibility." In *Italian Politics*, edited by S. Fabbrini and V. Della Sala. New York and Oxford: Berghahn Books.

Baccaro, Lucio and Marco Simoni. 2007. "Centralized Wage Bargaining and the 'Celtic Tiger' Phenomenon." *Industrial Relations* 46(3): 426-55.

Baccaro, Lucio and Marco Simoni. 2008. "Policy Concertation in Europe: Understanding Government Choice." *Comparative Political Studies* 41(10): 1323-48.

Bach, Stephen and Alexandra Stroleny. 2012. "Social Dialogue and the Public Services in the Aftermath of the Economic Crisis." Vol. *VP/2011/001*, September 2012. London, UK: European Commission.

Bagnasco, Arnaldo. 1977. *Tre Italie*. Bologna: Il Mulino.

Bahnmüller, Reinhard, Reinhard Bispinck and Anni Weiler. 1999. "Tarifpolitik und Lohnbildung in Deutschland: Am Beispiel Ausgewählter Wirtschaftszweige." WSI-Diskussionspapier.

Bailey, Rachel. 1994. "Annual Review Article 1993: British Public Sector Industrial Relations." *British Journal of Industrial Relations* 32(1): 113-36.

Bain, George Sayers and Robert Price. 1983. "Union Growth: Dimensions, Determinants, and Density." in *Industrial Relations in Britain*, edited by G. S. Bain. Oxford, UK: Basil Blackwell.

Barca, Fabrizio and Marco Magnani. 1989. *L'industria tra capitale e lavoro: Piccole e grandi imprese dall'autunno caldo alla ristrutturazione*. Bologna: Il Mulino.

Batstone, Eric. 1988. *The Reform of Workplace Industrial Relations: Theory, Myth, and Evidence*. Oxford and New York: Clarendon Press.

Baumol, William. 1967. "Macroeconomics of Unbalanced Growth." *American Economic Review* 53(3): 415-26.

Beaumont, P. B. 1992. *Public Sector Industrial Relations*. London and New York: Routledge.

Becher, Michael and Jonas Pontusson. 2011. "Whose Interests Do Unions Represent? Unionization by Income in Western Europe." *Research in the Sociology of Work* 23: 181-211.

Benassi, C. and L. Dorigatti. 2015. "Straight to the Core: The IG Metall Campaign towards Agency Workers." *British Journal of Industrial Relations* 53(3): 533-55.

Bengtsson, Erik. 2013. "Essays on Trade Unions and Functional Income Distribution." Doctoral dissertation, Department of Economy and Society, University of Gothenburg, Gothenburg, Sweden.

Bengtsson, Erik. 2015a. "Wage Restraint in Scandinavia: During the Postwar Period or the Neoliberal Age?". *European Review of Economic History* 19(4): 359-81.

Bengtsson, Erik. 2015b. "Wage Restraint and Wage Militancy: Belgium, Germany and the Netherlands, 1950-2010." Unpublished manuscript, Economic History Unit, University of Gothenburg.

Berger, Suzanne and Ronald Philip Dore, eds. 1996. *National Diversity and Global Capitalism*. Ithaca, NY: Cornell University Press.

Bergholm, Tapio and Andreas Bieler. 2013. "Globalization and the Erosion of the Nordic Model: A Swedish-Finnish Comparison." *European Journal of Industrial Relations* 19(1): 55-70.

Béroud, Sophie and Karel Yon. 2012. "Face à la crise, la mobilisation sociale et ses limites. Une analyse des contradictions syndicales." *Modern and Contemporary France* 20(2): 169-83.

Bhaduri, Amit and Stephen A. Marglin. 1990. "Unemployment and the Real Wage: The Economic Basis for Contesting Political Ideologies." *Cambridge Journal of Economics* 14: 375-93.

Biagi, Marco, Maurizio Sacconi, Carlo Dell'Aringa, Natale Forlani, Paolo Reboani and Paolo Sestito. 2002. "White Paper on the Labour Market in Italy, the Quality of European Industrial Relations and Changing Industrial Relations." Bulletin of Comparative Labour Relations Series (August).

Bispinck, R. 1997. "The Chequered History of the Alliance for Jobs." Pp. 63-78 in *Social Pacts in Europe*, edited by G. Fajertag and P. Pochet. Brussels: European Trade Union Institute.

Bispinck, R. and T. Schulten. 2000. "Alliance for Jobs – Is Germany Following the Path of "Competitive Corporatism"?" Pp. 187-218 in *Social Pacts in Europe: New Dynamics*, edited by G. Fajertag and P. Pochet. Brussels: ETUI.

Bissuel, Bertrand. 2016. "Temps de travail, licenciement, prud'hommes: Ce qui contient le project de loi d'el Khomri." *Le Monde*, February 26.

Blair, Tony. 1997. "We Won't Look Back to the 1970s." *Times*, March 31.

Blanchard, Olivier. 2006. "European Unemployment: The Evolution of Facts and Ideas." *Economic Policy* 21(45): 5-59.

Blanchard, Olivier and Justin Wolfers. 2000. "The Role of Shocks and Institutions in the Rise of European Unemployment: The Aggregate Evidence." *Economic Journal* 110(462): 1-33.

Blanchflower, David and Alex Bryson. 2009. "Trade Union Decline and the Economics of the Workplace." Pp. 48-73 in *The Evolution of the Modern Workplace*, edited by W. Brown, A. Bryson, J. Forth and K. Whitfield. New York: Cambridge University Press.

Block, Fred L. 1987. *Revising State Theory: Essays in Politics and Postindustrialism.* Philadelphia: Temple University Press.

Blyth, Mark. 2013. *Austerity: The History of a Dangerous Idea.* Oxford and New York: Oxford University Press.

Blyth, Mark M. 1997. "Review: 'Any More Bright Ideas?' The Ideational Turn of Comparative Political Economy." *Comparative Politics* 29(2): 229-50.

BMAS. 2013. "Verzeichnis der für Allgemeinverbindlich Erklärten Tarifverträge Stand: 1. April 2013."

Bodin, Raymond-Pierre. 1987. *Les lois Auroux dans les P.M.E.* Paris, France: Ministère des affaires sociales et de l'emploi, Service des études et de la statistique, Division conditions de travail et relations professionnelles.

Boeri, Tito and Vincenzo Galasso. 2007. *Contro i Giovani. Come l'Italia sta tradendo le nuove generazioni.* Milan: Mondadori.

Bonefeld, Werner. 2012. "Freedom and the Strong State: On German Ordoliberalism." *New Political Economy* 17(5): 633-56. doi: 10.1080/13563467.2012.656082.

Bordogna, Lorenzo. 1997. "Un decennio di contrattazione aziendale nell'industria." In *Relazioni industriali e contrattazione aziendale. Continuita' e riforma nell'esperienza Italiana recente*, edited by L. Bellardi and L. Bordogna. Milan: Angeli.

Bordogna, Lorenzo. 1999. "Il fattore dimensionale nelle relazioni industriali e nella contrattazione collettiva in azienda." In *La "questione dimensionale" nell'industria Italiana*, edited by F. Trau'. Bologna: Il Mulino.

Bosch, G., T. Haipeter, E. Latniak and S. Lehndorff. 2007. "Demontage oder Revitalisierung?" *KZfSS: Kölner Zeitschrift für Soziologie und Sozialpsychologie* 59(2): 318-39.

Bosch, G. and C. Weinkopf. 2008. *Low-Wage Work in Germany.* New York: Russell Sage Foundation Publications.

Boswell, Jonathan and James Peters. 1997. *Capitalism in Contention: Business Leaders and Political Economy in Modern Britain.* New York: Cambridge University Press.

Bowles, Samuel and Robert Boyer. 1995. "Wages, Aggregate Demand, and Employment in an Open Economy: An Empirical Investigation." Pp. 143-71 in *Macroeconomic Policy after the Conservative Era. Studies in Investment, Saving and Finance*, edited by G. Epstein and H. Gintis. Cambridge, UK: Cambridge University Press.

Boyer, Robert. 1990. *The Regulation School: A Critical Introduction*. Translated by C. Charney. New York: Columbia University Press.

Boyer, Robert. 2000. "Is a Finance-Led Growth Regime a Viable Alternative to Fordism? A Preliminary Analysis." *Economy and Society* 29(1): 111-45.

Boyer, Robert and Yves Saillard, eds. 2002. *Regulation Theory: The State of the Art*. London and New York: Routledge.

Boyer, Robert. 2004. *Théorie de la régulation: Les fondamentaux*. Paris: La découverte. (로베르 부아예. 2013. 『조직이론 1. 기초』. 서익진 외 옮김. 뿌리와이파리)

Boyer, Robert. 2011. "Are There Laws of Motion of Capitalism?" *Socio-Economic Review* 9(1): 59-81.

Boyer, Robert. 2015. *Economie politique des capitalismes*. Paris: La Découverte. (로베르 부아예. 2017. 『자본주의 정치경제학: 조절이론 매뉴얼』. 서익진·서환주 옮김. 한울아카데미)

Brochard, Delphine. 2008. "Logiques de gestion du travail, environment conventionnel et con-currentiel: Des politiques déremunérations sous influences." Pp. 376-8 in *Les relations sociales en entreprise: Un portrait à partir des enquêtes relations professionnelles et né gociations d'entreprise*, edited by T. Amossé, C. Bloch-London and L. Wolff. Paris, France: É ditions La Découverte.

Broughton, Andrea. 2012. "Employment Council Discusses Opposition to Regulation on Collective Action." *EIROnline*: 1-2.

Brown, William. 2011. "International Review: Industrial Relations Under New Labour, 1997-2010: A Post Mortem." *Journal of Industrial Relations* 53(3): 402-13.

Brown, William, Alex Bryson and John Forth. 2009. "Competition and the Retreat from Collective Bargaining." Pp. 22-47 in *The Evolution of the Modern Workplace*, edited by W. Brown, A. Bryson, J. Forth and K. Whitfield. New York: Cambridge University Press.

Brown, William, Simon Deakin, Maria Hudson, Cliff Pratten and Paul Ryan. 1999. "The Indivi-dualisation of Employment Contracts in Britain." *DTI Employment Relations Research Series Working Paper 4*. London, UK: Department of Trade and Industry.

Brown, William, Simon Deakin, David Nash and Sarah Oxenbridge. 2000. "The Employment

Contract: From Collective Procedures to Individual Rights." *British Journal of Industrial Relations* 38(4): 611-29.

Brown,William, Simon Deakin and Paul Ryan. 1997. "The Effects of British Industrial Relations Legislation 1979-97." *National Institute Economic Review* 161(1): 69-83.

Brown, William and Paul Edwards. 2009. "Researching the Changing Workplace." Pp.1-21 in *The Evolution of the Modern Workplace*, edited by W. Brown, A. Bryson, J. Forth and K. Whitfield. New York: Cambridge University Press.

Brown, William Arthur and Eric Batstone. 1981. *The Changing Contours of British Industrial Relations: A Survey of Manufacturing Industry*. Oxford, UK: B. Blackwell.

Bruno, M. and Jeffrey Sachs. 1985. *Economics of Worldwide Stagflation*. Cambridge, MA: Harvard University Press.

Calmfors, Lars and John Driffill. 1988. "Bargaining Structure, Corporatism and Macroeconomic Performance." *Economic Policy* 3(6): 13-61.

Cameron, David. 1984. "Social Democracy, Corporatism, Labour Quiescence, and the Representation of Economic Interests in Advanced Capitalism." Pp. 143-78 in *Order and Conflict in Contemporary Capitalism: Studies in the Political Economy of Western European Nations*, edited by J. H. Goldthorpe. Oxford, UK: Clarendon Press.

Campbell, John L. 2004. *Institutional Change and Globalization*. Princeton, N.J.: Princeton University Press.

Carlin, Wendy and David Soskice. 2006. *Macroeconomics: Imperfections, Institutions, and Policies*. New York: Oxford University Press.

Carrieri, Mimmo. 1997. *Seconda repubblica: Senza sindacati?* Rome: Ediesse.

Carrieri, Mimmo and Carlo Donolo. 1986. *Il mestiere politico del sindacato*. Rome: Editori Riuniti.

Carter, Bob and Peter Fairbrother. 1999. "The Transformation of British Public-Sector Industrial Relations: From 'Model Employer' to Marketized Relations." *Historical Studies in Industrial Relations* (7): 119-46. doi: 10.3828/hsir.1999.7.6.

Castel, Nicolas, Noélie Delahaie and Héloise Petit. 2013. "L'articulation des négociations de branche et d'entreprise dans la détermination des salaires." *Travail et Emploi* (134): 21-40.

Castellino, Onorato. 1996. "La riforma delle pensioni: Forse non sarà l'ultima." Pp. 179-96 in *Politica in Italia. I fatti dell'anno e le interpretazioni. Edizione 1996*, edited by M.

Caciagli and D. Kertzer. Bologna: Il Mulino.

Cazzola, Giuliano. 1995. *Le nuove pensioni degli italiani*. Bologna: Il Mulino.

Cella, Gian Primo. 1989. "Criteria of Regulation in Italian Industrial Relations: A Case of Weak Institutions." Pp. 167-86 in *State, Market and Social Regulation: New Perspectives on Italy*, edited by P. Lange and M. Regini. New York: Cambridge University Press.

Cella, Gian Primo and Tiziano Treu. 1989. "La contrattazione collettiva." In *Relazioni industriali. Manuale per l'analisi dell'esperienza italiana*, edited by G. P. Cella and T. Treu. Bologna Il Mulino.

Cella, Gian Primo and Tiziano Treu. 2009. *Relazioni industriali e contrattazione collettiva*. Milan: Il Mulino.

CERISS. 1980. *Salari contrattuali e piattaforme rivendicative deimetalmeccanici*. Milan: Franco Angeli.

Charlwood, Andy and John Forth. 2009. "Employee Representation." Pp. 74-96 in *The Evolution of the Modern Workplace*, edited by W. Brown, A. Bryson, J. Forth and K. Whitfield. New York: Cambridge University Press.

CNEL. 2007. *Lineamenti della contrattazione aziendale nel periodo 1998–2006*. Rome: CNEL.

Coates, David, ed. 2005. *Varieties of Capitalism, Varieties of Approaches*. New York: Palgrave Macmillan.

Coffineau, Michel. 1993. *Les lois Auroux, dix ans aprés*. Paris, France: La Documentation Française.

Collidà, Ada Becchi and Serafino Negrelli. 1986. *La transizione nell'industria e nelle relazioni industriali. L'auto e il caso Fiat*. Milan: Franco Angeli.

Combault, Philippe. 2006. "La couverture conventionnelle a fortement progressé entre 1997 Et 2004." *Première Synthèses Informations* (46.2): 1-4.

Confederation of British Industry. 2010. "*Making Britain the Place to Work: An Employment Agenda for the New Government*." London, UK: Confederation of British Industry.

Conservative Party. 2015. "*The Conservative Party Manifesto 2015: Strong Leadership, a Clear Economic Plan, a Brighter, More Secure Future*." Pp. 1-84. London, UK.

Contrepois, Sylvie and Steve Jefferys. 2006. "French Government Pay Interventions and Incomes Policies, 1945-1981." *Historical Studies in Industrial Relations* (21): 1-33.

Couton, Philippe. 2004. "A Labor of Laws: Courts and the Mobilization of French Workers." *Politics and Society* 32(3): 327-65.

Cronin, James E., George Ross and James Shoch. 2011. *What's Left of the Left: Democrats and Social Democrats in Challenging Times.* Durham: Duke University Press.

Crouch, Colin. 2001. "A Third Way in Industrial Relations?" In *New Labour: The Progressive Future?* edited by S. White. Basingstoke, UK: Palgrave.

Culpepper, Pepper. 2015. "Structural Power and Political Science in the Post-crisis Era." *Business and Politics.* 17(3): 391-409.

Culpepper, Pepper D. 2001. "Employers, Public Policy, and the Politics of Decentralized Cooperation in Germany and France." Pp. 275-306 in *Varieties of Capitalism: The Institutional Foundations of Comparative Advantage*, edited by P. Hall and D. Soskice. New York: Oxford University Press.

Culpepper, Pepper D. 2006. "Capitalism, Coordination, and Economic Change: The French Political Economy since 1985." Pp. 29-49 in *Changing France: The Politics That Markets Make*, edited by P.D. Culpepper, P. Hall and B. Palier. New York: Palgrave Macmillan.

Culpepper, Pepper D. 2008. "The Politics of Common Knowledge: Ideas and Institutional Change in Wage Bargaining." *International Organization* 62(1): 1-33.

Dardot, Pierre and Christian Laval. 2009. *La nouvelle raison du monde: Essai sur la société né olibérale.* Paris: La Découverte.

Davies, Paul and Mark Freedland. 1993. *Labour Legislation and Public Policy: A Contemporary History.* Oxford, UK: Clarendon Press.

Davies, Paul and Mark Freedland. 2007. *Towards a Flexible Labour Market: Labour Legislation and Regulation since the 1990s.* Oxford, UK and New York: Oxford University Press.

Degryse, Christophe, Maria Jepsen and Philippe Pochet. 2013. *The Euro Crisis and Its Impact on National and European Social Policies.* Brussels: ETUI.

Department for Business, Innovation and Skills. 2015. "Press Release: New Legislation to Make Strike Laws Fair for Working People." London, UK.

Department of Employment. 1992. People, Jobs, Opportunity Congress.

Department of Trade and Industry. 1998. *Fairness at Work.* cm 3968Congress: 1-37.

Di Maggio, Paul J. and Walter W. Powell. 1991. *The New Institutionalism in Organizational Analysis.* Chicago: University of Chicago Press.

Doellgast, Virginia and Ian Greer. 2007. "Vertical Disintegration and the Disorganization of German Industrial Relations." *British Journal of Industrial Relations* 45(1): 55-76.

Doeringer, Peter and Michael Piore. 1971. *Internal Labor Markets and Manpower Analysis.*

Lexington, MA: Heath.

Dörre, Klaus. 2012. "Diskriminierende Prekarität. Ein Neuer Typus Unsicherer Arbeitsund Lebensformen." *Der Bürger im Staat. Armut.* 4(2012): 223-30.

Dribbusch, H. and P. Birke. 2012. *Trade Unions in Germany. Organisation, Environment, Challenges.* Berlin.

Duclos, Laurent, Guy Groux and Olivier Mériaux, eds. 2009. *Les nouvelles dimensions du politique: Relations professionnelles et régulations sociales,* Vol. 19. Paris, France: Maison des Sciences de l'Homme Réseau Européen Droit et Société.

Dufour, Christian and Adelheid Hege. 2008. "Comités d'entreprise et syndicats, quelles relations?" *La Revue de L'IRES* (59): 3-40.

Dumka, Ivan. 2014. *Coordinated Wage-Setting and the Social Partnership under Emu.* University of Victoria.

Dunn, Stephen and David Metcalf. 1994. *Trade Union Law since 1978: Ideology, Intent, Impact.* Working paper. London, UK: Centre for Economic Performance, London School of Economics.

Dustmann, Christian, Johannes Ludsteck and Uta Schönberg. 2009. "Revisiting the German Wage Structure." *Quarterly Journal of Economics* 124(2): 843-81.

EC. 1997. *European Economy.* No. 67. Brussels: European Commission.

Edvinsson, Rodney. 2010. "A Tendency for the Rate of Profit to Fall? From Primitive to Flexible Accumulation in Sweden, 1800-2005." *Review of Radical Political Economics* 42(4): 465-84.

Eichengreen, Barry. 1997. "Institutions and Economic Growth: Europe after World War II." Pp. 38-72 in *Economic Growth in Europe since 1945,* edited by N. Crafts and G. Toniolo. Cambridge, UK: Cambridge University Press.

Eichhorst, Werner and Paul Marx. 2010. *Whatever Works: Dualisation and the Service Economy in Bismarckian Welfare States.* IZA 5305. Bonn: Institute for the Study of Labor.

EIRR. 1995. "Joint Employer/Union Declaration." European Industrial Relations Review (255).

Elliott, Larry. 2010. "Budget Will Cost 1.3m Jobs – Treasury." *Guardian,* June 29.

Elvander, Nils. 2002. "The New Swedish Regime for Collective Bargaining and Conflict Resolution: A Comparative Perspective." *European Journal of Industrial Relations* 8(2): 197-216.

Elvander, Nils and Bertil Holmlund. 1997. *The Swedish Bargaining System in the Melting Pot: Institutions, Norms and Outcomes in the 1990s.* Stockholm: Arbetslivsinstitutet.

Emmenegger, Patrick. 2014. *The Power to Dismiss: Trade Unions and the Regulation of Job Security in Western Europe*. Oxford, UK: Oxford University Press.

Emmenegger, Patrick. 2015. "The Politics of Job Security Regulations in Western Europe: From Drift to Layering." *Politics and Society* 43(1): 89-118.

Estevez-Abe, Margarita, Torben Iversen and David Soskice. 2001 "Social Protection and the Formation of Skills: A Reinterpretation of the Welfare State." Pp. 145-83 in *Varieties of Capitalism: The Institutional Foundations of Comparative Advantage*, edited by P. Hall and D. Soskice. New York and Oxford, UK: Oxford University Press.

Faustini, Gino. 1986. "Il dibattito sul costo del lavoro." In *Le relazioni sindacali in Italia. Rapporto 1984-85*, edited by CESOS. Rome: Edizioni Lavoro.

Ferner, Anthony and Richard Hyman. 1992. *Industrial Relations in the New Europe*. Oxford, UK and Cambridge, MA: Blackwell Business.

Fernie, Sue and David Metcalf. 2005. *Trade Unions: Resurgence or Demise?* New York: Routledge.

Ferri, Piero. 1982. "Il patto anti-inflazione." Pp. 303-24 in *Le relazioni industriali in Italia. Rapporto 1981*, edited by CESOS. Rome: CESOS.

Ferri, Piero. 1984. "L'accordo del 22 Gennaio: Implicazioni e aspetti economici." Pp. 367-84 in *Le relazioni sindacali in Italia. Rapporto 1982-83*, edited by CESOS. Rome: Edizioni Lavoro.

Flanagan, Robert J., David W. Soskice and Lloyd Ulman. 1983. *Unionism, Economic Stabilization, and Incomes Policies: European Experience*. Washington, DC: Brookings Institution.

Flanders, Allan D. 1974. "The Tradition of Voluntarism." *British Journal of Industrial Relations* 12(3): 352-70.

Flassbeck, Heiner and Costas Lapavitsas. 2015. *Against the Troika: Crisis and Austerity in the Eurozone*. London: Verso.

Foucault, Michel. 2004. *Naissance de la biopolitique*, Seuil: Paris. (미셸 푸코. 2012. 『생명관리 정치의 탄생: 콜레주드프랑스 강의 1978-79년』. 오트르망 옮김. 난장)

Freeman, Richard B. and James L. Medoff. 1984. *What Do Unions Do?* New York: Basic Books. (리차드 프리만·제임스 메도프. 1992. 『노동조합의 참모습』. 박영기 옮김. 비봉출판사)

Frege, Carola M. and John E. Kelly. 2004. *Varieties of Unionism: Strategies for Union Revitali-*

zation in a Globalizing Economy. Oxford and New York: Oxford University Press.

French, Steve. 2000. "The Impact of Unification on German Industrial Relations." *German Politics* 9(2): 195-216.

Freyssinet, Jacques. 2010. *Négocier l'emploi: 50 ans de négociation interprofessionnelles sur l'emploi et la formation*. Paris, France: É ditions Liaisons. Wolters Kluwer France.

Gallie, Duncan. 1985. "Les lois Auroux: The Reform of French Industrial Relations?" in *Economic Policy and Policy-Making under the Mitterrand Presidency*, edited by H. Machin and V. Wright. London, UK: Frances Pinter.

Gamble, Andrew. 1988. *The Free Economy and the Strong State: The Politics of Thatcherism*. Durham: Duke University Press.

Garibaldi, Pietro, Lia Pacelli and Andrea Borgarello. 2004. "Employment Protection Legislation and the Size of Firms." *Giornale degli Economisti e Annali di Economia* 33(1): 33-68.

Garilli, Alessandro. 2012. "L'art. 8 della legge N. 148/2011 nel sistema delle relazioni sindacali."Working Paper C.S.D.L.E. "Massimo D'Antona" – 139.

Garrett, Geoffrey. 1998. *Partisan Politics in the Global Economy*. New York: Cambridge University Press.

Geishecker, Ingo. 2002. *Outsourcing and the Demand for Low-Skill Labour in German Manufacturing: New Evidence*. DIW-Diskussionspapiere.

Ginsborg, Paul. 1990. *A History of Contemporary Italy*. London, UK: Penguin Books. (폴 긴스버그. 2018. 『이탈리아 현대사: 반파시즘 저항운동에서 이탈리아공산당의 몰락까지』. 안준범 옮김. 후마니타스)

Glyn, Andrew. 2006. *Capitalism Unleashed: Finance, Globalization, and Welfare*. Oxford, UK: Oxford University Press. (앤드류 글린. 2008. 『고삐 풀린 자본주의: 1980년 이후』. 김수행·정상준 옮김. 필맥)

Golden, M., M. Wallerstein and P. Lange. 1999. "Postwar Trade-Union Organization and Industrial Relations in Twelve Countries." 194-230 in *Continuity and Change in Contemporary Capitalism*, edited by H. Kitschelt, P. Lange, G. Marks and J. D. Stephens. Cambridge, UK and New York: Cambridge University Press.

Golden, Miriam. 1988. *Labor Divided: Austerity and Working-Class Politics in Contemporary Italy*. Ithaca, NY: Cornell University Press.

Golden, Miriam A. 1997. *Heroic Defeats: The Politics of Job Loss*. Cambridge, UK: Cambridge University Press.

Goldthorpe, John H. 1974. "Industrial Relations in Great Britain: A Critique of Reformism." *Politics and Society* 4: 419-52.

Goldthorpe, John H. 1984. "The End of Convergence: Corporatist and Dualist Tendencies in Modern Western Societies." Pp. 315-43 in *Order and Conflict in Contemporary Capitalism*, edited by J. H. Goldthorpe. Oxford, UK: Clarendon Press.

Gospel, Howard F. and Stephen Wood. 2003. *Representing Workers: Trade Union Recognition and Membership in Britain*. London, UK and New York: Routledge.

Gourevitch, Peter, Andrew Martin, George Ross, Christopher Allen, Stephen Bornstein and Andrei Markovits. 1984. *Unions and Economic Crisis: Britain, West Germany, and Sweden*. London, UK and Boston: Allen & Unwin.

Granqvist, Lena and Håkan Regnér. 2008. "Decentralized Wage Formation in Sweden." *British Journal of Industrial Relations* 46(3): 500-520.

Greer, I. 2008. "Organised Industrial Relations in the Information Economy: The German Automotive Sector as a Test Case." *New Technology, Work and Employment* 23(3): 181-96.

Grimshaw, Damian and Jill Rubery. 2012. "The End of the UK's Liberal Collectivist Social Model? The Implications of the Coalition Government's Policy during the Austerity Crisis." *Cambridge Journal of Economics* 36(1): 105-26.

Gumbrell-McCormick, Rebecca and Richard Hyman. 2013. *Trade Unions in Western Europe: Hard Times, Hard Choices*. Oxford, UK: Oxford University Press.

Habermas, Juergen. 1975. *Legitimation Crisis*. Boston: Beacon Press. (위르겐 하버마스. 1983. 『후기 자본주의 정당성 문제』. 임재진 옮김. 종로서적)

Hacker, Jacob S. and Paul Pierson. 2002. "Business Power and Social Policy: Employers and the Formation of the American Welfare State." *Politics and Society* 30(2): 277-325.

Hacker, Jacob S. and Paul Pierson. 2004. "Varieties of Capitalist Interests and Capitalist Power: A Response to Swenson." *Studies in American Political Development* 18(2): 186-95.

Haipeter, Thomas. 2009. "Kontrollierte Dezentralisierung? Abweichende Tarifvereinbarungen in Der Metall-Und Elektroindustrie." *Industrielle Beziehungen/The German Journal of Industrial Relations* 16(3): 232-53.

Hall, Mark. 2004. "Government Revises Draft Information and Consultation Regulations." EIROnline: 1-3.

Hall, Mark. 2012. "Government Announces Employment Law Reforms." EIROnline: 1-2.

Hall, Peter A. 1986. *Governing the Economy: The Politics of State Intervention in Britain and*

France. Cambridge, UK and Oxford, UK: Polity Press, in association with Blackwell.

Hall, Peter A. 2007. "The Evolution of Varieties of Capitalism." Pp. 39-87 in *Beyond Varieties of Capitalism: Conflict, Contradiction, and Complementarities in the European Economy*, edited by B. Hancké, M. Rhodes and M. Thatcher. Oxford, UK and New York: Oxford University Press.

Hall, Peter A. and David Soskice. 2001a. "An Introduction to Varieties of Capitalism." Pp. 1-68 in Varieties of Capitalism. *The Institutional Foundations of Comparative Advantage*, edited by P. A. Hall and D. Soskice. Oxford, UK: Oxford University Press.

Hall, Peter A. and David W. Soskice, eds. 2001b. *Varieties of Capitalism: The Institutional Foundations of Comparative Advantage*. New York: Oxford University Press.

Hall, Peter A. and Rosemary C. R. Taylor. 1996. "Political Science and the Three New Institutionalisms." *Political Studies* 44(5): 936-57.

Hall, Peter A. and Kathleen Thelen. 2009. "Institutional Change in Varieties of Capitalism." *Socio-Economic Review* 7(1): 7-34.

Hartwig, Jochen. 2014. "Testing the Bhaduri Marglin Model with OECD Panel Data." *International Review of Applied Economics* 28(4): 419-35.

Harvey, David. 1989. *The Condition of Postmodernity: An Enquiry into the Origins of Cultural Change*. Oxford, UK and Cambridge, MA: Blackwell. (데이비드 하비. 1994. 『포스트모더니티의 조건』. 구동회·박영민 옮김. 한울아카데미)

Harvey, David. 2005. *A Brief History of Neoliberalism*. New York: Oxford University Press. (데이비드 하비. 2007. 『신자유주의: 간략한 역사』. 최병두 옮김. 한울아카데미)

Hassel, Anke. 1999. "The Erosion of the German System of Industrial Relations." *British Journal of Industrial Relations* 37(3): 483-505.

Hassel, Anke. 2001. "The Problem of Political Exchange in Complex Governance Systems: The Case of Germany's Alliance for Jobs." *European Journal of Industrial Relations* 7(3): 307-26.

Hassel, Anke. 2014. "The Paradox of Liberalization – Understanding Dualism and the Recovery of the German Political Economy." *British Journal of Industrial Relations* 52(1): 57-81.

Hassel, Anke and Britta Rehder. 2001. "Institutional Change in the German Wage Bargaining System: The Role of Big Companies." MPIfG working paper.

Hassel, Anke and Christof Schiller. 2010. *Der Fall Hartz IV: Wie Es zur Agenda 2010 Kam und Wie Es Weitergeht*. Frankfurt and New York: Campus Verlag.

Hassel, Anke and Thorsten Schulten. 1998. "Globalization and the Future of Central Collective Bargaining: The Example of the German Metal Industry." *Economy and Society* 27(4): 486-522.

Hay, Colin. 1996. "Narrating Crisis: The Discursive Construction of the 'Winter of Discontent.'" *Sociology* 30(2): 253-77.

Hayden, Anders. 2006. "France's 35-Hour Week: Attack on Business? Win-Win Reform? Or Betrayal of Disadvantaged Workers?". *Politics and Society* 34(4): 503-42.

Hayek, Friedrich von. 1939. "The Economic Conditions of Interstate Federalism." *New Commonwealth Quarterly* 5(2): 131-49.

Heery, Edmund. 2002. "Partnership versus Organising: Alternative Futures for British Trade Unionism." *Industrial Relations Journal* 33(1): 20-35.

Hein, Eckhard and Matthias Mundt. 2012. "Financialisation and the Requirements and Potentials for Wage-Led Recovery – A Review Focusing on the G20." ILO Conditions of Work and Employment Series No. 37.

Henriksson, Johannes and Mats Kullander. 2011. "Sweden: EIRO Annual Review 2009." EIROnline: 1-6.

Herrigel, Gary. 1997. "The Limits of German Manufacturing Flexibility." Pp. 177-205 in *Negotiating the New Germany. Can Social Partnership Survive*, edited by L. Turner. Ithaca, NY and London, UK: Cornell University Press.

Heyes, Jason and Paul Lewis. 2014. "Employment Protection under Fire: Labour Market Deregulation and Employment in the European Union." *Economic and Industrial Democracy* 35(4): 587-607.

Hinrichs, Karl and Helmut Wiesenthal. 1986. "Bestandsrationalität versus Kollektivinteresse: Gewerkschaftliche Handlungsprobleme im Arbeitszeitkonflikt 1984." *Soziale Welt*: 280-96.

Holst, Hajo, Oliver Nachtwey and Klaus Dörre. 2010. "The Strategic Use of Temporary Agency Work: Functional Change of a Non-standard Form of Employment." *International Journal of Action Research* 6(1): 108-38.

Höpner, Martin. 2001. "Corporate Governance in Transition: Ten Empirical Findings on Shareholder Value and Industrial Relations in Germany." *Discussion Paper 01/5*, Max-Planck-Institut für Gesellschaftsforschung, Cologne.

Höpner, Martin, Alexander Petring, Daniel Seikel and Benjamin Werner. 2014. "Liberalization

Policy: An Empirical Analysis of Economic and Social Interventions in Western Democracies." *WSI Discussion Paper*. Dusseldorf, Germany: Hans Böckler Stiftung.

Howell, Chris. 1992. *Regulating Labor: The State and Industrial Relations Reform in Postwar France*. Princeton, NJ: Princeton University Press.

Howell, Chris. 1998. "Virtual Trade Unionism in France: A Commentary on the Question of Unions, Public Opinion, and the State." Pp. 205-12 in *A Century of Organized Labor in France: A Union Movement for the Twenty-First Century?* edited by H. Chapman, M. Kesselman and M. Schain. New York: St. Martin's Press.

Howell, Chris. 2004. "Is There a Third Way for Industrial Relations?" *British Journal of Industrial Relations* 42(1): 1-22.

Howell, Chris. 2005. *Trade Unions and the State: The Construction of Industrial Relations Institutions in Britain, 1890-2000*. Princeton, NJ: Princeton University Press.

Howell, Chris. 2009. "The Transformation of French Industrial Relations: Labor Representation and the State in a Post-dirigiste Era." *Politics and Society* 37(2): 229-56.

Howell, Chris. 2015. "Review Symposium: On Kathleen Thelen, Vatieties of Liberalization and the New Politics of Social Solidarity." *Socio-Economic Review* 13(2): 399-409.

Hyman, Richard. 1989. *The Political Economy of Industrial Relations: Theory and Practice in a Cold Climate*. Basingstoke, UK: Macmillan.

Hyman, Richard. 2001. *Understanding European Trade Unionism: Between Market, Class and Society*. London: SAGE.

Ibsen, Christian Lyhne, Søren Kaj Andersen, Jesper Due and Jørgen Steen Madsen. 2011. "Bargaining in the Crisis – A Comparison of the 2010 Collective Bargaining Round in the Danish and Swedish Manufacturing Sectors." *Transfer: European Review of Labour and Research* 17(3): 323-39.

Ibsen, Christian Lyhne. 2012. "The 'Real' End of Solidarity?" Paper presented at the Society for the Advancement of Socio-Economics, June 28-30, 2012, Boston.

Ibsen, Christian Lyhne. 2015. "Three Approaches to Coordinated Bargaining: A Case for Power-Based Explanations." *European Journal of Industrial Relations* 21(1): 39-56.

Ichino, Pietro. 1996. *Il lavoro e il mercato. Per un diritto del lavoro maggiorenne*. Milan: Mondadori.

Ichino, Pietro. 2011. *Inchiesta sul lavoro*. Milan: Mondadori.

ICTWSS. 2011, "Database on Institutional Characteristics of Trade Unions, Wage Setting, State

Intervention and Social Pacts in 34 Countries between 1960 and 2007." Retrieved May 26, 2013, http://www.uva-aias.net/208.

ILO. 2008. *World of Work Report*. Geneva: ILO.

ILO. 2015. *Global Wage Report 2014/15*. Geneva: ILO.

ILO. Various years. "Laborsta." in http://laborsta.ilo.org/ (free access).

IRES. 2005. *Les mutations de l'emploi en france*. Paris, France: La Découverte.

ISTAT. 2001. *Rapporto annuale 2001*. Rome: ISTAT.

ISTAT. 2002. *La flessibilità del mercato del lavoro nel periodo 1995–96*. Rome: ISTAT.

Iversen, Torben. 1996. "Power, Flexibility, and the Breakdown of Centralized Bargaining: Denmark and Sweden in Comparative Perspective." *Comparative Politics* 28(3): 399-436.

Iversen, Torben, Jonas Pontusson and David Soskice, eds. 2000. *Unions, Employers, and Central Banks: Macroeconomic Coordination and Institutional Change in Social Market Economies*. Cambridge, UK: Cambridge University Press.

Iversen, Torben and David Soskice. 2001. "An Asset Theory of Social Policy Preferences." *American Political Science Review* 95(4): 875-93.

Iversen, Torben and David Soskice. 2012. "Modern Capitalism and the Advanced Nation State: Understanding the Causes of the Crisis." *Coping with Crisis: Government Responses to the Great Recession*, edited by N. Bermeo and J. Pontusson. New York: Russell Sage.

Iversen, Torben and Anne Wren. 1998. "Equality, Employment, and Budgetary Restraint, the Trilemma of the Service Economy." *World Politics* (50): 507-46.

Jacobi, Lena and Jochen Kluve. 2006. "Before and after the Hartz Reforms: The Performance of Active Labour Market Policy in Germany."

Jacobsson, Göran. 2012a. "Medlingsinstitutet Krockar Med Facket." In *Arbetet*. Stockholm, Sweden.

Jacobsson, Göran. 2012b. "Här Ökar Medlemstalen." In *Arbetet*. Stockholm, Sweden.

Jacoby, Wade. 2000. *Imitation and Politics: Redesigning Modern Germany*. Ithaca, NY: Cornell University Press.

Jacod, Olivier and Rim Ben Dhaou. 2008. "Les élections aux comités d'entreprise de 1989 à 2004: Une étude de l'évolution des implantations et des audiences syndicales." Document d'Études. Paris, France: Ministére du Travail, des Relations Sociales et de la Santé.

Jefferys, Steve. 2003. *Liberté, Égalité, and Fraternité at Work: Changing French Employment Relations and Management*. Houndmills, Basingstoke, Hampshire and New York: Palgrave Macmillan.

Jefferys, Steve. 2011. "How Dark Are the Clouds over Sweden?" Pp. 287-98 in *Precarious Employment in Perspective: Old and New Challenges to Working Conditions in Sweden*, edited by A. Thörnqvist and Å.-K. Engstrand. Brussels: Peter Lang.

Jenkins, Alan. 2000. *Employment Relations in France: Evolution and Innovation*. New York and London, UK: Kluwer Academic/Plenum Publishers.

Jessop, Bob. 1990a. "Regulation Theories in Retrospect and Prospect." *Economy and Society* 19(2): 153-216. (밥 제숍. 1991. 「조절이론의 회고와 전망」. 정명기·장병승 옮김. ≪사회경제평론≫ 3호)

Jessop, Bob. 1990b. *State Theory: Putting Capitalist States in Their Place*. Cambridge, UK: Polity Press. (밥 제숍. 2000. 『전략관계적 국가이론』. 유범상·김문귀 옮김. 한울아카데미)

Jessop, Bob. 2002. *The Future of the Capitalist State*. Cambridge, UK and Malden, MA: Polity; distributed in the USA by Blackwell. (밥 제숍. 2010. 『자본주의 국가의 미래』. 김영화 옮김. 양서원)

Jobert, Annette and Jean Saglio. 2005. *La mise en oeuvre des dispositions de la loi du 4 mai 2004 permettant aux entreprises de déroger aux accords de branche*. Congress.

Johansson, Joakim. 2005. "Undermining Corporatism." in *Power and Institutions in Industrial Relations Regime*, edited by P. Öberg and T. Svensson. Stockholm, Sweden: Arbetslivsinstitutet.

Jürgens, U. 2004. "An Elusive Model – Diversified Quality Production and the Transformation of the German Automobile Industry." *Competition and Change* 8(4): 411-23.

Jürgens, U., T. Malsch and K. Dohse. 1993. *Breaking from Taylorism: Changing Forms of Work in the Automobile Industry*. New York: Cambridge University Press.

Jürgens, U. and M. Krzywdzinski. 2006. "Globalisierungsdruck und Beschäftigungssicherung – Standortsicherungsvereinbarungen in der Deutschen Automobilindustrie zwischen 1993 und 2006." *WZB Discussion Papers SP III*.

Jürgens, Ulrich. 1997. "Germany: Implementing Lean Production." In *After Lean Production: Evolving Employment Practices in the World Auto Industry*, Vols. 117-36, edited by T. A. Kochan, R. D. Lansbury and J. P. MacDuffie. Ithaca, NY: Cornell University Press.

Kalecki, Michal. 1943. "Political Aspects of Full Employment." *Political Quarterly* 14(4): 322-31. (미하우 칼레츠키. 2000. 「완전고용의 정치적 측면」. 『자본주의 경제 동학 에세이: 1933-1970』. 조복현 옮김. 지식을만드는지식)

Kalecki, Michal. 1944. "Three Ways to Full Employment." Pp. 39-58 in *The Economics of Full Employment*, edited by Oxford University Institute of Statistics. Oxford: Blackwell.

Karabarbounis, Loukas and Brent Neiman. 2014. "The Global Decline of the Labor Share." *Quarterly Journal of Economics* 129(1): 61-103.

Karlson, Nils and Henrik Lindberg. 2010. "The Decentralization of Wage Bargaining: A Comparative Case Study." Paper presented at the European Congress of the International Industrial Relations Association, June 2010, Copenhagen, Denmark.

Katz, Harry Charles. 1993. "The Decentralization of Collective Bargaining: A Literature Review and Comparative Analysis." *Industrial and Labor Relations Review* 47(October): 3-22.

Katz, Harry Charles and Owen Darbishire. 2000. *Converging Divergences: Worldwide Changes in Employment Systems*. Ithaca, NY: Cornell University Press.

Katzenstein, Peter J., ed. 1978. *Between Power and Plenty: Foreign Economic Policies of Advanced Industrial States*. Madison, WI: University of Wisconsin Press.

Kelly, John E. 1998. *Rethinking Industrial Relations: Mobilization, Collectivism, and Long Waves*. London and New York: Routledge.

Kelly, John E. and Paul Willman. 2004. *Union Organization and Activity*. London and New York: Routledge.

Kenworthy, Lane. 2000. "Quantitative Indicators of Corporatism: A Survey and Assessment." Discussion Paper 00/4. *Max-Planck Institut für Gesellschaftsforschung*.

Kersley, Barbara, Carmen Alpin, John Forth, Alex Bryson, Helen Bewley, Gill Dix and Sarah Oxenbridge. 2005. "Inside the Workplace: First Findings from the 2004 Workplace Employment Relations Survey (Wers 2004)." London, UK: Department of Trade and Industry.

Kessler, Sidney and F. J. Bayliss. 1998. *Contemporary British Industrial Relations*. Basingstoke, Hampshire: Macmillan Business.

Keynes, John Maynard. 2007 [1936]. *The General Theory of Employment, Interest, and Money*. London: Palgrave. (존 메이너드 케인스. 2007. 『고용, 이자 및 화폐의 일반이론』. 조순 옮김. 비봉출판사)

Kinderman, D. 2005. "Pressure from Without, Subversion from Within: The Two-Pronged German Employer Offensive." *Comparative European Politics* 3(4): 432-63.

Kinderman, Daniel. 2014. "Challenging Varieties of Capitalism's Account of Business Interests: The New Social Market Initiative and German Employers' Quest for Liberalization, 2000-

2014." Unpublished manuscript, University of Delaware.

Kinkel, Steffen and Gunter Lay. 2003. "Fertigungstiefe-allast oder Kapital? Stand und Effekte von Out-und Insourcing im Verarbeitenden Gewerbe Deutschlands." *Mitteilungen aus der Produktionsinnovationserhebung 30 (August 2003)*. Karlsruhe: Fraunhofer-Institut für Systemtechnik und Innovationsforschung [ISI].

Kjellberg, Anders. 2009. "The Swedish Model of Industrial Relations: Self-Regulation and Combined Centralization Decentralization." Pp. 155-98 in *Trade Unionism since 1945: Towards a Global History*, edited by C. Phelan. Oxford: Peter Lang.

Kjellberg, Anders. 2011a. "Trade Unions and Collective Agreements in a Changing World." Pp. 47-100 in *Precarious Employment in Perspective: Old and New Challenges to Working Conditions in Sweden*, edited by A. Thörnqvist and Å.-K. Engstrand. Brussels: Peter Lang.

Kjellberg, Anders. 2011b. "The Decline in Swedish Union Density since 2007." *Nordic Journal of Working Life Studies* 1(1): 67-93.

Kjellberg, Anders. 2012. "Local Wage Setting in Sweden." Unpublished working paper, Lund University, Lund, Sweden.

Kjellberg, Anders. 2015. "Kollektivavtalens Täckningsgrad Samt Organisationgraden Hos Arbetsgivarförbund Och Fackförbund." *Studies in Social Policy, Industrial Relations, Working Life and Mobility Research Reports*. Lund, Sweden: Lund University.

Koo, Richard C. 2011. "The World in Balance Sheet Recession: Causes, Cure, and Politics." *Real-World Economics Review* (58): 19-37.

Korpi, Walter. 1983. *The Democratic Class Struggle*. London, UK and Boston: Routledge & Kegan Paul.

Korpi, Walter. 2006a. "Power Resources and Employer-Centered Approaches in Explanations of Welfare States and Varieties of Capitalism: Protagonists, Consenters and Antagonists." Paper presented at the ESPAnet Conference, Bremen, September 21-23, 2006.

Korpi, Walter. 2006b. "Power Resources and Employer-Centered Approaches in Explanations of Welfare States and Varieties of Capitalism: Protagonists, Consenters, and Antagonists." *World Politics* 58(2): 167-206.

Kotz, David M., Terrence McDonough and Michael Reich. 1994. *Social Structures of Accumulation: The Political Economy of Growth and Crisis*. Cambridge, UK and New York: Cambridge University Press.

Krippner, Greta R. 2005. "The Financialization of the American Economy." *Socio-Economic Review* 3(2): 173-208.

Kristal, Tali. 2010. "Good Times, Bad Times: Postwar Labor's Share of National Income in Capitalist Democracies." *American Sociological Review* 75(5): 729-63.

Kullander, Mats and Malin Björklund. 2011. "'Gender Equality Fund' Sparks Tensions among Unions." EIROnline: 1-2.

Kullander, Mats and Oskar Eklund. 2010. "Largest Employer Organisation in Industry Leaves Industrial Agreement." EIROnline: 1-2.

Kullander, Mats and Elinor Häggebrink. 2009. "New Procedure for Collective Bargaining in Services Sector." EIROnline: 1-2.

Kullander, Mats and Linda Talme. 2014. "Trend towards Collective Agreements with No Fixed Pay Increase." EurWORK: 1-3.

Labour Research Department. 1994. "Pay in the Privatized Utilities." LRD Bargaining Report (136).

Labour Research Department. 1999. "Public Sector Workforce." LRD Fact Service 60(2).

Lallement, Michel. 2006. "New Patterns of Industrial Relations and Political Action since the 1980s." Pp. 50-79 in *Changing France: The Politics That Markets Make*, edited by P. D. Culpepper, P. Hall and B. Palier. New York: Palgrave Macmillan.

Lallement, Michel and Olivier Mériaux. 2003. "Status and Contracts in Industrial Relations. 'La Refondation Sociale,' a New Bottle for an Old (French) Wine?" *Industrielle Beziehungen* 10(3): 418–37.

Lama, Luciano. 1978. *Il potere del sindacato*. Rome: Editori Riuniti.

Lange, Peter, George Ross, Maurizio Vannicelli and Harvard University Center for European Studies. 1982. *Unions, Change, and Crisis: French and Italian Union Strategy and the Political Economy, 1945-1980*. London, UK and New York: Allen and Unwin.

Lange, Peter and Maurizio Vannicelli. 1982. "Strategy under Stress: The Italian Union Movement and the Italian Crisis in Developmental Perspective." Pp. 95-206 in *Unions, Change, and Crisis*, edited by P. Lange, G. Ross and M. Vannicelli. Boston: Allen and Unwin.

Lange, Peter, Michael Wallerstein and Miriam Golden. 1995. "The End of Corporatism? Wage Setting in the Nordic and Germanic Countries." Pp. 76-100 in *The Workers of Nations*, edited by S. M. Jacobi. New York: Oxford University Press.

Lapavitsas, Costas. 2011. "Theorizing Financialization." *Work, Employment and Society* 25(4): 611-26.

Lapidus, John. 2015. "An Odd Couple: Individual Wage Setting and the Largest Swedish Trade Union." *Labor History* 56(1): 1-21.

Lash, Scott and John Urry. 1987. *The End of Organized Capitalism.* Madison, WI: University of Wisconsin Press.

Lavoie, Marc. 2009. *Introduction to Post-Keynesian Economics.* London, UK: Palgrave. (마크 라부아. 2016. 『포스트 케인스학파 경제학 입문』. 김정훈 옮김. 후마니타스)

Lavoie, Marc and Engelbert Stockhammer. 2012. "Wage-Led Growth: Concept, Theories and Policies." ILO Conditions of Work and Employment Series No. 41.

Lavoie, Marc and Engelbert Stockhammer. 2013. *Wage-Led Growth.* London: Palgrave.

Layard, Richard, Stephen Nickell and Richard Jackman. 2005. *Unemployment: Macroeconomic Performance and the Labour Market.* Oxford, UK and New York: Oxford University Press.

Le Barbanchon, Thomas and Franck Malherbet. 2013. "An Anatomy of the French Labour Market." Employment Working Paper Number 142 Congress: 1-34.

Lehndorff, Steffen. 2001. *Weniger Ist Mehr.* VSA-Verlag.

Levy, Jonah D. 1999. *Tocqueville's Revenge: State, Society, and Economy in Contemporary France.* Cambridge, MA: Harvard University Press.

Levy, Jonah D. 2006. *The State after Statism: New State Activities in the Age of Liberalization.* Cambridge, MA: Harvard University Press.

Liaisons Sociales. 1971. Liaisons Sociales: Législation Sociale (3785).

Lindbeck, Assar and David Snower. 1986. "Wage Setting, Unemployment, and Insider – Outsider Relations." *American Economic Review* 76(2): 235-39.

Lindberg, Henrik. 2011. "Industrial Action in Sweden: A New Pattern?" *Ratio Working Paper.* Stockholm, Sweden: Ratio Institute.

Locke, Richard M. 1992. "The Decline of the National Union in Italy: Lessons for Comparative Industrial Relations." *Industrial and Labor Relations Review* 45(January): 229-49.

Locke, Richard M. 1995. *Remaking the Italian Economy.* Ithaca, NY: Cornell University Press.

Locke, Richard M., Thomas Kochan and Michael Piore, eds. 1995. *Employment Relations in a Changing World Economy.* Cambridge, MA: MIT Press.

Locke, Richard M. and Kathleen Ann Thelen. 1995. "Apples and Oranges Revisited: Contextualized Comparisons and the Study of Comparative Labor Politics." *Politics and Society* 23(3): 337-68.

Ludwig, Udo and Hans-Ulrich Brautzsch. 2008. "Has the International Fragmentation of German Exports Passed Its Peak?". *Intereconomics* 43(3): 176-80.

Lyon-Caen, Gérard. 1980. "Critique de la négociation collective." *Après-Demain* (221).

Machin, Stephen. 2000. "Union Decline in Britain." *British Journal of Industrial Relations* 38(4): 631-45.

Mahon, Rianne. 1999. "'Yesterday's Modern Times Are No Longer Modern': Swedish Unions Confront the Double Shift." Pp. 75-124 in *The Brave New World of European Labor: European Trade Unions at the Millennium*, edited by A. Martin and G. Ross. New York: Berghahn Books.

Malmberg, Jonas and Niklas Bruun. 2006. "Ten Years within the EU: Labour Law in Sweden and Finland Following EU Accession." Pp. 59-96 in *Swedish Studies in European Law*, Vol. 1, edited by N. Wahl and P. Cramér. Oxford, UK: Hart.

Marginson, Paul. 2015. "Coordinated Bargaining in Europe: From Incremental Corrosion to Frontal Assault?" *European Journal of Industrial Relations* 21(2): 97-114.

Marginson, Paul and Christian Welz. 2014. *Changes to Wage-Setting Mechanisms in the Context of the Crisis and the Eu's New Economic Governance Regime*. Dublin: Eurofound.

Marsh, David. 1992. *The New Politics of British Trade Unionism: Union Power and the Thatcher Legacy*. Ithaca, NY: ILR Press.

Martin, Andrew and George Ross. 1999. *The Brave New World of European Labor: European Trade Unions at the Millennium*. New York: Berghahn Books.

Martin, Andrew and George Ross, eds. 2004. *Euros and Europeans: Monetary Integration and the European Model of Society*. New York: Cambridge University Press.

Martin, Cathie Jo and Duane Swank. 2008. "The Political Origins of Coordinated Capitalism: Business Organizations, Party Systems, and State Structure in the Age of Innocence." *American Political Science Review* 102(2): 181-98.

Martin, Nuria Ramos. 2011. "Sector-Level Bargaining and Possbilities for Deviations at Company Level: France." Dublin: Eurofound.

Marx, Karl. 1970[1859]. *A Contribution to the Critique of Political Economy*. New York: International Publishers. (칼 마르크스. 2007. 『정치경제학 비판을 위하여』. 김호균 옮김. 중원

문화)

Marx, Karl and Friedrich Engels. 2002. *The Communist Manifesto*. London, UK and New York: Penguin Books. (칼 마르크스·프리드리히 엥겔스. 2008. 『공산당 선언』. 강유원 옮김. 이론과실천)

Mascini, M. 2000. *Profitti e salari*. Bologna: Il Mulino.

McCarthy, W. E. J. 1992. "Legal Intervention in Industrial Relations: Gains and Losses." In *Legal Intervention in Industrial Relations: Gains and Losses*, edited by W. E. J. McCarthy. Oxford, UK and Cambridge, MA: Blackwell.

Melander, Ingrid. 2015. "France Unveils 'Jobs Act' to Boost Hiring at Small Firms." *Reuters*, June 9.

Menz, Georg. 2005. "Old Bottles – New Wine: The New Dynamics of Industrial Relations." *German Politics* 14(2): 196-207.

Mériaux, Olivier. 2000. "Éléments d'un régime post-Fordiste de la négociation collective en France." *Relations Industrielles/Industrial Relations* 55(4): 606-37.

Mery, Bernard. 1973. "La pratique de l'indexation dans les conventions collectives." *Droit Social* (6).

Mian, Atif and Amir Sufi. 2011. "House Prices, Home Equity-Based Borrowing, and the US Household Leverage Crisis." *American Economic Review* 101(5): 2132-56.

Militello, Giacinto. 1984. "Tutto cominciò quando …" *Rassegna sindacale* 8 (Feb. 24).

Millward, Neil, Mark Stevens, David Smart and W. R. Hawes. 1992. *Workplace Industrial Relations in Transition: The ED/ESRC/PSI/ACAS Surveys*. Aldershot: Dartmouth.

Millward, Neil, Alex Bryson and John Forth. 2000. *All Change at Work? British Employment Relations* 1980-1998, Portrayed by the Workplace Industrial Relations Survey Series. New York: Routledge.

Milner, Simon. 1995. "The Coverage of Collective Pay-Setting Institutions in Britain, 1895-1990." *British Journal of Industrial Relations* 33(1): 69-91.

Ministère de l'Emploi, du Travail et de la Cohésion Sociale. 2004. La négociation collective en 2003: La tendance, les dosssiers, les chiffres. Congress: 1-580 (http://www.travail-solidarite.gouv.fr/IMG/pdf/NC 2003.pdf).

Ministère de l'Emploi, du Travail et de la Cohésion Sociale. 2006. La négociation collective en 2005. Congress: 1-52 (http://www.travail-solidarite.gouv.fr/IMG/pdf/NC2005_P2_-_La_Nego.pdf).

Ministère du Travail, de l'Emploi et de la Santé. 2011. La négociation collective en 2010. Congress.

Ministère du Travail, de L'Emploi, de la Formation Professionelle, et du Dialogue Social. 2013. Rapport sur l'application des dispositions de la loi N. 2008-789 du 20 août 2008 relative a la démocratie sociale et de la loi N. 2010-1215 du octobre 2010 les complétant. Congress: 1-151.

Mishel, Lawrence, Elise Gould and Josh Bivens. 2015. "Wage Stagnation in Nine Charts." *Briefing Paper*, Economic Policy Institute.

Mitchell, Neil J. 1987. "Changing Pressure-Group Politics: The Case of the Trades Union Congress, 1976-84." *British Journal of Political Science* 17(4): 509-17.

Modigliani, Franco, Mario Baldassari and Fabio Castiglionesi. 1996. *Il miracolo possibile*. Bari: Laterza.

Moreau, Marie-Ange. 2004. "National Report: France." *The Evolving Structure of Collective Bargaining in Europe 1990-2004*. European Commission and University of Florence.

Murhem, Sofia. 2003. "Turning to Europe: A New Swedish Industrial Relations Regime in the 1990s." *Uppsala Studies in Economic History* (68): 1-53.

Murhem, Sofia. 2013. "Security and Change: The Swedish Model and Employment Protection 1995-2010." *Economic and Industrial Democracy* 34(4): 621-36.

Naboulet, Antoine. 2011a. "Que recouvre la négociation collective d'entreprise en France? Un panorama des acteurs, des textes et des thématiques entre 2005 et 2008." *Document d'é tudes*. Paris: Ministère du Travail, de l'Emploi et de la Santé.

Naboulet, Antoine. 2011b. "Les obligations et incitations portant sur la négociation collective." *La note d'analyse*. Paris: Centre d'Analyse Stratégique.

Napoleoni, Claudio. 1982. "Per una politica programmata di rientro dall'inflazione." In *Inflazione, scala mobile e politica economica. Atti del convegno IRES-CGIL*, edited by IRES-CGIL. Rome: ESI.

National Mediation Office. 2011. The Swedish National Mediation Office Annual Report 2010. Congress: 1-8 (http://www.mi.se/files/PDF-er/ar_foreign/eng_smftn_feb2011.pdf).

National Mediation Office. 2014. Avtalsrörelsen och Lönebildningen År 2013. Congress: 1-312.

National Mediation Office. 2016. Summary of the Annual Report for 2015. Congress: 1-3.

Negrelli, Serafino. 1991. *La societ à dentro l'impresa. L'evoluzione dal modello normativo al modello partecipativo nelle relazioni industriali delle imprese italiane*. Milan: Franco

Angeli.

Neilson, David. 2012. "Remaking the Connections: Marxism and the French Regulation School." *Review of Radical Political Economics* 44(2): 160-77.

Nickell, Stephen. 1997. "Unemployment and Labor Market Rigidities: Europe vs North America." *Journal of Economic Perspectives* 11(3): 55-74.

Nickell, Stephen, Nunziata Luca and Ochel Wolfgang. 2005. "Unemployment in the OECD since the 1960s.What Do We Know?" *Economic Journal* 115(500): 1-27.

Niedenhoff, Horst-Udo. 1981. *Die Betriebsräte von 1981 bis 1984: Eine Analyse der Betriebsratswahlen.* Institutsverlag. Cologne: Institutsverlag.

Noblecourt, Michel. 2012. "Les novations de la 'Grande conférence sociale.'" *Le Monde*, June 6.

Nuti, Mario. 2004. "Kalecki and Keynes Revisited." Pp. 3-9 in *Kalecki's Economics Today*, edited by Zdzislaw L. Sadowski and A. Szeworski. London: Routledge.

Nyström, Birgitta. 2004. "Nation Report: Sweden." *The Evolving Structure of Collective Bargaining in Europe 1990-2004.* European Commission and University of Florence.

Öberg, Tommy. 2013. "Dags Att Göra Avtal Till Lag?" *Arbetet*, October 18.

Öberg, Tommy. 2014. "Akademiker Säger Sifferlösa Avtal." *Arbetet*, March 14.

OECD. 1994. *The OECD Jobs Study. Facts, Analysis, Strategies.* Paris: OECD.

OECD. 2008. *Growing Unequal? Income Distribution and Poverty in OECD Countries.* Paris: OECD.

OECD. 2011. "Divided We Stand: Why Inequality Keeps Rising." Paris: OECD.

OECD. various years. "OECD.Stat (Annual Labour Force Statistics)." http://stats.oecd.org/Index.aspx.

Offe, Claus. 1985. *Disorganized Capitalism: Contemporary Transformations of Work and Politics.* Cambridge, MA: MIT Press.

Oliver, Rebecca. 2008. "Diverging Developments in Wage Inequality: Which Institutions Matter?" *Comparative Political Studies* 41(12): 1551-82.

Oliver, Rebecca J. 2011. "Powerful Remnants? The Politics of Egalitarian Bargaining Institutions in Italy and Sweden." *Socio-Economic Review* 9(3): 533-66.

Onaran, Ozlem and Thomas Obst. 2015. "Wage-Led Growth in the EU15 Member States: The Effects of Income Distribution on Growth, Investment, Trade Balance, and Inflation." Greenwich Papers in Political Economy, University of Greenwich, #GPERC28.

Onaran, Özlem and Giorgos Galanis. 2014. "Income Distribution and Growth: A Global Model." *Environment and Planning* A 46(10): 2489-513.

Osterman, P. 1994. "Internal Labor Markets: Theory and Change." Pp. 303-39 in *Labor Economics and Industrial Relations: Markets and Institutions*, edited by C. Kerr and P. D. Staudohar. Cambridge, MA and London, UK: Harvard University Press.

Ouest France. 2015, "Dialogue social. Vers une instance unique de répresentation du personnel?" http://www.ouest-france.fr/dialogue-social-vers-une-instance-uniquede-representation-du-personnel-3116554.

Palier, Bruno and Kathleen Thelen. 2010. "Institutionalizing Dualism: Complementarities and Change in France and Germany." *Politics and Society* 38(1): 119-48.

Paster, Thomas. 2012. *The Role of Business in the Development of the Welfare State and Labor Markets in Germany: Containing Social Reforms*. London and New York: Routledge.

Patriarca, Stefano. 1986. *La nuova scala mobile*. Rome: Ediesse.

Pernot, Jean-Marie. 2005. *Syndicats: Lendemains de crise?* Paris: Éditions Gallimard.

Pernot, Jean-Marie and Maria Theresa Pignoni. 2008. "Les salariés et les organisations syndicales de 1992 à 2004: Une longue saison de désamour." Pp. 140-62 in *Les relations sociales en entreprise: Un portrait à partir des enquêtes relations professionnelles et négociations d'entreprise*, edited by T. Amossé, C. Bloch-London and L. Wolff. Paris: Éditions la Découverte.

Peters, John. 2011. "The Rise of Finance and the Decline of Organised Labour in the Advanced Capitalist Countries." *New Political Economy* 16(1): 73-99.

Pierson, Paul. 2004. *Politics in Time: History, Institutions, and Social Analysis*. Princeton, NJ: Princeton University Press.

Pignoni, Maria Theresa and Élise Tenret. 2007. "Présence syndicale." *Première Synthèses Informations* (14.2): 1-8.

Pignoni, Maria Theresa and Émilie Raynaud. 2013. "Les relations professionnelles au début des années 2010." *Dares analyses* (026): 1-16.

Piketty, Thomas. 2013. *Le capital au Xxie siècle*. Paris: Seuil. (토마 피케티. 2014. 『21세기 자본』. 장경덕 옮김. 글항아리)

Piore, Michael and Charles Sabel. 1984. *The Second Industrial Divide: Possibilities for Prosperity*. New York: Basic Books.

Piore, Michael and Sean Safford. 2006. "Changing Regimes of Workplace Governance, Shifting Axes of Social Mobilization, and the Challenge to Industrial Relations Theory." *Industrial Relations* 45(3): 299-325.

Pizzorno, Alessandro, Ida Regalia, Marino Regini and Emilio Reyneri. 1978. *Lotte operaie e sindacato in Italia: 1968-1972*. Bologna: Il Mulino.

Polanyi, Karl. 1944. *The Great Transformation*. New York, Toronto,: Farrar & Rinehart. (칼 폴라니. 2009. 『거대한 전환』. 홍기빈 옮김. 길)

Pontusson, Jonas. 1992. *The Limits of Social Democracy: Investment Politics in Sweden*. Ithaca, NY: Cornell University Press.

Pontusson, Jonas. 2005. "Varieties and Commonalities of Capitalism." Pp. 163-88 in *Varieties of Capitalism, Varieties of Approaches*, edited by D. Coates. New York: Palgrave Macmillan.

Pontusson, Jonas. 2011. "Once Again a Model: Nordic Social Democracy in a Globalized World." Pp. 89-115 in *What's Left of the Left: Democrats and Social Democrats in Challenging Times*, edited by J. Cronin, G. Ross and J. Shoch. Durham, NC: Duke University Press.

Pontusson, Jonas. 2013. "Unionization, Inequality and Redistribution." *British Journal of Industrial Relations* 51(4): 797-825.

Pontusson, Jonas and Peter Swenson. 1996. "Labor Markets, Production Strategies, and Wage Bargaining Institutions: The Swedish Employer Offensive in Comparative Perspective." *Comparative Political Studies* 29(2): 223-50.

Przeworski, Adam and Michael Wallerstein. 1982. "The Structure of Class Conflict in Democratic Societies." *American Political Science Review* 76: 215-38.

Purcell, John. 1993. "The End of Institutional Industrial Relations?". *Political Quarterly* 64(1): 6-23.

Raess, Damien. 2006. "Globalization and Why the 'Time Is Ripe' for the Transformation of German Industrial Relations." *Review of International Political Economy* 13(3): 449-79.

Regalia, I. and M. Regini. 1998. "Italy: The Dual Character of Industrial Relations." Pp. 459-503 in *Changing Industrial Relations in Europe*, edited by A. Ferner and R. Hyman. Malden, MA: Blackwell Publishers.

Regan, Aidan. 2011. "The Rise and Fall of Irish Social Partnership: Euro-Irish Trade Unionism in Crisis?". Unpublished manuscript, University College Dublin.

Regini, Marino and Charles F. Sabel. 1989. *Strategie di riaggiustamento industriale.* Bologna: Il Mulino.

Rehder, B. 2003. *Betriebliche Bündnisse für Arbeit in Deutschland: Mitbestimmung und Flä chentarif im Wandel*, Vol. 48. Frankfurt am Main: Campus Verlag.

Rehfeldt, Udo. 2011. "France: Eiro Annual Review – 2009." EIROnline: 1-6.

Reynaud, Jean-Daniel. 1975. Les syndicats en France, Vol. 1. Paris, France: Éditions du Seuil.

Rhodes, Martin. 1998. "Globalization and the Welfare State. The Emergence of Competitive Corporatism." *Revue Suisse de Science Politique* 4(1): 99-107.

Rhodes, Martin. 2001. "The Political Economy of Social Pacts: 'Competitive Corporatism' and European Welfare Reform." Pp. 165-94 in *The New Politics of the Welfare State*, edited by P. Pierson. New York: Oxford University Press.

Ritter, Gerhard A. 2007. *Der Preis der Deutschen Einheit: Die Wiedervereinigung und die Krise des Sozialstaats.* Munich: Beck.

Robin, Benoît. 2008. "New Rules for Union Representativeness and Working Time." *EIR Online:* 1-3.

Roche, William. 2011. "The Breakdown of Social Partnership." *Administration* 59(1): 23-37.

Roche, William K. 2007. "Social Partnership in Ireland and New Social Pacts." *Industrial Relations* 46(3): 395-425.

Romagnoli, Umberto and Tiziano Treu. 1981. *I sindacati in Italia dal '45 ad oggi: Storia di una strategia.* Bologna: Il Mulino.

Romiti, Cesare. 1988. *Questi anni alla Fiat.* Milan: Rizzoli.

Rönnmar, Mia. 2010. "Labour Policy on Fixed-Term Employment Contracts in Sweden." Pp. 55-68 in *Regulation of Fixed-Term Employment Contracts: A Comparative Overview*, edited by R. Blanpain, H. Nakakubo and T. Araki. Netherlands: Kluwer Law International.

Ross, George. 1982. "The Perils of Politics: French Unions and the Crisis of the 1970s." In *Unions, Change and Crisis: French and Italian Union Strategy and the Political Economy, 1945-1980*, edited by P. Lange, G. Ross and M. Vannicelli. New York: Allen and Unwin.

Rossi, Fulvio and Paolo Sestito. 2000. "Contrattazione aziendale, struttura negoziale e determinazione del salario." *Rivista di Politica Economica* 90(10-11): 129-83.

Roth, Siegfried. 1997. "Germany: Labor's Perspective on Lean Production." Pp. 117-36 in *After Lean Production: Evolving Employment Practices in the World Auto Industry*, edited by

T. A. Kochan, R. D. Lansbury and J. P. MacDuffie. Ithaca, NY: Cornell University Press.

Rothstein, B. 1992. "Labour-Market Institutions and Working-Class Strength." Pp. 33-56 in *Structuring Politics: Historical Institutionalism in Comparative Analysis*, Cambridge Studies in Comparative Politics, edited by S. Steinmo, K. A. Thelen and F. H. Longstreth. Cambridge, UK; New York.

Rouilleault, Henri, ed. 2001. *Réduction du temps de travail: Les enseignements de l'observation*. Paris: La Documentation Française.

Royal Commission on Trade Unions and Employers' Associations. 1968. "Royal Commission on Trade Unions and Employers' Associations, 1965-1968: Report." London, UK.

Rubery, Jill. 2011. "Reconstruction Amid Deconstruction: Or Why We Need More of the Social in European Social Models." *Work, Employment and Society* 25(4): 658-74.

Rueda, David and Jonas Pontusson. 2000. "Wage Inequality and Varieties of Capitalism." *World Politics* 52 (April): 350-83.

Ryner, J. Magnus. 2002. *Capitalist Restructuring, Globalisation, and the Third Way: Lessons from the Swedish Model*. New York: Routledge.

Sacchi, Stefano. 2012. "Policy without Politics? Domestic Agendas, Market Pressures and 'Informal but Tough' Economic Conditionality in the Italian Labour Market Reform." Unpublished Manuscript, University of Milan.

Saint-Paul, Gilles. 2002. "The Political Economy of Employment Protection." *Journal of Political Economy* 110(3): 672-704.

Salvati, Michele. 1984. *Economia e politica in Italia dal dopoguerra ad oggi*. Milan: Garzanti.

Salvati, Michele. 2000. *Occasioni mancate. Economia e politica in Italia dagli anni '60 ad oggi*. Bari: Laterza.

Sanz, Sofia. 2011. "Intersectoral Agreement on Representativeness Heals Rift." *EIRO*. http://www.eurofound.europa.eu/eiro/2011/08/articles/it1108029i.htm.

Sawyer, Malcolm C. 1985. "The Economics of Michał Kalecki." *Eastern European Economics* 23(3/4): v-319.

Scharpf, Fritz Wilhelm. 1987. *Sozialdemokratische Krisenpolitik in Europa*, Vol. 7. Frankfurt am Main: Campus.

Scharpf, Fritz W. 1997a. "Employment and the Welfare State: A Continental Dilemma." MPIfG working paper.

Scharpf, Fritz Wilhelm. 1997b. *Games Real Actors Play: Actor-Centered Institutionalism in*

Policy Research. Boulder, CO: Westview Press.

Scharpf, Fritz W. 2010. "The Asymmetry of European Integration, or Why the EU Cannot Be a 'Social Market Economy.'" *Socio-economic Review* 8(2): 211-50.

Scharpf, Fritz. 2011. "Monetary Union, Fiscal Crisis and the Preemption of Democracy." Max-Planck-Institute Cologne Working Paper.

Scharpf, Fritz W. 2013. "Monetary Union, Fiscal Crisis and the Disabling of Democratic Accountability." In *Politics in the Age of Austerity*, edited by A. Schaäfer and W. Streeck. Cambridge, UK: Polity.

Schattschneider, Elmer Eric. 1960. *The Semi-sovereign People*. Boston: Wadswoth. (E. E. 샤츠슈나이더. 2008. 『절반의 인민주권』. 현재호·박수형 옮김. 후마니타스)

Schivardi, Fabiano and Roberto Torrini. 2004. "Firm Size Distribution and Employment Protection Legislation in Italy." Temi di discussione, Bank of Italy, no. 504.

Schmitter, Philippe C. 1974. "Still the Century of Corporatism?" *The Review of Politics* 36(1): 85-131.

Schnyder, Gerhard and Gregory Jackson. 2013. "Germany and Sweden in the Crisis: Re-coordination or Resilient Liberalism?" Pp. 313-73 in *Resilient Liberalism in Europe's Political Economy*, edited by M. Thatcher and V. Schmidt. New York: Cambridge University Press.

Schulten, T. 2001. "Solidarische Lohnpolitik in Europa. Ansätze Und Perspektiven Einer Europäisierung Gewerkschaftlicher Lohnpolitik." WSI Diskussionspapier Nr. 92. Düsseldorf.

Schulten, T. 2004. "Foundations and Perspectives of Trade Union Wage Policy in Europe." WSI-Diskussionspapiere 92. Düsseldorf.

Seifert, Hartmut and Heiko Massa-Wirth. 2005. "Pacts for Employment and Competitiveness in Germany." *Industrial Relations Journal* 36(3): 217-40.

Seifert, Roger V. 1992. *Industrial Relations in the NHS*. London: Chapman & Hall.

Shapiro, Carl and Joseph E. Stiglitz. 1984. "Equilibrium Unemployment as a Worker Discipline Device." *American Economic Review* 74(3): 433-44.

Sheldon, P. and L. Thornthwaite. 1999. "Swedish Engineering Employers: The Search for Industrial Peace in the Absence of Centralised Collective Bargaining." *Industrial Relations Journal* 30(5): 514-32.

Shonfield, Andrew. 1965. *Modern Capitalism: The Changing Balance of Public and Private Power*. New York: Oxford University Press.

Shorter, Edward and Charles Tilly. 1974. *Strikes in France, 1830-1968.* London, UK and New York: Cambridge University Press.

Siebert, Horst. 1997. "Labor Market Rigidities: At the Root of Unemployment in Europe." *Journal of Economic Perspectives* 11(3): 37-54.

Silvia, Stephen J. 1997. "German Unification and Emerging Divisions within German Employers' Associations: Cause or Catalyst?". *Comparative Politics* 29(2): 187-208.

Silvia, Stephen J. 2010. "Mitgliederentwicklung und Organisationsstaerke der Arbeitgeberverbaende, Wirtschaftsverbaende und Industrie - und Handelskammern." Pp. 169-82 in Handbuch Arbeitgeber - undWirtschaftsverbände in Deutschland, edited by W. Schroeder and B. Weßels. Wiesbaden: VS Verlag.

Silvia, Stephen J. and Wolfgang Schroeder. 2007. "Why Are German Employers Associations Declining? Arguments and Evidence." *Comparative Political Studies* 40(12): 1433-59.

Simoni, Marco. 2012. *Senza alibi: Perché il capitalismo italiano non cresce più* . Padua: Marsilio.

Singer, Daniel. 1988. *Is Socialism Doomed? The Meaning of Mitterrand.* New York: Oxford University Press.

Sinn, Gerlinde and Hans-Werner Sinn. 1994. *Jumpstart: The Economic Unification of Germany.* Cambridge, MA: MIT Press.

Sinn, Hans-Werner. 2006. "The Pathological Export Boom and the Bazaar Effect: How to Solve the German Puzzle." *World Economy* 29(9): 1157-75.

Sinn, Hans-Werner. 2014. *The Euro Trap: On Bursting Bubbles, Budgets, and Belief.* Oxford University Press: Oxford.

Smith, Paul. 2009. "New Labour and the Commonsense of Neoliberalism: Trade Unionism, Collective Bargaining, and Workers' Rights." *Industrial Relations Journal* 40(4): 337-55.

Sorge, Arndt and Wolfgang Streeck. 1987. *Industrial Relations and Technical Change: The Case for an Extended Perspective*, Vol. 81. Berlin:Wissenschaftszentrum Berlin für Sozialforschung.

Soskice, David. 1990. "Wage Determination: The Changing Role of Institutions in Advanced Industrialized Countries." *Oxford Review of Economic Policy* 6(4): 36-61.

Soskice, David. 1999. "Divergent Production Regimes: Coordinated and Uncoordinated Market Economies in the 1980s and 1990s." Pp. 101-34 in *Continuity and Change in Contemporary Capitalism*, edited by H. Kitschelt, P. Lange, G. Marks and J. D. Stephens. Cambridge, UK and New York: Cambridge University Press.

Spermann, Alexander. 2013. "Sector Surcharges for Temporary Agency Workers in Germany: A Way out of the Low-Wage Sector?" *IZA Policy Paper* 67. Bonn: Institute for the Study of Labor.

Stein, Ulrike. 2009. "Zur Entwicklung der Sparquoten der Privaten Haushalte – Eine Auswertung von Haushaltsdaten des SOEP." SOEP Papers on Multidisciplinary Panel Data Research at DIW Berlin (249).

Steinmo, Sven, Kathleen Thelen and Frank Longstreth, eds. 1992. *Structuring Politics: Historical Institutionalism in Comparative Analysis.* New York: Cambridge University Press.

Steinmo, Sven. 2010. *The Evolution of Modern States: Sweden, Japan, and the United States.* Cambridge, UK and New York: Cambridge University Press.

Stephens, John D. 1979. *The Transition from Capitalism to Socialism.* London: Macmillan.

Stiglitz, Joseph. 2009. *Freefall: Free Markets and the Sinking of the Global Economy.* London: Penguin. (조지프 E. 스티글리츠. 2010. 『끝나지 않은 추락』. 장경덕 옮김. 21세기북스)

Stockhammer, Engelbert. 2013. "Why Have Wage Shares Fallen? An Analysis of the Determinants of Functional Income Distribution." In *Wage-Led Growth*, edited by M. Lavoie and E. Stockhammer. London: Palgrave.

Stockhammer, Engelbert. 2015a. "Rising Inequality as a Cause of the Present Crisis." *Cambridge Journal of Economics* 39(3): 935-58.

Stockhammer, Engelbert. 2015b. "Neoliberal Growth Models, Monetary Union and the Euro Crisis. A Post-Keynesian Perspective." *New Political Economy* 21(4): 365-79.

Stockhammer, Engelbert, Eckhard Hein and Lucas Grafl. 2011. "Globalization and the Effects of Changes in Functional Income Distribution on Aggregate Demand in Germany." *International Review of Applied Economics* 25(1): 1-23.

Stockhammer, Engelbert and Ozlem Onaran. 2013. "Wage-Led Growth: Theory, Evidence, Policy." *Review of Keynesian Economics* 1(1): 61-8.

Stokke, Torgeir and Christer Thörnqvist. 2001. "Strikes and Collective Bargaining in the Nordic Countries." *European Journal of Industrial Relations* 7(3): 245-7.

Storm, Servaas and C. W. M. Naastepad. 2012a. *Macroeconomics Beyond the NAIRU.* Cambridge, MA: Harvard University Press.

Storm, Servaas and C. W. M. Naastepad. 2012b. "Wage-Led or Profit-Led Supply: Wages, Productivity and Investment." ILO Conditions of Work and Employment Series No. 36.

Storm, Servaas and C. W. M. Naastepad. 2015. "Crisis and Recovery in the German Economy: The Real Lessons." *Structural Change and Economic Dynamics* 32: 11-24.

Strange, Susan. 1986. Casino Capitalism. Oxford, UK and New York: Blackwell.

Streeck, W. 1992. *Social Institutions and Economic Performance: Studies of Industrial Relations in Advanced Capitalist Economies.* London: Sage Publications.

Streeck, Wolfgang. 1984. "Neo-Corporatist Industrial Relations and the Economic Crisis in West Germany." Pp. 291-314 in *Order and Conflict in Contemporary Capitalism*, edited by J. Goldthorpe. Oxford: Clarendon.

Streeck, Wolfgang. 1991. "On the Institutional Preconditions of Diversified Quality Production." Pp. 21-61 in *Beyond Keynesianism: The Socio-Economics of Production and Full Employment*, edited by E. Matzner and W. Streeck. Aldershot: Elgar.

Streeck, Wolfgang. 1997a. "Beneficial Constraints: On the Economic Limits of Rational Voluntarism." Pp. 197-219 in *Contemporary Capitalism: The Embeddedness of Institutions*, edited by R. Boyer and R. J. Hollingsworth. Cambridge, UK and New York: Cambridge University Press.

Streeck, Wolfgang. 1997b. "German Capitalism: Does It Exist? Can It Survive?" *New Political Economy* 2(2): 237-56.

Streeck, Wolfgang. 2001. "Tarifautonomie und Politik: Von der Konzertierten Aktion zum Bündnis für Arbeit." Die deutschen Arbeitsbeziehungen am Anfang des 21: 76-102.

Streeck, Wolfgang. 2003. "No Longer the Century of Corporatism. Das Ende des 'Bündnisses für Arbeit.'"MPIfG Working Paper 03/4.

Streeck, Wolfgang. 2007. "Globalization: Nothing New under the Sun?" *Socio-Economic Review* 5(3): 537-47.

Streeck, Wolfgang. 2009. *Re-forming Capitalism: Institutional Change in the German Political Economy.* Oxford, UK and New York: Oxford University Press.

Streeck, Wolfgang. 2011. "Taking Capitalism Seriously: Towards an Institutionalist Approach to Contemporary Political Economy." *Socio-Economic Review* 9(1): 137-67.

Streeck, Wolfgang. 2014. *Buying Time: The Delayed Crisis of Democratic Capitalism.* London, UK and New York: Verso. (볼프강 슈트렉. 2015. 『시간 벌기: 민주적 자본주의의 유예된 위기』. 김희상 옮김. 돌베개)

Streeck, Wolfgang and Anke Hassel. 2004. "The Crumbling Pillars of Social Partnership." In *Germany. Beyond the Stable State*, edited by H. Kitschelt and W. Streeck. Special Issue of *West European Politics* 26(4): 101-24.

Streeck, Wolfgang and Armin Schaäfer. 2013. *Politics in the Age of Austerity*. Cambridge, UK: Polity.

Streeck, Wolfgang and Philippe C. Schmitter. 1991. "From National Corporatism to Transnational Pluralism: Organized Interests in the Single European Market." *Politics and Society* 19: 133-64.

Streeck, Wolfgang and Kathleen Ann Thelen, eds. 2005. *Beyond Continuity: Institutional Change in Advanced Political Economies*. New York: Oxford University Press.

Streeck, Wolfgang and Kozo Yamamura, eds. 2001. *The Origins of Nonliberal Capitalism: Germany and Japan in Comparison*. Ithaca, NY: Cornell University Press.

Summers, Lawrence H. 2014. "U.S. Economic Prospects: Secular Stagnation, Hysteresis, and the Zero Lower Bound." *Business Economics* 4(2): 65-73.

Svenskt Näringsliv. 2006. "New Dispute Regulations on the Labour Market." Theme Sheets. Svenskt Näringsliv, Stockholm, Sweden.

Svenskt Näringsliv. 2012. "*Fakta Om Löner Och Arbetstider 2012*." Vol. Stockholm: Svenskt Nä ringsliv.

Swenson, Peter. 1989. *Fair Shares: Unions, Pay, and Politics in Sweden and West Germany*. Ithaca, NY: Cornell University Press.

Swenson, Peter. 1991. "Bringing Capital Back In, or Social Democracy Reconsidered: Employer Power, Cross-Class Alliances, and Centralization of Industrial Relations in Denmark and Sweden." *World Politics* 43(4): 513-44.

Swenson, Peter. 2002. *Capitalists against Markets: The Making of Labor Markets and Welfare States in the United States and Sweden*. Oxford, UK andNew York: Oxford University Press.

Swenson, Peter. 2004a. "Varieties of Capitalist Interests: Power, Institutions, and the Regulatory Welfare State in the United States and Sweden." *Studies in American Political Development* 18(1): 1-29.

Swenson, Peter A. 2004b. "Yes, and Comparative Analysis Too: Rejoinder to Hacker and Pierson." *Studies in American Political Development* 18(2): 196-200.

Tarantelli, Ezio. 1986a. *Economia politica del lavoro*. Turin: UTET.

Tarantelli, Ezio. 1986b. "The Regulation of Inflation and Unemployment." *Industrial Relations* 25(1): 1-15.

Terry, Michael. 1983. "Shop Steward Development and Managerial Strategies." In *Industrial Relations in Britain*, edited by G. S. Bain. Oxford, UK: Blackwell.

Testorf, Christian. 2011. "Welcher Bruch? Lohnpolitik Zwischen den Krisen: Gewerkschaftliche Tarifpolitik von 1966 bis 1974." Pp. 293-316 in *"Nach dem Strukturbruch" Kontinuität und Wandel von Arebitsbeziehungen und Arbeitswelt (en) seit den 1970er Jahren*, edited by K. Andresen, U. Bitzegeio and J. Mittag. Bonn: Dietz.

Thelen, Kathleen. 1991. *Union of Parts: Labor Politics in Postwar Germany*. Ithaca, NY: Cornell University Press.

Thelen, Kathleen. 2000. "Why German Employers Cannot Bring Themselves to Dismantle the German Model?" Pp. 138-69 in *Unions, Employers, and Central Banks*, edited by T. Iversen, J. Pontusson and D. Soskice. New York: Cambridge University Press.

Thelen, Kathleen. 2001. ""Varieties of Labour Politics in the Developed Democracies"." Pp. 71-103 in *Varieties of Capitalism: The Institutional Foundations of Comparative Advantage*, edited by P. A. Hall and D. Soskice. Oxford, UK: Oxford University Press

Thelen, Kathleen. 2004. *How Institutions Evolve: The Political Economy of Skills in Germany, Britain, the United States, and Japan*. New York: Cambridge University Press. (캐쓸린 쎌렌. 2011. 『제도는 어떻게 진화하는가』. 신원철 옮김. 모티브북)

Thelen, Kathleen. 2009. "Institutional Change in Advanced Political Economies." *British Journal of Industrial Relations* 47(3): 471-98.

Thelen, Kathleen. 2012. "Varieties of Capitalism: Trajectories of Liberalization and the New Politics of Social Solidarity." *Annual Review of Political Science* 15(1): 137-59.

Thelen, Kathleen Ann. 2014. *Varieties of Liberalization and the New Politics of Social Solidarity*. Cambridge, UK and New York: Cambridge University Press.

Thoemmes, Jens. 2009. "Négociation et régulation intermédiaire: Le cas du mandatement syndical." *Revue Française de Sociologie* 50(4): 817-41.

Thorckecke, Willem and Atsuyuki Kato. 2012. "The Effect of Exchange Rate Changes on Germany's Exports." RIETI Discussion Paper Series 12 (E-081).

Thörnqvist, Christer. 1999. "The Decentralization of Industrial Relations: The Swedish Case in Comparative Perspective." *European Journal of Industrial Relations* 5(1): 71-87.

Thörnqvist, Christer. 2007. "Changing Industrial Relations in the Swedish Public Sector." *International Journal of Public Sector Management* 20(1): 16-33.

Tissandier, Hélène. 2011. "Negotiated Redundancies and French Law." EIROnline: 1-3.

Trade Union Congress. 1995. *Your Voice at Work: TUC Proposals for Rights to Representation at Work.* London, UK: Trade Union Congress.

Traxler, Franz. 1995. "Farewell to Labour Market Associations? Organized versus Disorganized Decentralization as a Map for Industrial Relations." Pp. 3-19 in *Organized Industrial Relations in Europe: What Future?* edited by C. Crouch and F. Traxler. Aldershot, UK: Avebury.

Traxler, Franz. 2004. "The Metamorphoses of Corporatism: From Classical to Lean Patterns." *European Journal of Political Research* 43(4): 571-98.

Trentin, Bruno. 1994. *Il coraggio dell'utopia: La sinistra e il sindacato dopo il Taylorismo.* Milan: Rizzoli.

Treu, Tiziano. 1984. *Il patto contro l'inflazione.* Rome: Edizioni Lavoro.

Treu, Tiziano. 2001. *Politiche del lavoro.* Bologna: Il Mulino.

Trigilia, Carlo. 1986. *Grandi partiti e piccole imprese.* Bologna: Il Mulino.

Truman, David B. 1962. *The Governmental Process. Political Interests and Public Opinion.* New York: Alfred A. Knopf.

Trumbull, Gunnar. 2002. "Policy Activism in a Globalized Economy: France's 35-Hour Workweek." *French Politics, Culture and Society* 20: 1-21.

Turlan, Frédéric. 2012. "CFTC Fights to Maintain Its Representativeness." EIROnline: 1-2.

Turlan, Frédéric and Gilbert Cette. 2013. "Landmark Agreement Paces the Way for Labour Market Reform." EIROnline.

Turner, Lowell 1991. *Democracy at Work: Changing World Markets and the Future of Labor Unions.* Ithaca, NY: Cornell University Press.

Turner, Lowell. 1998. *Fighting for Partnership: Labor and Politics in Unified Germany.* Ithaca, NY: Cornell University Press.

Turone, Sergio. 1992. *Storia del sindacato in Italia.* Bari: Laterza.

Ulman, Lloyd, Barry Eichengreen and William Dickens, eds. 1993. *Labor and an Integrated Europe.* Washington, DC: The Brookings Institution.

Undy, Roger, Patricia Fosh, Huw Morris, Paul Smith and Roderick Martin. 1996. *Managing the Unions: The Impact of Legislation on Trade Unions' Behaviour.* New York: Oxford University Press.

Upchurch, Martin. 2000. "The Crisis of Labour Relations in Germany." *Capital and Class* 24(1): 65-93.

Urban, Hans-Jürgen 2010. "Wohlfahrtsstaat und Gewerkschaftsmacht im Finanzmarkt-Kapitalismus: Der Fall Deutschland." *WSI Mitteilungen* 9: 443-50.

Vacca, Giuseppe. 1987. *Tra Compromesso E Solidarietà*. Rome: Editori Riuniti.

Vaciago, Giacomo. 1993. "Exchange Rate Stability and Market Expectations: The Crisis of the EMS." *Review of Economic Conditions in Italy* 1 (January-April): 11-29.

Vail, Mark. 2004. "The Myth of the Frozen Welfare State and the Dynamics of Contemporary French and German Social-Protection Reform." *French Politics* 2(2): 151-83.

Van Rie, Tim, Ive Marx and Jeroen Horemans. 2011. "Ghent Revisited: Unemployment Insurance and Union Membership in Belgium and the Nordic Countries." *European Journal of Industrial Relations* 17(2): 125-39.

van Wanrooy, Brigid, Helen Bewley, Alex Bryson, John Forth, Stephanie Freeth, Lucy Stokes and Stephen Wood. 2013. *Employment Relations in the Shadow of the Recession: Findings from the 2011 Workplace Employment Relations Study*. Basingstoke, UK: Palgrave Macmillan.

Venn, Danielle. 2009. "Legislation, Collective Bargaining and Enforcement: Updating the OECD Employment Protection Indicators." OECD Social, Employment and Migration Working Paper 89. OECD.

Verdun, Amy. 2013. "The Building of Economic Governance in the European Union." *Transfer: European Review of Labour and Research* 19(1): 23-35.

Visser, Jelle. 2013. "Data Base on Institutional Characteristics of Trade Unions, Wage Setting, State Intervention and Social Pacts, 1960-2011 (ICTWSS), Version 4: Codebook." Unpublished document, Amsterdam Institute for Advanced Labour Studies (AIAS), University of Amsterdam.

Vitols, K. 2008. *Zwischen Stabilitaet und Wandel: Die Sozialpartnerschaft in Deutschland und die Atypische Beschaeftigungsform Zeitarbeit*. Hamburg: Verlag Dr.Kova.

von Weizsaecker, Carl Christian. 2013. "Public Debt and Price Stability." *German Economic Review* 15(1): 42-61.

Wainwright, Martin and Richard Nelsson. 2002. "Long Decline of a Once Mighty Union." *Guardian*, January 15.

Wallerstein, Michael. 1999. "Wage-Setting Institutions and Pay Inequality in Advanced Industrial Societies." *American Journal of Political Science* 43(3): 649-80.

Wallerstein, Michael, Miriam Golden and Peter Lange. 1997. "Unions, Employers' Associations, and Wage-Setting Institutions in Northern and Central Europe, 1950-1992." *Industrial and Labor Relations Review* 50(3): 379-401.

Wallin, Gunhild. 2016. "The Swedish Agreement Model's Big Test." Nordic Labour Journal: 247-74.

Wedderburn, Lord. 1991. *Employment Rights in Britain and Europe: Selected Papers in Labour Law.* London, UK: Lawrence and Wishart.

Weinkopf, C. 2009. "Germany: Precarious Employment and the Rise of Mini-jobs." Vol.GWD/ CPD Working Paper Series. Canada.

Williams, Steve and Peter Scott. 2010. "Shooting the Past? The Modernisation of Conservative Party Employment Relations Policy under David Cameron." *Industrial Relations Journal* 41(1): 4-18.

Williams, Steve and Peter Scott, eds. 2016. *Employment Relations under Coalition Government: The UK Experience, 2010-15.* New York: Routledge.

Williamson, John. 1989. "What Washington Means by Policy Reform." Pp. 5-20 in *Latin American Readjustment: How Much Has Happened*, edited by J. Williamson. Washington, DC: Institute for International Economics.

Wolff, Loup. 2008a. "Des instances représentatives de personnel qui, malgré les évolutions de tissu productif, se maintiennent." Pp. 85-101 in *Les relations sociales en entreprise: Un portrait à partir des enquêtes relations professionnelles et négociations d'entreprise*, edited by T. Amossé, C. Bloch-London and L. Wolff. Paris: Éditions la Découverte.

Wolff, Loup. 2008b. "Le paradoxe du syndicalisme français." *Première Synthèses Informations* (16.1): 1-7.

Woll, Cornelia. 2006. "National Business Associations under Stress: Lessons from the French Case." *West European Politics* 29(3): 489-512.

Wood, Stewart. 2001. "Business, Government, and Patterns of Labor Market Policy in Britain and the Federal Republic of Germany." Pp. 247-74 in *Varieties of Capitalism: The Institutional Foundations of Comparative Advantage*, edited by P. A. Hall and D.W. Soskice. New York: Oxford University Press.

Woolfson, C., C. Thörnqvist and J. Sommers. 2010. "The Swedish Model and the Future of Labour Standards after Laval." *Industrial Relations Journal* 41(4): 333-50.

Zysman, John. 1983. *Governments, Markets, and Growth: Financial Systems and the Politics of Industrial Change.* Ithaca, NY: Cornell University Press.

찾아보기

ㅎ

기타

지은이

루초 바카로(Lucio Baccaro)

스위스 제네바대학교(University of Geneva) 사회학과 교수이고 독일 막스플랑크사회연구소(MPIfG) 소장이다. MIT대학교에서 노사관계와 정치학 분야에서 박사학위를 받았고, 국제노동기구(ILO) 선임연구원을 역임했다. 노사관계 및 노동시장의 국제비교, 자본주의 성장 모델의 정치경제학, 참여 및 숙의 거버넌스 등에 관한 많은 논문을 발표했다.

크리스 하월(Chris Howell)

미국 오벌린대학(Oberlin College)의 정치학과 교수이다. 예일대학교(Yale University)에서 정치학 박사학위를 받았다. 비교정치경제학, 노동조합과 노사관계, 사회민주주의 정당에 관한 많은 연구를 수행했다. 프랑스의 노사관계 개혁과 20세기 영국 노사관계에 관한 두 권의 단독 저서를 출판했고, 2006년 ≪노동사저널(Labor History)≫의 최우수저서상을 수상한 바 있다.

옮긴이

유형근

부산대학교 일반사회교육과 교수로 재직하고 있다. 서울대학교 사회학과에서 울산지역 노동운동과 계급형성 연구로 박사학위를 받았고, 한국노동사회연구소 연구위원과 이화여자대학교 연구교수를 역임했다. 노동운동과 노사관계, 노동인권교육 분야에 관심을 두며 연구하고 있다. 최근에는 한국의 주변부 노동자들의 노동조합 조직화와 청소년 노동인권교육에 관한 여러 논문을 발표했다. 한국산업노동학회 학술위원장, 비판사회학회 운영위원으로 일했고, 현재 한국산업노동학회 편집위원이다.

한울아카데미 2251

유럽 노사관계의 신자유주의적 변형

1970년대 이후의 궤적

지은이 **루초 바카로·크리스 하월** | 옮긴이 **유형근**

펴낸이 **김종수** | 펴낸곳 **한울엠플러스(주)** | 편집 **배소영**

초판 1쇄 인쇄 **2020년 9월 11일** | 초판 1쇄 발행 **2020년 9월 25일**

주소 **10881 경기도 파주시 광인사길 153 한울시소빌딩 3층**

전화 **031-955-0655** | 팩스 **031-955-0656** | 홈페이지 **www.hanulmplus.kr**

등록번호 **제406-2015-000143호**

ISBN **978-89-460-7251-0 93300 (양장)**

　　　978-89-460-6936-7 93300 (무선)

Printed in Korea.

※ 책값은 겉표지에 표시되어 있습니다.

※ 이 책은 강의를 위한 무선판 교재를 따로 준비했습니다.

　강의 교재로 사용하실 때는 본사로 연락해주시기 바랍니다.

이 도서의 국립중앙도서관 출판예정도서목록(CIP)은 서지정보유통지원시스템 홈페이지(http://seoji.nl.go.kr) 와 국가자료종합목록 구축시스템(http://kolis-net.nl.go.kr)에서 이용하실 수 있습니다. CIP제어번호: CIP2020037877(양장), CIP2020037878(무선)